La révolution digitale transforme le monde sous nos yeux. Et au niveau de l'emploi peut-être encore plus qu'ailleurs. Certains métiers vont disparaitre mais de nouvelles opportunités vont s'ouvrir. A quoi ressemblera une carrière professionnelle dans quelques décennies ? Comment évoluera le « capital humain » pour une entreprise ? Quel sera le « new way of working » dans le futur ?

Le parcours offre de nombreuses opportunités mais également des menaces. Ce sera aux décideurs RH et aux entrepreneurs de veiller à ce que nous profitions surtout des avantages. En tant que conseiller RH, Select Human Resources aide constamment ses clients et candidats à naviguer avec succès au travers des différentes tendances et évolutions, et ce, toujours dans le but du bien-être collectif tout en tenant compte des attentes et besoins de chacun.

Face aux évolutions importantes auxquelles nous sommes confrontés, nous cherchons toujours à mettre en place cette tendance. Koen De Leus ne nous donne pas seulement un avis éclairé sur cette évolution. Il parvient aussi à transmettre des outils pratiques pour votre politique RH tournée vers l'avenir.

Directeur Général
Select Human Resources sa
Bart Gonnissen

AF853803

Koen De Leus

L'ÉCONOMIE DES GAGNANTS

Défis et opportunités de la révolution digitale

Racine

Je dédie cet ouvrage à mon meilleur ami, Jan,
pour qui la révolution digitale est arrivée trop tard.

Préface

La révolution digitale est omniprésente. En voyage d'affaires, rien de tel que Skype pour continuer à voir ses proches. On écoute plus de musique que jamais grâce à iTunes et un smartphone. Il revient moins cher de téléphoner, lire et écouter tout ce que l'on souhaite, de sorte qu'on le fait plus souvent. Le monde est un village. Mais qui y gagne et qui y perd ?

Koen De Leus dresse le portrait des gagnants et des perdants de la révolution digitale. Car la numérisation n'engendre pas seulement de nouveaux produits. Elle exerce aussi un impact sur le marché de l'emploi et le mode d'entreprenariat. Beaucoup commencent à se demander s'il en découlera vraiment davantage d'emplois nets.

La productivité reste faible, mais les investissements doivent en relever le niveau à l'avenir. L'Europe et les États-Unis passent depuis longtemps le message qu'il convient d'investir plus. Un message que cet ouvrage tend encore à renforcer.

L'Europe ne doit pas seulement investir. Notre marché doit être préparé à la révolution digitale. Un marché digital unique, un marché unique des capitaux et une union bancaire font partie intégrante du tableau. Dans un monde globalisé, les pays ne peuvent plus s'en sortir individuellement. Si nous voulons aller de l'avant et faire en sorte que nos entreprises aient encore du sens dans ce monde digital, il nous faut une Europe plus forte et plus unifiée.

Mais l'Europe ne peut y arriver seule ; les entreprises doivent également opérer une transformation et adapter leur stratégie à un nouvel environnement plus dynamique. Et ce, sans perdre leurs collaborateurs de vue, bien évidemment. Car, vu le déclin au niveau des salaires dans l'économie, ce sont eux qui risquent de payer les frais de la révolution.

Il est également bon de constater que Koen De Leus ne ferme pas les yeux sur l'accroissement des inégalités. La classe moyenne européenne est sous pression. En cause : la mondialisation, d'une part, et l'automatisation, d'autre part. Pour autant, cela n'aurait aucun sens d'interrompre la mondialisation, l'automatisation et, à présent, la numérisation. Au contraire. Cela ne ferait qu'aboutir à une paupérisation collective. D'ailleurs, il est impossible d'arrêter cette évolution.

Les entreprises, les gouvernements nationaux et l'Union Européenne ont une responsabilité commune à cet égard. Tous présentent des lacunes dans l'accompagnement et la prise en charge des personnes qui tombent du navire. De très nombreux citoyens n'arrivent pas à suivre le rythme effréné de cette évolution digitale, qui exige chaque fois de nouvelles compétences. Il faut les soutenir, les accompagner et les autonomiser davantage que nous le faisons aujourd'hui, afin que personne ne soit lésé. Le développement du pilier européen des droits sociaux évoqué par Marianne Thyssen dans cet ouvrage peut certainement y contribuer.

Le message est clair et il est fondé. Nous devons nous adapter à la quatrième révolution industrielle. Les pouvoirs publics, les entreprises et les syndicats doivent collaborer pour que chacun puisse bénéficier de la révolution que nous connaissons aujourd'hui et qui n'en est qu'à ses débuts. Si nous y parvenons ensemble, l'avenir sera radieux et porteur de bien-être et de prospérité pour tous. Dans le cas contraire, le déséquilibre et le populisme risquent de gagner encore plus de terrain.

Herman Van Rompuy

Président émérite du Conseil européen
Ministre d'État
Président de l'European Policy Centre

Les trente lois de l'ère digitale

Productivité

1. Les grands progrès technologiques ne rendent pas les entreprises plus productives.
2. C'est le consommateur qui bénéficie de la plus grande plus-value en recevant de meilleurs produits et services. Mais les producteurs restent sur leur faim.
3. Les entreprises commercialisent des produits formidablement innovants. En parallèle et contrairement aux révolutions industrielles antérieures, on n'observe que peu d'innovation en termes de production et d'organisation au sein des entreprises.
4. Le digital est aussi incontournable et omniprésent que l'eau et l'électricité.
5. Le digital dissout toutes les frontières. Sans marché unique des services, des capitaux et des transactions bancaires, l'Europe mène une bataille perdue d'avance.

Entreprises

6. Les nouveaux biotopes des entreprises : services en ligne, économie collaborative et internet des objets.
7. Les entreprises ne peuvent plus être les meilleures à chaque étape du processus de production. La solution réside dans des partenariats avec d'autres entreprises. C'est donc celui qui a le meilleur réseau qui l'emporte.
8. Nous vivons dans un monde sans frontières où la technologie est très bon marché et où chacun peut entreprendre : il suffit d'un ordinateur et d'une idée pour avoir le monde à ses pieds.
9. La concurrence surgit de partout et à tout moment sans prévenir.
10. Les secteurs inertes surprotégés et surrégulés tremblent sur leurs bases face à l'économie collaborative. Quel est le rôle des autorités ? Garantir un traitement équitable des travailleurs, veiller à une concurrence loyale et éviter l'érosion de la sécurité sociale.
11. Les entreprises sont confrontées à un dilemme dans le monde en ligne : ne pas proposer de service en ligne, c'est perdre des clients ; en proposer, c'est perdre de l'argent.

12. Les entreprises doivent mettre sur pied un service de majordome digital ayant l'orientation à la clientèle comme fer de lance. Tout nouveau produit ou service doit soutenir le principe 'Angry Bird' : fun, fast & easy.
13. Le défi majeur pour la transformation des entreprises consiste à répandre la parole digitale dans ses propres rangs. À commencer par le CEO.
14. Les grandes entreprises ont les moyens financiers d'opérer le changement ; les petites entreprises ont la maniabilité. Ces sont les entreprises de taille moyenne qui sont confrontées au plus grand défi.

Inégalités

15. Ce n'est pas la première fois que les inégalités de revenus sont aussi importantes. Mais ce n'est pas forcément rassurant. La dernière fois que nous avons vécu cela, c'était à l'aube de la Première Guerre mondiale.
16. Le creusement de la classe moyenne s'opère deux fois plus vite que pendant la deuxième révolution industrielle.
17. Par le passé, la nouvelle génération arrivait toujours à suivre le rythme des machines. Cette adaptation doit désormais s'opérer au sein de la même génération.
18. Les trois plus grandes entreprises technologiques réalisent aujourd'hui autant de chiffre d'affaires que les trois principaux constructeurs automobiles des années 90. Mais avec un dixième du personnel.
19. Dans un monde sans frontières géographiques, c'est le principe de l'économie des gagnants qui prévaut : les meilleures entreprises et les plus grands talents emportent la majorité des revenus.
20. Les entreprises ne doivent plus garantir l'emploi, mais l'employabilité. La formation continue est une nécessité absolue.
21. Quels sont les métiers d'avenir et quelles sont les professions en danger ? La réponse à cette question doit constituer le point de départ à l'organisation de formations et recyclages.
22. C'est le métier et non un éventuel revenu de base qui forge l'identité.

23. Les compétences des machines s'étendent comme une tache d'encre. Celles-ci évincent l'emploi, ce qui entraîne une augmentation structurelle du chômage (au moins temporairement).
24. Conseils pour les plus jeunes : concentrez-vous sur des compétences que les machines ne pourront jamais acquérir, telles que des aptitudes sociales, une pensée critique et innovante, et la collaboration virtuelle.

Soins de santé

25. La santé n'a pas de prix, mais il faut bien que quelqu'un paie la facture.
26. Au niveau des soins de santé, c'est le médecin qui définit lui-même la demande de son produit. Et l'État paie. On ne peut pas se permettre ce jackpot plus longtemps.
27. Toutes les innovations ne se traduisent pas par des économies de coûts. De nombreuses nouvelles technologies sont terriblement chères et s'avèrent impayables pour les soins de santé. Il va falloir opérer des choix difficiles.

Bourse

28. Les jeunes entreprises n'ont jamais été valorisées aussi rapidement à un milliard de dollars ou plus. Un grand nombre de licornes risquent de s'apparenter à des ânes avec un bâton sur la tête : non viables.
29. L'accroissement de la concurrence raccourcit la durée de vie des entreprises en bourse. La stratégie d'achat à long terme relève du passé.
30. Vous voulez investir favorablement en bourse ? Mieux vaut éviter les secteurs qui encaissent le plus de coups face à la révolution digitale.

Nous ne sommes qu'au début de cette révolution digitale qui évolue à un rythme effréné. Je la suis de très près sur mon blog *www.bnpparibasfortis.com/chiefeco-blog*.

L’économie des gagnants fait aussi des perdants

La révolution digitale est en cours. Maintenant. Aujourd’hui. Chez vous. Le digital est devenu un service d’utilité publique qui se glisse dans tous les recoins de notre vie. Comme l’eau ou l’électricité. Impossible de fonctionner sans. On fait ses achats en ligne, on réserve ses voyages en ligne, même vos enfants en sont coutumiers. On se parle sur les réseaux sociaux. On règle ses opérations (bancaires) de routine sans sortir de son fauteuil. Il faut tondre la pelouse ? Le robot s’en charge, piloté depuis un smartphone. Les produits achetés en ligne nous seront bientôt livrés par des drones. Des voitures qui roulent ou volent sans chauffeur ? Ce ne sera plus un rêve. Et plus besoin d’en être propriétaire car, comme pour beaucoup d’autres investissements onéreux, on misera sur le partage. La quatrième révolution industrielle ou révolution digitale change tout. Et ce à un rythme ultra rapide.

Quel est l’impact sur la croissance économique, la prospérité et les soins de santé ? Où sont passés les gains de productivité qui ont propulsé le bien-être lors des révolutions industrielles précédentes ? Les services en ligne, l’économie collaborative et l’internet des objets nuisent-ils au modèle d’entreprise traditionnel ? Comment les investisseurs réagissent-ils ? L’intelligence artificielle et les robots vont-ils décimer l’emploi à l’avenir ? Et les nouvelles technologies poussent-elles les coûts des soins de santé vers des sommets inégalés ou les applis vont-elles au contraire comprimer ces coûts ?

Jusqu’au XVIIIe siècle, l’humanité n’a cessé de patauger. C’est à peine si l’on pouvait parler de croissance. Après la première révolution industrielle, le revenu par habitant a explosé. Les deuxième et troisième révolutions industrielles ont également entraîné une forte croissance économique, bien que parfois de manière légèrement différée. On peut donc espérer que la quatrième révolution industrielle que l’on traverse actuellement va aussi stimuler la prospérité. Les fondements ont été posés au cours des deux décennies écoulées : le perfectionnement d’internet et du réseau de communication mobile, le cloud computing et le développement d’une énergie informatique inédite. La combinaison des évolutions technologiques procure de nouvelles applications. Mais l’impact sur la croissance économique n’est pas satisfaisant jusqu’à présent. Pire encore : la croissance de la productivité ralentit depuis l’an 2000.

C'est iTunes qui m'a fait prendre conscience qu'il se passe quelque chose d'étrange. Il y a quelques années, lorsque j'ai été promu senior economist, mon employeur de l'époque (KBC) m'a demandé d'être actif sur les réseaux sociaux. Je n'ai pas tardé à maîtriser Twitter et LinkedIn. Et iTunes a remplacé ma vaste collection de CD. Dorénavant, j'emmenais toute ma musique partout avec moi. Je pouvais écouter plus de musique de meilleure qualité à moindre prix. Il fallait évidemment que quelqu'un paie la différence. Et cela a fait une victime : l'industrie musicale, qui a encaissé des coups violents avec la disparition des intermédiaires. Il en va de même pour de nombreux autres prestataires de produits et services dans l'économie digitale. Cela crée une énorme plus-value pour le consommateur, mais les produits traditionnels sont souvent laissés sur le carreau.

L'affaiblissement de la croissance de la productivité s'explique aussi par d'autres facteurs. Sommes-nous condamnés à une productivité peu élevée pour les décennies à venir ? Je ne le pense pas. La phase de mise en œuvre de matières complexes comme l'intelligence artificielle, le *big data* et l'internet des objets exige du temps. À terme, la productivité va remonter en combinaison avec des investissements intéressants. Une productivité attractive est une nécessité absolue compte tenu du vieillissement de la population. À défaut, nos enfants constitueront la première génération à subir une diminution de la prospérité.

Ces vingt dernières années, une grande partie de la classe moyenne occidentale a été touchée par une stagnation, voire une érosion de la prospérité. La mondialisation, mais aussi et surtout l'automatisation, ont creusé la classe moyenne. La désindustrialisation a entraîné une régression du travail en usine bien rémunéré. Les inégalités ont aujourd'hui atteint le même niveau qu'à l'aube de la Première Guerre mondiale. Ce qui met la démocratie en danger. La frustration des groupes économiquement vulnérables augmente de façon manifeste : le Brexit et l'élection de Donald Trump sont comme deux coups de semonce.

Il ne reste que des miettes

L'économie digitale est une économie des gagnants. Dans un monde sans frontières physiques, c'est l'entreprise proposant le meilleur produit qui décroche la plus grosse part du gâteau. Les autres se partagent les miettes. Une réalité qu'illustrent Google, Amazon.com et Apple. Les entreprises technologiques ne sont pas non plus de grands pourvoyeurs d'emplois comme l'étaient les mastodontes industriels il y a un quart de siècle. En 1990, les trois plus grandes entreprises automobiles de Detroit employaient conjointement 1,2 million de personnes et réalisaient un chiffre d'affaires cumulé de 250 milliards de dollars. En 2014, les trois plus grandes entreprises de la Silicon Valley réalisaient ensemble un chiffre d'affaires de 247 milliards de dollars. Et ce avec 137 000 travailleurs à peine.

Nous devons tendre vers une société plus inclusive où un maximum de personnes peuvent rester à bord et disposer d'un emploi. À cet effet, les entreprises, les syndicats, les autorités et d'autres parties prenantes doivent travailler main dans la main et dresser une carte de la transformation référençant les emplois en voie de disparition et les métiers d'avenir. Les victimes potentielles de l'automatisation doivent recevoir de nouvelles formations. Les autorités doivent garantir un minimum d'alphabétisation digitale pour tous. Les universités doivent collaborer avec les entreprises pour développer des formations orientées vers les métiers d'avenir. La formation continue devient la règle et non l'exception.

Les travailleurs et les étudiants vont donc devoir s'adapter. Et les employeurs deux fois plus. Jadis, on savait clairement d'où venait la concurrence mais, aujourd'hui, la menace peut surgir de partout. En outre, le modèle d'entreprise vertical traditionnel est révolu. C'est en tout cas l'avis de la plupart des entrepreneurs que j'ai rencontrés dans le cadre de cet ouvrage. Il n'est plus possible d'être le meilleur à chaque étape du processus, des matières premières au service après-vente. Il devient crucial de collaborer avec d'autres entreprises. Avoir le meilleur réseau est donc un gage de réussite.

Ce qui constitue un danger pour les uns est une opportunité pour les autres. Les start-ups poussent comme des champignons. Il n'est pas nécessaire d'investir dans des machines et des bâtiments onéreux ; il suffit d'un ordinateur et d'une bonne idée. Le principal objectif de ces petites entreprises à la croissance explosive n'est pas de faire des profits dès leur lancement. Ce qu'elles veulent, c'est gravir rapidement les échelons pour amasser des parts de marché. L'effet de réseau fait le reste : chaque nouvel utilisateur rend la plateforme plus attrayante pour les suivants. Cela paraît séduisant, mais l'Europe a d'importants défis à relever sur le plan du financement des start-ups. En Belgique comme en Europe, il n'est pas difficile de trouver du financement pour de petits montants.

Mais dès qu'un acteur de taille moyenne a besoin de quelques dizaines de millions pour tenter de se hisser au sommet mondial, le capital-risque provient des États-Unis. Et c'est principalement dû à l'Europe, qui ne dispose pas d'un marché digital unique ou d'un marché unique des capitaux. Elle n'a d'ailleurs pas non plus de marché unique des services. Si nous voulons figurer parmi les grands de ce monde sur le plan technologique et digital, il nous faut plus d'intégration. Mais c'est un véritable défi dans le contexte politique actuel.

Prêts pour la révolution ?

Les entreprises belges sont-elles prêtes pour la révolution ? J'ai mené un vaste tour de table auprès de 31 sociétés cotées en bourse et de trois entreprises belges qui y sont apparentées. Moins de la moitié des entreprises de production ont préparé ou mis en œuvre un plan d'action. La proportion est de 4 sur 5 pour les entreprises de services. Contrairement aux révolutions industrielles antérieures, elles sont les premières à encaisser des coups, plus rapidement que les entreprises de production. Certaines d'entre elles, telles que Smartphoto, ont opéré la conversion vers une approche entièrement digitale. Mais beaucoup d'autres éprouvent des difficultés. C'est au niveau de la prestation de services vis-à-vis des clients et des fournisseurs qu'elles y voient les plus grandes opportunités. Les défis majeurs ? La nouvelle concurrence et un changement de mentalité de la part des employés. « Si 10 % de vos collaborateurs n'utilisent pas votre appli, il ne faut pas s'attendre à ce qu'ils en fassent la publicité auprès de vos clients », m'a confié l'un des entrepreneurs que j'ai rencontrés.

Si les entreprises cotées en bourse ne peuvent pas échapper à la révolution digitale, il en va de même pour les investisseurs. Le cycle de vie des entreprises devient encore plus court. Cela ne fonctionne plus de développer un produit ou un service et d'en récolter les fruits pendant des dizaines d'années. La nouvelle concurrence vient de partout. Seule l'innovation permanente vous permet de garder une longueur d'avance. Stagner, c'est reculer et on passe vite de *hero to zero*. C'est ce qui est arrivé aux géants technologiques Blackberry et Nokia, qui sont désormais inscrits comme des 'losers' dans la mémoire collective.

La stratégie d'achat à long terme est révolue pour les investisseurs. Les prévisions bénéficiaires sont illusoires si elles s'appuient sur un environnement statique. Un suivi plus dynamique du portefeuille est indispensable, en veillant tout particulièrement à la diversification. Dans le secteur technologique en évolution rapide, la stratégie des œufs de tortue est la plus recommandée : sur la masse d'œufs dans lesquels vous investissez, on peut espérer que quelques-uns survivent. Et si l'un d'eux se développe pour devenir la nouvelle Apple ou Google, les bénéfices seront gigantesques.

Le monde occidental ne connaît pas seulement une révolution digitale. Nous sommes également submergés par une vague de vieillissement de la population qui accroît les coûts sanitaires. Ces dernières décennies, ceux-ci ont augmenté trois fois plus vite que la croissance économique. « La santé n'a pas de prix », affirme la ministre des Affaires sociales Maggie De Block. « Mais il faut bien que quelqu'un paie l'addition. » Les techniques et médicaments révolutionnaires permettent de vivre plus longtemps en bonne santé, mais il faut faire des choix : il faut peser les coûts et les profits. Les applis et la télémédecine peuvent contribuer à réduire les coûts. La génomique est chère, mais elle permet de miser sur la prévention pour évoluer vers une approche de la santé et non de la maladie.

À de nombreux égards, la révolution digitale est comparable aux révolutions industrielles antérieures. Si ce n'est que les changements sont beaucoup plus rapides. Par le passé, les travailleurs parvenaient toujours à suivre le rythme des machines grâce aux compétences typiquement humaines. Aujourd'hui, les machines gagnent plus de terrain que jamais sur l'humain, de sorte que les travailleurs risquent de passer par-dessus bord.

Ils paient le prix de la révolution digitale. Ils profitent du bien-être engendré par les outils digitaux, mais pas de la prospérité. Celle-ci est réservée aux superstars économiques, les gagnants de l'économie digitale. J'espère que cet ouvrage contribuera à une meilleure prise de conscience des opportunités, mais aussi des dangers de cette économie des gagnants. Toutes les parties prenantes doivent œuvrer ensemble pour que la période de transition que nous traversons actuellement soit la moins douloureuse possible. Les responsables politiques sont à la barre. S'ils n'interviennent pas, ce sont les populistes qui le feront. Il y a de fortes chances qu'ils négligent la révolution digitale, et donc le progrès et le potentiel de prospérité.

CHAPITRE 1

La révolution digitale

Au milieu du XVIIIe siècle, après des années de quasi-stagnation, la Première Révolution Industrielle a donné le coup d'envoi de la croissance de la productivité et provoqué une explosion de richesses sans précédent. Aujourd'hui, nous sommes à la veille de la Quatrième Révolution Industrielle. Ce qui la différencie des autres, c'est la rapidité d'évolution de certaines technologies, la numérisation à outrance et le développement de nouvelles inventions à partir d'éléments existants. Les deux premières révolutions industrielles nous avaient affranchis de notre dépendance envers la force musculaire humaine et animale. Les troisième et quatrième révolutions – qui portent essentiellement sur les technologies de l'information et de la communication – augmentent nos capacités intellectuelles.

Aujourd'hui, l'innovation est omniprésente. Mais, jusqu'à présent, la productivité n'a pas progressé. Bien au contraire. Les cassandres expliquent cette situation étonnante par le fait que les développements actuels n'ont pas un impact aussi important que l'invention de l'électricité et de la machine à vapeur, par exemple. Les optimistes voient les choses autrement: cette fois, le surplus produit par les technologies profite aux consommateurs davantage qu'aux producteurs, ce qui les rend invisibles dans les statistiques économiques. Par ailleurs, ces statistiques n'intègrent pas correctement les avancées qualitatives. Pour l'instant, nous observons surtout une amélioration des produits et moins des processus. Les choses devraient évoluer au fur et à mesure que ces technologies s'intègreront dans les processus des entreprises. Lorsque les investissements reprendront, l'amélioration de la productivité suivra.

Introduction

J'ai vu mon premier téléphone portable au début des années 1990. C'était un appareil affreux, aussi lourd qu'une brique et affublé d'une antenne de 50 cm. À l'époque, jamais je n'aurais imaginé me promener un jour avec un tel objet en poche, et encore moins souhaiter être joignable à tout moment. Mais, aujourd'hui, même mon fils de 14 ans possède un smartphone, ce qui lui permet de nous contacter si quelque chose lui arrive sur le chemin de l'école. Et ce smartphone est bien plus qu'un simple téléphone : il est en même temps un appareil photo, une caméra, un GPS, un agenda, une radio, il comprend un répertoire quasi infini de chansons et une calculatrice.

Tout récemment – dans le cadre de la préparation du présent ouvrage –, alors que j'interrogeais des amis sur ce qui les inquiétait le plus, l'un d'eux m'a répondu : « À cause de la vitesse à laquelle les technologies de l'information et les technologies en général – et de tout ce qui les accompagne – évoluent, j'ai toujours l'impression d'être dépassé. Les mises à jour se succèdent à un rythme fou, et cela me fait peur. De plus, nous sommes tellement inondés d'informations que j'ai toujours l'impression de manquer de temps pour approfondir les sujets qui m'intéressent. »

Il a probablement raison. Les choses vont trop vite. Rien qu'en 2016, l'humanité a franchi les étapes suivantes :

- Le Solar Impulse 2 – un avion qui vole grâce à l'énergie solaire – a fait le tour du monde sans carburant.
- Amazon a effectué sa première livraison de colis par drone.
- SpaceX et Blue Origin ont réussi à se poser verticalement, franchissant un pas important dans la course à la première fusée réutilisable.
- Des scientifiques chinois ont réussi à modifier un gène d'un embryon humain.
- L'Université de Berkeley a conçu des capteurs pouvant être implantés dans le corps humain et qui ne sont pas plus grands qu'un grain de poussière.

- ChihiraAico est un robot humanoïde capable de jouer le rôle de réceptionniste et d'accueillir les clients dans les entrepôts de Mitsukoshi et Nihonbashi (Tokyo).
- Les premiers tests de l'Hyperloop 1 – le train TGV magnétique du créateur de Tesla, Elon Musk – ont été réalisés. Ce train devrait permettre de parcourir en 35 minutes à peine les 613 km qui séparent Los Angeles de San Francisco.

Et pour ceux qui estiment que ces avancées technologiques sont déjà très – voire trop – rapides : dans un futur proche, leur rythme devrait encore s'accélérer. C'est ce que pensent en tout cas Erik Brynjolfsson et Andrew McAfee, deux scientifiques du prestigieux MIT (Massachusetts Institute of Technology) qui, dans leur livre éponyme, annoncent que nous sommes à la veille de la « Deuxième Ère de la Machine ». Pour Geneviève Bell, anthropologue et futurologue auprès du producteur de puces Intel, l'angoisse que nous ressentons n'a rien d'anormal. Dans le passé, nos ancêtres ont réagi de la même manière à l'apparition de chaque nouveauté technologique. Dans une première phase, tout le monde s'enthousiasme face au potentiel d'une nouvelle invention, ensuite on se rebiffe parce que tout change, et on finit par se résigner face à ces changements.

La quatrième révolution industrielle ne tombe pas du ciel

Si elle n'est pas neuve, l'innovation reste malgré tout un phénomène assez récent. Pendant plus de 50.000 ans, les hommes ont fait quasiment du surplace et pouvaient à peine assurer leur survie. Les historiens britanniques spécialisés en histoire économique ont évalué la croissance annuelle entre 1300 et 1700 à 0,2 % à peine. Ensuite, le niveau de vie a augmenté pendant quelques centaines d'années. Ce n'est pas un hasard si ce phénomène est lié aux nouveaux développements en génie mécanique, en chimie, en métallurgie et dans d'autres disciplines. Trois révolutions industrielles – nous sommes aujourd'hui à la veille de la quatrième – se sont succédé, poussant la croissance annuelle de la productivité à une moyenne de 2,2 % depuis 1870. Toutes ces révolutions industrielles sont nées au Royaume-Uni, pour s'étendre progressivement au reste du monde occidental. L'évolution dans les pays émergents s'est développée lentement jusqu'aux années 1980, mais s'est fortement accélérée depuis lors. Les chiffres de la croissance de la productivité que nous citons ici concernent les États-Unis. Pour les autres pays, à l'exception du Royaume-Uni, les données ne sont pas toujours disponibles.

La Première Révolution Industrielle a eu lieu entre 1750 et 1850, avec comme principales inventions la machine à vapeur, les filatures de coton, la sidérurgie et les voies ferrées. « La révolution (de la machine à vapeur) a pris plusieurs dizaines d'années pour se développer. Malgré tout, ce fut la transformation la plus importante et la plus rapide de toute l'histoire de l'humanité », explique l'anthropologue et historien Ian Morris[1]. La vapeur a permis de disposer à volonté d'énormes quantités d'énergie, ce qui a ouvert la voie aux usines et à la production de masse, aux chemins de fer et aux transports publics.

La Deuxième Révolution Industrielle – que l'on situe entre 1870 et 1960 – a vu naître l'acier, l'électricité et le moteur à combustion interne. Ces deux dernières inventions furent découvertes en 1879 en trois mois à peine. L'eau courante et la plomberie domestique ont également vu le jour, plus spécifiquement entre 1870 et 1900. Cela a provoqué un saut quantique du niveau de vie en Occident. Le nombre d'entreprises publiques de distribution d'eau fournissant l'eau courante aux ménages américains a été multiplié par dix au cours de cette période. Ce fut aussi

FIG. 1 Contribution au PIB mondial, PIB per capita vs. Population, années 1–2008 (CAGR ou compound annual growth rate, en %). Source : analyse réalisée par le McKinsey Global Institute sur base des données de l'économiste Angus Maddison

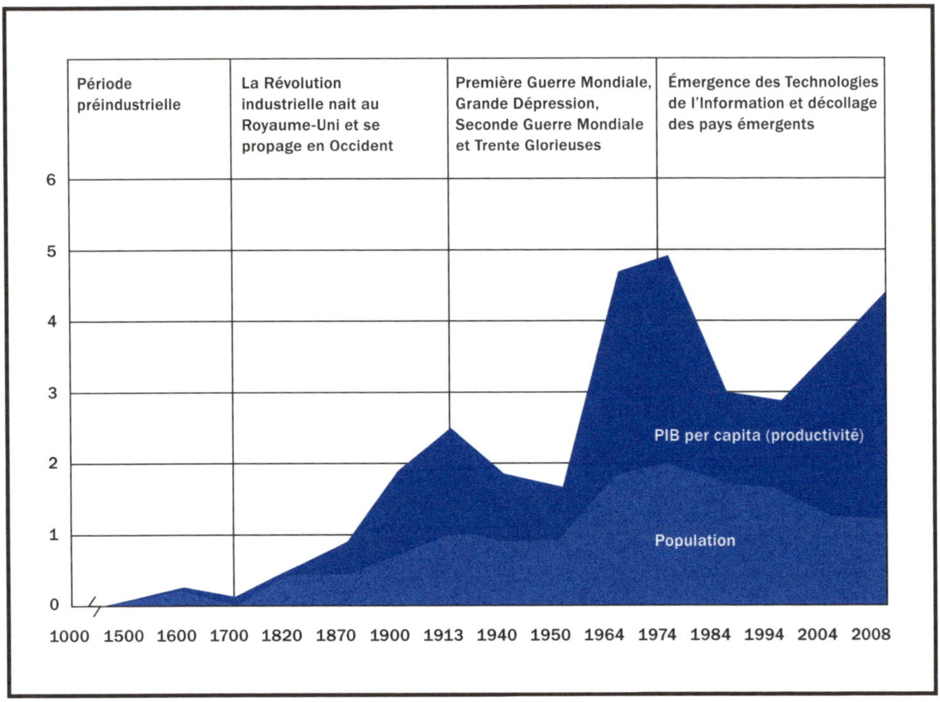

un grand bond en avant dans l'histoire de l'émancipation féminine. En 1885, les ménagères de Caroline du Nord parcouraient chaque année pas moins de 238 km pour transporter au total 35 tonnes d'eau. La plomberie domestique a amené l'eau au cœur des foyers. Le téléphone et le phonogramme ont vu le jour dans les années 1880. Toutes ces innovations ont donné naissance à d'autres inventions – connexes ou complémentaires – comme les ascenseurs, les machines électriques et leurs applications domestiques (électroménagers), les automobiles, les camions et les avions. Les autoroutes, les banlieues et les supermarchés ont commencé à proliférer. Et tout cela avant 1929, du moins dans l'Amérique urbaine.

Les deux premières révolutions industrielles nous ont permis de nous affranchir de notre dépendance envers la force musculaire humaine et animale. Pour la première fois dans l'histoire, les progrès furent essentiellement le résultat des innovations technologiques. Ce fut le plus grand bouleversement de l'histoire de l'humanité. L'importance des inventions de la Deuxième Révolution Industrielle fut telle qu'il a fallu cent ans pour que leur impact se fasse pleinement ressentir. Leur influence s'est même prolongée dans les années 1970, avec des innovations comme la télévision en couleurs, la climatisation et la construction d'un vaste réseau routier entre les États américains. L'Europe a suivi dans le sillage des États-Unis.

À partir des années 1960, avec la Troisième Révolution Industrielle – caractérisée par le développement des technologies de l'information et de la communication – et la Quatrième Révolution Industrielle (la révolution digitale que nous sommes en train de vivre) – qui en est le résultat direct – nous sommes entrés dans une nouvelle ère. « Les ordinateurs et autres développements digitaux (intelligence artificielle, applications « cloud », etc.) sont à notre cerveau ce que la machine à vapeur et les développements qui sont nés dans son sillage (électricité, moteur à combustion interne, etc.) étaient à nos muscles », estiment Brynjolfsson et McAfee. « Ce développement incroyable de nos capacités mentales, sans précédent dans toute l'histoire de l'humanité, a autant d'importance que la précédente vague d'innovations qui a multiplié nos capacités physiques. Cela augmente encore nos possibilités d'agir sur notre environnement physique et intellectuel. Les deux auteurs estiment que nous sommes à la veille de la Deuxième Ère de la Machine. Il ne fait aucun doute que nous en ressentons déjà les effets dans notre vie quotidienne. Aujourd'hui, la question est de savoir si ces développements auront aussi un impact sur l'économie.

La révolution industrielle Made in Europe

Ce n'est pas aux États-Unis, mais au Royaume-Uni et en Europe que furent posées au XVIIIe siècle les bases de l'industrialisation et de la modernisation. Le professeur David Landes [2] avance deux éléments pour expliquer ce développement extraordinaire : l'émergence d'entreprises privées et la rationalisation – du moins en Occident – des relations entre l'homme et la nature.

Le développement des échanges commerciaux a signé la fin de l'organisation sociale du Moyen Âge, qui voyait le seigneur offrir protection à ses sujets en échange de travail dans les champs. Le développement du commerce a donné naissance aux villes, tandis que les commerçants et les banquiers finançaient les ambitions des seigneurs locaux. Ceux-ci ont endossé des habits d'hommes d'État et ont construit et organisé des nations. Les

riches commerçants de l'époque étaient aussi convoités par les souverains et les puissants que les patrons d'entreprises et les milliardaires aujourd'hui.

Résultat: les entreprises privées ont occupé une place de plus en plus importante dans la société. Pour les attirer, les hommes d'État ont promulgué des lois régissant les droits de propriété et les impôts. Les taxes arbitraires ont disparu, comme la loi du plus fort. Les entreprises ont investi et prospéré, parallèlement aux États-nations. Cette (r)évolution n'a pas eu lieu en Chine ni chez les Maures, qui sont restés soumis aux caprices de la classe dominante, et la concurrence sur les marchés a de ce fait pris du retard.

Les villes sont devenues les centres névralgiques de la créativité et de l'innovation, et ont permis l'émergence d'une nouvelle bourgeoisie, qui n'avait qu'un seul but: devenir riche. Résultat: elle a dû gérer ses affaires de manière rationnelle, et nouer des relations avec les populations et l'environnement. C'est la deuxième caractéristique qui nous différencie des autres cultures.

L'intérêt particulier des Occidentaux pour la rationalité trouve son origine dans la foi protestante qui prévalait à l'époque. Un bon calviniste était travailleur, économe, austère et honnête. L'austérité – considérée comme la clé de l'émancipation – était un but en soi. L'acquisition de connaissances sur la nature et d'autres domaines devait permettre de travailler de manière aussi efficace que possible. Dans d'autres cultures, la recherche de ces connaissances et de cette maîtrise fut freinée par les croyances et les superstitions. En Europe – où l'Eglise a rejeté l'animisme dominant [3] – nous sommes devenus libres de découvrir la nature et de développer et expérimenter de nouveaux processus.

Autre élément ayant contribué au progrès: la stabilité politique en Europe à partir du XVIIe siècle, aussi appelé Âge d'Or. Au lieu de se livrer bataille, les Européens sont partis à la conquête de nouveaux territoires. Les colonies et les plantations se sont développées. Ce fut une évolution monument ale, car jusque-là, les Européens s'étaient contentés d'une exploitation pure et simple des ressources. Ce changement s'est traduit par l'augmentation des importations et des exportations, ce qui a une fois de plus poussé l'industrie européenne à augmenter sa production. Les Européens se sont lancés dans une nouvelle croisade pour doper encore leur efficacité, ce qui a donné un coup de pouce supplémentaire à la révolution industrielle.

Sous le capot de la révolution digitale

Pour comprendre ce qui est en train de se passer et évaluer l'impact de la vague innovante que nous connaissons actuellement, nous devons effectuer un petit retour en arrière. C'est la seule façon d'appréhender les particularités de ce boom technologique et sa place dans l'histoire. Deux scientifiques du MIT, Erik Brynjolfsson et Andrew McAfee, proposent une analyse convaincante. Ils ont étudié la révolution actuelle et ont identifié trois caractéristiques dominantes : elle est digitale, combinatoire et exponentielle. Que signifie ce charabia ?

L'information sans limite

Il ne faut pas être grand clerc pour comprendre l'importance du rôle joué par la vague d'innovations technologiques que nous vivons aujourd'hui. Tout est digitalisé. Les livres, la musique, les photos et tous les autres supports d'information sont transformés en code binaire, qui est devenu la « langue maternelle » des machines. Cette digitalisation a par ailleurs un prix, même si, sur ce plan, il faut souligner une spécificité remarquable : créer des banques de données coûte cher. Ensuite, leur utilisation est gratuite. C'est le constat du professeur Carl Shapiro et de l'Économiste en Chef de Google, Hal Varian, dans leur livre *La nouvelle économie*[4].

Les coûts de reproduction de l'information digitale sont très faibles, avec pour corollaire qu'elles s'offrent quasiment le statut de biens collectifs. Car presque tout le monde peut les utiliser en même temps, ce qui élimine toute concurrence entre utilisateurs. Auparavant, la plupart des biens collectifs ne pouvaient être utilisés ou consommés que par une seule personne à la fois. Par exemple, si je suis assis sur une chaise, personne d'autre ne peut s'asseoir sur cette chaise au même moment. Si j'écoute de la musique sur mon smartphone à l'aide d'écouteurs, je suis le seul à pouvoir l'écouter. Mais d'autres personnes pourraient tout aussi bien écouter la même musique au même moment. L'un n'empêche pas l'autre. La principale conséquence, c'est que l'information numérisée ne s'épuise pas suite à l'usage que l'on en fait.

Combiner au carré

Une autre caractéristique des progrès technologiques actuels, c'est qu'ils peuvent être combinés à l'infini. « L'innovation combinatoire fait référence au fait que d'anciennes idées peuvent être reconfigurées pour donner naissance à de nouveaux concepts », explique l'historien Martin Weitzman[5], spécialisé en histoire économique. Des nouveautés naissent de la combinaison de techniques existantes. Et ces développements posent les fondations de nouvelles découvertes.

Mais pour que les grandes innovations technologiques émergent, il faut que plusieurs technologies plus petites aient préalablement évolué. Aujourd'hui, il s'agit des derniers développements dans le secteur des puces électroniques, de la communication, de l'infrastructure internet, du « cloud computing » et des applications logicielles. Grâce à la digitalisation, des millions d'esprits créatifs peuvent travailler simultanément et à coût réduit à partir de ces technologies. Conséquence : une explosion de nouvelles applications, toutes nées de combinaisons de technologies existantes. Par exemple, la « Google Car » (la voiture autonome de Google) combine les possibilités des GPS, des capteurs et des caméras. Et la nouvelle application de navigation comme Waze utilise à la fois les technologies GPS, la communication entre machines et les capteurs. « La limite ultime à notre croissance ne sera pas tant notre potentiel à générer de nouvelles idées, que notre capacité à les traiter et à les transformer en applications pratiques[6] », conclut Weitzman.

Croissance exponentielle

En plus d'être numérique et combinatoire, la vague d'innovations actuelle est aussi exponentielle. Les technologies s'améliorent à un rythme effréné et leur prix ne cesse de baisser, ce qui les rend accessibles à tous. Les puces électroniques en sont la parfaite illustration. Elles ont été inventées en 1958 par l'Américain Jack Kilby, ce qui lui a valu le Prix Nobel de Physique en 2000. Chaque année, la capacité des puces augmente, tandis que leur prix baisse. En 1965, Gordon Moore, cofondateur du producteur de puces Intel, a même constaté que le nombre de transistors (les composants des puces électroniques) doublait chaque année[7]. Ce constat est bien connu sous le nom de « Loi de Moore ». « Si l'industrie automobile évoluait au même rythme que celle des semi-conducteurs, souligne Gordon Moore, une Rolls-Royce pourrait parcourir 177.000 km avec un seul litre d'essence, et cela coûterait moins cher de la jeter que de la garer».

Suite à la hausse exponentielle du nombre de transistors, la puissance de calcul des circuits intégré a explosé. Moore avait estimé qu'en 1975, les puces seraient 500 fois plus puissantes que celles de 1965. Sa loi est restée valable pendant 40 ans, même si Moore l'a revue en 1975, misant cette fois sur un doublement de leur capacité tous les deux ans. Depuis lors, nous savons qu'en réalité, ce doublement a lieu tous les 18 mois.

FIG. 2 Hausse spectaculaire du nombre de transistors par puce selon la Loi de Moore
Source: Wikipedia, Le transistor est le plus petit élément d'une puce électronique ou circuit intégré. NB: l'échelle Y est logarithmique.

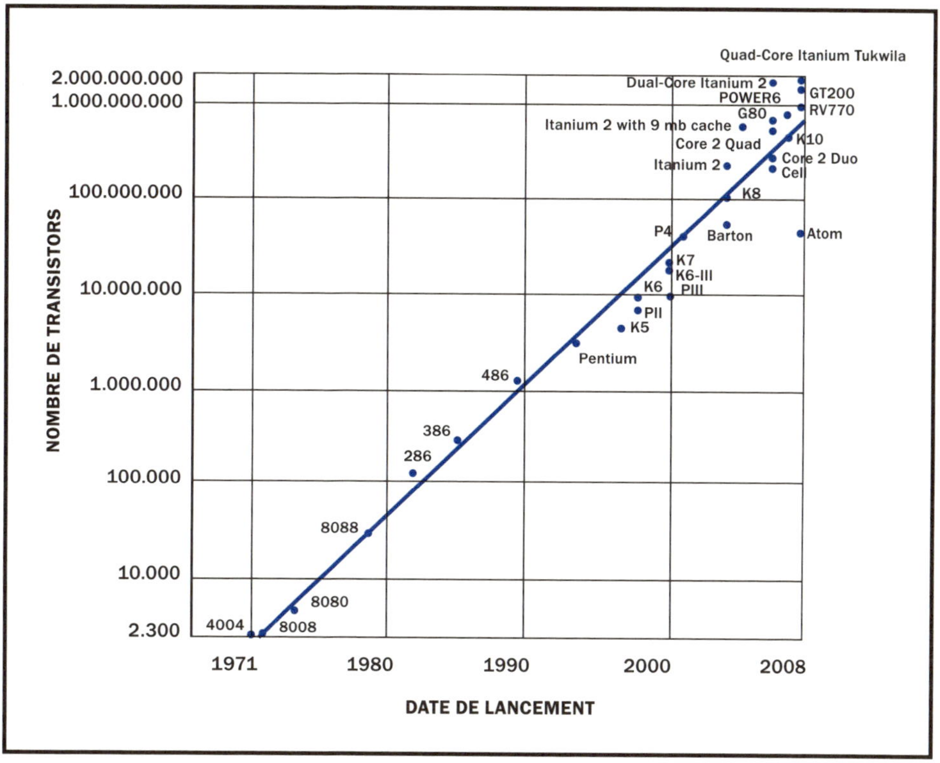

La puce la plus puissante contient près de 4 milliards de transistors. Le graphique ci-dessous montre la croissance exponentielle du nombre de calculs par seconde que peut effectuer un ordinateur, à prix constant. Si on démarre avec une unité fictive de 1 au moment où le Bureau of Economic Analysis a utilisé pour la première fois l'appellation «technologie de l'information» comme terme à part entière – c'est-à-dire en 1958 –, on constate que la puissance est multipliée par deux tous les 18 mois. En 2006, après 32 doublements, on arrive à près de 4,3 milliards de calculs par seconde.

FIG. 3 Doublement de la capacité des ordinateurs tous les 18 mois depuis 1958. Indice de départ (linéaire) = 1. Source : Calculs propres, échelle linéaire (à gauche) vs. échelle logarithmique (à droite)

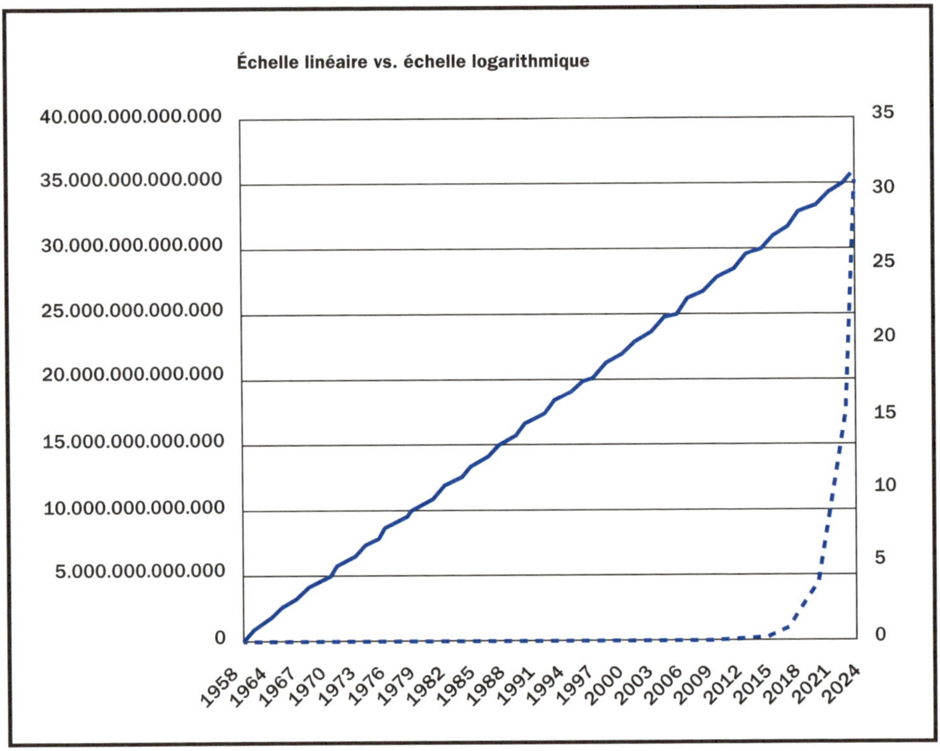

La Loi de Moore illustre à souhait la constance et le succès des efforts des techniciens et des informaticiens. Ces avancées ont été rendues possibles par la particularité du numérique, qui évite à ces scientifiques de se heurter trop rapidement aux limites des lois de la physique. Le nombre d'électrons pouvant être envoyés chaque seconde à travers un canal dans un circuit intégré n'est bien entendu pas illimité, pas plus que la vitesse à laquelle les faisceaux lumineux peuvent se déplacer à travers un câble en fibre optique. Mais ces limites ne seront atteintes que dans 10 ou 15 ans.

Jusqu'ici, les informaticiens s'étaient contentés de donner un coup de pouce à la nature, en imaginant sans cesse de nouvelles méthodes de production des puces électroniques. Le premier ordinateur numérique ENIAC (Electronic Numerical Integrator And Computer, 1946) était un monstre qui pesait plus de trente tonnes, consommait 200 kilowatts/h, et comptait 18.000 tubes à vide en surchauffe permanente. L'invention du transistor a libéré les ingénieurs des tubes à vide et du problème de surchauffe. Mais, parallèlement, la complexité des circuits intégrés a augmenté, ce qui a confronté les scientifiques à d'autres limites.

La puissance du doublement

Pour illustrer la croissance exponentielle, le futurologue et inventeur américain Ray Kurzweil – qui travaille pour le géant Google sur la reconnaissance linguistique – adore raconter l'histoire de l'invention du jeu d'échec en Inde au VIe siècle. Après avoir inventé le jeu, cette personne particulièrement intelligente s'est rendue dans la capitale Pataliputra pour l'offrir à l'empereur. Ce dernier fut tellement impressionné qu'il demanda qu'il soit récompensé.

L'inventeur remercia l'empereur pour sa générosité et déclara : « Je demande juste un peu de riz pour nourrir ma famille ». Il proposa d'utiliser l'échiquier pour fixer la quantité de riz qui lui serait accordée. « Placez un grain de riz sur la première case de l'échiquier, mettez-en deux sur la deuxième, quatre sur la troisième, etc., jusqu'à ce que toutes les cases soient remplies avec le double de grains de riz de la précédente. »

« Faites », a répondu l'empereur, impressionné par l'apparente honnêteté de l'homme. Après 32 cases, soit la première moitié de l'échiquier, le riz offert par l'empereur se montait déjà à 4 milliards de grains de riz, une quantité relativement raisonnable, équivalant à la production d'une grande rizière. Mais l'empereur commença à se méfier.

Quoi qu'il en soit, l'empereur restait l'empereur. Et l'inventeur avait une tête. Ce n'est qu'après être passés à la seconde moitié de l'échiquier que l'un des deux se retrouva face à un problème[8]. Car on parlait alors en milliards, milliers de milliards et milliards de milliards de grains de riz. Personne ne connaît la fin de l'histoire. Les chiffres étaient devenus trop élevés.

«Le premier ordinateur digital ENIAC (Electronic Numerical Integrator And Computer, 1946) était un monstre de plus de 30 tonnes, consommait 200 kWh et comprenait 18.000 tubes à vide constamment en surchauffe. La découverte du transistor a libéré les ingénieurs des tubes à vide et du problème de surchauffe permanente.»

Tout progresse, sauf la productivité

« La productivité n'est pas tout mais, à long terme, elle est presque tout ». Ces paroles sont de Paul Krugman, lauréat du Prix Nobel d'économie en 1992[9]. Les économistes Alan Blinder et William Baumol ne disent pas autre chose[10] : « Sur de longues périodes, les différences – même minimes – au niveau du rythme d'augmentation de la productivité prennent de l'ampleur, comme les intérêts composés sur un compte bancaire. Elles peuvent faire une différence énorme en termes de prospérité d'une société. Rien ne contribue davantage que la croissance au recul de la pauvreté, à l'augmentation du temps de loisirs et aux possibilités d'un pays de financer l'enseignement, la santé publique, la protection de l'environnement et l'art. » Avec le vieillissement de la population qui pointe le bout de son nez, ce sera un véritable défi de stabiliser notre niveau de main-d'œuvre. Il sera d'autant plus important que chaque travailleur produise le maximum. En d'autres termes, la productivité n'a jamais été aussi importante pour assurer la croissance économique.

La croissance économique représente la somme de l'augmentation du nombre de travailleurs (et du nombre d'heures prestées) et de leur productivité (leur production horaire). Les Première et Deuxième Révolutions Industrielles ont provoqué une explosion de la productivité, alors qu'elle est la grande absente de la Troisième et de la Quatrième Révolution.

Entre 1891 et 1972, la productivité américaine a progressé de 2,3 % par an, a calculé le professeur Robert J. Gordon[11]. L'impact des inventions datant de la Deuxième Révolution Industrielle s'est lentement érodé, ce qui a provoqué un recul de la productivité à 1,4 % par an entre 1972 et 1996. Les années 1960 ont pourtant connu l'émergence de l'ère informatique. Mais, constat étonnant : « Nous voyons les ordinateurs partout, sauf dans les statistiques de productivité ». C'est ainsi que l'économiste américain Robert Solow énonçait ce paradoxe en 1987.

Le paradoxe de la productivité

Comment expliquer cette « panne » de productivité malgré toutes les avancées technologiques ? Une première explication, c'est que, durant les années 1970 et 1980, les ordinateurs et la technologie de l'information (IT ou Information Technology) représentaient un pourcentage trop faible des investissements pour avoir un impact significatif sur la

FIG. 4 Augmentation moyenne de la productivité (par périodes), entre 1891 et 2012
Source : Robert J. Gordon, Is US economic growth over? Faltering innovation confronts the six headwinds, CEPR, September 2012

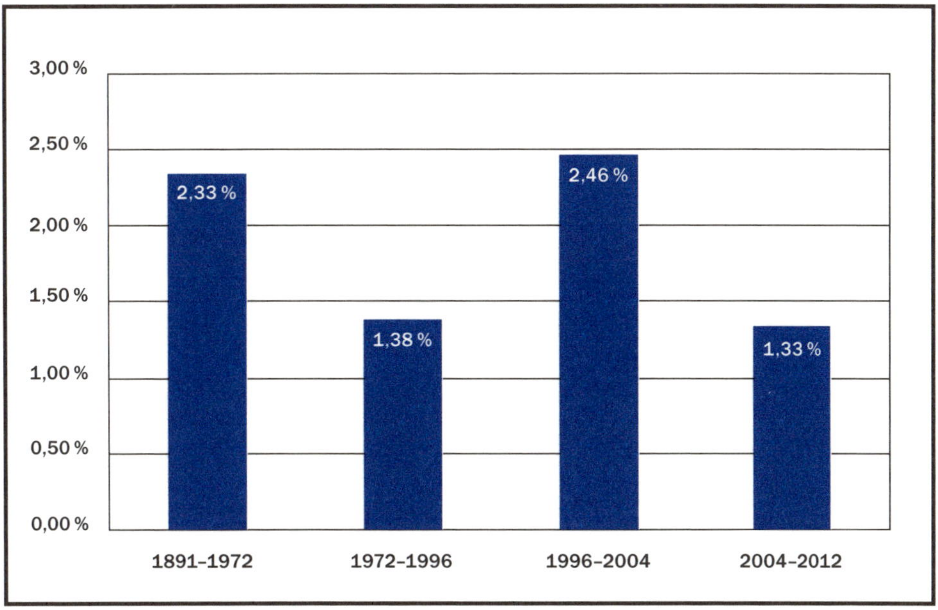

productivité. Ce n'est qu'ensuite que la masse critique a été atteinte. Les investissements en IT et en logiciels (exprimés en pourcentage du PIB ou Produit Intérieur Brut) ont été multipliés par neuf, pour atteindre 4,6 % entre 1960 et 2000. Résultat : une accélération spectaculaire de la productivité à 2,5 % au cours de la période 1996–2004. Avec un certain retard donc...

Ce décalage dans le temps n'est pas étonnant. En effet, les accélérations de la croissance ne coïncident pas avec les révolutions industrielles. La machine à vapeur fut inventée en 1705, mais son usage ne se généralisa qu'au cours de la seconde moitié du XVIIIe siècle. L'impact des chemins de fer sur la productivité et la croissance des États-Unis ne s'est réellement fait sentir qu'entre 1850 et 1900. En d'autres termes, il a fallu attendre 150 ans avant que les effets soient visibles. C'est une des caractéristiques des GPT (ou General Purpose Technologies)[12], qui induisent des changements fondamentaux dans les processus de fabrication et les infrastructures de production des industries faisant appel à ces nouveautés. Ces nouveaux systèmes technologiques changent pratiquement tout : ce que nous produisons, nos techniques de fabrication,

FIG. 5 **Croissance du PIB per capita (augmentation de la productivité annuelle, en %) vs. GPT (General Purpose Technologies). Impact différé des GPT sur la hausse de la productivité.**
Source : « Is US Economy Growth Over ? » par Robert Gordon, NBER Working Paper, 2012

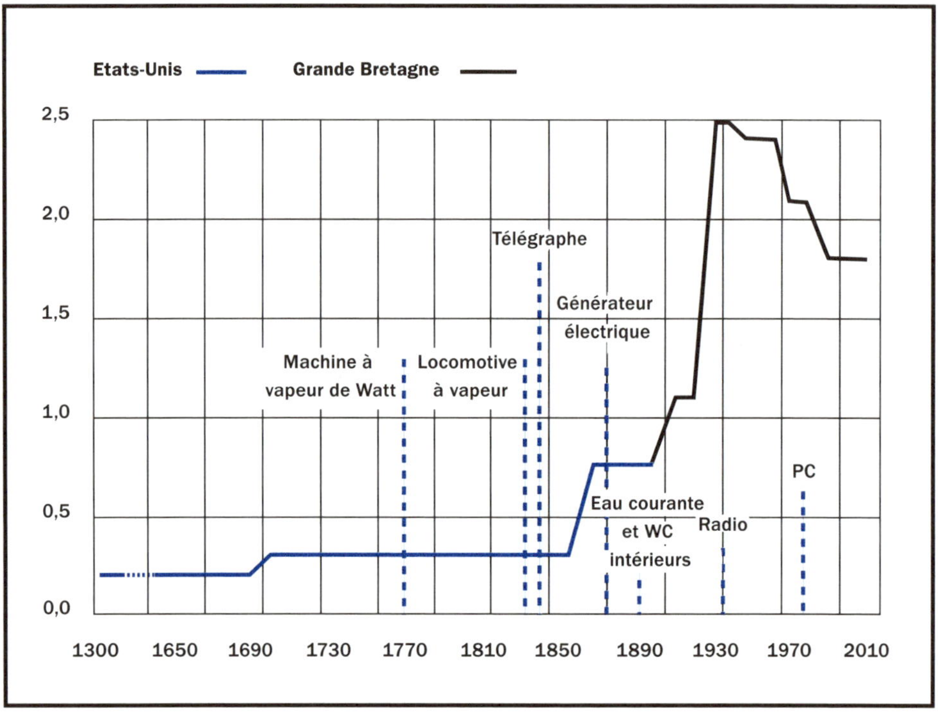

l'organisation de la production, la localisation des unités de production, l'infrastructure nécessaire, et les lois et réglementations. Tout cela ne se fait pas du jour au lendemain.

Au cours du XIXe siècle, les chemins de fer ont rendu possible la vente par catalogue, ce qui a transformé le commerce de proximité. À son tour, la baisse du prix des ordinateurs et des appareils de télécommunication a provoqué une nouvelle vague d'inventions complémentaires et d'applications dans les industries qui utilisaient intensément les technologies de l'information et de la communication (ICT ou Information and Communication Technology). Dans le commerce de gros et de détail, le système de livraison « just in time » a permis de réduire les stocks. Mais parallèlement à ces investissements en ICT, les entreprises ont dû – et doivent encore – mettre en place de nouvelles compétences et les développer via une politique de recherche et développement (R&D) ciblée. Ce processus est lent. Les avantages de la révolution de l'ICT font surface avec un sérieux retard. L'accélération de la hausse de la productivité ne s'est réellement enclenchée qu'au cours de la seconde moitié des années 1990, et uniquement aux États-Unis (pas en Europe), pour se maintenir jusqu'en 2004.

Mais ce constat ne résout pas pour autant le paradoxe. La « Nouvelle Économie » liée à internet a connu une mort rapide. Entre 2004 et 2012, l'évolution de la productivité américaine s'est ralentie à 1,3 % par an, soit le même niveau que pendant la période 1972–1996. « L'impact de la Troisième Révolution Industrielle sur la productivité s'est éteint après seulement huit ans », souligne le professeur Gordon. « C'est très peu comparé aux 81 ans de croissance spectaculaire et à l'augmentation du niveau de vie qu'avait provoquées la Deuxième Révolution ». Depuis 2012, la productivité américaine s'est contractée, pour plafonner à 0,6 %.

L'impact de la Troisième Révolution Industrielle sur la productivité a disparu après seulement huit ans, ce qui est peu comparé aux 81 ans de croissance spectaculaire et d'augmentation du niveau de vie qu'avait provoquées la Deuxième Révolution.

Source: 'Is US Economic Growth Over?', de Robert Gordon, NBER Working Paper, 2012

Malgré tout, les choses évoluent aujourd'hui bien trop vite pour que tout le monde puisse s'accrocher au wagon. Pratiquement, tout est devenu plus simple, plus rapide et plus convivial. Pourquoi, dans ce cas, ce phénomène ne se reflète-t-il pas dans la croissance économique ? D'après Gordon, cela s'explique par le fait que la révolution industrielle actuelle ne se focalise pas particulièrement sur les inventions permettant de réduire la main-d'œuvre ; en d'autres termes, les interventions humaines ne sont pas systématiquement remplacées et complétées par les ordinateurs. Cette révolution touche surtout les équipements de loisirs et de communication. Ceux-ci disposent des mêmes fonctionnalités que leurs ancêtres, mais sont aujourd'hui beaucoup plus petits. Pensez aux MP3 dont la taille ne cesse de se réduire, ou qui ne sont qu'une simple fonction accessoire de votre smartphone. Ou à l'iPad, qui est devenu le principal concurrent des ordinateurs personnels traditionnels. Ces innovations sont acceptées avec enthousiasme par les consommateurs. Mais, contrairement aux périodes antérieures, elles n'améliorent pas – du moins pas encore – les processus de production (ce que l'on appelle l'innovation en matière de processus).

Gordon n'est pas le seul à se montrer sceptique envers la Quatrième Révolution Industrielle, ou ce que Brynjolfsson et McAfee appellent la «Deuxième Ère de la machine». Plus récemment, Peter Thiel, investisseur et fondateur du service de paiement Paypal, pointait l'absence relative de progrès dans les transports et la médecine depuis le début des années 1970 comme étant la preuve que les technologies étaient moins transformatives que le battage médiatique le suggérait. «Nous voulions des voitures volantes, et on nous a donné 140 caractères.»

Scepticisme à propos de la révolution ICT

À l'aide d'un exemple, le Professeur Gordon illustre la différence fondamentale entre les inventions de la Deuxième Révolution Industrielle et les nombreuses innovations de la révolution ICT depuis 2002. Imaginez que vous deviez choisir entre deux options. L'option A vous permet de garder tous les accès et l'utilisation des technologies électroniques disponibles en 2002, y compris votre ordinateur Windows-98 et l'accès à internet. Par ailleurs, vous conservez l'eau courante et les WC à l'intérieur de la maison. Mais vous n'avez plus accès aux inventions postérieures à 2002.

Si vous optez pour la solution B, vous continuez à utiliser Twitter et Facebook sur votre iPad sans aucune limite. Mais vous perdez l'eau courante et les WC intérieurs. L'eau doit être apportée tous les jours à votre domicile, et les déchets doivent être sortis. À 3h du matin, au cours d'une nuit pluvieuse, vous n'avez pas d'autre choix que de traverser votre jardin boueux pour rejoindre vos toilettes extérieures. Quelle option choisissez-vous?

D'après le professeur, cette question provoque des éclats de rire face à l'évidence du choix de l'option A. Les auditeurs se rendent compte tout d'un coup qu'une seule des nombreuses inventions du XIXe siècle est bien plus importante que les appareils électroniques portables dont ils sont devenus les esclaves en moins de dix ans.

À deux doigts d'une croissance débridée

Le camp des optimistes se réfère à une étude du Professeur Chad Syverson[13] pour expliquer le paradoxe de la productivité. Ce dernier a constaté que le schéma de croissance de la productivité depuis le début

FIG. 6 Productivité au cours de la période d'électrification (1890–1940) et du développement de l'IT (1970–2012) aux États-Unis (1915 = 100 et 1995 = 100)

Source : Chad Syverson, Will History Repeat Itself? Comments on 'Is the information technology revolution over?'

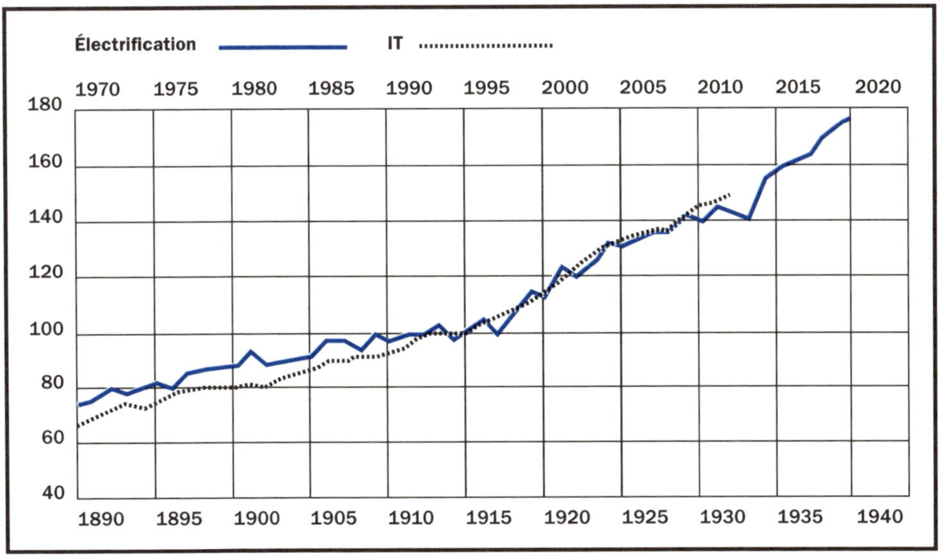

de la Troisième Révolution Industrielle en 1970 pouvait être comparé aux cinquante premières années de l'électrification, soit la période 1890–1940 (première partie de la Deuxième Révolution Industrielle). Au cours des 25 premières années, la productivité n'a progressé que très lentement, tout comme pendant la période 1970–1995. Elles ont été suivies d'une accélération qui a duré dix ans : de 1915 à 1924 (période d'électrification), et de 1995 à 2004 (période de développement de l'IT). Ensuite, la productivité a subi un nouveau coup de frein pendant dix ans (1924–1932) pour se terminer par un sprint final de 2,7 % par an en moyenne au cours de la période 1932–1940 (n'est-ce pas la période de la Grande Dépression ?). Après 2004, nous avons connu dix ans de ralentissement de la croissance de la productivité. « Il faudra être patient pour voir si nous connaîtrons à nouveau une accélération, mais nous savons que, dans le passé, cela s'est déjà produit », explique Syverson.

Pour que cette accélération ait lieu, la digitalisation de la technologie de l'information et de la communication devrait donc faire partie des General Purpose Technologies. Est-ce le cas ? Les GPT ont trois caractéristiques importantes : elles sont omniprésentes, elles s'améliorent progressivement et servent de tremplin à d'autres innovations. Les technologies digitales actuelles répondent à ces trois conditions.

L'omniprésence du digital est encore plus évidente que dans le cas de la machine à vapeur, voire même des ordinateurs. L'utilisation de la machine à vapeur s'était limitée aux chemins de fer et à l'industrie textile et les ordinateurs n'ont eu un impact que sur un petit nombre d'industries, comme le secteur financier, le commerce de gros et de détail («just-in-time») et la production d'ordinateurs. Les services digitaux, au contraire, apportent d'énormes avantages, tant aux industries traditionnelles qu'aux soins de santé, au secteur financier, au tourisme et à la mobilité. L'élargissement de leur champ d'application met d'ailleurs à mal la comparaison du Professeur Gordon entre l'économie digitale et les anciennes « General Purpose Technologies ». De nombreux autres domaines – comme la robotique, les ordinateurs quantiques et l'étude du génome – en sont encore à leurs balbutiements et auront certainement un impact sur pratiquement tous les aspects de notre vie sociale et économique. Nous sommes aujourd'hui balayés par un raz-de-marée de nouvelles technologies, alors que nos ancêtres pouvaient les digérer une à une.

Les composants de base ont été développés, de même que les nouvelles infrastructures. En plus d'un internet rapide et vaste, elles comprennent également des capacités de stockage et de traitement dans le « cloud ». Amazon Web Service (AWS), le département « cloud » du géant américain, vend des quantités énormes de puissance informatique à ceux qui en ont besoin. « C'est – et je pèse mes mots – la grande idée de ce siècle », a déclaré Pierre Huylenbroeck, ancien rédacteur en chef du quotidien flamand *De Tijd* et éditeur de *Mister Market Magazine*[14]. « Les entreprises n'ont plus besoin d'être propriétaires de leurs capacités informatiques. C'est non seulement cher, mais il est par ailleurs difficile d'évaluer leurs besoins. Parfois elles achètent trop peu de capacité, mais le plus souvent, elles en achètent trop. » Aujourd'hui, en plus des entreprises prestigieuses comme Dropbox, Airbnb, Netflix et Spotify, AWS compte aussi parmi ses clients des valeurs sûres comme Novartis, General Electric et... la CIA. « On peut comparer le cloud aux infrastructures traditionnelles comme l'électricité et les routes », a déclaré Jeff Barr d'AWS en 2015 au cours de « Reinvent », la conférence annuelle d'Amazon. « Nous pensons qu'il y en aura toujours en suffisance et qu'elles ne tomberont jamais en panne. C'est quand ce n'est plus disponible et que l'eau ne sort plus du robinet que nous nous rendons compte de son utilité[15]. Ce fut le cas fin février 2017, lorsqu'une panne technique a bloqué pendant quatre heures le fonctionnement de centaines de milliers de sites internet, entre autres celui d'Apple, de Netflix et du gendarme de la Bourse américaine, la SEC (Securities and Exchange Commission).

Il est très possible que nous soyons à la veille d'une gigantesque reprise de la croissance. Les machines intelligentes utilisent les progrès rapides enregistrés au niveau de la capacité et de la vitesse des ordinateurs, de l'intelligence artificielle, des communications en réseau, et de la digitalisation quasi généralisée. Nous faisons face à un changement sismique – comme les voitures autonomes et les imprimantes 3D – alimenté par l'amélioration permanente d'algorithmes très complexes devant être capables de traiter des données en croissance exponentielle.

«Ces quarante dernières années, lorsque nous travaillions avec des algorithmes logiques, nous avons surestimé l'impact des technologies de l'information», explique Hod Lipson, professeur d'Ingénierie Mécanique à la Columbia University de New York, où il met au point des robots avec une conscience autonome (les robots conscients). «Nous ne disposions pas encore de la capacité de traitement nécessaire au 'machine learning' et à l'intelligence artificielle. Aujourd'hui, c'est le cas, et les choses avancent à vitesse grand V.» Hasard du calendrier, le jour où nous avons rencontré Lipson – soit le 8 février 2017 – le magazine Nature révélait l'invention d'une nouvelle technologie permettant de diagnostiquer un cancer de la peau sur base de l'examen de la photo d'une tache dermatologique. «L'algorithme s'en sort mieux que les meilleurs médecins. Bientôt, des milliards de personnes pourront, rien qu'avec leur smartphone, contrôler eux-mêmes leur peau, y compris ceux qui n'ont pas accès aux soins de santé», explique Lipson.

«Chaque semaine nous apporte son lot d'inventions révolutionnaires, souligne le professeur. Il suffit de comparer ces machines intelligentes aux meilleurs médecins: ces derniers pourront (légèrement) s'améliorer au fur et à mesure qu'ils seront confrontés à de nouveaux cas. Mais ils ne pourront jamais voir plus de mille cas par an. Par contre, l'algorithme du scanner s'améliorera avec chaque cas enregistré dans le système. En deux ans, il pourrait avoir vu et assimilé tous les cas de l'ensemble de la population mondiale. Et savez-vous ce qui est le plus prometteur? C'est que l'équipe qui a développé cet algorithme n'était pas spécialisée en intelligence artificielle, mais en soins de santé. Leur réussite montre que tout le monde peut utiliser l'intelligence artificielle

FIG. 7 **La vitesse d'adaptation aux nouvelles technologies s'accélère**
Source : BofA Merrill Lynch Global Investment Strategy, Ray Kurzweil, Singularity.com

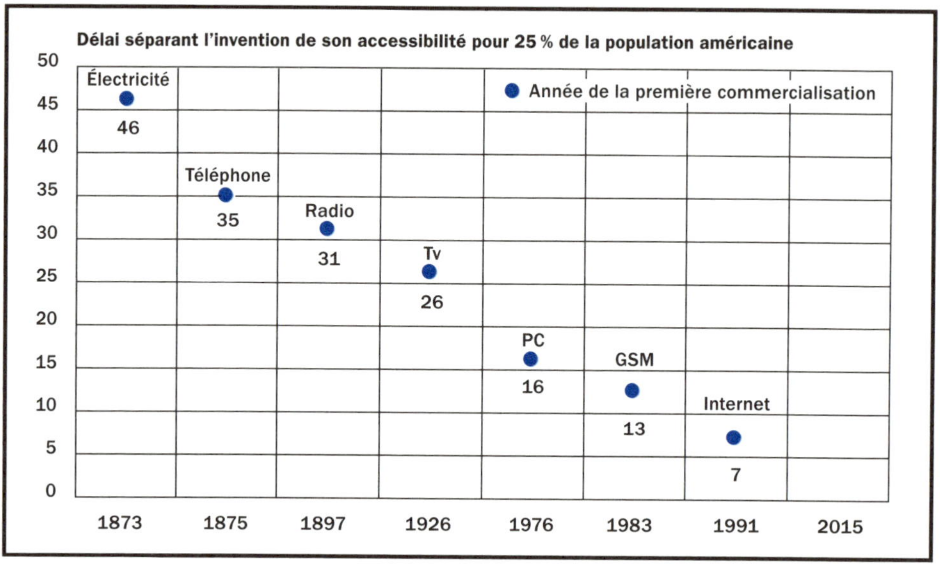

pour développer de nouveaux produits dans son domaine. Une véritable révolution est en cours. Il ne faut pas nécessairement être un spécialiste, il faut avant tout disposer des informations. Nous sommes à la veille d'une évolution exponentielle. »

Raymond Kurzweil, futurologue et directeur de Google, prédit un avenir prometteur. Il pense qu'en 2023, on pourra acquérir pour 1.000 dollars un PC portable dont la capacité de calcul sera comparable au cerveau humain. Pour lui, nous vivrons une situation un peu particulière, à savoir le moment où l'intelligence artificielle dépassera celle de l'Homme. Les ordinateurs disposeront – d'une certaine manière – de leur propre conscience et seront à même d'élaborer des concepts incompréhensibles pour les humains.

Kurzweil avance une autre raison d'être optimiste : la commercialisation des innovations technologiques se fait de plus en plus vite. Après l'invention de l'électricité, il a fallu attendre cinquante ans avant que 25 % de la population américaine y ait accès. Avec les PC, cette durée a été réduite à 16 ans. Et pour internet, à sept ans à peine. En toute logique, la croissance économique devrait suivre.

FIG. 8 Ventes de singles per capita depuis 1973
Source : BofA Merrill Lynch Global Investment Strategy, Recording Industry Association of America

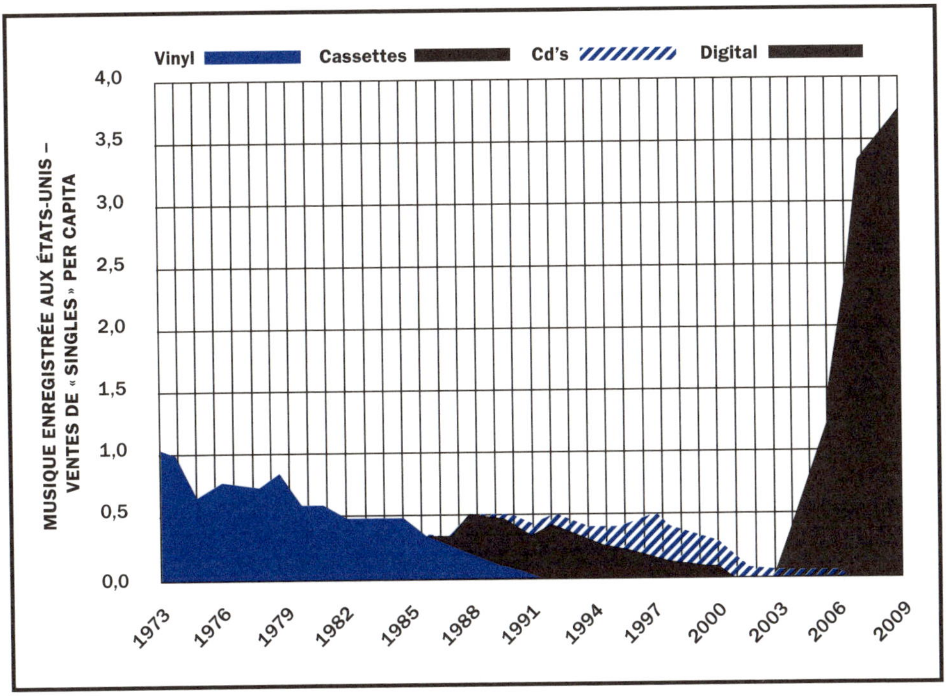

Croissance invisible

L'accélération va peut-être se faire attendre. Mais il est tout aussi possible qu'elle soit déjà là, mais que nous ne puissions pas la mesurer. «Nous intégrons des tas de choses dans le calcul du PIB, sauf ce qui fait que notre vie vaut la peine d'être vécue», a un jour déclaré le président américain Robert F. Kennedy.

Pour Brynjolfsson et McAfee, une part importante de l'économie se joue en dehors de notre champ de vision. «Aujourd'hui, nous nous intéressons davantage aux idées qu'aux choses tangibles. Et davantage à l'esprit qu'aux choses matérielles. Plus aux octets qu'aux atomes, et davantage aux interactions qu'aux transactions.» Par exemple, la vente de musique sur des médias physiques comme les CD, est passée de 800 millions d'unités en 2004 à moins de 400 millions en 2008. Or, le nombre total de morceaux de musique vendus – tant «physiques» que digitalisés – a fortement augmenté au cours de la même période, entre autres grâce aux services de streaming comme iTunes et Spotify. La vente du nombre de «singles» *per capita* est passée de moins de 0,5 à 3,5 aux États-Unis. Et ces chiffres ne comprennent pas les nombreuses chansons partagées et téléchargées gratuitement ou via abonnement.

Aux États-Unis, le nombre total d'unités vendues a augmenté, mais au cours de la même période, les revenus de ces ventes ont baissé, passant de 12,3 à 7,4 milliards de dollars (de 8,9 à 5,4 milliards d'euros). Pour comprendre ce phénomène, nous devons tenir compte d'une des principales caractéristiques de la digitalisation, à savoir son coût de reproduction minime. L'industrie musicale a reculé, et le PIB s'en est ressenti. Mais nous n'avons jamais écouté autant de musique. Cela démontre que notre approche du PIB ne couvre qu'une partie de la problématique. Cherchez l'erreur.

La qualité a aussi un prix

Premier problème : l'amélioration de la qualité n'est pas totalement prise en compte, ce qui apporte un début d'explication à la faible croissance de la productivité. Les statistiques des autorités publiques en matière de prix sont conçues pour intégrer l'amélioration de la qualité. Une puce électronique dont le prix n'a pas augmenté d'une année à l'autre, mais dont la vitesse a doublé, ne se trouve intégrée aux statistiques qu'à concurrence de la moitié de son prix. Cela freine l'inflation – soit l'augmentation des prix – et augmente la croissance réelle (et donc la productivité). C'est ainsi. La croissance réelle est la somme de l'augmentation du nombre d'heures prestées et de la productivité. Le nombre d'heures prestées est mesurable et calculé à la fin de l'année. La productivité est un « facteur résiduel» : c'est la croissance qui ne peut être expliquée par la hausse du nombre d'heures prestées. Mais pour définir la croissance réelle, on part de la mesure de la croissance nominale (la croissance réelle plus l'inflation). Plus l'inflation est faible, plus la croissance réelle est élevée, et donc aussi la productivité résiduelle.

Steve Oliner et quelques collègues de l'American Enterprise Institute ont démontré que, depuis 2000, le prix des puces électroniques aurait dû baisser bien plus vite que ce que laissent supposer les prix officiels des producteurs, si l'on tient compte de l'amélioration de la qualité[16]. Les données officielles montrent qu'à puissance égale, les ordinateurs

FIG. 9 Sous-estimation de l'amélioration de la qualité des logiciels. Baisse des prix des logiciels et matériels – adaptée pour tenir compte de la qualité – aux Etats-Unis entre 1985 et 2015
Source : BEA et Citi Research

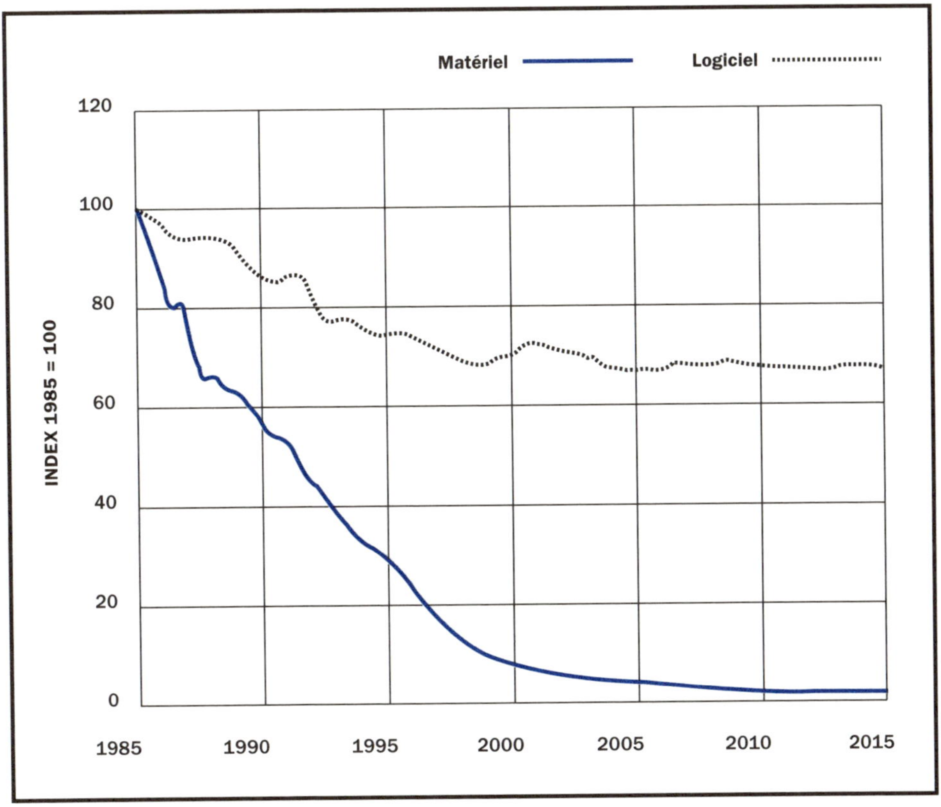

▲ Note : Le matériel concerne « les ordinateurs et leurs équipements périphériques » du secteur des entreprises.

que l'on pouvait s'offrir pour 100 dollars en 2000, valaient 1,31 dollar en 2013. Mais si on tient compte de l'amélioration de la qualité au cours de cette période, le prix tombe selon les auteurs à 0,046 dollar. Cela signifie que les données officielles ont sous-estimé la baisse de prix d'un facteur 28. Suite à ce constat, Oliner et ses collègues supposent que les prix des ordinateurs dans les statistiques officielles n'ont pas suffisamment intégré l'amélioration de la qualité, et sont donc trop élevés. C'est encore plus vrai pour les logiciels. Quelle baisse les statisticiens doivent-ils appliquer au prix officiel de la *Grand Theft Auto V* suite à ses énormes avancées par rapport à la *Grand Theft Auto IV ? Ou à l'accélération incroyable des connexions internet au cours des dix dernières années ? Ou encore à la qualité* inaltérable de la musique digitale ?

Le graphique ci-dessous illustre la baisse des prix du matériel – pondérée pour tenir compte de l'amélioration de la qualité – depuis 1985 aux États-Unis. Celle-ci s'est révélée beaucoup plus rapide que la baisse pondérée des prix des logiciels. Pour Adam Copeland[17], les statistiques officielles sous-estiment d'un facteur 2 l'amélioration de la qualité des logiciels. Idem pour les secteurs de la santé, de l'enseignement, les services publics, la R&D et le transport[18], où les avancées qualitatives ont été insuffisamment intégrées dans les baisses officielles de prix.

La surestimation de l'inflation a donc un impact certain. En même temps, il ne faut pas non plus exagérer ce phénomène. Le monde universitaire évalue son impact sur la productivité à 0,2–0,3 %. Suite aux pondérations intégrant le supplément de qualité, nous ne devons donc pas nous attendre à une très forte augmentation de la productivité. La sous-estimation de l'ajustement de la qualité dans ces secteurs devrait donc être plus importante qu'avant le début du ralentissement de l'augmentation de la productivité. C'est possible, mais difficile à établir. Car l'importance des secteurs concernés – matériel et logiciels, secteur des soins de santé – a augmenté dans l'ensemble de l'économie. Cela montre que toutes choses étant égales, la sous-estimation totale de l'amélioration de la qualité à prendre en compte devrait avoir augmenté dans l'ensemble de l'économie.

Le « tout gratuit »

Le PIB (produit intérieur brut) mesure la valeur de tous les biens et services produits en une année; en d'autres termes, la capacité de production d'une économie. « Dès qu'un bien ou un service est payé, il apparaît dans le PIB et se reflète dans la productivité. Mais s'il est distribué gratuitement, il n'est pas visible », explique Theo Peeters, professeur émérite d'économie internationale à la KU Leuven. Mais pourquoi offrir tous ces cadeaux ? « La fidélité de la clientèle n'a jamais été aussi importante. Aujourd'hui, tout s'accélère. À cause de la révolution digitale, mais aussi parce que chaque produit est désormais mondial. La répartition classique, avec des avantages comparatifs, fait désormais partie du passé. »[19]

Auparavant, les pays se spécialisaient dans une des trois catégories de produits suivantes : à forte intensité en capital, en main-d'œuvre ou en connaissances. « Aujourd'hui, les produits du quotidien que nous connaissons résultent de l'intégration de ces trois composants: les Chinois avec leurs bas salaires fabriquent les composants à forte intensité en main-d'œuvre, les produits nécessitant une forte intensité en connaissances sont fabriqués ici, et le capital vient désormais de partout. Par exemple, une voiture de la marque BMW est un produit mondial. À cause de la mondialisation, les processus se sont accélérés. Résultat: les producteurs ne peuvent profiter aussi longtemps qu'avant de leurs avantages. À cause de cette concurrence débridée, les marges et les prix se retrouvent sous pression. Mais, pour fidéliser les clients, il faut leur offrir autre chose que la facilité et le confort, par example. Une partie de la productivité est donc ristournée au client, mais ce phénomène n'est pas toujours intégré dans le PIB», poursuit Theo Peeters. Le PIB pourrait donc être plus élevé et croître plus rapidement que les statistiques traditionnelles le laissent penser.

Et ne vous trompez pas: les cadeaux offerts par les entreprises ont de la valeur. Les euros analogiques se transforment en plaisir digital lorsque vous partagez vos vœux de nouvel an sur Facebook ou Snapchat au lieu d'envoyer une carte par la poste. Quand nous sommes en voyage d'affaires et que nous communiquons par Skype avec nos enfants, cela n'ajoute rien au PIB du pays. Malgré tout, ce n'est pas sans valeur. Comparée à la facilité offerte par Wikipedia – notamment pour les recherches effectuées dans le cadre de la rédaction du présent ouvrage –, la plus grande collection de connaissances de la majeure partie du XXe siècle est devenue insignifiante: le contenu de Wikipedia est, selon ses propres dires, presque vingt fois plus important que *l'Encyclopaedia Britannica*.

Comme ces produits et services sont gratuits, ils n'apparaissent quasiment pas dans les statistiques officielles. Par exemple, pour calculer la contribution du secteur de l'information à l'économie, l'American Bureau for Economic Analysis additionne les ventes de logiciels, livres, musique, radio et télévision, télécommunication et services dédiés au traitement des données. D'après les chiffres officiels, cette contribution ne représente que 4 % du PIB. Rien n'aurait donc changé depuis les années 1980, c'est-à-dire l'époque où internet n'existait pas encore. Bien entendu, ces chiffres ne reflètent pas la réalité. En Belgique, la part du secteur ICT a même officiellement reculé de 5 % à 4 % entre 2003 et 2013. Cela démontre une fois de plus que les statistiques officielles en matière de PIB posent problème.

Zoom avant sur les coups de pinceau des grands maîtres

Le Google Cultural Institute offre un magnifique exemple du potentiel de la digitalisation. Depuis 2011, non seulement vous pouvez admirer via internet la *Venus* de Botticelli et des toiles de Van Gogh, mais un simple clic de souris vous permet de zoomer sur chaque craquelure et coup de pinceau de ces grands maîtres. Vous pouvez vous promener dans Pompéi et dans des centaines de musées. Vous me direz que cela ne peut se comparer à un vrai voyage à Rome pour visiter la Chapelle Sixtine (d'autant plus que le Vatican ne peut être visité de cette manière démocratique), mais pour les millions de personnes qui n'ont pas les moyens ou la possibilité de voyager, cela ouvre de nouveaux horizons. Quelle est la véritable valeur de ces avancées?

Un monde meilleur

Même si leur impact sur les statistiques est à peine visible, les technologies digitales ont déjà convaincu le grand public de leur effet positif sur son quotidien. Et cela ne vaut pas uniquement pour les pays occidentaux, où les technologies digitales sont intensément utilisées par les ménages. Lors d'une enquête réalisée dans 12 pays africains par le groupe de réflexion sud-africain «Research ICT for Africa», 65 % des personnes interrogées ont répondu que l'arrivée des téléphones portables avait été positive pour leur famille, alors que seuls 20 % d'entre elles estimaient le contraire. Et 73 % ont déclaré que les téléphones portables leur avaient permis d'économiser du temps de trajet et des coûts. Deux personnes interrogées sur trois se sentent également plus en sécurité. Ce constat s'explique aussi par la valeur que les gens attribuent aux produits gratuits, comme Skype et Wikipedia (cf. ci-avant).

«À l'heure actuelle, les données officielles sur la productivité ne sont plus représentatives de sa véritable croissance, poursuit le Professeur Peeters. Avec la nouvelle révolution IT, il faut tenir compte de deux éléments. Tout d'abord, nous devons savoir de quel type d'innovation nous parlons. Dans le passé, les innovations concernaient surtout les processus. Ces dernières années – et c'est encore le cas aujourd'hui – l'innovation porte davantage sur les produits. S'ils ne sont pas fondamentalement différents, leur qualité est nettement meilleure. Aujourd'hui, les aspects qualitatifs ont pris davantage d'importance, alors qu'auparavant, les améliorations de processus étaient plutôt d'ordre quantitatif – c'est-à-dire en termes de volumes produits».

Bart Van Ark, Économiste en Chef du bureau d'études The Conference Board, ne dit pas autre chose. «À l'heure où je vous parle, les innovations produits sont légion», a-t-il déclaré lors de notre rencontre à New York. «Pour les processus, l'innovation reste encore à venir. C'est le contraire de ce qui s'est passé au cours des précédentes révolutions industrielles. Comment l'expliquer? La diffusion des nouvelles technologies est rapide, mais leur intégration dans les processus de production est assez difficile. Le big data et l'intelligence artificielle, par exemple, sont bien plus difficiles à intégrer qu'un nouvel ordinateur. Cela exige que les entreprises acquièrent de nouvelles compétences. Les sociétés déjà bien établies ont par ailleurs beaucoup plus de mail à intégrer ces innovations que les start-ups.»

D'après le professeur Peeters, les améliorations qualitatives vont de pair avec un deuxième élément: «De nombreuses innovations sont destinées aux consommateurs et vécues par ces derniers comme une amélioration de leur bien-être. Mais cette amélioration n'est pas prise en compte dans les statistiques sur la productivité. Nous sommes donc confrontés à un problème de mesure.»

Que mesure le PIB? Pas le bien-être ni la qualité de vie de la population, mais l'augmentation des richesses ou le revenu *per capita*. «Et ce revenu n'a effectivement pas beaucoup progressé au cours des dix dernières années, même s'il faut souligner qu'à revenu égal, le consommateur s'en sort beaucoup mieux qu'avant. Par exemple, les voitures sont aujourd'hui de bien meilleure qualité, plus sûres et plus confortables qu'il y a vingt ans. Quand je vois comment mes enfants et petits-enfants utilisent les réseaux sociaux, comment ils communiquent entre eux et partagent leurs expériences, je me dis que le bien-être s'est beaucoup amélioré. Mais cela n'est pas non plus mesuré», poursuit Theo Peeters.

Peeters – ancien président du comité de direction de la banque BBL et ancien administrateur délégué de KBC – constate que la productivité augmente également dans le secteur bancaire. «Les banques ont aujourd'hui besoin de moins de personnel pour fournir le même service. La productivité – en d'autres termes la valeur ajoutée par collaborateur – a donc augmenté. Mais cette valeur ajoutée a été érodée par la baisse des tarifs bancaires et l'amélioration des services à la clientèle. Les consommateurs reçoivent donc une partie de l'augmentation de la productivité sous forme de services gratuits et de facilité dans la gestion de leurs finances. Ils ne se rendent plus que très rarement en agence, ce qui leur permet d'éviter des trajets en voiture – et donc d'économiser du carburant – et de gagner un temps considérable. En d'autres termes, leur qualité de vie s'améliore.»

Peeters conclut: «Le cœur du problème, c'est que l'augmentation de la productivité via ce que l'on appelle le 'surplus du producteur', se traduisait auparavant par une hausse des bénéfices. Cette hausse était répartie entre les travailleurs, ce qui améliorait leurs revenus, et donc leur prospérité. Aujourd'hui, les gains de productivité se retrouvent chez les consommateurs, sous forme d'amélioration de leur bien-être.»

Vers une nouvelle méthode de mesure

La véritable question est donc de savoir comment traduire en euros le 'surplus du consommateur'. En d'autres termes, quelle est la valeur économique de ces «cadeaux» et de l'amélioration de notre confort? Pour les économistes, le surplus du consommateur doit être calculé en mesurant la différence entre ce qu'un consommateur est prêt à payer et ce qu'il paie réellement. Si l'utilisation mensuelle de Wikipedia – aujourd'hui gratuite – était facturée 5 euros, sa valeur ajoutée pour les consommateurs équivaudrait à 5 euros. En 2012, Brynjolfsson & Oh[20] ont essayé d'évaluer la valeur d'internet sur base du temps que les individus passaient chaque semaine à surfer sur le net, à savoir 13,8 heures. Pour les recherches à caractère privé, cette durée était de 8,4 heures par semaine. D'après les auteurs, cela correspond à une valeur de 2.600 dollars. De ce fait, le PIB rapporté – et donc aussi la productivité – devraient augmenter de 0,3% par an.

De nombreuses organisations ont essayé de chiffrer le surplus du consommateur. Le bureau de consulting McKinsey a basé ses calculs sur la valeur que les utilisateurs accordent aux services liés à internet, comme les messageries électroniques, les réseaux sociaux, les moteurs de recherche et les services de réservation en ligne. En net – c'est-à-dire après déduction des frais d'accès réels et des problèmes liés au spam et aux excès publicitaires –, le surplus est estimé à 46 milliards de dollars aux États-Unis, soit 19 euros par utilisateur et par mois. Le surplus net le plus élevé a été calculé au Royaume-Uni avec 20 euros par mois. En Allemagne, ce chiffre est de 13 euros par mois et par utilisateur.

Hal Varian, Économiste en Chef chez Google, a calculé de son côté les gains de temps liés aux recherches aléatoires sur Google. En moyenne, il faut 22 minutes pour trouver la réponse à une question aléatoire sans l'aide de Google. Avec Google, la même question peut être résolue en 7 minutes. Ce gain de temps, multiplié par le nombre de recherches par personne et par an, à un salaire horaire moyen de 22 dollars, permet d'économiser 500 dollars (446 euros) par personne et par an[21]. Le total des économies réalisées pour produire cet ouvrage se chiffre donc à des dizaines de milliers d'euros. Même si on peut bien entendu se demander s'il s'agit véritablement d'économies. Car Hal Varian constate par ailleurs qu'avant l'invention de Google, le nombre moyen de questions posées par jour était proche de zéro. Avec Google, il est estimé à une question par personne et par jour. «Quand il fallait payer (cher) pour obtenir une réponse, les gens évitaient de poser des questions. Avec la quasi-gratuité des réponses, nous en posons davantage», souligne l'économiste Varian. Et poser des questions ne peut être que bénéfique.

«Tout s'est amélioré sauf le climat», déclarent Brynjolfsson et McAfee. Comment l'expliquer? Parce que nous sommes de plus en plus nombreux sur terre. Plus la population augmente, plus on voit naître de bonnes idées. La facilité avec laquelle nous pouvons échanger nos idées grâce à internet et à la hausse exponentielle du nombre de connexions mobiles (de 700 millions en 2000 à 7,4 milliards en 2014[22]) se traduira nécessairement par de nouvelles avancées. Des milliards d'êtres humains peuvent aujourd'hui publier des informations sur internet, les améliorer ou les corriger. «La Deuxième Ère de la Machine sera caractérisée par un nombre infini d'exemples d'intelligence artificielle et de milliards de cerveaux qui seront reliés entre eux et qui collaboreront pour améliorer notre compréhension du monde et le rendre meilleur.»[23] Mais il faudra encore être patient pour savoir si cette tendance se traduira par des surplus de consommateurs et de producteurs et si nous assisterons à une spectaculaire augmentation de la productivité.

L'addition de tous ces éléments indique qu'il est probable que l'on sous-estime de 0,3 à 0,5 % par an l'augmentation de la productivité. Mais, même dans ce cas, elle ne dépasserait guère 1,7 à 1,9 %. C'est déjà un peu mieux, certes, mais c'est beaucoup moins que la hausse moyenne de la productivité de 2,5 % observée au cours des deux premières révolutions industrielles.

Quelle est la valeur d'un enseignement démocratique ?

Grâce à l'e-learning (cours en ligne), les étudiants peuvent aujourd'hui suivre à distance les cours des meilleurs professeurs. Sebastian Thrun, un éminent chercheur dans le domaine de l'intelligence artificielle, a annoncé dans un e-mail que son cours sur l'intelligence artificielle jusque-là réservé aux étudiants de Stanford serait désormais disponible gratuitement en ligne sous forme de MOOC (Massive Online Open Course). Plus de 160.000 personnes s'y sont inscrites, et dix mille d'entre elles ont réalisé tous les exercices et passé les examens. Le meilleur élève de Stanford ne s'est classé qu'à la 411e place, ce qui a permis à Thrun de déclarer fièrement: « Nous avons trouvé plus de 400 personnes capables de faire mieux que le meilleur étudiant de Stanford. » [24]

Les cours en ligne sont de plus en plus accessibles, et ils ne sont plus l'apanage des universités. Dans les écoles secondaires également, la combinaison entre étudiants motivés et technologies modernes crée de formidables opportunités. Les meilleurs sites éducatifs offrent aux utilisateurs un environnement qui leur permet d'étudier les sujets de leur choix, à leur propre rythme. La « Khan Academy », une asbl qui s'est donné pour mission « de rendre un enseignement de première qualité accessible à tous et partout » [25] en est le parfait exemple. Financée par des mécènes, l'académie met en ligne 4100 vidéos qui ne dépassent guère quelques minutes, sur des sujets tels que le calcul, les mathématiques, la physique et l'histoire de l'art. Les étudiants peuvent donc faire leurs devoirs chez eux, sur la table de la cuisine, avec l'aide d'un professeur virtuel au lieu d'une mère épuisée. Le site est utilisé tous les mois par 6 millions d'individus. Et le matériel mis gratuitement à disposition fait partie du curriculum de 20.000 classes dans le monde. Des bénévoles ont traduit les vidéos de Khan dans pas moins de 24 langues.

Les recettes de la croissance

Ce qui n'a pas encore été inventé le sera un jour, déclarent Brynjolfsson et McAfee. « Les plus grandes avancées sont encore à venir. » Nous nous trouvons aujourd'hui de l'autre côté de l'échiquier. Les progrès continuent à croître de manière exponentielle. Les nouveaux développements qui s'appuient sur les technologies existantes devraient donner vie à de nombreuses nouvelles combinaisons, à leur tour créatrices de nouveaux progrès. « Au cours des deux prochaines années, les capacités des ordinateurs devraient croître plus rapidement qu'au cours de toute notre histoire. Et pendant les 24 prochaines années, cette croissance devrait être multipliée par mille. »

C'est un pari audacieux de la part de Brynjolfsson et McAfee. Car qui sera à l'origine de ces nouveaux développements ? Que nous manque-t-il aujourd'hui pour que cette vision se réalise ? Et comment pourrons-nous transcrire ces avancées en données macro-économiques ?

« Il est très important de souligner que l'évolution de la productivité n'est possible que dans un contexte macro-économique spécifique », souligne Martin Fleming, Économiste en Chef d'IBM à New York. « Ces dernières années, la croissance mondiale est plutôt anémique. Cela vaut aussi pour les investissements. C'est ce qui explique que les changements restent marginaux. Mais, aujourd'hui, les investissements commencent à retrouver des couleurs, ce qui devrait – lentement mais sûrement – relancer la productivité. »

Bart Van Ark du Conference Board voit beaucoup de similitudes avec les années 1990 et 2000. « Entre 1995 et 2001, les investissements se sont accélérés, entre autres par crainte que le bug de l'an 2000 empêche les ordinateurs de fonctionner au XXIe siècle. Tous ces investissements dans les technologies de l'information ont augmenté la productivité du travail. L'augmentation de la productivité résultant de l'amélioration de l'efficacité, ne s'est produite qu'après l'éclatement de la bulle immobilière. Ce n'est qu'après 2002 qu'il est apparu clairement quelles étaient les entreprises qui avaient fait le meilleur usage de ces nouvelles technologies. »

L'arrivée de l'ICT et des autres inventions connexes a permis aux entreprises – avec quelques années de retard, il est vrai – d'améliorer leur efficacité et de mieux utiliser leurs ressources. L'amélioration de la communication interne – rendue possible grâce aux messageries électroniques et aux réseaux intranet – s'est étendue à l'ensemble de la chaîne de production. Les frais de transaction ont baissé, et l'efficacité a augmenté.

Aujourd'hui, Bart Van Ark voit des similitudes entre les deux périodes : « Les entreprises dépensent beaucoup d'argent en honoraires de consulting. Elles sont actuellement en phase d'installation, ce qui provoque une hausse des investissements. Je pense que la transition vers la phase d'application aura lieu pendant ou après la prochaine crise. Nous verrons alors qui s'est adapté et quels sont les gains d'efficacité induits par la digitalisation. » Quoi qu'il en soit, les investissements en capitaux sont dès à présent en augmentation.

FIG. 10 **Productivité vs. investissements privés en droits de propriété intellectuelle**
Source : BEA et Citi Research

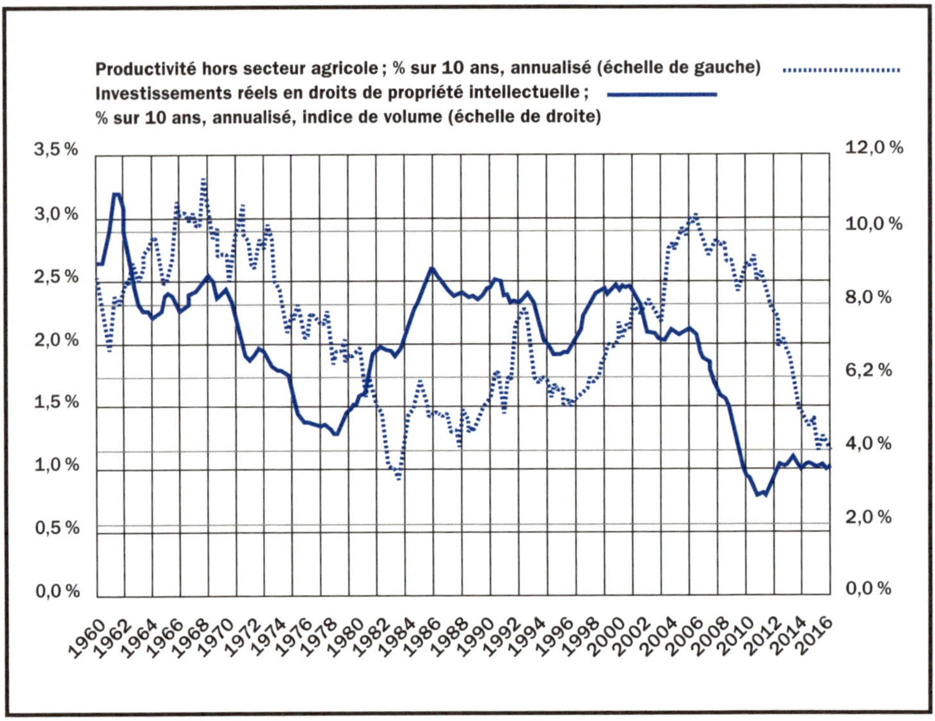

Pour changer, un coup de pouce des pouvoirs publics ne ferait pas de mal

Parmi les investissements en capitaux – dont le pourcentage par rapport au PIB a baissé dans presque tous les pays développés en comparaison à 2000 –, ce sont surtout les investissements liés aux droits de propriété intellectuelle qui poussent les gains d'efficacité vers le haut. Ces investissements sont surtout cruciaux dans la Recherche et Développement (R&D). Les recherches se traduisent par le développement de nouvelles technologies, qui finissent immanquablement par améliorer la productivité. Aux États-Unis, les dépenses en R&D ont augmenté de quelque 8 % par an entre 1980 et 2000 (cf. graphique). Depuis lors, elles ont ralenti et elles se sont carrément écroulées depuis la crise financière de 2007–2008. La productivité américaine a suivi le même chemin, avec un peu de retard. Il est donc nécessaire d'augmenter les investissements si l'on souhaite relancer la hausse de la productivité.

Les entreprises jouent un rôle capital. C'est leur foi en l'avenir et leurs efforts pour prendre leurs concurrents de vitesse grâce à leur productivité qui font avancer la R&D. Mais les pouvoirs publics ont, eux aussi, toujours joué un rôle important. « Le monde entier porte la Silicon Valley aux nues pour son esprit d'entreprise et sa créativité », explique Peter Vandekerckhove, CEO Retail, Private & Entrepreneurs chez BNP Paribas Fortis. « Mais ce que le monde politique et celui des entreprises oublient trop souvent, c'est que pendant cinquante ans, la Silicon Valley a surtout été soutenue par des investissements publics. Nous devrions peut-être remettre en question notre paradigme libéral et comprendre à quel point l'intervention de l'État peut se révéler cruciale dans certains cas. L'Europe fait fausse route si elle estime pouvoir jouer un rôle décisif dans le monde, en faisant l'impasse sur une politique industrielle dans les domaines de l'énergie, des technologies et de la connaissance. Sans le soutien des États, nous n'arriverons à rien. Comptez le nombre d'entreprises que nous avons dans ces secteurs ! »

Peter Vandekerckhove a raison. Dans le Top-100 de Forbes des cent plus grandes entreprises privées, on ne compte que 20 sociétés européennes[26]. C'est moins que les 23 % que représente le PIB de l'UE dans l'économie mondiale. La première entreprise européenne – HSBC – n'occupe que la 14e position. Si on exclut les sociétés financières, la part de l'Europe retombe à seulement 17 %.

Les investissements publics ont toujours joué un rôle capital dans l'évolution technologique aux États-Unis. Une étude réalisée par la Brookings Institution montre que 18 des 25 principales avancées dans le domaine de l'informatique entre 1946 et 1965 (comme les mémoires à tores magnétiques, l'infographie et les processeurs à hôtes multiples) ont été financées par le gouvernement fédéral. Les commandes publiques ont permis de les diffuser plus largement et d'atteindre une masse critique.

Pourquoi avons-nous besoin des pouvoirs publics pour innover ? Les innovations sont porteuses d'incertitudes et de risques – ce qui effraie les entreprises – alors que le financement public permet de les mutualiser. Aux États-Unis, 60 à 80 % de l'augmentation de la productivité depuis la Grande Dépression sont à mettre à l'actif des innovations[27] La plupart de ces innovations ont pu se développer grâce aux dépenses militaires financées par les impôts fédéraux. Internet a été initialement développé en Suisse par le CERN (European Organisation for Nuclear Research), et fut ensuite exclusivement utilisé par l'armée américaine pendant près de vingt ans. Ce n'est qu'ensuite qu'il fut déployé et appliqué au monde commercial. Pratiquement tous les composants du nouvel iPhone (à l'exception du boîtier) sont le résultat de recherches diligentées par la Défense américaine.

Dans les années 1960, les dépenses publiques fédérales annuelles en R&D représentaient 2 % du PIB. Aujourd'hui, elles atteignent à peine à 0,8 %. Et le secteur technologique estime que c'est tout sauf préoccupant, car il considère les pouvoirs publics davantage comme un frein à sa capacité d'innovation ! Larry Page, le CEO de Google, rêve d'une île utopique Google où les technophiles pourraient innover librement sans sentir la main (lourde) de l'État au-dessus de leur tête. Pour Chamath Palihapitiya, investisseur dans des start-ups technologiques, ces entreprises devraient devenir « les nouveaux véhicules de changement et d'influence. [...] Si les entreprises ferment, les marchés financiers s'écroulent. Si les gouvernements disparaissent, rien ne se passera et nous continuerons comme si de rien n'était parce que ce n'est pas important. »

Sommes-nous à ce point aveugles ? Les gouvernements jouent pourtant un rôle capital dans les investissements critiques à long terme en R&D. Cela ne vaut pas uniquement pour le secteur technologique, mais pour tous les autres secteurs (comme par exemple la pharma et la chimie). En plus des investissements en R&D, l'intervention des pouvoirs publics est tout aussi capitale dans l'enseignement et les infrastructures, qui soutiennent toute économie moderne de la connaissance. Les pays européens s'étaient donné comme objectif d'investir 3 % de leur PIB (pouvoirs publics + entreprises) en R&D d'ici 2020. Cette mesure – combinée à d'autres – devait faire de l'Union Européenne l'économie la plus performante au monde. La moyenne des investissements n'a guère dépassé les 2 %. Et, pour l'instant, nous sommes loin d'être l'économie la plus compétitive du monde.

Les capitalistes chouchoutent les autorités

Andy Grove, fondateur et CEO d'Intel (décédé en mars 2016), avait très bien compris l'importance d'une « économie mixte » pour la prospérité des États-Unis à long terme. Dans ce modèle, les investissements publics et les réglementations complètent parfaitement le dynamisme du marché de l'entrepreneuriat. Lors de l'une de ses dernières interventions dans le

débat public, il écrivait : « Notre conviction économique fondamentale [...] est que le marché libre est en principe le meilleur système économique. Notre génération a réussi à établir la supériorité du libre échange par rapport à l'économie planifiée. Nous restons donc avec cette conviction, étant inconscients qu'il existe de plus en plus de preuves que nous disposons encore d'une marge pour nous améliorer. »

Grove se battait contre l'idée – de plus en répandue à Washington – que la High Tech pouvait se développer sans investissements publics dans la R&D, l'éducation et les infrastructures, qui avaient pourtant permis aux États-Unis d'émerger dans le secteur technologique. Il accusait d'hérésie ceux qui pensaient que les marchés pouvaient assurer à eux seuls le succès du secteur IT. Souvent, il le faisait avec humour. Par exemple, il a envoyé un violon à la Maison Blanche après que Michael Boskin, l'Économiste en Chef de George H.W. Bush, a déclaré qu'il se souciait comme de l'an quarante que les États-Unis produisent des puces électroniques ou des chips (jeu de mots en anglais : *computer chips* vs. *potatoe chips*). Son violon laissait supposer que Bush et son entourage se comportaient comme Néron pendant l'incendie de Rome [28].

Un turbo sur la productivité

De nombreux citoyens voient aujourd'hui leurs revenus stagner, voire reculer. D'après le McKinsey Global Institute [29], deux tiers des ménages dans 25 pays développés – soit plus d'un demi-milliard de personnes – ont perçu en 2014 un revenu égal ou inférieur à celui de 2005. Au cours des dix années précédentes, à peine 10 millions de personnes (soit moins de 2%) ont vécu une telle situation. Heureusement, le nombre total de ménages dont les revenus disponibles ont réellement baissé en 2014, a pu être réduit à 25% grâce aux mécanismes de redistribution.

La crise financière de 2008 a plombé les revenus, et le ralentissement structurel de la croissance a laissé des traces. « Avant la récession, la croissance du PIB représentait en moyenne 18 % de la hausse du revenu médian d'un ménage européen ou américain. Au cours des sept années qui ont suivi la crise, cette contribution s'est réduite à 4 % », peut-on lire dans l'étude publiée par McKinsey. La fiscalité, les revenus des capitaux et la réduction de la taille des ménages ont également eu un impact sur les revenus.

D'après McKinsey, ce sont surtout les jeunes et les moins qualifiés qui ont le plus souffert. Par ailleurs, cette jeune génération héritera de ses (grands-) parents d'une dette énorme. Au second trimestre 2014, cette dette atteignait la somme astronomique de 199.000 milliards de dollars (189.000 milliards d'euros), ce qui représente 286 % du PIB et une augmentation de 57.000 milliards de dollars (54.285 milliards d'euros) par rapport à la période qui a précédé la crise.

Plus les épaules des pays sont larges, plus il leur est facile de supporter leur dette. Ces cinquante dernières années, le nombre de travailleurs dans les pays du G-19[30] (plus le Nigéria) a augmenté de 1,7 % par an[31]. Près de la moitié de la hausse de la croissance (600 %) s'explique par l'augmentation du nombre total de travailleurs, l'autre moitié résultant de la hausse de la productivité. Au cours des cinquante prochaines années, la hausse du nombre de travailleurs devrait retomber à 0,3 % par an (et à 0,1 % par an dans les pays développés).

Nous ne pouvons donc plus compter sur l'augmentation de la main-d'œuvre pour rembourser la dette. De nombreux pays développés, qui ont par ailleurs toujours affiché le plus haut niveau d'endettement, devront même se débrouiller avec moins de travailleurs. L'Allemagne, le Japon, l'Italie et la Russie ont déjà atteint leur pic. Leur main-d'œuvre devrait se réduire d'un tiers d'ici 2064. Si le taux de natalité ne change pas, la population japonaise devrait passer de 130 à 80 millions d'ici la fin du siècle. En Italie, la population devrait baisser de 10 millions, pour atteindre 50 millions d'individus.

Si nous voulons que notre richesse augmente au rythme qu'elle a connu ces deux derniers siècles, la hausse de la productivité est notre seule option. McKinsey affirme qu'il est possible d'atteindre une croissance mondiale de la productivité – donc y compris celle des pays en développement – de 4 % jusqu'en 2024, ce qui représente un doublement par rapport aux cinquante dernières années. Comment ? Je me limiterai à un résumé de leurs principales recommandations.

- Les innovations technologiques ne manquent pas. Les pouvoirs publics et les patrons d'entreprises doivent être encouragés à s'inspirer des meilleures pratiques des autres secteurs et entreprises, et à innover. La mise en place de ces meilleures pratiques dans les différents secteurs industriels pourrait, d'après le consultant McKinsey, représenter 75 % de la hausse de la productivité. Dans les pays émergents, les possibilités sont énormes. Une grande partie de la croissance rapide qu'ils ont connue ces dernières années a été rendue possible principalement en copiant les nouvelles technologies des pays occidentaux. Pour l'avenir, le message est donc de poursuivre sur la même voie.

- Les pays développés disposent encore d'un potentiel d'amélioration. Dans le secteur industriel – et plus encore dans le secteur des services – les entreprises que l'on appelle «*frontier*» (les cent entreprises de chaque secteur qui connaissent la hausse de productivité la plus rapide) ont affiché une hausse de productivité impressionnante au cours des dix dernières années. Mais la hausse moyenne de toutes les entreprises est en baisse, si l'on en croit une étude de l'OCDE (cf. graphique). Celle-ci laisse entendre qu'il est possible de trouver des innovations pour renforcer la productivité, mais que ces nouveautés technologiques ne sont pas suffisamment diffusées dans l'ensemble de l'économie. Faut-il mettre cela sur le compte de la période d'incertitude que vivent les entreprises qui, de ce fait, n'investissent pas ? Où faut-il y voir un manque de pression concurrentielle, qui freine l'envie d'investir des entrepreneurs ? Une chose est sûre : l'augmentation structurelle de la productivité ne sera possible que si les entreprises relancent leurs investissements en capitaux. «Le léger ralentissement de la hausse de la productivité dans l'industrie s'explique par le fait que, dans ce secteur, les systèmes techniques doivent absolument être interconnectés», indique encore Van Ark du Conference Board. «Les entreprises doivent collaborer, ce qui est moins évident dans le secteur industriel que dans celui des services.»

FIG. 11 Hausse de la productivité dans l'industrie et les services, moyennes et entreprises les plus productives. Source : OCDE et Citi Research

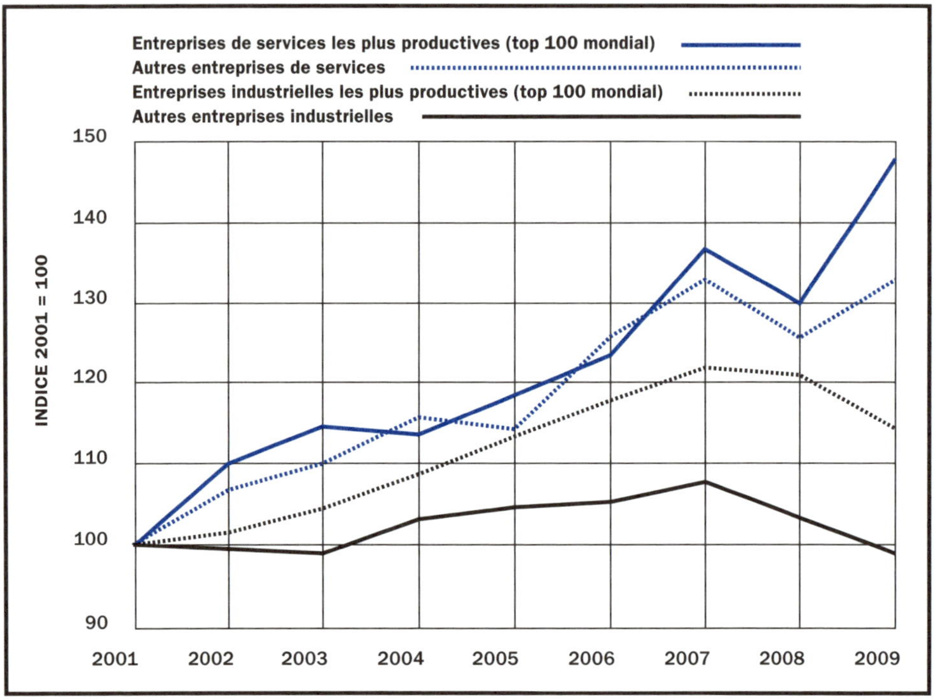

L'augmentation de la productivité dans les entreprises les plus productives est beaucoup plus forte que la moyenne.

- L'autre partie de l'augmentation de la productivité doit venir de l'innovation : mise en place de robots intelligents dans des lieux de stockage, utilisation des technologies mobiles pour la fourniture de soins de santé et mise en œuvre de l'internet des objets dans les entreprises industrielles pour améliorer les processus de production. Le gouvernement allemand s'est beaucoup investi dans le programme d'innovation Industry 4.0.

- La très faible productivité des secteurs publics et des soins de santé mérite une attention toute particulière. Avec la génération du baby-boom – qui atteindra bientôt l'âge de la retraite et aura besoin d'une prise en charge plus conséquente – les coûts du secteur des soins de santé pourraient exploser si la stratégie ne change pas. Quelles sont les possibilités d'amélioration de la productivité ? J'en discute avec quatre experts dans le quatrième chapitre du présent ouvrage.

De nombreuses conditions préalables sont nécessaires si l'on veut mener à bien ces initiatives. Les meilleures pratiques ne peuvent être mises en place – et l'innovation encouragée – que si l'on supprime les barrières empêchant la concurrence dans les secteurs des biens et des services. Les nouvelles technologies exigent également de nouvelles infrastructures physiques et numériques. Presque partout dans le monde, cela commence par l'internet fixe et mobile et par la mise en place d'applications « cloud ». En septembre 2016, l'Europe a lancé le plan d'action « 5G ». L'objectif est de mettre ce réseau très performant à la disposition de tous les citoyens et entreprises de l'Union Européenne d'ici la fin de la décennie.

Mais la législation doit aussi évoluer. « Il faut absolument modifier certaines lois qui datent encore de l'époque napoléonienne », souligne Karin Van Hoecke, responsable de la stratégie omnicanal et de l'expérience clients chez KBC. « Vous voulez un exemple ? Il est possible de souscrire un crédit hypothécaire entièrement en ligne, mais il faut encore se rendre chez le notaire pour signer l'acte. »

L'Europe a également besoin d'harmoniser son marché digital, qui doit devenir un véritable marché unique des services. Mais tout bien considéré, cela restera un vrai défi pour l'Europe et les États-Unis de maintenir à long terme les chiffres de productivité des dernières décennies.

La croissance, certes, mais plus comme avant

Ces dix dernières années, la croissance de la productivité aux États-Unis était légèrement supérieure à 1 % par an. Pour les cinq plus grandes économies européennes, cette croissance ne dépasse pas 0,60 % (et guère plus de 0,30 % en Belgique). La reprise économique vient de relancer quelque peu les investissements. Cette tendance devrait nous permettre de renouer avec une hausse de la productivité proche de 1%. À cela s'ajoutent l'amélioration progressive de la mise en place et de l'intégration, dans le processus industriel, de solutions comme le «machine-to-machine» (machines qui communiquent entre elles), l'intelligence artificielle et le big data. Le secteur industriel serait le principal bénéficiaire de ces changements, qui devraient se traduire par une accélération de la hausse de la productivité.

Conséquence: davantage d'innovations sur le plan des processus plutôt que des produits. «Les récents développements d'apps et d'applications internet ciblaient surtout les consommateurs. Il est difficile dans ce cas d'enregistrer des gains de productivité», explique William De Vijlder, Global Chief Economist de BNP Paribas. «Ces applications ont surtout permis de gagner du temps, qui peut être utilisé pour travailler davantage, mais aussi pour les loisirs. Le PIB mesure plutôt la production, ce qui n'est pas précisément l'objectif de ces applications.»

Aux États-Unis, la véritable percée des nouvelles technologies pourrait pousser la hausse de la productivité aux alentours de 1,3 à 1,5 %, à laquelle il faut également ajouter la croissance de la population active (la deuxième composante de la croissance réelle). Ces dix dernières années, elle devrait se chiffrer à 0,50 %, pour atteindre 0,70 % au cours de la prochaine décennie, ce qui donne pour les États-Unis un potentiel de croissance à long terme d'environ 2 %. C'est malgré tout une baisse sensible par rapport aux 3,1 % de croissance réelle enregistrée au cours de la période 1980-2006. La majeure partie de ce recul s'explique par le ralentissement de la croissance de la population active.

Quid de l'Europe ? Nous estimons sa croissance réelle aux alentours de 0,50 %-1 %. La croissance démographique est au point mort, voire en recul. Dans les années 2020 et 2030, la population active devrait se contracter de 0,50 % par an. Et nous ne sommes pas les plus mal lotis: le Japon devrait enregistrer une baisse de population de plus de 1 % par an à partir de 2030. Certains pays de la zone euro recèlent cependant encore un potentiel de mise au travail d'une plus grande partie de leur population. La Belgique en est le meilleur exemple, avec un taux de participation particulièrement faible de la tranche d'âge 55-65 ans et des immigrants. Ce retard pourrait s'avérer un énorme atout au moment où le phénomène de vieillissement de la population sera amorcé. La condition, c'est que ces personnes soient réellement mises au travail.

Les autres pays devront recourir à l'immigration. Les premières années, la poursuite de la baisse du taux de chômage en Europe pourrait pousser la croissance bien au-delà de son potentiel de hausse à long terme de 0,50 % à 1 %.

La croissance de la productivité devrait elle aussi rester à la traîne par rapport aux États-Unis. « Dans de nombreux pays de la zone euro, le potentiel de croissance est faible », déclarait récemment Peter Praet, Économiste en Chef de la Banque Centrale Européenne, dans un discours[32]. En plus du manque d'investissements et de la forte augmentation du taux de chômage au cours des dernières années, cette faible croissance donne selon lui une indication de la tendance à long terme en matière de productivité. « L'augmentation cumulée du facteur global de productivité[33] au cours de la période 2000–2014 atteignait à peine 1,5 % dans la zone euro, contre 10,9 % aux États-Unis. » Ce fossé s'explique par la part plus importante des investissements en IT aux États-Unis, ainsi que par l'efficacité avec laquelle ces investissements se sont traduits en gains de productivité – en d'autres termes par la façon dont ces investissements technologiques ont été mis en œuvre. « Cette différence est également due, du moins en partie, à des facteurs structurels », souligne Praet. Il cite notamment la taille des entreprises européennes (généralement plus petites que les entreprises américaines), la plus faible croissance des PME, un management globalement de moins bonne qualité et une structure d'actionnariat différente, l'Europe comptant davantage d'entreprises familiales.

En ce qui concerne l'évolution de la productivité, Joep Konings, professeur d'économie à la KU Leuven, semble encore plus pessimiste pour l'Europe, à la fois à court et à long terme. « Notre cadre institutionnel n'est pas adapté à la Quatrième Révolution Industrielle. En réalité, c'est l'ensemble du marché de l'emploi qui devrait s'adapter à l'économie digitale, avec des réglementations très flexibles en matière d'organisation du travail. Mais ce n'est pas le cas, ni en Belgique ni en Europe. Aux États-Unis, la croissance se porte mieux – et les choses ne devraient pas changer – parce que les obstacles sont moins nombreux. C'est là que naissent les innovations importantes, grâce notamment à une législation du travail beaucoup plus flexible. L'Europe mérite de plus en plus son sobriquet de 'vieux continent' parce qu'elle continue à s'accrocher à ses anciennes structures institutionnelles », conclut Joep Konings.

Quelles sont les prévisions du monde académique en termes de croissance? Ses estimations sont très variables. John Fernald[34] de la Federal Reserve Bank of Chicago s'attend à une croissance du PIB américain de 1,6 % par an pour les dix prochaines années. Le banquier d'affaires Morgan Stanley[35] part d'un potentiel de croissance à long terme de 1,5 %. Le bureau d'études The Conference Board[36] est plus positif, avec des estimations de croissance de 2,2 % pour la période 2017–2021, et de 2 % entre 2022 et 2026. Ces chiffres sont parfaitement comparables aux estimations de BNP Paribas pour ces deux périodes.

Pour l'Europe également, The Conference Board fait partie des optimistes, avec une croissance attendue de 1,7 % par an pour les cinq prochaines années, et de 1,3 % entre 2022 et 2026. BNP Paribas estime la croissance dans la zone euro pour ces périodes à respectivement 1,3 et 0,7 %. L'« Ageing Report »[37] de la Commission Européenne estime la croissance moyenne pour la période 2013–2060 à 1,4 % dans les 28 pays de l'UE, à mettre entièrement sur le compte de la hausse de productivité et tenant compte de l'immigration. Pour les États-Unis, nos prévisions se trouvent donc plutôt du côté des optimistes, et pour l'Europe du côté des pessimistes.

Conclusions

- Jusqu'en 1700, le développement de l'économie mondiale fut très lent. Depuis lors, trois révolutions industrielles se sont succédé, ce qui a permis d'augmenter notre niveau de vie de manière spectaculaire. Aujourd'hui, nous sommes à la veille de la Quatrième Révolution Industrielle.

- La vague actuelle d'innovations technologiques présente trois caractéristiques importantes. Tout d'abord, la technologie évolue très vite, ce qui réduit les coûts des nouvelles technologies de manière exponentielle. Ensuite, les nouveaux développements sont digitaux et non plus analogiques. Dans une première phase, le passage de l'analogique au digital exige d'importants investissements, mais ensuite, la reproduction des produits digitaux ne coûte plus rien. Enfin, la vague actuelle d'innovations technologiques est aussi combinatoire. En d'autres termes, elle naît de la combinaison d'éléments préexistants.

- Les deux premières révolutions industrielles nous ont permis de nous affranchir de notre dépendance envers la force musculaire animale et humaine. Les troisième et quatrième révolutions se sont traduites par une augmentation sans précédent de nos capacités intellectuelles.

- Mais, contrairement aux révolutions industrielles précédentes, les statistiques ne recèlent quasiment aucune trace d'augmentation de la productivité. Les cassandres estiment que les développements actuels n'ont pas le même impact que la machine à vapeur ou l'électricité au moment de leur invention. Les optimistes professent que la valeur ajoutée des innovations technologiques et des produits bénéficie surtout aux consommateurs (surplus du consommateur) et moins aux producteurs (surplus du producteur). Aujourd'hui, les innovations portent davantage sur les produits que sur les processus, ce qui limite leur impact sur la productivité. La vague d'innovations actuelle se traduit donc surtout par une amélioration de la qualité des produits, même si celle-ci n'est pas toujours perceptible dans les statistiques. Ensuite, il faut rappeler que, dans le passé également, un laps de temps important s'est écoulé entre les inventions et leur impact positif sur la productivité.

- Il est possible que nous soyons à la veille d'une période de forte croissance, à condition que les entreprises relancent leurs investissements, en particulier en R&D. Dans le passé, les investissements publics ont joué un rôle important dans le développement de nouvelles inventions.

- Suite au phénomène de vieillissement de la population dans les pays occidentaux, nous devons absolument améliorer notre productivité si nous voulons garantir à nos enfants un même niveau de prospérité.

Interview de Hal Varian: «La technologie améliore notre vie, mais pas la croissance économique»

Hal Varian est professeur émérite de la célèbre université de Berkeley (Californie) et Économiste en Chef du géant technologique Google. Le poste qu'il occupe au sein de ce champion de l'innovation – notamment dans le domaine de l'intelligence artificielle et de la robotique – fait de Varian un témoin privilégié des développements que nous pouvons attendre de la Quatrième Révolution Industrielle. Mais qu'est-ce que cette révolution nous a déjà apporté? Nous lui avons posé la question à l'occasion d'une conférence qu'il a donnée en Belgique en octobre 2016, à l'invitation d'Econopolis.

– **Malgré les importantes avancées technologiques, les statistiques ne montrent qu'une très faible amélioration de la productivité. Cette vague d'innovations n'a-t-elle aucun impact ou sommes-nous plutôt confrontés à un problème de mesure?**

HV «Nous trouvons aujourd'hui de nombreuses nouveautés qui facilitent et améliorent notre vie, et dont le prix continue à baisser, parfois jusqu'à la gratuité. C'est ce qui explique que ces produits n'apparaissent pas dans le PIB, même s'ils apportent une véritable valeur ajoutée. Le système d'exploitation d'un iPhone en est le parfait exemple: il s'agit d'un logiciel 'open source' qui ne coûte donc rien. Mais on ne peut pas dire qu'il n'apporte aucune valeur ajoutée. Et ce n'est qu'un des nombreux mécanismes qui faussent les statistiques.

Un autre point qui déforme totalement la réalité, c'est la valorisation des importations et des exportations. Par exemple, qu'est-ce qui fait la valeur d'un smartphone? Ce sont le codage et l'ingénierie qui se cachent derrière l'appareil. Or, ces codes sont développés dans la Silicon Valley, pour être ensuite envoyés en Chine, en Corée, et dans les autres pays où les GSM sont assemblés. Il s'agit d'exportation et c'est donc pris en compte dans le PIB. Ensuite, ces téléphones sont réexpédiés aux États-Unis en tant que produit d'importation, à un prix plus élevé, que l'on déduit du PIB. Malgré le fait que la majeure partie de la valeur des smartphone est générée aux États-Unis, le PIB baisse à cause de ce système de comptabilisation. Cela n'a aucun sens!»

– **Les choses sont-elles si différentes aujourd'hui ?**

HV «Vous avez raison, ces problèmes de mesure ne sont pas nouveaux mais, avec la mondialisation, ils ont pris une tout autre ampleur. C'est une force disruptive énorme, avec aussi et surtout de nombreux avantages pour l'ensemble du monde. Des milliards de personnes ont été sorties de la pauvreté et le prix de nombreux produits a considérablement baissé. Certains produits et services qui coûtaient des milliers de dollars sont aujourd'hui gratuits. Mais cela ne se voit pas dans nos statistiques économiques. Pour toutes ces raisons, la productivité est clairement sous-estimée.»

– **Existe-t-il une meilleure méthode de calcul du PIB ?**

HV «Le PIB répond parfaitement à son objectif, c'est-à-dire mesurer la capacité productive d'une économie. Il est possible de l'améliorer sur certains points, mais globalement, il fonctionne bien. Mais si nous voulons évaluer la richesse ou le niveau de vie d'une société, nous devrions nous concentrer sur la consommation plutôt que sur la production. Nous devons prendre en compte la valeur sous-jacente des produits gratuits. Idem pour les transactions économiques au sein des ménages. Et nous devrions également nous intéresser à l'amélioration de la qualité des produits.

En plus de la technologie, nous devons également tenir compte de l'impact de cette évolution sur l'environnement et les changements climatiques. Il est indéniable que de nombreuses personnes ont été sorties de la pauvreté, mais la facture est particulièrement salée. Si nous voulons évaluer correctement la prospérité en prenant en compte la dégradation de l'environnement, la valeur de ces améliorations serait très inférieure à nos estimations.»

– **Certains économistes affirment que, contrairement à la Première, Deuxième et même à la Troisième Révolution Industrielle, la révolution actuelle porte sur l'innovation en matière de produits et non plus de processus. D'après eux, c'est une autre raison qui explique l'absence de visibilité de la hausse de la productivité. Partagez-vous cet avis ?**

HV «Pas vraiment car, en ce qui me concerne, je vois beaucoup d'innovations en matière de processus. Prenons un exemple controversé comme Uber. Rappelez-vous comment vous procédiez auparavant pour appeler un taxi, et comment les choses se déroulent aujourd'hui : le paiement est entièrement automatique, vous pouvez contrôler l'itinéraire et même vérifier les références du chauffeur. Ce sont clairement des améliorations de processus. Et concernant toutes ces discussions entre Uber et le secteur traditionnel des taxis : pour moi, le secteur finira par adopter la technologie d'Uber, car elle est tout simplement meilleure et beaucoup plus efficace. La technologie permet donc d'améliorer la manière dont les gens se déplacent. Idem pour Airbnb et le secteur hôtelier.

Ces deux entreprises doivent leur existence aux Smartphones, qui sont le résultat d'une amélioration de la technologie. Nous constatons le même phénomène en matière de processus transactionnel. Les gens font leurs courses, parlent avec leurs amis, paient leurs factures etc. grâce à leur smartphone. Mais il faut du temps pour que la hausse de productivité provoquée par ces améliorations se reflète dans les statistiques.

Vous savez, notre génération estime que beaucoup de choses vont changer, alors que la nouvelle génération vit déjà ces changements. Les jeunes vivent une vie totalement différente de la nôtre. Prenez la vie nocturne à Los Angeles : elle a totalement changé grâce au smartphone et à Uber. Les transports publics ont toujours été un véritable cauchemar à Los Angeles. Résultat : les gens ne sortaient pas beaucoup car, comme ils devaient prendre leur voiture, ils ne pouvaient pas boire d'alcool. Aujourd'hui, grâce à leur smartphone et à l'application Uber, ils peuvent se rendre où ils veulent sans devoir prendre le volant. Ce n'est peut-être pas grand-chose, mais c'est un changement majeur de leur style de vie. »

– **Cette vague d'innovations a aussi son revers. Par exemple, les gens craignent que les technologies de l'information et l'intelligence artificielle détruisent leur emploi et provoquent une augmentation massive du chômage. Partagez-vous cette inquiétude ?**

HV « Savez-vous que le nombre d'emplois dans le secteur bancaire a augmenté par rapport à la période qui a précédé la généralisation des ATM dans les années '70 ? Le nombre de collaborateurs par agence a baissé, mais le réseau d'agences s'est étoffé. Les technologies permettent de réduire – voire d'éliminer – certaines tâches, mais cela ne fait pas pour autant disparaître des emplois. Cette crainte refait surface lors de chaque avancée technologique. Qu'est-ce qui s'est passé au début du XXe siècle avec les maréchaux-ferrants ? Les voitures ont envahi les rues et les chevaux ont disparu. Et les maréchaux-ferrants ont été remplacés par les mécaniciens automobiles.

Nous avons aussi tendance à oublier que, grâce aux technologies, la durée de travail a baissé et la productivité a augmenté. Il y a deux siècles, les gens travaillaient dans les champs 70 heures par semaine. Aujourd'hui, la semaine de travail aux États-Unis est de 37 heures. Et il est fort possible que le temps de travail continue à baisser grâce à l'augmentation de la productivité. Cela nous laisse plus de temps libre pour nos loisirs et augmente la demande de biens et de services. Cette nouvelle prospérité nous permet de mieux nous en sortir financièrement et accroit la consommation par personne. Ce n'est donc pas si mal. Pour moi, le principal enjeu se situe au niveau des inégalités. Ces avantages liés aux technologies seront-ils répartis entre tous ou, du moins, de manière équitable ?»

– **Le sont-ils aujourd'hui ? Quid de ce que l'on appelle les super-entreprises et de la crainte du retour des monopoles à cause du «winner takes all»[38] qui est une réalité de l'économie digitale ?**

HV «Les entreprises naissent et disparaissent tout aussi vite en période de rapides changements économiques. Des sociétés comme Nokia, Blackberry ou MySpace semblaient être éternelles il y a quelques années à peine. Mais elles ont commis une erreur: la technologie a changé et elles ne se sont pas adaptées. Conséquence: pour ces entreprises, l'histoire s'est arrêtée là. Nous vivons aujourd'hui dans un environnement très dynamique, avec de nombreux changements et évolutions. Et, plus les choses évoluent, plus la concurrence augmente. Il y a 15–20 ans, seules les multinationales pouvaient se permettre d'être équipées d'infrastructures informatiques et de communication, qui sont aujourd'hui quasiment gratuites. Les nouvelles petites entreprises partent de rien, ce qui crée davantage de concurrence. Cela devrait éliminer les inquiétudes à propos de ces 'super-entreprises'».

CHAPITRE 2

Entreprenariat

Conjointement à d'autres fondements technologiques, l'internet a contribué à l'apparition de trois nouveaux écosystèmes : l'économie collaborative, les services en ligne et l'internet des objets. Reposant sur le partage de services et de biens, l'économie collaborative fait déjà rage et ravage dans le secteur du taxi et de l'hôtellerie (il suffit de penser à Uber et Airbnb). Le consommateur profite de tarifs réduits tout en bénéficiant généralement d'un meilleur service. Cela vaut également pour les services en ligne, où les plateformes internet comme les agences de voyages et de réservations en ligne font concurrence aux acteurs traditionnels. Le commerce électronique procure un canal de distribution complémentaire aux magasins, mais là aussi, la concurrence est rude. Et enfin, l'internet des objets relie les machines et les robots entre eux ainsi qu'à de grandes bases de données. L'apprentissage automatique et d'autres outils visent quant à eux une augmentation de la productivité.

Les entreprises vont devoir s'adapter à l'ère digitale. Le modèle vertical traditionnel cède la place à un modèle en réseau. Aucun secteur n'y échappe. Et en particulier celui des services, qui en ressent déjà fortement l'impact. Les entreprises doivent passer d'un cycle de planification clairement défini à un cycle d'expérimentation flexible. Et ce basculement doit être guidé et soutenu par la haute direction de l'entreprise.

Il est beaucoup plus facile et moins cher de lancer une nouvelle entreprise à l'ère digitale. Ce n'est plus la taille qui compte dans le monde digital, mais la rapidité et la maniabilité. L'importance est donnée à la croissance et à la part de marché ; la rentabilité vient ensuite. Le financement va du capital d'amorçage au capital-investissement pour quelques privilégiés, en passant par les incubateurs et les accélérateurs. En raison du rôle traditionnellement plus important des banques dans le système financier européen, le capital-investissement est beaucoup moins disponible chez nous qu'aux États-Unis. Obstacle supplémentaire pour les entreprises européennes en croissance par rapport à leurs concurrentes américaines : le manque d'uniformité de la législation.

Entreprendre sous un nouveau mode

La concurrence entre les fabricants de machines Komatsu et Caterpillar est légendaire. « À bas Caterpillar ! », scandaient chaque matin les employés de Komatsu en arrivant à l'usine dans les années 60. Naturellement, de telles pratiques sont inadmissibles. Mais cela illustre bien qu'à l'époque, les entreprises savaient parfaitement qui était leur principal concurrent. Ce qui ne va plus de soi aujourd'hui, en raison du passage à l'économie digitale. La concurrence peut surgir de partout.

Quatre vagues de transformation[39] ont submergé l'économie. Et chacune d'entre elles a accéléré le changement[40]. La première vague fut l'apparition de produits digitaux comme les livres électroniques et la musique digitale. Dès lors, la création et la reproduction de produits et services devenaient plus faciles et accessibles à chacun d'entre nous. L'arrivée de l'internet a annoncé la deuxième vague de transformation, qui a entraîné la disparition des frontières physiques et des fuseaux horaires. Tout à coup, les produits et services pouvaient être proposés dans le monde entier, 7 jours sur 7 et 24 heures sur 24. L'enthousiasme suscité par ces nouvelles possibilités a lancé la mode des entreprises sur le net. Jusqu'à ce que la bulle éclate au début de l'an 2000 et qu'il faille se rendre à la douloureuse conclusion que la disponibilité mondiale ne constituait pas un gage de succès.

Depuis l'avènement des réseaux sociaux, qui constituent la troisième vague de transformation, les messages et les idées se sont répandus à une vitesse effrénée. De nos jours, tout le monde peut exprimer son opinion. Le pouvoir absolu des médias traditionnels est passé à la trappe (de même que leur rôle de 'garde-barrière'). En créant Facebook, Mark Zuckerberg a illustré clairement qu'il suffit d'une bonne idée, d'un ordinateur et d'internet pour conquérir le monde depuis une chambre d'étudiant. Les idées neuves ont engendré une nouvelle génération d'entreprises (plateformes) avides et hyper ambitieuses. Et la quatrième vague de transformation, l'arrivée du smartphone, a tout fait passer à la vitesse supérieure. Le temps entre une demande et sa réponse ou une impulsion et un achat ne se compte plus en jours ou en heures, mais en minutes ou en secondes.

D'un monde caractérisé par les limitations (jadis, toutes les marchandises n'étaient pas disponibles et il existait des restrictions liées au temps ou à la géographie), nous sommes passés à un monde de

FIG. 12 Quatre vagues de transformation qui ont propulsé la révolution digitale
Source : Digital Transformation, Jo Caudron & Dado Van Peteghem

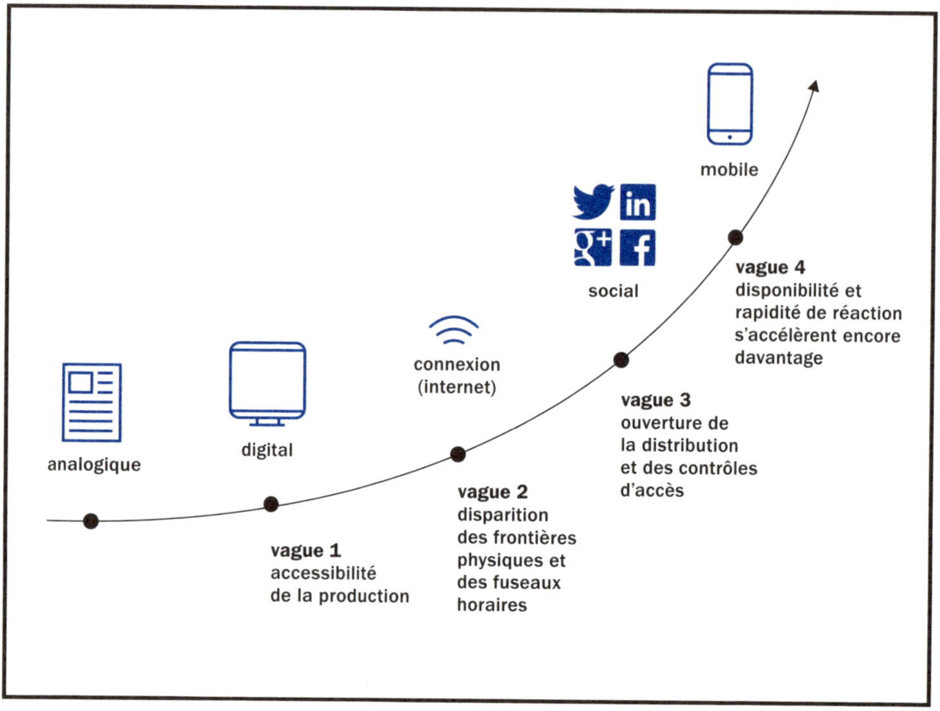

l'abondance. La concurrence se joue au niveau mondial, sans aucune limite et à tout moment de la journée. « La perturbation digitale va produire dix fois plus d'acteurs innovants avec un pouvoir cent fois plus grand, et ce à un dixième du prix par rapport au monde traditionnel », affirme le bureau de consultance américain Forrester Research [41].

L'innovation est radicale. Mais elle ne tombe pas du ciel. Trois nouveaux systèmes sont aux commandes : l'économie collaborative, les services en ligne et l'internet des objets.

L'économie collaborative

L'économie collaborative poursuit un noble objectif : la mise à disposition de biens et de services réduit l'excès de biens et de services qui seraient de toute façon à peine utilisés, diminue les émissions de CO^2 et facilite le partage de connaissances. Pourquoi acheter un nettoyeur à haute pression ou une voiture alors que je pourrais les partager avec quelqu'un d'autre ? Pourquoi limiter le partage de connaissances à un auditoire rempli d'étudiants aisés alors que je peux atteindre le monde entier à l'aide d'un webinaire. Le partage est en outre de plus en plus facilité à l'ère du smartphone, du big data et d'internet.

Ce qui est important pour l'économie collaborative, c'est que les gens soient convaincus que la technologie leur procure un produit ou un service plus facilement que s'ils le possédaient eux-mêmes ou l'achetaient par la voie traditionnelle. Les fondements de l'économie collaborative sont donc la sécurité, le recensement des produits et services fournis, la rapidité de communication, de bonnes applis, un système opérationnel performant et des smartphones conviviaux.

L'économie collaborative et les services en ligne font partie de la nouvelle 'économie de plateforme'. Faire visiter un show-room, répondre au téléphone dans une centrale de taxis, rechercher un homme à tout faire ou réserver un beau voyage : autant de tâches qui exigeaient jadis un intermédiaire humain. Aujourd'hui, il est parfaitement possible de faire tout cela par le biais de plateformes digitales. Le service de taxi Uber et la location d'hébergement Airbnb sont les principaux exemples de ces nouvelles entreprises de plateforme.

Cette évolution est pourtant paradoxale en soi : le contact direct, par exemple entre un utilisateur et un fournisseur de service, formait initialement l'atout majeur d'internet. Entretemps, des plateformes comme Uber (service de taxi), TripAdvisor et Kayak (voyages) ou TaskRabbit (hommes à tout faire) se sont glissées entre les utilisateurs et les fournisseurs. Ces entreprises ont connu une croissance fulgurante. Et ce n'est guère surprenant. Dans un premier temps, développer une plateforme internet exige de très gros investissements. Mais une fois que la plateforme est en ligne, les coûts annexes à chaque nouveau client, utilisateur ou transaction sont réduits à néant.

Mais quel est l'impact des nouvelles entreprises de plateforme sur l'économie ? Lui ont-ils rendu service ? Ou faut-il surtout en considérer les coûts ?

Personne n'y échappe

N'y allons pas par quatre chemins : l'économie collaborative fait hurler quelques secteurs traditionnels des services. L'économie collaborative engendre plus de flexibilité et un usage plus efficace des biens et services. Mais les bénéfices des constructeurs automobiles, des producteurs de nettoyeurs à haute pression et des chaînes hôtelières s'amenuisent. Il se peut même que ces acteurs disparaissent du marché. Ces services apportent de la valeur ajoutée aux individus, mais ils font reculer le PIB.

Les États-Unis consacrent chaque année 400 milliards de dollars, soit un peu moins que le PIB belge, aux hôtels, à la location de voitures, aux taxis, aux biens de luxe, à l'entreposage de biens personnels, aux services de parking et de transport[42]. D'après Bank of America Merrill Lynch, la part de l'économie collaborative sera de plus en plus importante, au détriment des acteurs traditionnels. « L'économie collaborative perturbe et crée des dégâts », s'écrient les victimes. « Mais ce n'est pas parce que la position d'un groupe est menacée que l'économie collaborative a un impact négatif», répond Luc Sels, doyen de la faculté des Sciences économiques et de l'entreprise de la KUL[43]. « Car s'il revient moins cher de louer une chambre à Londres, Paris ou Amsterdam, cela permettra à plus de personnes de partir en city-trip, ce qui est favorable au tourisme. Cela peut également libérer du budget pour aller prendre un verre, sortir en discothèque ou aller au théâtre. La destruction directe d'un emploi peut aller de pair avec la création indirecte d'un autre emploi. »

Une étude menée en 2014 a comparé Airbnb aux Hôtels Hyatt[44]. Après six années d'existence, Airbnb avait alors 1 324 personnes à son service et recourait aux chambres et au travail gratuit de 500 000 personnes dans 33 000 villes. Bien qu'elle ne dispose pas de patrimoine immobilier, l'entreprise était évaluée à 10 milliards de dollars par les investisseurs. Soit plus que la valeur boursière des Hôtels Hyatt (7,5 milliards de dollars), qui employaient alors 45 000 personnes et possédaient 549 hôtels. En avril 2016, le fonds d'investissement T. Rowe a estimé Airbnb à 25,5 milliards de dollars. En décembre, cette estimation avait déjà augmenté jusqu'à 30 milliards de dollars[45], dépassant la plus grande chaîne hôtelière du monde : Marriott. Alors que la capitalisation en bourse de Hyatt était toujours de 7,5 milliards de dollars.

Et puis il y a Uber, qui déstabilise encore plus qu'Airbnb. Fin 2016, cette entreprise non cotée en bourse était estimée à 69,5 milliards de dollars. Soit plus que la valeur en bourse des constructeurs automobiles Ford et General Motors, deux entreprises qui existent depuis plus d'un siècle chacune. Uber fait également de l'ombre à des entreprises traditionnelles de location de voitures comme Hertz et Avis. Et tant que nous parlons de valorisation : la valeur en bourse de Google oscillait autour de 550 milliards de dollars à la fin du mois de décembre 2016, soit

FIG. 13 **Avec une valeur de 68 milliards de dollars, Uber devient plus grande que GM, Ford et Honda**

Sources: Factset; Forbes, valeur en bourse et estimation Uber au 3 décembre 2015

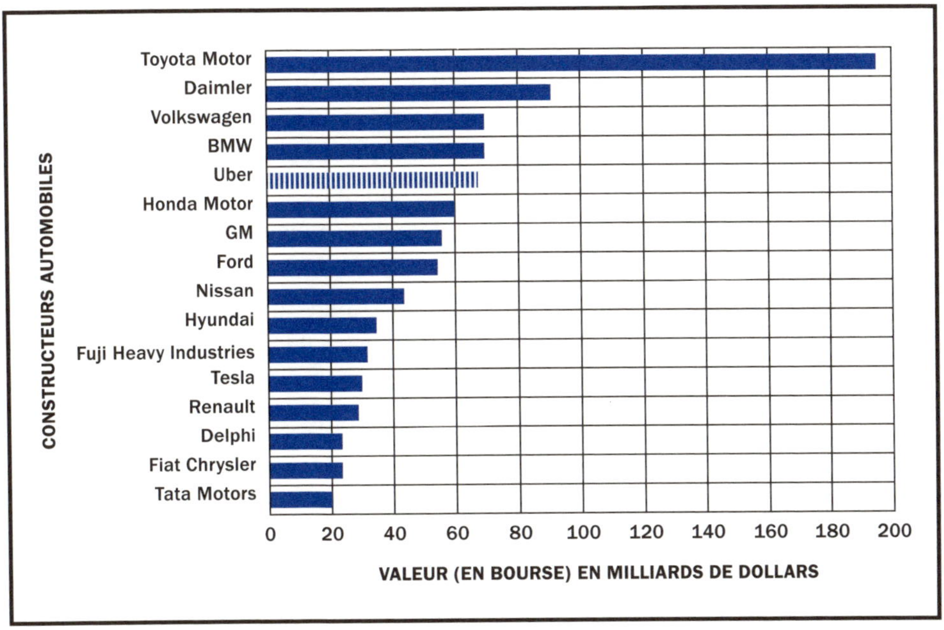

plus que la production annuelle totale de biens et services en Belgique. « Tant Uber que les voitures autonomes de Google vont déclencher une révolution de la mobilité fondée sur un nouveau paradigme du transport. Comment General Motors, que l'on décrit généralement comme une entreprise bureaucratique, peut-elle prospérer dans cet avenir perturbé ? », s'interroge un analyste de la Deutsche Bank dans un rapport sectoriel sur l'industrie automobile.

À vrai dire, aucune entreprise ni aucun secteur n'échappe à l'impact perturbateur de l'économie collaborative. Fondateur de l'organisation Crowd Companies, Jeremiah Owyang a élaboré toute une base de données contenant des milliers de nouveaux modèles d'entreprises, start-ups et concepts perturbateurs. Et on en retrouve dans toutes sortes de secteurs : enseignement, soins de santé, banques, assurances, prestation de services, consultance, habillement, transports en commun, transports, etc. Tapez les mots 'Jeremiah Owyang' et 'Honeycomb' sur Google et vous trouverez rapidement l'image d'une structure en nid d'abeille. Chaque secteur économique y a sa propre alvéole, où figurent chaque fois de nombreuses initiatives perturbatrices. La conclusion est simple : la perturbation est partout. Y compris dans votre secteur !

Uber ne possède aucune voiture. L'entreprise rassemble des gens qui sont prêts à proposer des trajets à bord de leur véhicule à des passagers payants. Uber met les deux parties en contact en échange de 20 à 30 % du prix de la course. Le prix total est moins élevé que celui d'un taxi normal, même exclusion faite du pourboire généralement accordé au chauffeur de taxi. Un test mené à Bruxelles par le magazine automobile en ligne *groenlicht.be* révèle qu'une course avec Uber serait 20 % moins chère qu'en taxi normal[46]. Dans des villes comme Amsterdam, Rotterdam, La Haye et Utrecht, se déplacer en UberX (le service de base d'Uber) coûterait en moyenne 47 % de moins qu'un taxi, si l'on en croit Uber[47].

Outre les tarifs moins élevés, Uber présente aussi d'autres avantages vis-à-vis des taxis traditionnels[48]. Au lieu d'attendre l'arrivée de son taxi dans la rue, le client peut suivre la trajectoire de sa voiture en ligne. Les transactions sont également réglées par voie électronique via l'appli. Et les utilisateurs peuvent contrôler le profil du chauffeur avant de le sélectionner. De même, ils peuvent laisser une évaluation après le service. Tout cela accroît le sentiment de sécurité. « Je suis très heureux de pouvoir compter sur un chauffeur Uber et peut-être bientôt sur une voiture autonome pour venir me chercher à l'aéroport », avoue Marc Lambotte, président de la fédération de l'industrie technologique Agoria. « Avant, je me faisais toujours rabrouer par les chauffeurs de taxi, qui trouvaient que le trajet était trop court entre l'aéroport et le siège d'Agoria. »

L'impact d'Uber sur le secteur fortement régulé des taxis est énorme. Les prix des taxis sont fixés et il faut également acheter une licence. Le nombre limité de licences disponibles protège le secteur de la concurrence. Depuis l'arrivée d'Uber, le prix d'une licence de taxi à New York est passé d'un million de dollars en 2013 à 700 000 à 800 000 dollars en 2015[49]. À Chicago, le prix a chuté d'un tiers. Le nombre de courses en taxi a diminué de 8 % entre 2012 et 2014 à New York. Tandis qu'à Chicago, il s'est réduit de 65 % dans les deux années qui ont suivi l'arrivée d'Uber sur le marché. Autre évolution positive pour les passagers : la diminution du nombre de plaintes. La disparition du monopole a entraîné une meilleure prestation de services.

Et pourtant, l'arrivée d'Uber soulève partout un vent de protestations. Les chauffeurs de taxi craignent pour leur emploi. Il est vrai que le secteur du taxi et Uber s'affrontent à armes inégales. Par exemple, les taxis doivent s'en tenir à des prix déterminés alors qu'Uber pratique une fixation tarifaire dynamique où le prix varie en fonction du nombre de volontaires disponibles. En Belgique, ces volontaires sont des contractants indépendants qui ne touchent pas de salaire minimum, de congés payés ou d'assurance hospitalisation. Ce qui permet à Uber de faire pression sur les prix.

Certains pays parlent de 'concurrence déloyale'. Uber a été interdite ou soumise à de sérieuses restrictions en Belgique, en France, en Allemagne, en Italie et en Espagne. L'interdiction d'Uber à Bruxelles prononcée par un tribunal belge a donné lieu à un échange mémorable entre Neelie Kroes, alors Commissaire européenne, et Brigitte Grauwels, alors Ministre de la mobilité à Bruxelles.

> **(Tweet Grauwels)** *@NeelieKroesEU Wild liberalisme niet nodig om van Brussel smart city te maken #kennisvanzaken* **(tweet Grauwels)** (Bruxelles n'a pas besoin du libéralisme sauvage de l'UE pour devenir une smart city)

> **(Tweet Kroes)** *If you're angry at idea that #Uber is banned from serving a city — send your message to @BGrouwels — the Minister who supports it #Brussels (L'idée que #Uber soit interdite d'offrir ses services à une ville vous met en colère ? Adressez-vous à @BGrouwels, la Ministre qui soutient cette idée à #Brussels)*

Neelie Kroes a remporté le match avec 288 retweets et 77 'favorites' contre 9 retweets et 8 'favorites' pour Brigitte Grauwels.

La solution ne réside pas dans l'interdiction d'Uber. L'arrivée de l'entreprise a réveillé un secteur rigide, régulé à l'excès et exagérément protégé. Cela offre des avantages aux consommateurs tout en créant des opportunités pour les jeunes qui ne trouvent pas leur place sur le marché du travail officiel. Un quart des chauffeurs Uber français étaient au chômage avant de travailler pour Uber[50]. Toutefois, il faut veiller à ce que le secteur du taxi et Uber puissent combattre à armes égales. Le législateur doit établir un cadre qui mette en valeur les avantages des plateformes digitales, mais en minimisant les risques et les coûts associés. C'est en combinant concurrence et mesures appropriées que l'on améliore l'efficacité et la prestation de services.

Dans quelle mesure la concurrence d'Uber est-elle 'déloyale' ?

Uber est-elle une simple plateforme commerciale qui met des chauffeurs en contact avec des clients (tout comme la plateforme New York Stock Exchange relie les investisseurs et les entreprises cotées en bourse) ? Ou renforce-t-elle les services de transport, à l'instar des sociétés de taxi ou de la SNCB ? La réponse prononcée par les 15 juges de la Cour de justice de l'Union européenne en 2017 sera déterminante pour la destinée de l'entreprise, ainsi que pour d'autres entreprises de plateforme comme Airbnb.

Si l'entreprise est estampillée plateforme commerciale, Uber pourra poursuivre son modèle actuel sans difficulté et sa position sera renforcée dans les différents pays où elle est soumise au feu des critiques. Si elle est classifiée comme service de transport, elle devra suivre les règles strictes en matière de licence et de sécurité. Le débat serait à nouveau ouvert sur la question de savoir si les chauffeurs Uber peuvent être considérés comme des indépendants ou des employés. Et, dans ce dernier cas, cela entraînerait de nouveaux coûts et obligations.

Et enfin, la discussion porte également sur les charges à prélever sur les tarifs Uber. En Belgique, les chauffeurs Uber doivent appliquer 6% de TVA. Ce n'est pas nécessaire s'ils optent pour le régime de petite entreprise. Le chiffre d'affaires annuel doit alors être inférieur à 25 000 euros. Pour la majorité des chauffeurs Uber, il s'agit d'un emploi à temps partiel. C'est d'ailleurs cette flexibilité qui fait l'attrait de l'emploi. Ils n'arrivent donc pas à ce montant, ce qui leur fournit un avantage de coûts par rapport aux sociétés de taxi traditionnelles.

Le débat est enflammé. De nombreux pays craignent que l'économie digitale et son nombre accru de travailleurs indépendants entraînent une concurrence déloyale et érodent l'assiette fiscale. Les entreprises concernées souhaitent également que la clarté soit faite, car elles ne veulent pas être accusées de se soustraire à leur responsabilité sociale, avec toutes les conséquences que cela implique. « Si les règles actuelles ne garantissent pas une concurrence loyale, un traitement équitable des employés et un système fiscal tenable, il faut les adapter » estime le *Financial Times*[51].

Services en ligne

Le commerce électronique constitue une part importante du deuxième écosystème : les services en ligne. Bien que cet écosystème dépasse largement le cadre du commerce électronique. Les services de streaming sur Spotify et iTunes ont bouleversé l'industrie musicale. Les agences de voyages en ligne comme Expedia et TripAdvisor ont écarté les agences de voyages traditionnelles. Et le chiffre d'affaires des restaurants sent la différence entre une note en ligne de 1 ou 5 étoiles.

Le secteur du travail intérimaire ressent aussi les effets de la révolution en ligne. L'agence d'intérim au sens classique du terme est menacée par le marteau-piqueur numérique[52]. Les candidats à l'intérim ne poussent plus la porte des agences pour discuter avec un consultant et attendre ensuite que le téléphone sonne. Ils optent pour l'internet. Les entreprises elles-mêmes investissent dans le big data pour créer le plus grand pool de candidats possible. Cela se fait notamment via le réseau social professionnel LinkedIn (400 millions de membres) et le site d'offres d'emploi Stepstone (60 000 entreprises abonnées). Le groupe d'intérim Manpower se targue de pouvoir lancer des recherches sur 800 000 candidats dans sa banque de données belge, soit environ un quart de la population active. Il en résulte que le nombre d'agences intérimaires dans notre pays est retombé à 1125, le niveau le plus bas en douze ans.

Aux États-Unis, Upwork franchit un pas supplémentaire. Sa plateforme en ligne relie les travailleurs free-lance hautement qualifiés aux entreprises qui publient des projets spécifiques. Compte tenu de l'évolution rapide des nouvelles technologies, toutes les entreprises ne peuvent pas disposer en permanence des compétences nécessaires. « Nous composons par exemple une équipe de projet pour une mission déterminée », nous explique le CEO Paul Kasriel, de la Silicon Valley. « Nous louons un B&B où l'équipe collabore au projet pendant trois semaines. Après la livraison du projet, il est implanté dans l'entreprise. Il arrive aussi que la collaboration soit virtuelle. Tout se passe dans le cloud, de toute façon. »

De même que les services en ligne peuvent apporter des solutions aux entreprises, de nouvelles portes s'ouvrent également pour les particuliers. Imaginez que vous ayez besoin d'un homme à tout faire. Ou d'un déménageur. La plateforme en ligne TaskRabbit promet de rendre cette quête moins frustrante et chronophage. Uniquement aux États-Unis, pour l'instant. Cookening est une sorte d'Airbnb pour le partage de repas chez l'habitant. Care.com offre un réseau de prestataires de services à la personne, qu'il s'agisse de garder des enfants, de tenir compagnie à des personnes âgées, de s'occuper de la maison ou même de garder des animaux.

L'écosystème des services en ligne ne cesse de s'étendre avec, pour caractéristiques principales pour le consommateur: une réponse rapide, un paiement en ligne, un moyen de contrôle des antécédents du prestataire de services et la possibilité de donner un feed-back ou de noter les prestations fournies. Il est même possible de comparer les prix des services proposés. Et tout cela sans le traditionnel coup de téléphone qui s'achève invariablement par un 'je vous tiens au courant'.»

Le commerce électronique

La part du commerce électronique dans la vente au détail a dépassé la barre des 10 % en 2015 aux États-Unis, alors qu'elle représentait 2 % à peine en l'an 2000 (voir FIG. 14, p. 85). Sur Amazon, la plus grande boutique en ligne du monde, les ventes ont augmenté de 30 % en 2015 en Amérique du Nord, mettant sous pression Wal-Mart et les autres grandes et moyennes surfaces (voir FIG. 15, p. 86). «Les magasins physiques se retrouvent devant un choix très clair: évoluer ou s'évanouir», peut-on lire dans *The Economist*. Mais ce n'est pas aussi simple que cela. Les grandes et moyennes surfaces sont sous pression pour envoyer gratuitement leurs produits commandés en ligne, et ce à des prix compétitifs. Ce qui réduit le prix de vente par rapport au prix actuel en magasin. Elles doivent en outre investir dans la technologie pour intensifier les ventes en ligne, ce qui comprime encore les marges. Il arrive d'ailleurs souvent qu'elles ne gagnent pas de nouveaux clients grâce à la vente en ligne, mais qu'elles vendent tout simplement les mêmes choses aux mêmes personnes, mais à un prix inférieur. «C'est le principe des vases communicants, mais en y perdant des bénéfices entre les deux», déclare Simeon Gutman, analyste chez Morgan Stanley, maison de trading américaine.

Delhaize, la moitié belge du groupe Ahold Delhaize, lutte contre le même problème, comme en témoigne l'enquête que nous avons menée auprès des entreprises belges cotées en bourse. «C'est un vrai dilemme, explique la porte-parole Aurélie Bultynck. Ne pas proposer d'achats en ligne, c'est perdre des clients. Mais en proposer, c'est perdre de l'argent.

FIG. 14 **La part du commerce électronique dans la vente au détail est passée de <2 % en 2000 à 10 % en 2015.** Source : US Consumer Survey Federal Reserve Bank of St. Louis

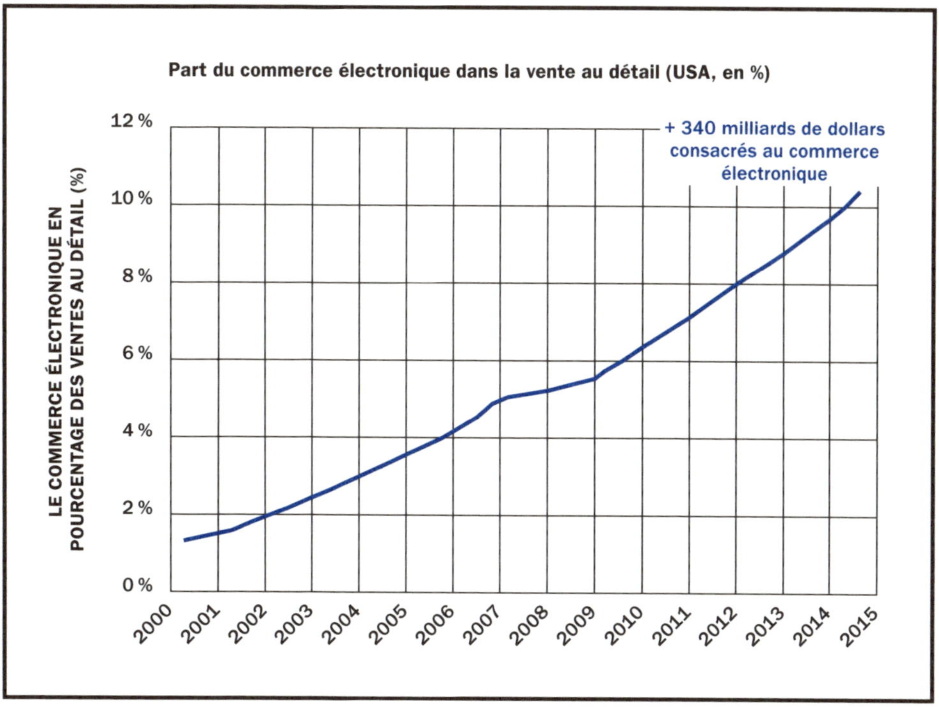

Car le commerce électronique n'est pas rentable à l'heure actuelle : ni sous la forme de livraisons à domicile ni suivant la formule du Click & Collect. »

Bol.com, la filiale en ligne de la chaîne hollandaise de supermarchés Ahold Delhaize, a été élue plusieurs fois meilleur webshop en Belgique. En avril 2016, six mois après avoir entamé sa quête, l'entreprise avait déjà trouvé 800 partenaires dans notre pays pour proposer des produits sur la plateforme belgo-néerlandaise[53]. Aux Pays-Bas, les partenaires sont au nombre de 10 000. « En 2015, les clients de Bol.com ont commandé pour 200 millions d'euros auprès de nos partenaires », précise le grand patron Daniël Ropers lors d'un entretien pour *De Tijd*. « Il s'agit de commerçants qui se sont abonnés à notre plateforme pour vendre leurs marchandises sur notre site web. C'est ainsi que Bol.com est en train de devenir une entreprise de réseau. Notre modèle d'entreprise s'apparente un peu à celui de la plateforme chinoise Alibaba : devenir le plus grand acteur du commerce électronique sans avoir rien à vendre soi-même. »

FIG. 15 Évolution du cours d'amazon.com comparativement à Wal-Mart, Macy's & GAP
Source : Thomas Reuters Datastream

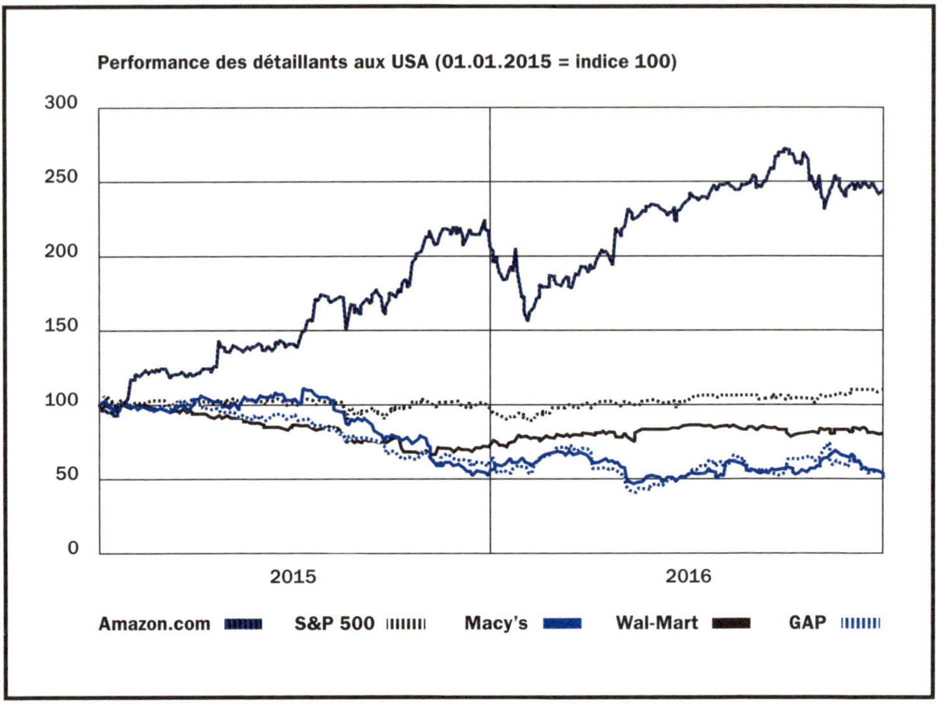

Mais les entreprises de commerce électronique belges rencontrent aussi des obstacles. Si la réglementation européenne n'est pas prête pour l'économie collaborative, elle ne l'est pas davantage pour le commerce électronique. Malgré quelques adaptations législatives, le travail de nuit doit encore recevoir l'approbation des trois syndicats dans la plupart des entreprises. « Il y en a toujours un qui n'est pas d'accord », déclare dans *De Tijd* Dominique Michel, CEO de Comeos, l'association qui défend les intérêts des grandes chaînes de distribution [54]. Une livraison gratuite et ultra rapide compte pourtant parmi les facteurs les plus importants pour le consommateur lorsqu'il achète en ligne.

Il s'ensuit une diminution du pourcentage des dépenses en ligne sur les webshops de Belgique : de 67 % en 2012 à 53 % en 2015, selon les calculs de Comeos. Autre conséquence : le webshop américain Amazon n'a pas construit son nouvel entrepôt de 50 000 mètres carrés en Belgique, mais dans la ville allemande de Frankenthal, où travaille un millier de personnes depuis le printemps 2017. C'est le huitième entrepôt d'un grand webshop international construit dans un rayon de

200 kilomètres autour de la frontière belge. L'Allemand Zalando et les Hollandais Bol.com et Coolblue livrent également leurs colis en Belgique depuis l'extérieur de nos frontières [55].

L'internet des objets

Les entreprises belges cotées en bourse attendent du troisième écosystème qu'il exerce un impact majeur sur leur modèle d'entreprise. Il s'agit de l'internet des objets (voir chapitre 5). L'internet se dote de mains, de pieds et de sens par le biais de capteurs et de moniteurs de données, de systèmes de pilotage et de communication mobiles, de big data [56] et de l'apprentissage automatique [57]. En 2015, l'entreprise de télécommunication Proximus a rapporté que le nombre de cartes SIM installées dans des machines était passé de 416 000 à un million. Cette augmentation s'expliquait principalement par l'introduction de la taxe kilométrique. Bank of America Merrill Lynch estime que 20 milliards d'appareils communiqueront entre eux à l'horizon 2018, soit un doublement en à peine trois ans. Et d'après l'entreprise technologique Cisco, la moitié du trafic internet et de données proviendra de machines parlant à d'autres machines, sans intervention humaine (ce que l'on appelle le M2M ou Machine to Machine).

Aucune entreprise n'échappe à cette évolution. Interrogé sur l'impact de l'internet des objets sur le modèle d'entreprise de Montea, qui développe et loue des bâtiments logistiques, le CEO Jo De Wolf a répondu ceci : « La connexion de produits entre eux permettra de mieux connaître le comportement des consommateurs. La consommation devient prévisible, de sorte que les stocks vont diminuer. Parallèlement, le consommateur voudra un service au doigt et à l'œil, si bien que les produits devront se trouver au plus près des centres de consommation. L'intérêt des plateformes de distribution locales ira donc croissant. »

Des machines dotées de la parole

Les machines communiquant entre elles (M2M) et l'internet des objets forment conjointement une plateforme accueillant de nombreuses applications qui feront fureur auprès des consommateurs dans les années qui viennent. Votre bracelet informera votre voiture semi-autonome que vous avez mal dormi et qu'elle devra être d'autant plus attentive aux manœuvres suspectes. Après être arrivé au travail en toute sécurité, vous contrôlerez que tout va bien chez vous via votre smartphone et votre CCTV mobile (télévision en circuit fermé). Plus besoin de rappeler à Papy qu'il doit prendre quotidiennement son médicament anticoagulant: un pilulier intelligent s'en chargera. Et lorsque vous irez faire du sport à l'heure de table, votre t-shirt intelligent vous préviendra quand vous dépassez vos limites et qu'il est temps de réduire le rythme. Juste avant de rentrer à la maison, vous commanderez vite quelques courses que vous réglerez à l'aide de votre téléphone portable. Et les capteurs du sac de courses contenant votre commande vous informeront du moment exact où le drone dépose le tout devant votre porte.

L'internet des objets ouvre de nouvelles perspectives sur la manière dont les entreprises entreront en contact avec les consommateurs. Tout devient 'intelligent': les voitures, les appareils électroménagers, l'habillement, les montres, les compteurs d'électricité, la publicité, etc. Plus les entreprises en sauront sur leurs clients, plus elles pourront répondre à leurs attentes de façon qualitative et personnalisée.

Dans l'industrie également, l'internet des objets ne manquera pas de faire fureur. Un tour de table effectué par *The Economist* en 2013 indiquait que 96 % des 779 chefs d'entreprise senior interrogés envisageaient d'y recourir dans l'une ou l'autre mesure dans un délai de trois ans. Les 33 entreprises belges cotées en bourse qui ont participé à mon enquête (voir chapitre 5) ont qualifié de 'modéré' à 'important' l'impact attendu de l'internet des objets sur leur modèle d'entreprise. « Les nouvelles technologies offrent des opportunités pour les solutions automatisées qui répondent aux exigences de nos clients », affirme Jensen Group, producteur de machines à laver industrielles. L'entreprise a lancé récemment un outil permettant de contrôler des machines et systèmes à distance. Le logiciel qui gère les machines est doté d'une fonction intégrée qui permet de réaliser de nombreuses interventions à distance. Grâce à ce système, un technicien peut offrir son assistance 'en live', analyser des fichiers de données, poser des diagnostics et même corriger des erreurs. « Nos clients internationaux ne doivent plus attendre qu'un technicien se rende sur place, ce qui représente un important gain de temps et d'argent. Sans compter que l'on réduit notre empreinte écologique, puisque nous devons moins nous déplacer », se réjouit-on chez Jensen Group.

L'usine du futur

L'internet des objets constitue également l'un des piliers de l'Industrie 4.0, qui nous promet une évolution vers des usines intelligentes entièrement automatisées. C'est ce qu'on appelle aux États-Unis le 'Lights-Out Manufacturing'. Car la seule chose que l'homme doit encore faire, c'est allumer et éteindre la lumière en entrant et en sortant. Cela fait longtemps que la première usine sans présence humaine ne relève plus de la science-fiction. Intel produit ses puces dans des méga-usines de plus de 10 milliards de dollars. Les wafers (ces plaques de silicium dans lesquelles les puces sont découpées) se déplacent dans le hall de production par le biais de systèmes robotiques. Le processus s'adapte en permanence en fonction de données provenant de capteurs, de manière à ce que les normes de qualité minimales soient toujours atteintes. Une machine tient l'autre au courant de ce qui sort, afin que la machine suivante soit parfaitement paramétrée pour la quantité de wafers qui arrive. Et si un entretien est nécessaire, la salle de contrôle en est directement avisée. C'est le seul endroit où l'on trouve encore du personnel (hautement qualifié) pour tenir à l'œil l'ensemble du processus de production.

General Electric, l'une des plus grandes entreprises industrielles au monde, ambitionne également de faire tourner la machine numérique bien huilée dans ses propres halls d'usine. «Aujourd'hui, lorsque je parle de l'internet industriel, je parle de la fusion du monde physique et du monde analytique», a déclaré Jeffrey Immelt, CEO de General Electric, lors d'un discours prononcé en novembre 2013[58]. «Avec le temps, il en résulte une incroyable augmentation de la productivité. Nos nouveaux moteurs d'avion ou les grandes turbines à gaz sont également des ordinateurs. Les moteurs contiennent entre 10 et 30 capteurs et génèrent chaque année plusieurs téraoctets de données. L'analyse de ces données entraîne des améliorations en matière de gestion du carburant, d'entretien et de connaissances par rapport à l'impact sur le moteur selon qu'il atterrisse à San Francisco ou à Los Angeles. Cela nous permet également d'économiser sur les contrats d'entretien à long terme, tandis que la compagnie aérienne gagne de l'argent grâce à de meilleures performances du carburant et une meilleure expérience des passagers.»

Mark Hutchinson, CEO et président de General Electric Europe, cite un autre exemple pour illustrer ces économies[59]. «Nous fabriquons des locomotives. Il ne s'agit plus de simples produits industriels dans le monde qui est le nôtre. Il s'agit de centres de données mobiles. C'est ainsi que nous avons fait passer la vitesse moyenne de la flotte de l'un de nos clients de 33,8 à 37 km par heure. La puissance des données entraîne une meilleure gestion des actifs, un meilleur flux de travail et moins de retards. Le client a ainsi bénéficié de 200 à 300 millions de dollars de revenus supplémentaires.» Cela vaut bien un petit coup de fil de la SNCB, non?

Mais les grosses entreprises ne sont pas les seules à récolter les fruits de la robotisation et de la numérisation. Van Hoecke, une entreprise de Saint-Nicolas, s'est spécialisée dans la fabrication de tiroirs sur mesure[60]. Des robots à apprentissage automatique sont alimentés par un flux continu de données pour rationaliser le processus de production. L'entreprise a calculé que 43 000 tiroirs peuvent sortir des lignes de production sur la base de toutes les combinaisons possibles de modèles, matériaux, traitements des surfaces, couleurs, poignées et charnières. Ces tiroirs sur mesure ont permis à Van Hoecke de connaître une croissance spectaculaire sur un marché qui était autrefois stagnant. L'Industrie 4.0. ouvre de nouvelles portes à ceux qui sont prêts à l'accueillir.

Une imprimante 3D dans le hall d'usine

Selon Jeffrey Immelt, CEO de General Electric, l'impression 3D est aussi prometteuse que l'internet des objets. «La technologie des matériaux est le dénominateur commun entre les turbines à gaz, les scanners à résonance magnétique, les moteurs d'avion et les locomotives que nous produisons. Aujourd'hui, ces produits sont fabriqués en soudant, courbant et perfectionnant les matériaux. L'impression 3D permet de fabriquer des produits parfaits du premier coup. Tout se construit depuis le noyau. « C'est le Graal Sacré, déclare Jeffrey Immelt. Au départ, l'impression 3D se prête uniquement à la production d'objets simples en plastique. Mais les possibilités se multiplient dès qu'il est possible de recourir à l'impression 3D pour des produits sophistiqués aux formes et alliages complexes. Il y a de fortes chances que nos produits soient beaucoup moins chers dans dix ans.»

«Le marché de l'impression 3D connaît un rythme de croissance effréné», souligne Hod Lipson, professeur de robotique à l'Université Columbia. «Il s'est même accru de 30% par an ces quatre dernières années.» Et ce n'est qu'un début, selon lui. «À mesure que l'impression

3D se démocratise avec des matériaux comme le nylon et l'acier, de plus en plus d'entreprises recourront au procédé. Aujourd'hui, c'est déjà une réalité dans le secteur de l'aviation, mais d'autres industries attendent déjà leur tour. »

Et toujours d'après le professeur de robotique, ces industries ne seront pas seulement influencées par l'impression 3D. « L'intelligence artificielle, la robotique et l'impression 3D pénétreront pratiquement tous les secteurs. De l'aviation à l'architecture et des soins de santé à la mode. Je ne vois vraiment aucun domaine où ces technologies ne pourront pas être d'application. » C'est aussi l'avis de Marc Lambotte, d'Agoria. « Ce sera peut-être plus lent dans certains secteurs. Enfin, c'est ce que l'on croit. Mais ils seront un jour pris de vitesse. » Le concept du Factory of the Future Award développé par Agoria prend en tout cas une longueur d'avance.

Table ronde : entreprendre à l'ère digitale

De nos jours, bon nombre de secteurs sont bouleversés par les entreprises technologiques. Quelle est la plus grande librairie ? Amazon. La plus grande vidéothèque ? Netflix. Spotify et Apple dominent l'industrie musicale. Et Disney, le premier producteur de films d'animation, ne doit sa survie qu'à la reprise du studio Pixar, spécialisé dans les images de synthèse. La plus grande plateforme de marketing est Google et l'entreprise de télécom à la croissance la plus rapide est Skype. LinkedIn est quant à lui le bureau de recrutement qui connaît la croissance la plus rapide. Le point commun entre toutes ces entreprises ? Il s'agit de sociétés de logiciels. « Le monde est dévoré par le logiciel [...] et je m'attends à ce que plus d'entreprises encore soient bouleversées par le logiciel dans les dix prochaines années [61] », déclare Marc Andreessen, l'un des plus grands capitalistes à risque de la Silicon Valley. Investisseur de la première heure dans Facebook, Instagram, Oculus VR (tous deux vendus à Facebook) et Skype (vendu à Microsoft), c'est ce qui lui a permis de bâtir sa fortune. Et son portefeuille d'investissement compte aujourd'hui Pinterest, Stripe, Airbnb, Buzzfeed et GitHub, entre autres.

S'exprimant dans ce qui est sans doute la tribune du *Wall Street Journal* qui a recueilli le plus de lecteurs à ce jour, l'homme, qui figure à la 16e place sur la liste Midas des plus grands investisseurs technologiques publiée par Forbes, égrène les secteurs où le logiciel a lentement érodé la chaîne de valeurs. Il commence par l'industrie automobile, où l'évolution vers les véhicules hybrides et électriques va accélérer le basculement vers des voitures presque entièrement gérées par logiciel. La société de transport FedEx est en réalité un réseau logiciel qui dispose aussi fortuitement de camions, d'avions et de centres de distribution. La plus grande chaîne de grande distribution au monde, Wal-Mart, a pulvérisé ses concurrents ces dernières années en implémentant un logiciel visant à optimiser sa logistique et ses possibilités de distribution. Aujourd'hui, elle est elle-même menacée par le géant de la technologie, Amazon. Dans le secteur financier, pratiquement chaque transaction se fait par le biais d'un logiciel. D'après l'économiste Kenneth Rogoff, l'avenir est aux monnaies numériques et à l'abolition de l'argent en espèces. «Les soins de santé et l'enseignement sont à mon avis les prochains sur la liste pour opérer une transformation fondamentale basée sur le logiciel», affirme Marc Andreessen. «Ces dix prochaines années, la lutte sera épique entre les leaders de marché actuels et les entreprises naissantes gérées par logiciel. De quoi rendre fier Josef Schumpeter, l'économiste à qui l'on doit le concept de 'destruction créatrice'.»

Six années se sont écoulées depuis la publication de l'essai de Marc Andreessen. C'est pourquoi nous organisons une table ronde réunissant les plus hauts représentants du monde de l'entreprise. Une table ronde virtuelle, puisque nous avons interrogé chaque participant individuellement, réunissant des personnalités aux sensibilités diverses: Patrick Byrne (CEO d'Overstock.com), Frank Bekkers (CEO de Mobile Vikings), Koen Debackere (Professeur à la KU Leuven), Erik Luts (digital manager chez KBC), Peter Vandekerckhove (membre de la direction de BNP Paribas Fortis) et Chris Van Doorslaer (CEO de Cartamundi).

«Les nouvelles technologies digitales ont un impact sur tout. Jamais auparavant nous n'avions pu capter autant de données à prix si bas. Et ces données peuvent être interprétées à l'aide de puissants ordinateurs, de sorte que tout peut être optimisé plus rapidement. Tout est donc plus efficace. De nombreuses interfaces vont disparaître des modèles d'entreprises. Ce qui, en soi, exerce déjà un impact majeur sur les entreprises. Mais cela va encore plus loin. Car les frontières vont également s'estomper entre les différents secteurs. Les entreprises ne sont plus cantonnées à leur secteur déterminé. Ne pas s'inscrire dans ce mouvement, c'est se mettre sur la touche.» C'est en ces termes que Frank Bekkers décrit l'impact de la révolution digitale. Et pourtant, tout ne change pas.

« L'entreprenariat reste l'entreprenariat. Ce qui change, ce sont les instruments pour entreprendre. Et aujourd'hui, les nouveaux outils sont les technologies digitales », ajoute Koen Debackere.

« La structure verticale de l'entreprise est révolue »

« Si vous voulez que les choses soient bien faites, faites-les vous-même », écrit en 1926 Henry Ford, fondateur de la société de construction automobile du même nom, dans son livre *Aujourd'hui et demain*. Il y décrit l'intégration verticale comme la clef de son succès. Des matières premières au service après-vente, tout résidait entre les mains de l'entreprise. Henry Ford clamait pouvoir exploiter le minerai de fer dans ses propres mines du Minnesota, l'expédier vers son usine Ford River Rouge à Detroit et le transformer en Ford T. Et tout cela en 24 heures.

D'après le gourou du management Michael Porter, l'économie totale d'une intégration verticale de ce type est déterminée par les économies réalisées à chaque étape de la chaîne de valeur. Maintenir les coûts de transaction au niveau le plus bas possible est le ciment de tout le processus d'intégration verticale. Mais, entretemps, l'internet a fortement réduit les deux composantes de ces coûts de transaction (le traitement de l'information et la communication). « Si les coûts de transaction forment le ciment de ce qui tient la chaîne de valeur ensemble et que ces dépenses diminuent, il ne reste plus beaucoup de postes où épargner, affirme Philip Evans[62], senior advisor chez The Boston Consulting Group. Il est alors moins nécessaire d'entretenir une organisation intégrée verticale et les chaînes de valeur peuvent se rompre. Dès lors, il devient possible pour un concurrent d'utiliser sa position dans une étape de la chaîne de valeur pour pénétrer dans le modèle d'entreprise vertical de son concurrent. »

La structure verticale serait-elle révolue ? Patrick Byrne : « Il n'est désormais plus possible d'être le meilleur à tous les maillons de la chaîne de valeur verticale, depuis les matières premières jusqu'à la vente. Et si ce n'est plus le cas, l'efficacité n'est plus optimale. Vous dépensez plus que vos concurrents, ce qui met toute l'activité en danger. La diminution des coûts de traitement de l'information et de communication fait chuter le modèle d'entreprise traditionnel. Auparavant, la taille optimale était beaucoup plus importante pour tasser ces coûts. Les économies d'échelle étaient considérables. Mais avec la réduction de ces coûts, la taille optimale de l'entreprise évolue de plus en plus vers de plus petites entités. Avec pour avantage que celles-ci sont beaucoup plus flexibles. »

Frank Bekkers ne croit plus non plus à la structure verticale. « La structure verticale est en effet appelée à disparaître à long terme. J'en suis intimement convaincu. Et de très nombreuses entreprises ne réagissent que très lentement. Les banques et les médias, mais aussi les autres secteurs : tous pensent que cette chaîne ne va jamais se désintégrer complètement. Eh bien, ils ont tort. » Pour ce CEO, la transformation d'un modèle vertical vers un modèle horizontal est beaucoup trop lente chez de nombreux acteurs. « Nous allons assister à une grande perte de capital. Les entreprises innovantes vont s'emparer de grosses parts de cette chaîne verticale. Google et d'autres grands acteurs observent les secteurs où il y a beaucoup d'argent à gagner, comme les banques, les médias et les télécommunications. Et ils leur procurent des solutions qui sont disruptives pour les acteurs actuels. C'est comme ça qu'ils s'emparent d'une part du gâteau. »

L'évolution est déjà en marche. Les grands acteurs médiatiques ne cessent de se lamenter parce que Facebook les prive d'une partie de leur lectorat. Dans le secteur bancaire, les entreprises de plateforme comme LendUp et Lendix mettent la main sur les parties les plus lucratives des activités de crédit, tandis que Paypal et Square font de même dans les activités de paiement. Le banquier Peter Vandekerckhove : « Nous évoluons en effet d'une structure verticale vers une structure horizontale. Mais cela va plus loin que cela. Aujourd'hui, tout s'organise de plus en plus par le biais de plateformes. Si la chaîne de blocs[63] tient ses promesses, nous évoluerons vers une désintermédiation totale. Et dans ce cas, des entreprises comme Apple et Google, dont les plateformes font aujourd'hui la pluie et le beau temps, seront touchées. Nous évoluons vers la perturbation des perturbateurs. »

Et pourtant, tout le monde n'est pas convaincu de la disparition de la structure verticale. Le fabricant de cartes à jouer Cartamundi prend même la direction inverse. « Cela dépend surtout des conditions de marché dans lesquelles opère l'entreprise », précise son CEO Chris Van Doorslaer. Jusqu'il y a peu, l'entreprise produisait les cartes du Monopoly ou du Cluedo, mais le plateau de jeu était fabriqué par l'Américain Hasbro. Face à l'évolution vers des producteurs capables de réaliser des jeux entiers, l'entreprise de Turnhout était prise en étau entre les éditeurs et

FIG. 16 Les chaînes de production évoluent vers des réseaux d'entreprises
Source : Deloitte Analysis. Graphique : Deloitte University Press, DUPress.com

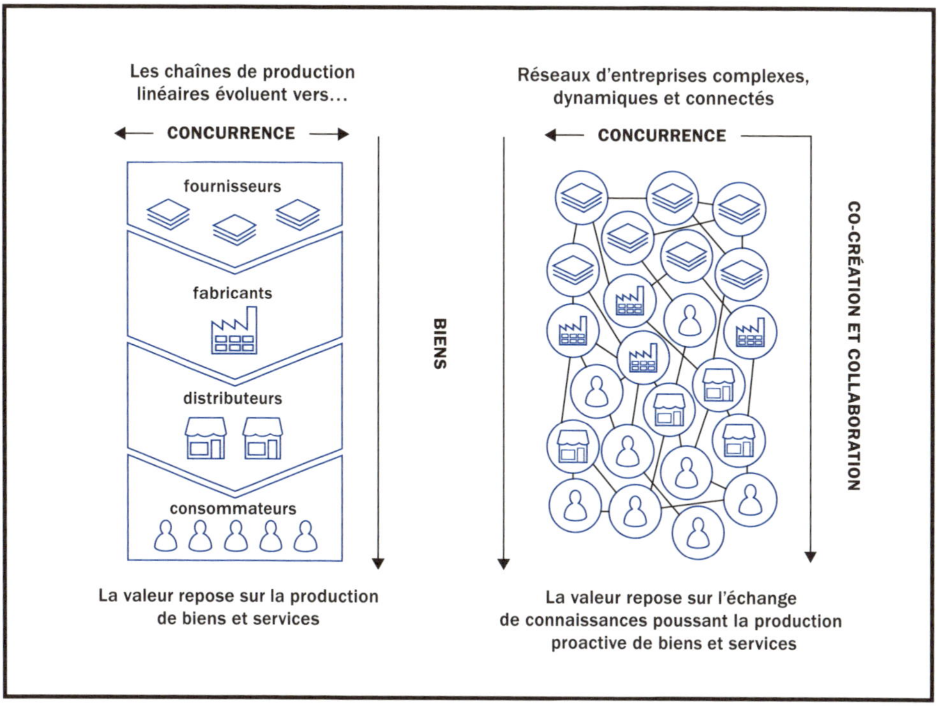

ces nouveaux producteurs. « En tant que simple fournisseur de cartes, la pression sur les prix aurait augmenté. Une alternative consistait à intégrer la production des plateaux. C'est l'option que nous avons suivie et nous venons de reprendre deux usines d'Hasbro. Outre les cartes, nous imprimons aussi pour Hasbro les plateaux du Monopoly et du Cluedo, notamment. C'est ainsi que nous sommes devenus le leader de marché mondial dans la production de plateaux de jeux. » Autre exemple de l'intégration verticale chez Cartamundi : contrairement à ce qu'elle faisait par le passé, l'entreprise développe elle-même ses nouvelles applis. Là aussi, il s'agissait d'une décision stratégique. « Nous avions annoncé que nous voulions également ajouter une expérience digitale à nos activités de cartes à jouer. En externalisant ce volet à un sous-traitant, nous y aurions perdu en compétitivité et en crédibilité », explique Chris Van Doorslaer.

Cartamundi n'est pas la seule entreprise à suivre la direction opposée. Netflix réalise désormais elle-même des séries, telles que House of Cards. Starbucks a décidé d'acheter son usine de torréfaction et Ferrero a acquis une usine de transformation de noisettes en Turquie. Google a acquis son propre réseau mobile, pour démontrer ensuite qu'un meilleur service internet est possible. Une façon de mettre les autres opérateurs sous pression pour innover plus rapidement. Et Apple a fondé ses propres magasins pour la vente de ses produits. Tout dépend donc des circonstances spécifiques du marché.

De l'Encyclopaedia Britannica à Wikipedia

Le secteur des encyclopédies, activité de distribution particulière s'il en est, illustre bien l'évolution des modèles d'entreprises. À l'origine, la commission attribuée aux vendeurs constituait la majeure partie des coûts. Mais l'arrivée du cd-rom et de l'internet a fait dégringoler ces coûts et chuter le secteur de l'encyclopédie. C'est ce que l'on doit à la première décennie de l'internet.

Qu'est-ce qui a remplacé l'Encyclopaedia Britannica ? Wikipedia. Ce qui fait la spécificité de Wikipedia, c'est qu'elle est rédigée par ses utilisateurs. Et c'est ce qui définit la deuxième décennie de l'économie internet : la décennie où l'internet a évolué du substantif au verbe. Certaines économies d'échelle ont disparu. Des dizaines de milliers d'individus étaient en mesure de rédiger une encyclopédie. Qui plus est, à un prix beaucoup moins élevé que des professionnels dans le cadre d'une organisation hiérarchique. Il en va de même pour les 25 000 hommes à tout faire qui sont réunis sur un site de services en ligne comme TaskRabbit. D'abord, l'internet a tiré les coûts (de transaction) vers le bas, puis il a créé de tout nouveaux modèles d'entreprises comme l'économie collaborative et les services en ligne. Ou comme l'explique Martin Fleming, Chief Economist chez IBM : « Alfred Sloan, qui a pris la barre du constructeur automobile General Motors dans les années 20, disait jadis : '50 % de mon budget publicité sont gaspillés, mais je ne sais pas quels 50 %'. Aujourd'hui, Google compte le nombre de 'clics' sur une publicité et vous savez parfaitement si votre budget est bien dépensé. Initialement, Google n'était qu'un simple moteur de recherche. Jusqu'à ce que moteur de recherche et publicités s'allient. Et c'est ainsi que Google est devenu tout-puissant dans le monde de la publicité en ligne. Google a élaboré un tout nouveau modèle d'entreprise. C'est aussi ce qu'a fait Apple en développant l'iPod, l'iPad et l'iPhone après que quelqu'un a eu l'idée d'écouter de la musique sur PC via un logiciel. De très nombreuses entreprises vont suivre et devront adapter leur modèle. »

«Nous évoluons vers des réseaux d'entreprises»

Par quoi l'entreprise verticale en lente désagrégation doit-elle être remplacée? «Nous évoluons vers des réseaux d'entreprises ou clusters», explique le professeur Debackere: la réduction des coûts de transaction et l'externalisation mondiale des activités engendrent une décentralisation. Des ouvertures apparaissent dans la structure verticale et il convient de les combler. À cet effet, il faut trouver des entreprises et nouer des partenariats. On arrive ainsi à une organisation en réseau, où les entreprises peuvent manœuvrer plus rapidement tout en disposant des redondances nécessaires. C'est comparable au réseau de neurones. On ne sent rien quand quelques cellules manquent à l'appel. Il y a suffisamment de redondance dans notre cerveau pour tolérer certaines failles et le réseau cérébral continue de fonctionner. Il doit en aller de même dans les entreprises. Un fournisseur fait défaut? Un autre prend le relais. De sorte que la puissance de réaction est beaucoup plus importante en réseau. Quiconque conserve tout dans sa propre organisation réagit souvent trop tard»[64].

Chris Van Doorslaer: « C'est le raisonnement que je suis. Un exemple: nous avons besoin d'une nouvelle puce pour nos cartes à jouer. Celle-ci ne doit pas seulement être souple, mais aussi extrêmement fine et bon marché. Nous n'allons pas la développer nous-mêmes, mais collaborer avec l'Interuniversitair Micro-Elektronica Centrum (IMEC – Centre interuniversitaire de microélectronique). Pour d'autres questions, nous travaillons avec l'organisation néerlandaise pour la recherche scientifique appliquée (TNO), l'agence belge pour l'innovation par la science et la technologie (IWT) ou le Plan européen Horizon 2020. Un réseau est vraiment indispensable pour ce type d'innovation. Nous créons ainsi un complément à notre propre intégration verticale.»

La structure verticale d'autrefois a beau être considérée comme chancelante par certains, elle n'en recèle pas moins des opportunités. «Si des fissures peuvent apparaître dans votre structure verticale, cela peut également arriver à d'autres entreprises. Et votre entreprise peut alors venir les combler, explique le digital manager Erik Luts. Il faut bien regarder autour de soi et voir ce qui se trouve près de chez vous. Pour les banques, une opportunité surgit dès qu'arrive une carte SIM numérique. Pourquoi ne pas configurer une MVNO[65] avec Telenet ou un autre opérateur, par exemple, comme l'a fait Mobile Vikings? Les banques disposent d'un fichier clients très étendu. Nous offrons de la téléphonie sous nom de marque propre sur le réseau de l'opérateur GSM Telenet. Les opportunités ne manquent pas non plus dans les services de conseil. Il est parfaitement possible de faire le lien avec la mobilité ou les soins de santé par le biais des assurances. Le tout est d'établir un modèle à valeur ajoutée pour le client. Les banques doivent essayer de créer un service de majordome digital ayant pour fer de lance l'orientation à la clientèle.»

Chris Van Doorslaer souligne également l'importance de l'orientation à la clientèle. «Cela vaut pour les grands comme pour les petits clients. C'est la raison pour laquelle nous soumettons désormais tout au test 'Angry Bird'. Pourquoi le jeu Angry Bird est-il si populaire? Parce qu'il est rapide, facile et amusant. C'est aussi ce qui doit caractériser l'expérience de nos clients. Tous les seuils doivent être abaissés quand quelqu'un entre en contact avec Cartamundi.»

«Pas de précipitation»

Ce serait une erreur de réduire l'évolution digitale à un phénomène passager. Car, à long terme, l'avenir est à la numérisation. «Mais cela ne signifie pas qu'il faille s'y jeter à court terme. Il faut faire attention aux tendances. On voit le train arriver, mais il ne faut pas se précipiter. Il y a suffisamment de temps pour opérer la transformation. Il faut s'y préparer et y aller progressivement», prévient le digital manager Erik Luts.

Pour de nombreux entrepreneurs, la grande difficulté consiste à déterminer quand le moment est venu d'abandonner l'ancien modèle. Il en va de même dans le secteur bancaire, où l'internet s'en prend au rôle traditionnel de l'intermédiation. «Une banque réunit les gens: ceux qui ont de l'argent et ceux qui en ont besoin. Il semble aujourd'hui que les entrepreneurs ne trouvent pas seulement l'argent auprès des banques. L'intermédiation digitale permet d'emprunter de l'argent directement à son voisin. Faut-il renverser tout le modèle d'entreprise? Oui, mais de façon bien réfléchie. Regardez PayPal, qui permet de faire des paiements par internet et constitue donc une menace pour le trafic des paiements bancaires. Cette entreprise existe depuis 20 ans déjà, mais ce n'est que depuis ces dernières années qu'elle nous met en danger. Il ne faut donc pas quitter trop vite son ancien modèle», précise Erik Luts.

Le timing est crucial, comme l'illustrent les péripéties de Kodak. Bien que l'entreprise fût à la source de la photographie digitale, elle s'est lamentablement effondrée. Car Kodak a oublié un ingrédient fondamental: la communication sans fil. C'est son apparition qui a fait émerger la photographie digitale. Mais entretemps, Kodak avait laissé filer l'idée. «On peut payer un prix élevé pour être un pionnier. Mais on ne sait jamais avec certitude quand le bon moment est venu. Il faut le sentir, le comprendre et se laisser guider. Et lorsque vous voyez que le temps est mûr, vous pouvez lancer une application, explique Peter Vandekerckhove. Il est aussi important de regarder au-delà de son secteur. Il ne faut pas seulement se comparer à ses concurrents directs. Tout devient transversal. C'est une toute nouvelle manière de se développer qui exige beaucoup plus d'adresse et de vigilance. La période de développement des produits est aussi beaucoup plus courte. Il est toujours très important d'avoir une stratégie à long terme, mais il faut l'adapter en permanence.» Koenraad Debackere: «Le principal message, c'est que les entreprises ne peuvent plus se reposer sur leurs lauriers. Regardez le secteur de l'énergie ou de la finance. Le changement est constant. Il faut rester ouvert aux nouveaux défis, tout en faisant preuve de flexibilité et de dynamisme. C'est vraiment la base.»

Face à la rapidité du changement, de nombreuses entreprises appliquent aujourd'hui le principe du *fail often, fail fast*. «Nous sommes passés d'un cycle de planification déterministe à un cycle d'expérimentation flexible. Avant, il suffisait d'avoir un grand plan stratégique à cinq ans. Ce n'est absolument plus le cas aujourd'hui. Les entreprises doivent entrer en action, apprendre beaucoup et, si nécessaire, tout arrêter rapidement et recommencer. Tout comme dans le secteur du logiciel. Ils développent rapidement leurs applications et sondent ensuite la réaction des clients pour voir si le succès est au rendez-vous. Et ensuite? Celui qui trouve une ouverture dans le marché doit avoir pour discipline de passer rapidement à de gros volumes et une offre élargie. C'est alors qu'on voit que les entreprises ne font plus tout elles-mêmes. Vous imaginez un concept et vous le mettez au point. Mais la production en tant que telle? Elle est confiée à d'autres acteurs», explique Koen Debackere.

«Personne n'est à l'abri»

«L'automatisation n'a rien de très neuf dans le secteur industriel. Mais l'arrivée de l'internet et des réseaux va faire entrer l'industrie dans une nouvelle phase pour évoluer vers l'Industrie 4.0, que l'on qualifie de deuxième âge de la machine», déclare le professeur Debackere. «Mais il en va autrement pour le secteur des services. La numérisation le place aux portes d'un grand changement. C'est là que l'impact se fera le plus sentir. Regardez par exemple l'impact potentiel de la chaîne de blocs dans le secteur financier. Les banques perdent leur fonction d'intermédiaire dans les transactions, ce qui en réduit les coûts. La valeur ajoutée de l'intermédiaire disparaît, avec pour corollaire la destruction d'emplois.»

Peter Vandekerckhove ne se fait aucune illusion. «Personne n'est à l'abri. Le logiciel et la numérisation constituent ce que l'on appelle une technologie d'application générale: une technologie qui procure un service de base, comme l'eau et l'électricité. Cela explique pourquoi la numérisation exerce un tel impact sur toute notre vie. Elle modifie la base de la société. Et cela vaut pour tout le monde: banquiers, notaires, exploitations minières, l'industrie du luxe et les consommateurs. Prenons l'exemple d'un restaurant. Un outil comme TripAdvisor a un impact gigantesque. La différence est immense entre une évaluation à une ou à cinq étoiles. C'est cela aussi, l'effet de la numérisation.»

Le membre de la direction de BNP Paribas Fortis a également constaté que l'impact du logiciel et de la numérisation sur notre vie entamait une nouvelle phase. «D'abord, il y a eu la déshumanisation: tout a été converti en données numériques. L'humanisation de la révolution digitale a suivi. Les familles communiquent sur WhatsApp et les enfants restent en contact avec leurs grands-parents via Facetime ou Skype. La communication se passe de plus en plus souvent par vidéo ou clavardage dans le secteur bancaire, mais aussi dans d'autres secteurs de services. Ce qui entraîne une plus grande accessibilité et un meilleur contact avec le client. Tout redevient beaucoup plus humain.»

La valeur ajoutée de la numérisation se retrouve surtout dans la propriété intellectuelle ainsi que dans la gestion et la maîtrise de la technologie logicielle. Le coût marginal du logiciel est nul. Ce qui signifie que le coût complémentaire par transaction est infime. Une fois que vous l'avez acheté, vous pouvez utiliser votre logiciel à l'infini. «La conséquence? La destruction sera considérable, comme on a déjà pu l'observer dans les secteurs des médias et du voyage. Mais, par ailleurs, il y a une augmentation de la créativité. Sans l'internet, Uber ou Airbnb n'auraient jamais vu le jour», conclut Peter Vandekerckhove.

Qui sera le plus lourdement touché par la technologie digitale ?[66]

D'après la Banque mondiale, certains secteurs, métiers ou services sont plus susceptibles de profiter (ou de sentir l'effet) de nouvelles technologies digitales que d'autres. Deux caractéristiques sont déterminantes à cet égard. D'abord, il faut voir dans quelle mesure les tâches peuvent être automatisées. Dans le secteur privé, cette part est relativement élevée dans la petite et la grande distribution (comme par exemple la gestion de stock), le transport (Google Car), les banques, les assurances et l'industrie (robotisation). C'est moins le cas pour le conseil juridique et le bâtiment. Dans le secteur public, les transferts d'allocations sont faciles à automatiser, mais c'est beaucoup plus difficile pour l'enseignement ou la mise en œuvre des politiques, par exemple.

En deuxième lieu, la Banque mondiale considère les composantes non automatisables, dont la mise en œuvre exige un mélange de capacités d'évaluation humaines, d'intuition et de tact. Là aussi, les technologies digitales peuvent accroître le rendement en augmentant la compétition engendrée par l'internet. Pensez au système d'évaluation des restaurants sur TripAdvisor. Ou à cheapticket.com, qui fait pression sur les prix des billets d'avion. Mais cela n'arrivera pas ou peu dans les secteurs où règnent de grands intérêts établis. Des barrières peuvent alors être posées par les autorités pour bloquer la concurrence ou l'innovation technologique. C'est ainsi que le lobby des taxis a essayé de repousser Uber.

Le secteur du bâtiment est un exemple d'automatisation lente, surtout dans les pays en développement. La composante automatisable y est faible alors que la restriction de la concurrence étrangère y est élevée. Le secteur n'est donc pas stimulé à investir dans les nouvelles technologies. Cela vaut également pour le secteur des services publics, où il est souvent question de monopole 'naturel' en raison des investissements d'infrastructure initiaux très élevés.

Dans le secteur public, l'introduction de nouvelles technologies est également moins impérieuse selon que le degré de responsabilité vis-à-vis du citoyen est faible. Prenons l'exemple des transferts de liquidités comparativement aux travaux publics. Le versement des pensions est suivi

de plus près que l'évolution des chantiers de travaux publics (sauf s'ils se déroulent dans votre quartier). L'implémentation de l'automatisation du flux d'argent est facile et rapide. Pour arriver à une amélioration du service dans le domaine des travaux publics (via l'automatisation), il faudrait que le facteur 'responsabilité' augmente considérablement. À défaut, les gains de productivité potentiels dus à la révolution digitale resteront à la traîne.

FIG. 17 Certains secteurs et services sont plus sensibles à la technologie digitale que d'autres
Source : WDR 2016 team

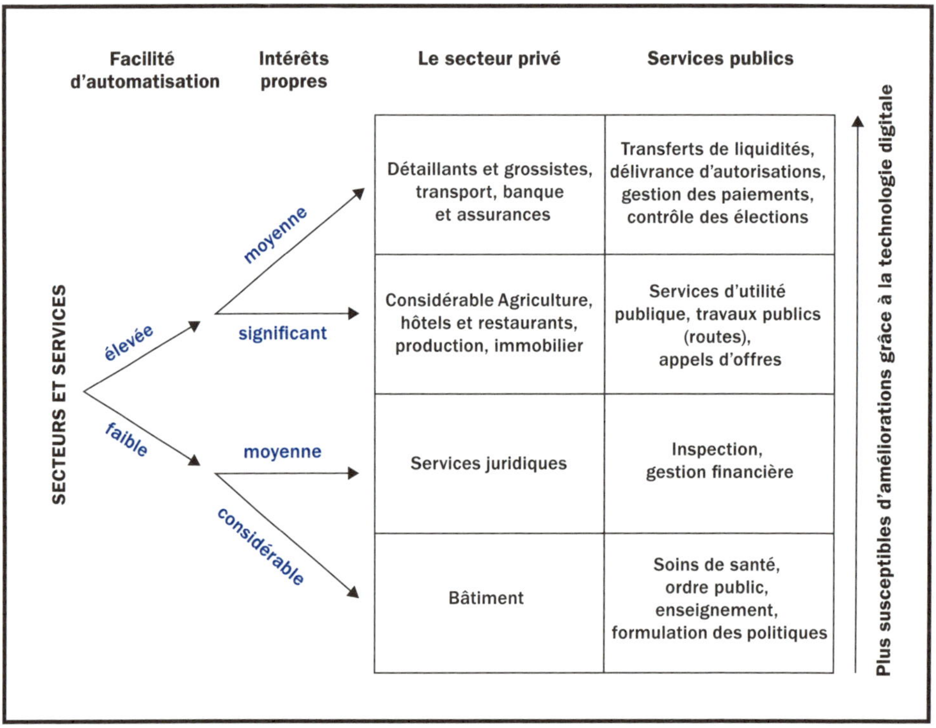

« La PME traditionnelle confrontée *au plus grand défi* »

Le processus de transformation est-il plus facile pour une PME ? Ou les très grandes entreprises sont-elles avantagées ? « Cela dépend de la mentalité qui y règne. De nombreuses PME sont très flexibles, alors que d'autres renâclent au changement. Par ailleurs, il existe des mastodontes comme AB InBev, qui, pour moi, est l'exemple type de l'entreprise très flexible » déclare Koen Debackere. « Mais, de manière générale, on peut affirmer que le cycle d'expérimentation offre un nombre incroyable de possibilités aux petites entreprises flexibles qui pénètrent dans l'écosystème d'une grande organisation. Les grandes entreprises doivent également s'adapter de manière fondamentale, renverser leurs structures et modifier leurs processus. C'est un changement radical, même si ces grandes entreprises ont véritablement les moyens et la masse critique pour soutenir ces changements. »

Et qu'en est-il des entreprises de taille moyenne et un peu plus anciennes, c'est-à-dire les PME traditionnelles ? « Ce sont elles qui sont confrontées au plus grand défi. Elles sortent souvent d'une phase de réussite et doivent repenser leur stratégie. Il n'est pas facile pour elles de transiger entre héritage et renouveau. Elles doivent encore plus créer le contact avec de grands réseaux. Pour rester viables, elles doivent prendre part au jeu des clusters. Mais ce n'est pas évident et cela instaure une toute nouvelle relation client-fournisseur. Ce qui demande une mise en scène. La politique flamande œuvre très bien en ce sens », précise Koen Debackere.

Chris Van Doorslaer : « La direction de l'entreprise joue un rôle crucial dans cette transformation. En tant que CEO, il faut épouser l'évolution digitale pour participer au changement. Et toute l'entreprise doit suivre. » C'est ce qui pousse Frank Bekkers à la conclusion que ce sont surtout les grandes entreprises qui éprouveront des difficultés. « Leurs dirigeants doivent anticiper. Il faut presque des qualités de visionnaire. Le mouvement peut encore s'opérer, mais cela exige un gigantesque processus qui doit être mené en interne », estime l'ancien CEO de Mobile Vikings. « Dans les petites entreprises et les PME, c'est surtout le cash qui pose un grand défi. Elles doivent créer de la valeur et faire preuve d'innovation. Mais elles doivent surtout attirer des moyens en continu pour se bâtir une place déterminée sur le marché. Il est révolu, le temps où la croissance des entreprises reposait tranquillement sur les fonds gagnés en interne. Il n'est plus possible d'asseoir sa croissance sur le simple *cashflow* que l'on a généré. Aujourd'hui, tout doit aller plus vite. Et il faut chaque fois convaincre les tiers et les investisseurs. »

Une nouvelle structure organisationnelle et des dirigeants visionnaires

« Les entreprises vont devoir s'adapter à la numérisation », explique Pete Davis, directeur du Digital Transformation Center auprès du bureau d'études The Conference Board. « Et cela exige d'importants changements. » Avant,

tout se faisait étape par étape: d'abord la conception, puis la mise en œuvre, la production, le marketing, la vente, le service après-vente, etc. «Aujourd'hui, les différentes divisions vont devoir travailler ensemble sur de nombreux projets. C'est ainsi que peuvent naître de nouveaux processus de production permettant un développement de produit beaucoup plus souple. De ce fait, les collaborateurs des différentes divisions sont amenés à collaborer de manière rapide et récurrente. Nous constatons aujourd'hui que les entreprises éprouvent de grosses difficultés à entamer ce type de projet.»

Toujours d'après Pete Davis, qui est en outre consultant chez Boston Consulting Group (BCG), le leadership est crucial pour opérer la transformation. «Cela ne marchera que si le CEO et les senior managers comprennent ce qu'implique la numérisation pour leur secteur et leur entreprise. Ils doivent être experts en technologies digitales et définir une vision d'avenir sur cette base. Ils doivent expliciter leur stratégie digitale et leurs objectifs, mesurer les progrès et encourager leurs collaborateurs à prendre des risques et tenter des expériences.»

À cet effet, l'ensemble de la direction jusqu'au niveau du middle management doit se former et s'immerger. «Avec pour conséquence une forte augmentation de l'alternance dans le management: de nouveaux dirigeants arrivent, tandis que d'autres quittent l'entreprise. Sinon, la barque n'est pas bien menée. Nous considérons qu'il existe une rotation de 80% des collaborateurs à des postes clés qui comprennent la technologie et savent comment l'appliquer dans l'entreprise.»

Lancer une start-up en Belgique

L'énorme accessibilité de la technologie a provoqué un premier pic de croissance des start-ups belges en 2010[67]. L'internet sans fil, le cloud, les logiciels bon marché et les services en ligne constituent les fondements des petites entreprises technologiques proposant des biens et services digitaux. Quiconque maîtrise cette technologie peut fonder une entreprise dans n'importe quel coin du monde. C'est ce qu'a fait l'intello Mark Zuckerberg en 2004, lorsqu'il a fondé Facebook. Son histoire a même été adaptée au cinéma en 2010 dans le film *The Social Network*. Début 2017, Facebook était la sixième plus grande entreprise au monde, avec une capitalisation boursière de 333 milliards de dollars. Entretemps, être intello n'est plus une insulte…

Le deuxième pic de croissance des start-ups belges s'est produit en 2014. Cela s'explique principalement par l'arrivée des accélérateurs dans notre pays. Ceux-ci ne proposent pas seulement du capital, mais aussi un lieu de travail et du coaching. Pratiquement tous les obstacles sont donc levés. Les jeunes entreprises sont accompagnées depuis le moment où l'idée naît jusqu'au moment où elle devient une grande entreprise.

Parmi ces starters, citons neoScores, qui numérise des partitions musicales mises en vente pour une utilisation sur tablette, smartphone ou PC. Elles peuvent être agrandies, annotées et même partagées. On peut aisément décrire cette start-up comme l'iTunes des partitions. Et il existe un marché pour cela : la quête de fonds a fourni à neoScores 2 millions de capital de croissance supplémentaire en 2015. Cette même année, 43 start-ups belges ont remporté plus d'un million d'euros[68].

En 2014, neoScores a été proclamée l'une des 12 meilleures start-ups d'Europe. En guise de récompense, son CEO Bart Van der Roost a été invité par Tech All Stars à participer au Founders Forum de Londres. Cette compétition fait partie de Startup Europe, une initiative de la Commission européenne visant à créer un climat favorable en Europe pour les entrepreneurs ICT en concrétisant leurs idées pour permettre aux start-ups de poursuivre leur croissance. « C'était formidablement grisant », nous a dit Bart Van der Roos lorsque nous sommes allés le rencontrer là où tout a commencé, dans la Tour des paysans à Anvers. « Au cours de ces deux journées, j'ai pris part à trois événements de réseautage, trois ateliers, une table ronde avec d'autres starters et un concours de pitch. Sans oublier la vie nocturne londonienne. » Bref, la parfaite illustration de la rapidité avec laquelle tout se fait dans le monde des start-ups. Et pas uniquement là, car entretemps, Bart Van der Roost a déjà quitté neoScores pour devenir le nouveau directeur général de l'Opera Ballet Vlaanderen.

Starter pour tous

L'écart est gigantesque entre le monde de l'entreprise digitale et analogique. Dans le monde digital, il n'existe pas d'usine onéreuse, de logistique lourde ou de transport physique. Aucun besoin non plus de recourir à l'économie d'échelle pour conquérir le marché. Il suffit de disposer de l'internet et d'une capacité de serveur restreinte pour s'assurer une croissance illimitée. « Ces entreprises ne travaillent pas avec des matières premières coûteuses ; elles exploitent la créativité et l'innovation », écrit le spécialiste Omar Mohout dans son ouvrage *Le paysage des start-ups belges*.

Il est dès lors beaucoup plus simple et moins risqué de lancer une entreprise. Le seuil est considérablement abaissé. « Tout ce qu'il vous faut, c'est un smartphone et un ordinateur portable. Rien de plus. Le reste se trouve dans le cloud. Et cela fait une énorme différence par rapport au passé, poursuit Bart Van der Roost. La mentalité des jeunes diplômés change également. Avant, l'objectif était de travailler 40 ans pour la même entreprise, recevoir une montre en or et prendre sa retraite. Aujourd'hui, les jeunes entrepreneurs veulent se consacrer trois ans à une entreprise avant d'aller voir ailleurs. Sur les 42 personnes qui ont eu leur MBA en même temps que moi, à peu près la moitié ont fondé leur propre entreprise. Auparavant, il y a de fortes chances que la majorité d'entre eux seraient partis travailler dans une entreprise de consulting où ils auraient acquis de l'expérience pendant quelques années avant d'occuper une fonction de management dans une grosse entreprise. »

La nouvelle génération de jeunes entrepreneurs fonctionne encore différemment. Ainsi, le business developper de neoScores travaille depuis New York, le sales manager est installé à Vienne et Bart Van der Roost opérait dans notre pays. « C'eût été impossible il y a dix ans, surtout à cette phase de l'entreprise. Jadis, la création d'une entreprise exigeait de suivre tout un processus. Il fallait engager beaucoup de personnel, monter une usine et rédiger des manuels pour tout. Il fallait surtout un maximum de structure. Aujourd'hui, il faut principalement de la rapidité et ce que les Anglais appellent l'*agility* : la maniabilité et la flexibilité, explique Bart Van der Roost. Je publie sur mon blog en anglais et il suffit de quatre heures pour qu'un traducteur free-lance m'envoie la traduction. La rapidité, c'est ce qui compte aujourd'hui. » Et cela vaut également pour le développement de produits. « Il y a six mois, la technologie qui fait tourner nos produits n'existait pas encore. Toutes les trois semaines, nous tâchons de sortir une nouvelle version débarrassée des bugs qui nous ont été signalés. Cela peut ne pas marcher comme prévu, mais on rectifie rapidement le tir. C'est aussi l'un des mantras des start-ups : échouer rapidement, échouer bon marché et échouer souvent. Mais soyons clairs : je déteste échouer ! »

Le seuil de démarrage est abaissé. Mais qui se lance dans l'aventure? D'après Bart Van der Roost, la réponse à cette question est la même qu'au siècle dernier: les personnes animées d'un esprit d'entreprise. «Monter une start-up et entreprendre: il n'y a rien de tel. Mais il faut persévérer et oser se dire: «*Fuck it*, on va le faire quand même.» Pour moi, entreprendre, c'est comme avoir un enfant. En même temps, je n'ai jamais si peu fermé l'œil de la nuit que ces trois dernières années et je ne me suis jamais senti aussi seul. Surtout lorsqu'il y a des décisions très difficiles à prendre. Personne ne nous prépare à cela, confie Bart Van der Roost. Il faut donner tout ce qu'on a pour entreprendre. On est fatigué en permanence et les questions sont de plus en plus pénibles. Vu de l'extérieur, on dirait que tout va de soi. La vérité, c'est qu'on passe chaque jour d'une crise à l'autre. Mais on reçoit beaucoup en retour. Je me sens heureux, même si je reste éveillé toute la nuit parce que je ne sais pas ce qui va arriver.»

Entreprise recherche fans[69]

«Avant d'élaborer une idée, il est bon de la soumettre à la matrice 'Fans for Brands', écrivent les experts en technologie Steven Van Belleghem, Peter Hinssen et Harry Demey dans leur livre *The Spirit of The Valley*. Il est évident que le client doit occuper une place centrale dans chaque service. Et mieux le client est servi, mieux il appréciera le service. Certains clients deviennent même fans. Et c'est ce qu'il faut.

Qu'est-ce qui détermine si vous avez des fans ou pas? Il y a deux critères majeurs. Votre produit doit être pertinent (l'axe Y). Et il doit se distinguer de tous les autres services déjà disponibles sur le marché (l'axe X). «Sinon, vous passerez inaperçu.» Exemple: une agence de voyages traditionnelle va vendre des voyages en ligne. Il y en a déjà plus qu'assez. Ce n'est ni pertinent, ni distinctif. Les Google Glass se distinguaient sur le marché: personne n'en avait jamais vu. C'était un chouette gadget, mais parfaitement inutile. Donc, non pertinent.»

Si vous êtes pertinent, mais sans vous distinguer, vous remportez le minimum olympique. C'est le cas de nombreuses marques automobiles. Il y a trop peu de différences entre ce qu'elles proposent, de sorte qu'elles sont interchangeables. Elles se livrent à un combat sanglant. «Tesla sort du lot», affirment les auteurs. «Nouveau produit, design original et nouvelle distribution. C'est pertinent et distinctif. Et les fans affluent en masse.» C'est là que se situent les véritables innovateurs et perturbateurs.

FIG. 18 Matrice des fans de marques
Source : The Spirit of the Valley, Lannoo 2015

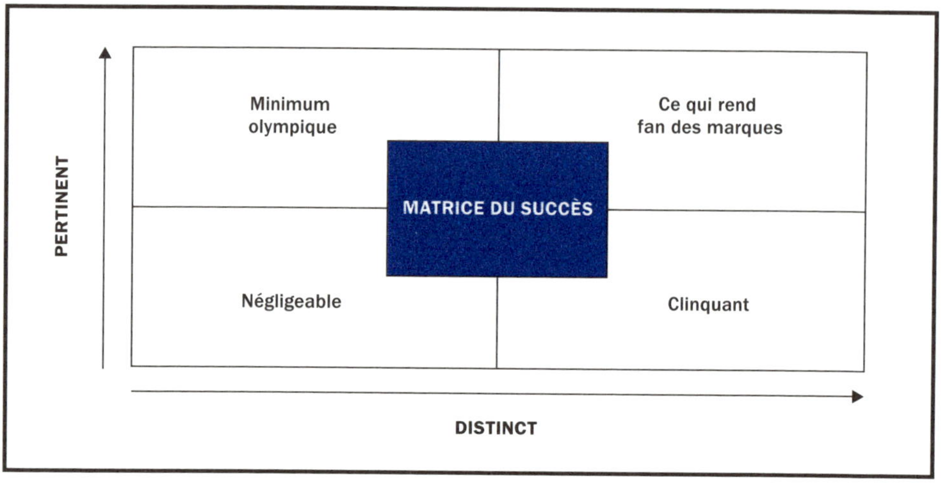

L'argent roi

Les start-ups et les plans d'action : une combinaison difficile. Pour de nombreux entrepreneurs, un plan d'action strict procure une vue d'ensemble et la tranquillité d'esprit. « La plupart des start-ups ne planifient plus, déplore Bart Van der Roost. Je le fais encore et j'ai un plan d'action pour les cinq prochaines années. Mais je dois l'adapter chaque semaine. Tout change tellement vite qu'il est impossible de faire autrement. » C'est aussi l'avis de Frank Bekkers, ancien n°1 de Mobile Vikings, que nous avons interviewé pour la table ronde virtuelle. « Jadis, les jeunes entrepreneurs devaient établir un plan d'entreprise avec une estimation du chiffre d'affaires, des coûts et des résultats. Cela permettait de faire une projection pour les cinq années suivantes. Mais à quoi bon disposer d'un tel plan compte tenu de l'incertitude extrême qui les attend aujourd'hui ? »

Sur quoi une start-up peut-elle s'appuyer aujourd'hui ? « Ce qu'il lui faut désormais, c'est un modèle d'entreprise. C'est beaucoup plus dynamique, propose Frank Bekkers. Un jeune entrepreneur doit surtout s'attarder sur son rôle dans l'écosystème. Il doit chercher des manières de fournir et développer de la valeur ajoutée. Il doit veiller à jouer rapidement un rôle dominant. Et ensuite, il doit se demander comment il va en tirer de l'argent. Les entrepreneurs sont bien meilleurs sur ce plan aux États-Unis. En Europe, nous sommes beaucoup plus traditionnels. »

Bart Van der Roost souligne que les finances sont toujours suivies de près. « J'ai des rendez-vous mensuels avec la banque et le comptable. Leur tâche consiste à m'aider à garder le contrôle. Il faut surtout rester attentif à la situation de la trésorerie, évidemment, car pour une entreprise comme neoScores, tout doit avancer aussi vite que possible. Nous évoluons lentement par rapport à d'autres start-ups, mais la situation de la trésorerie et des liquidités reste cruciale. Rentabilité et solvabilité ne sont pas encore à l'ordre du jour », précise-t-il.

Et pourtant, les choses commencent tout doucement à changer dans le monde des starters. Jusqu'à présent, elles rêvaient surtout de devenir des licornes. Dans le jargon de la Silicon Valley, il s'agit de start-ups privées valorisées à plus d'un milliard de dollars. La dernière licorne belge était Tele Atlas, qui a été reprise en 2008 par le spécialiste de la navigation TomTom. S'inspirant de l'animal mythologique caractérisé par sa rareté, ce terme a été utilisé pour la première fois en 2013 par Aileen Lee, du capitaliste à risque Cowboy Ventures, sur le site web Techcrunch. Les licornes étaient alors au nombre de 14. On en compte aujourd'hui 180, atteignant conjointement une valeur de 650 milliards de dollars, d'après CB Insight[70], une entreprise de gestion des données située à New York.

« De nombreuses start-ups rêvent de suivre l'exemple d'Uber et Airbnb. Mais des starters à la croissance aussi rapide, propulsées d'une ronde de financement à l'autre, font naturellement exception, constate également Bart Van der Roost. Laissez-moi être un cafard : une entreprise à la croissance régulière, qui surveille de près ses entrées et ses dépenses. »

Ce glissement des licornes aux cafards est surtout lié aux préoccupations des investisseurs. Ceux-ci craignent que les licornes soient trop dépendantes d'un capital-investissement bon marché pour le financement de leur croissance. Nombre de ces entreprises ont subi d'importantes réductions de valeur au cours des derniers trimestres. On craint donc une nouvelle bulle technologique qui devra éclater tôt ou tard, comme c'est arrivé en 2000.

Et bien qu'il ne faille pas l'exclure, il y a une grande différence avec ce qui s'est passé en 2000 : la majorité des entreprises ne sont pas cotées en bourse. Des entreprises comme Uber, Airbnb, Dropbox et Pinterest trouvent aujourd'hui suffisamment d'argent sur le marché privé, ce qui tient les fouineurs à distance. Une éventuelle correction de l'économie se traduira plutôt par une ondulation, et non par un tremblement de terre tel qu'on l'a connu il y a 16 ans.

Douleurs de croissance

NeoScores est loin de devenir une licorne valorisée à plus d'un milliard de dollars. Mais l'entreprise a dépassé le stade de la start-up. Contrairement à la starter (comme la nouvelle boulangerie du coin), une start-up propose un nouveau produit ou un nouveau service sur un nouveau marché. Un marché qui reste à créer. Il n'existait pas encore de marché des partitions digitaux lorsque neoScores en a lancé l'idée. Il en va de même pour le monde des réseaux sociaux, qui n'existe que depuis que LinkedIn (2003) et Facebook (2004) sont arrivés sans crier gare.

Lorsque le modèle d'entreprise est bien établi et qu'il est démontré qu'il existe un marché pour le produit ou service, la start-up doit alors évoluer vers la scale-up. L'entreprise opère alors la transition vers l'entreprise en croissance. Cela peut commencer 'par paliers' en réalisant une croissance interne et externe. La croissance externe consiste à attirer plus de clients. La croissance interne se réfère au développement d'une structure d'entreprise plus mature. Cela englobe la mise sur pied d'un conseil consultatif, l'organisation des ressources humaines et le développement d'une gestion financière et *reporting*.

Monter ces échelons constitue le grand défi de chaque start-up. Si l'entreprise se concentre uniquement sur la croissance, il y a de fortes chances qu'elle soit en train de construire un château de cartes. Une structure organisationnelle mature sans croissance suffisante de la clientèle implique un risque d'effondrement, même si l'entreprise est saine. D'après une enquête menée en 2011 par Start-up Compass auprès de 3200 start-ups, 74 % échouent parce qu'elles ont commencé à gravir les échelons trop tôt[71]. « C'est chouette d'être une start-up. Mais une fois que vous y êtes, vous voulez devenir une scale-up le plus rapidement possible et évoluer vers la PME, confirme Bart Van der Roost. Nous rencontrons du succès en France et dans le Benelux. Nous voulons à présent nous hisser au niveau mondial. Mais toute l'entreprise s'en trouve soudainement métamorphosée. »

Illustration par Bart Van der Roost : « Au début, il vous faut un *hunter*, qui réussit à vous rapporter de premiers clients. Mais une fois que vous commencez à grimper les échelons, vous avez besoin d'un *farmer*. Puis arrive le centième client et l'entreprise doit se doter d'une structure et de processus. Et cela change tout. Je me suis toujours promis de distribuer le plus rapidement possible mes cartes de visite de CEO dès que neoScores atteindaient ce point. Je suis à présent plus un développeur d'affaires qu'un CEO. Cette dernière fonction n'est pas faite pour moi. »

La quête de l'argent

La voie du financement est longue et laborieuse pour une start-up, surtout au début. « Tout commence par un *seed capital* ou capital d'amorçage. Cet argent provient de votre propre portefeuille, ainsi que de celui de vos amis et de vos parents. Ce capital vous permet de développer le concept d'origine, dans l'objectif de monter une start-up. Vous pouvez déjà percevoir un important signal à ce stade. Si même votre mère ne veut pas vous prêter d'argent, c'est qu'il faut vraiment vous demander si votre idée est la bonne », prévient Bart Van der Roost.

Son conseil aux starters : se serrer la ceinture pour accroître ses chances de succès. « Passez-vous de revenus pendant quelques mois. Vivez sur votre épargne. Certains trouveront sympas de dire qu'ils sont en train de lancer le système. Mais ce n'est pas forcément sympa. Cela donne l'envie et la motivation d'avancer le plus vite possible. Surtout si vous avez une femme et des enfants, qui voient le compte en banque se vider de mois en mois. Je peux vous l'assurer : cela met la pression, assure Bart Van der Roost. Naturellement, vous pouvez quand même racoler du capital d'amorçage. Mais cela vous place dans une position beaucoup trop confortable. Et ce n'est pas comme ça qu'on réussit, surtout au début. D'ailleurs, on paie ses collaborateurs, mais on ne se paie pas soi-même dans la première phase. Ou du moins, c'est comme ça que nous avons fait. »

Dans la phase suivante, les jeunes entreprises peuvent faire appel aux incubateurs et accélérateurs. On utilise souvent un mot pour l'autre, mais ils ne sont pas synonymiques. Un incubateur est lié à une grande entreprise ou une université et propose un package complet aux projets les plus prometteurs : un espace de travail, des services, une culture, du coaching, un réseau et parfois même un accès à du capital pour faciliter la croissance. Un accélérateur, c'est la version fast-food. Un programme est proposé pour mettre une idée ou un produit le plus rapidement possible sur ses rails. L'accélérateur investit du temps et de l'argent en échange d'une partie des actions de la start-up.

Plug and Play est l'un des plus grands accélérateurs au monde. Il est notamment à la source d'entreprises comme Dropbox, PayPal et Lending Club. Nous leur avons rendu visite dans la Silicon Valley, où ils proposent des programmes de trois mois aux start-ups actives dans différents secteurs. L'accélérateur est sponsorisé par des entreprises internationales, dont BNP Paribas. C'est à ce titre qu'elles participent activement au choix des start-ups qui peuvent suivre un cours accéléré dans l'une des 22 implantations réparties dans le monde entier. Sur le millier de start-ups qui posent leur candidature, 150 se retrouvent sur une liste restreinte en fonction des désirs des sponsors (qui sont par exemple à la recherche d'applications de chaînes de blocs ou de robo-advisors) et de l'idée qu'elles proposent. Un examen plus approfondi de Plug and Play réduit ensuite cette liste à 40. Vient alors le 'pitch' de l'idée devant les sponsors et l'accélérateur, dont émergent 25 élus qui peuvent entamer le programme pour préparer leur produit.

« Nous avons fait appel aussi bien à un incubateur qu'à un accélérateur, confie Bart Van der Roost. Nous avons commencé par un incubateur dans la Tour des paysans d'Anvers. Nous avons été accueillis dans un cadre protecteur où nous avons pu mettre notre idée au point. Si cela n'avait pas marché, nous pouvions tranquillement nous arrêter sans y laisser de plumes. Il est permis d'échouer. Tout un écosystème est également mis en place pour s'aider mutuellement. C'est formidable. Quand vous entendez d'autres entrepreneurs se plaindre de leur cashflow négatif pendant la pause-café, vous vous rendez compte que vous n'êtes pas seul. »

Ensuite, le projet de neoScores a été épaulé par l'accélérateur iMinds. « C'est comme une main qui vous pousse dans le dos. Si iMinds croit en vous et est prêt à vous financer, vous vous sentez incroyablement stimulé et vous allez de l'avant », dit Bart Van der Roost. Et qu'en est-il du capital-investissement ? « Le *venture capital* n'est à la portée que de quelques rares privilégiés, même s'il y a aujourd'hui de plus en plus de capital disponible auprès des capitalistes à risque. Mieux vaut bien se préparer avant d'aller les trouver. Quoi de plus normal ? Quand on s'adresse à son banquier pour emprunter de l'argent, il y a aussi beaucoup de documents à présenter, n'est-ce pas ? Il n'en va pas autrement avec un capitaliste à risque. Ce qui est ennuyeux, c'est qu'ils évaluent généralement votre entreprise en-dessous de sa valeur. Mais évidemment, ils sont dans une position de négociation beaucoup plus forte. »

Le plus grand obstacle, c'est sans doute de réunir le premier capital. « Il nous a fallu 11 mois pour récolter un million. Le 2e million est arrivé le mois suivant», dit Bart Van der Roost. Cela expose l'entrepreneur au syndrome FOMO, qui frappe aussi les investisseurs : *fear of missing out*. Aucun investisseur ne veut avoir la réputation d'avoir raté le coche en refusant d'investir dans le futur Facebook, Uber ou Airbnb.

NeoScores est aussi l'une des rares start-ups à avoir réuni de l'argent grâce au crowdfunding. « Honnêtement, nous n'avions pas besoin de cet argent. Mais nous voulions être suivis par une foule à qui soumettre des choses. Après 3 heures, nous avions déjà les 50 000 euros que nous escomptions. Mais il s'agissait de 50 tickets de 1000 euros, alors que nous visions 200 tickets de 250 euros pour avoir une meilleure caisse de résonance. Nous avons donc décidé de lancer un deuxième tour, ce qui nous a rapporté 49 tickets de plus... mais à 1000 euros. Une chose doit donc être sûre pour ces investisseurs : nous ne sommes pas une bonne action de père de famille ! »

Le financement des start-ups en Belgique, et par extension dans toute l'Europe, est souvent considéré comme boiteux. « Ce n'est pas simple, en effet, admet Bart Van der Roost. Mais il existe pour la plupart des montants un type d'investissement disponible. Pour les gros montants de 500 000 à 2 millions d'euros, vous pouvez vous tourner vers les fonds de capital-investissement comme Hummingbirds ou Volta Ventures. C'est à ce dernier que s'est adressé Marc Coucke. Pour les montants de 10 à 40 millions d'euros, il est possible de frapper à la porte de sociétés d'investissement comme Gimv et PMV. Ce n'est que pour la tranche de 2 à 10 millions d'euros qu'il y a des lacunes. »

En 2015, 44 start-ups technologiques belges ont récolté au moins un million d'euros. Au total, les entreprises technologiques belges ont obtenu 232 millions d'euros cette année-là, soit une forte progression par rapport aux 100 millions d'euros de l'année précédente. En 2016, c'était un peu moins. « Mais il faut rester modestes, explique le spécialiste des start-ups Omar Mohout dans *De Standaard*. Un montant de 232 millions d'euros, c'est ce qu'une entreprise obtient à elle seule à la Silicon Valley. »

La Silicon Valley relève en effet d'un tout autre ordre. « La propension à investir y est beaucoup plus forte. Tout y va aussi beaucoup plus vite. Chez nous, il faut 70 réunions avant qu'un capitaliste à risque se décide à sortir de l'argent, confirme Bart Van der Roost. Il faut dire que la guerre aux talents fait beaucoup plus rage dans la Silicon Valley. Un développeur

IT y coûte 150 000 euros par an. Ici, nous en avons deux ou trois du même niveau pour le même prix. » Et les autres coûts sont aussi beaucoup plus élevés. Un appartement une chambre se loue à 4000 dollars par mois et une garderie d'enfant à temps partiel revient à 1000 dollars par mois.

La Belgique, terre propice au crowdfunding

Le crowdfunding financier existe déjà depuis plusieurs années dans des pays comme le Royaume-Uni, l'Allemagne, la France et les Pays-Bas. Mais cette forme de financement est aussi en vogue dans notre pays. Le crowdfunding convient idéalement pour financer toutes sortes de start-ups qui poussent comme des champignons. « En outre, l'épargne est très présente chez nous : fin 2016, environ 261 milliards d'euros dormaient sur les comptes d'épargne belges. La volonté politique de financer l'entreprenariat naissant est aussi plus forte que jamais. Bref, le sol belge est donc très fructueux et a le potentiel de faire croître le marché du crowdfunding jusqu'à plus de 100 millions d'euros à l'horizon 2020[72] », révèle une étude menée par Bolero Crowdfunding.

Le crowdfunding permet à un porteur de projet comme neoScores de faire appel à un grand nombre d'investisseurs ou crowdfunders pour réunir une partie de l'argent dont il a besoin pour réaliser son projet. « Cela se passe en ligne via la plateforme de crowdfunding, explique Bart Vanhaeren, auteur de l'étude. Il existe deux types de crowdfunding. Le non-financier et le financier. Le premier couvre des dons de 10 à 250 euros. C'est ainsi qu'en 2013, le patineur Bart Swings a récolté suffisamment d'argent pour participer aux Jeux Olympiques. Les gens n'attendent en général pas de retour sur leur investissement. » Bart Swings a couru quatre distances pendant les Jeux, s'est hissé deux fois dans le top cinq, mais n'a pas remporté de médaille.

« Le crowdfunding financier comprend l'émission d'actions, d'obligations et surtout de prêts, pour des montants de 100 à 5000 euros, précise Bart Vanhaeren. Les investisseurs sont bel et bien des actionnaires ou détenteurs de dette. Et les exigences liées au devoir d'information envers le client sont aussi beaucoup plus élevées. En Belgique, le montant moyen obtenu par l'entreprise s'élevait à 85 000 euros. Mais aux États-Unis et en Asie, il oscille entre 175.000 et 340.000 dollars. Mais attention : ce n'est que si l'objectif de financement présupposé est atteint que le projet ou l'entreprise reçoit l'argent et que les crowdfunders se transforment en investisseurs. »

L'Europe perd la bataille de l'innovation

Malgré les diverses possibilités de financement, force est de constater qu'il y moins de capital-investissement disponible en Europe qu'aux États-Unis. Ce sont surtout les financements de 5 à 15 millions d'euros qui posent problème, affirme la Commission européenne[73]. À peine 4 % des microentreprises européennes (tant les start-ups que les scale-ups) et 6 % des petites entreprises ont opté pour le capital social comme source de financement. En 2014, les investissements américains en capital-investissement étaient six fois plus importants qu'en Europe. « C'est tout à l'honneur du dynamisme du marché du capital-investissement en Amérique », affirme Boston Consulting Group[74]. La conséquence ? En 2015, les États-Unis représentaient pratiquement deux tiers de la capitalisation boursière mondiale des entreprises technologiques innovantes, contre 3 % à peine pour l'Europe. Cela fait longtemps que nous avons perdu la bataille de l'innovation. Comment cela se fait-il ?

La suprématie des banques

En Europe, les banques jouent traditionnellement un rôle plus important dans le système financier qu'aux États-Unis. Le volume des prêts bancaires au secteur privé s'est multiplié par cinq dans l'Union européenne depuis les années 60 : soit d'environ 20 % du PIB à 100 %. Aux États-Unis, cela fait déjà plusieurs décennies que cette proportion oscille autour de 50 %. Les entreprises y trouvent beaucoup plus souvent leur financement auprès du marché des capitaux. C'est là que réside le grand problème en Europe.

« On n'insistera jamais assez sur le fait que le manque d'intégration des marchés des capitaux européens coûte très cher aux entreprises et aux investisseurs », affirme Karel Lannoo[75], CEO du groupe de réflexion européen CEPS. « Les marchés des capitaux européens manquent de la profondeur et de l'ampleur nécessaires pour procurer des fonds aux entreprises innovantes en vue d'assurer leur croissance. Pour une première offre publique à l'échelle européenne, le prospectus d'une entreprise doit être approuvé par 28 autorités différentes, dans 28 États membres différents avec 28 registres différents. En d'autres termes : si une entreprise européenne véritablement innovante se lance sur le marché à la recherche de capital, il y a de fortes chances qu'elle tombe entre les mains d'une entreprise américaine qui peut soutenir sa croissance.» À l'horizon 2019, la Commission européenne souhaite créer une union du marché des capitaux à part entière entre les pays de l'Union européenne, qui seront alors au nombre de 27.

En Belgique, outre la recherche de capitaux de 2 à 10 millions d'euros, la recherche de capitaux de 50 millions d'euros et plus pose également problème, si l'on en croit Jurgen Ingels, managing director de SmartFin Capital. Jurgen Ingels était l'un des cofondateurs de Clear2Pay, désormais reprise par FIS. Il affirme que si la Belgique compte aussi peu d'entreprises en croissance, c'est parce qu'il n'y a pas de financement à leur disposition. «Nous avons aussi un problème à la phase d'up-scale, quand la PME doit évoluer vers le top mondial. Et cela requiert de l'argent. Beaucoup d'argent. Quelques millions ne suffisent pas. Précisément parce que vous êtes alors en concurrence avec le reste du monde. Une scale-up nécessite au moins 50 millions d'euros[76].» Jurgen Ingels plaide ensuite pour une réduction un peu moins forte de l'impôt sur les sociétés, par exemple des actuels 34 % à 25 % au lieu d'une diminution jusqu'à 20 %. «Les 5 % que les entreprises paieraient 'de trop' pourraient être versés à un grand fonds d'investissement à mettre sur pied.» Les actions acquises dans les entreprises en croissance à l'aide de ce capital seraient ensuite réparties entre les entreprises. Ou mieux encore, parmi la population, afin que celle-ci profite également des gains de productivité. Qui sait, tout le monde pourrait ainsi devenir copropriétaire du prochain Google.

La peur du risque

Une autre raison souvent invoquée pour expliquer le manque relatif de capital-investissement est la sensibilité au risque beaucoup plus élevée de l'Européen moyen par rapport à son homologue américain. Les familles américaines placent environ un tiers de leur capacité financière dans des actions et un autre tiers dans un fonds de pension. C'est plus du double que dans la zone euro. En outre, le poids des fonds de pension est manifestement plus grand dans les familles américaines[77].

Toutefois, ce n'est pas tout à fait vrai que nous sommes plus timides face au risque que les Américains. C'est trop simpliste. Car, si c'était le cas, pourquoi autant d'argent quitterait-il l'Union européenne pour rejoindre le capital-investissement américain ? Le problème, c'est qu'investir dans des entreprises à risque européennes rapporte moins. Aux États-Unis, les portefeuilles d'investissement du capital-investissement comportent toujours au moins une super entreprise comme Google ou Amazon. Le gigantesque retour sur investissement de ces actions pousse le rendement du reste du portefeuille à la hausse.

L'Europe ne parvient pas à développer des entreprises de cette ampleur. Ou en tout cas beaucoup moins. Comment cela s'explique-t-il ? Les entreprises européennes s'adressent principalement au marché des entreprises. Pensez par exemple à LMS, l'entreprise technologique louvaniste d'Urbain Vandeurzen, qui a été rachetée par Siemens en 2012, ou à nos entreprises de biotechnologie. Elles visent d'autres entreprises comme clientes. Aux États-Unis, en revanche, les entreprises s'adressent beaucoup plus au marché des consommateurs. Voyez Google, Apple et Amazon. Et cela fait une grande différence, car le monde entier devient un marché potentiel. C'est ainsi que ces entreprises sont mieux valorisées. Les clients de la société de logiciels industriels LMS sont des entreprises comme Mercedes, BMW et Toyota. Il s'agit de grands débouchés, mais pas de marchés de masse mondiaux. Uber et Airbnb sont d'autres exemples d'entreprises américaines qui visent le marché des consommateurs.

Les estimations du bureau d'études Venture Economics vont dans le même sens. Le retour annuel moyen d'un fonds de capital-investissement européen depuis le début des années 80 jusqu'à 2007 était de -4 %, contre +16 % pour un fonds de capital-investissement américain[78]. Une autre enquête menée par le professeur allemand Ulrich Hege et ses collègues a conclu à un *internal rate of return*[79] 'statistiquement très différent et très élevé en termes économiques' pour les capitalistes à risque aux États-Unis par rapport à l'Europe[80]. Une étude menée par le professeur Michele Cincera de l'ULB et Reinhilde Veugelers de la KUL indique qu'aux États-Unis, les jeunes[81] entreprises réalisent un rendement significativement plus élevé sur la recherche et le développement (R&D) comparativement à des entreprises plus matures (également dans le secteur IT). En Europe, ces jeunes entreprises ne rencontrent pas le même succès, y compris dans les entreprises où la R&D est intense. Si les fournisseurs de capitaux ont pris connaissance de ces études, on comprend aisément qu'ils accordent leur préférence aux entreprises américaines.

Une avalanche de règles

L'intensification du marché européen des capitaux constituerait un grand pas en avant pour le lancement et la croissance de jeunes entreprises innovantes comme neoScores. Mais outre l'accès au capital, d'autres points figurent en tête de la liste des envies des entreprises européennes en croissance. « Une réglementation uniforme se hisse au sommet de cette liste », affirme Raf Weverbergh, cofondateur de l'agence de communication FINN. Il y a quelques années, il a tenté en vain de créer un blog pan-européen relatif au paysage des start-ups en Europe. « L'Europe a trop de règles. Pour étendre votre entreprise en Allemagne, il vous faut d'abord vous rendre sur place pour ouvrir personnellement un compte dans une agence bancaire locale. Sinon, il vous est impossible de fonder une société et donc de vous élargir. Chaque pays européen fait valoir ses règles spécifiques. En France, il est bon de savoir que, lorsque vous embauchez quelqu'un, vous ne pouvez plus vous en défaire. »

Le professeur Joep Konings de la KU Leuven considère aussi la fragmentation du marché européen comme un gros désavantage. « Non seulement pour les jeunes entreprises, mais aussi pour l'innovation dans son ensemble. Les États-Unis ont un très grand marché domestique où tout est relativement standardisé. Ce n'est pas le cas de l'Europe, quoi qu'en disent les politiques par rapport au marché unique. Il n'y a pas de marché unique des services, pas plus qu'il n'y a d'union bancaire ou d'union du marché des capitaux. Le marché européen unique est moribond. »

Joep Konings renvoie à cet égard aux diverses législations en matière de logistique. « Aux Pays-Bas, les colis peuvent être livrés le dimanche. La Belgique l'interdit, car on ne peut pas travailler le dimanche. Et la règle est encore différente en Allemagne. Ces trois pays appliquent chacun des règles spécifiques dans de nombreux domaines. Dès que le personnel d'une entreprise compte plus de 50 collaborateurs, la Belgique et les Pays-Bas imposent de fonder un comité d'entreprise. En Allemagne, ce n'est pas nécessaire. » Voilà qui limite considérablement la modularité européenne. « Il est beaucoup plus compliqué de fonder quelque chose à l'échelle européenne. C'est sans doute aussi la raison pour laquelle le capital-investissement a un rendement beaucoup plus faible en Europe qu'aux États-Unis », conclut Joep Konings.

Raf Weverbergh pointe également l'importance du 'vecteur Delaware' aux États-Unis. Plus d'un demi-million d'entreprises ont leur siège légal dans l'État américain du Delaware. Parmi elles, plus de 50 % de toutes les entreprises cotées en bourse et 60 % des entreprises de la liste Fortune 500 (c'est-à-dire les 500 entreprises au plus gros chiffre d'affaires). La plupart des avocats et des grands chefs d'entreprise de l'ensemble des États-Unis sont également connus sous le vocable de 'vecteur Delaware'. D'où vient la popularité du Delaware pour y fonder une entreprise ?

1. La législation sur les entreprises du Delaware offre une flexibilité maximale dans la structuration des entités d'entreprises et dans l'assignation des droits et obligations entre actionnaires et fondateurs. Elle s'est aujourd'hui bien développée et les mauvaises surprises sont rares. Le tout offre une prédictibilité qui plaît aux entreprises et aux avocats.

2. À la différence des autres États, il n'y a pas de jury ! En cas de différend, ce sont des juges disposant d'une excellente connaissance du droit des sociétés qui rendent un verdict. Mieux vaut avoir affaire à des experts aguerris plutôt qu'à un jury qui n'y connaît rien.

3. Les verdicts rendus par les juges sont transcrits, de sorte qu'il existe une vaste jurisprudence. Les start-ups et leurs conseillers professionnels peuvent les consulter et en tenir compte dans les affaires qu'ils concluent. Ces précédents permettent de réduire le nombre de procès.

« Les capitalistes à risque savent très bien à quoi ressemble la structure d'une entreprise établie dans le Delaware, de même qu'ils en connaissent les droits et les obligations. Lorsqu'ils évaluent une start-up, ils n'ont qu'à se pencher sur l'idée qui la sous-tend. Va-t-elle réussir ou échouer ? La différence est énorme vis-à-vis d'un capitaliste à risque belge qui souhaite par exemple investir dans une start-up allemande. Celui-ci doit commencer par décrypter le droit allemand des sociétés, de sorte que la procédure est beaucoup plus longue », déplore Raf Weverbergh.

Une dernière difficulté pour les start-ups européennes ? *If it is not talking to each other, it is not a market.* Cette citation est issue de l'ouvrage *Crossing the Chasm* du consultant en management et start-up Geoffrey Moore. « Tout reste trop local en Europe. Même les incubateurs et les accélérateurs. Comment trouver un bon country manager en Allemagne quand vous êtes une start-up belge ? Il n'existe pas de réseau européen. Cela empêche les start-ups de se développer pour devenir des PME de taille moyenne », conclut Raf Weverbergh.

Les start-up londoniennes ont beaucoup plus de facilités. Raf Weverbergh a une explication : « Mon expérience journalistique m'a appris qu'il est très important de paraître dans le *Financial Times*. À l'instar d'une poignée d'autres publications spécialisées, ce journal constitue un merveilleux tremplin pour les start-ups. Les investisseurs arrivent automatiquement si vous êtes repris dans ces publications. Mais si un journal d'affaires belge écrit un article sur *Biocartis*, par exemple, cela trouvera peut-être un écho en Belgique. Mais pas au-delà. Le marché des start-ups est très anglosaxon. »

La solution? « Il est indispensable de parler une seule langue, affirme le spécialiste en communication. Le moyen le plus simple de se développer sur le plan européen serait d'utiliser l'anglais comme langue véhiculaire. Le meilleur exemple que je puisse citer est celui de l'entreprise d'électronique et internet japonaise Rakuten. En vue de développer son entreprise en dehors du Japon, le CEO de Rakuten a décidé en 2012 que tous ses employés devaient parler anglais entre eux, explique Raf Weverbergh. En outre, le réseau européen doit se densifier. Non seulement en Belgique, mais dans toute l'Europe ; où des tech-clusters doivent voir le jour. Il faudrait par exemple plus de trains à grande vitesse entre des villes comme Cambridge et Louvain ou Bruxelles. »

Le dirigeant de neoScores, Bart Van der Roost, se retrouve parfaitement dans ces propos. « La Belgique et ses différents start-up clusters : c'est trop petit. Pour aller plus loin, il faudrait créer quelque chose de similaire à StartupDelta aux Pays-Bas. » StartupDelta est une organisation temporaire qui relie une dizaine de pôles d'innovation s'étendant sur l'ensemble du pays (d'Amsterdam à Utrecht en passant par Delft et

Wageningen). Sa mission ? Faire des Pays-Bas le plus grand écosystème pour les starters d'Europe. Et cela fonctionne. Partis de rien, les Pays-Bas figurent aujourd'hui à la 4e place au classement européen et à la 19e place mondiale dans le Global Startup Ecosystem Ranking (janvier 2016). C'est la commissaire européenne Neelie Kroes qui a supervisé le projet par le passé. Elle était d'ailleurs à la base du manifeste européen des start-ups en 2013 : un programme en 22 points visant à faire du continent européen une plateforme de start-ups. Et elle continue de plaider ardemment en faveur d'un marché numérique unique.

D'après Bart Van der Roost, la Belgique est malgré tout sur la bonne voie. « Le plan start-up du ministre Alexander De Croo est vraiment formidable. Il a réuni les principaux acteurs du monde des start-ups en leur demandant ce qu'il pouvait faire en tant que ministre pour stimuler l'entreprenariat. Il en est sorti une liste de priorités majeures. Les autorités prennent leur rôle très au sérieux pour créer une bonne couche d'humus. »

Le manifeste applique désormais la règle suivante aux nouvelles technologies : « C'est possible, jusqu'à ce que ce ne soit plus possible. » Avant, c'était le contraire. C'est ainsi que les producteurs de drones proposent aujourd'hui un cadre juridique et que les autorités adaptent la législation. Un changement de mentalité propice aux entreprises et aux start-ups.

Le succès final d'une start-up repose toutefois sur trois facteurs, d'après Bart Van der Roost : une équipe solide de collaborateurs enthousiastes qui se complètent parfaitement, la réponse à un besoin concret du marché et un bon soutien. « Il faut trouver les personnes qui élèvent l'entreprise au niveau supérieur. Il est crucial à cet égard de trouver le bon incubateur et le bon accélérateur. Sans oublier le conseil d'administration, où sont représentés les capitalistes à risque et les autres financiers. Tous sont également des entrepreneurs qui peuvent guider les opérations si nécessaire. » Car qu'est-ce qui fait l'essence d'une start-up ? Une petite équipe qui part à la conquête du monde[82] !

Conclusions

- L'arrivée des produits digitaux, de l'internet et du smartphone s'est accompagnée de trois nouveaux écosystèmes dans le monde des entreprises. L'économie collaborative nous permet de partager de plus en plus de biens et de services. Des entreprises comme Airbnb et Uber ne sont pas très appréciées du secteur traditionnel des services en raison de leurs tarifs moins élevés. Au niveau de la prestation de services en ligne, le commerce électronique procure des canaux de vente complémentaires, mais créent aussi plus de concurrence. Et enfin, il y a l'internet des objets, où l'intégration de big data et de l'impression 3D ainsi que l'interaction entre les machines et les robots doivent entraîner une augmentation de la productivité.

- À l'ère digitale, la plupart des entreprises passent de la structure verticale traditionnelle à une toile d'araignée d'entreprises en réseau. Aucun secteur n'échappe à la révolution digitale. Mais cela ne signifie pas qu'il faille se précipiter. Les grandes entreprises disposent des liquidités pour financer le changement, tandis que les petites entreprises disposent de la mobilité. Ce sont donc les PME qui se trouvent confrontées au plus grand défi.

- De nos jours, il est plus facile que jamais de monter une start-up. Plus besoin d'usines onéreuses et d'un important capital de départ dans le monde digital. Les incubateurs et accélérateurs apportent leur aide pendant la phase de lancement. Mais comme le monde entier devient votre concurrent, il ne faut pas tarder à atteindre l'échelon supérieur après avoir lancé son idée. Et trouver du capital pour évoluer rapidement de la start-up à la PME en passant par la scale-up constitue un défi majeur.

- Les start-ups et entreprises en croissance américaines accèdent plus facilement au capital-investissement que leurs homologues européennes. Aux États-Unis, le financement passe traditionnellement par le marché des capitaux. Tandis qu'en Europe, c'est le financement bancaire qui domine. Par ailleurs, l'Europe manque encore d'un véritable marché unique des services, d'un marché des capitaux et d'une union bancaire. Une réglementation uniforme qui transcende les frontières et un réseau européen de tech-clusters constitueraient un grand progrès.

Alexander De Croo: «La numérisation abaisse le seuil de l'entreprenariat»

En plus d'être ministre de la Coopération au développement et des Télécommunications, Alexander De Croo est également ministre de l'Agenda numérique. Il est à ce titre l'interlocuteur idéal pour décrypter comment se présente la transformation digitale dans notre pays. Quels sont nos atouts et nos faiblesses?

– **Comment la révolution technologique et digitale modifiera-t-elle le paysage des entreprises? Et quel est le rôle à jouer par les autorités à cet égard?**

ADC «La numérisation joue clairement un rôle de démocratisation. Même si la Belgique est une société très égalitaire, l'entreprenariat est encore très défini socialement. Si vos parents ont été entrepreneurs, il y a de fortes chances que vous le deveniez également. En revanche, elles sont plutôt réduites dans le cas contraire. La numérisation change cet état de fait en abaissant singulièrement le seuil de l'entreprenariat. Aux États-Unis, l'économie collaborative est un excellent moyen pour de nombreuses personnes d'accéder à l'entreprenariat. Des gens à qui vous n'auriez pas prêter le moindre centime il y a une dizaine d'années passent aujourd'hui pour de bons entrepreneurs potentiels. Ils commencent par exemple comme chauffeur chez Uber, constatent que cela marche bien et montent ensuite leur propre petite entreprise. À mon sens, c'est là que réside le véritable pouvoir de la numérisation. Et par-dessus le marché, la numérisation permet de jouer rapidement à l'échelle mondiale.»

– **Mais la répartition des avantages de l'internet ne pose-t-elle pas problème? La plupart des avantages profitent aux personnes jeunes et bien formées ainsi qu'aux grandes entreprises.**

ADC «Je ne suis pas d'accord avec vous. Il n'y a pas d'âge pour utiliser l'internet. Et il est tout à fait faux que les grandes entreprises soient les seules à en profiter. C'est même le contraire. De nos jours, la révolution digitale offre plus de possibilités qu'avant aux toutes jeunes entreprises. Voyez l'arrivée fulgurante de Facebook, dont il n'était absolument pas question il y a 14 ans. Ou d'Uber, qui n'existait pas encore il y a neuf ans. Le seuil de l'entreprenariat est de plus en plus bas et il est de plus en plus difficile de se protéger de la concurrence. Notre pays compte aussi de nombreux nouveaux entrepreneurs, et pas seulement parmi les hauts diplômés.

La révolution digitale crée de l'emploi. Nous devons miser massivement là-dessus. Cette révolution met partout le doigt sur des points douloureux. En Belgique, il s'agit du coût élevé du travail, du manque de flexibilité du marché de l'emploi et des monopoles dans quelques secteurs. Au bout du compte, il va nous falloir choisir entre rester sur la défensive ou embrasser la révolution digitale. Et il vaudrait mieux choisir la deuxième option, car l'économie digitale est incontournable. »

– **La législation est-elle prête pour cela ?**

ADC «Il règne toujours en Belgique un raisonnement politique et social selon lequel il est négatif de laisser faire les entrepreneurs. Et la législation se base sur ce raisonnement: certaines choses sont autorisées et le reste pas. C'est là un mauvais raisonnement, que nous devons rectifier. Nous devons laisser beaucoup plus de liberté aux entrepreneurs. Car on sous-estime fortement le potentiel de notre pays à l'heure actuelle. Je citerai pour exemple le conservatisme d'un autre âge des syndicats, qui jusqu'il y a peu refusaient de céder du terrain sur le travail nocturne. Si les gens veulent travailler la nuit, qu'on les laisse faire. C'est comme ça que nous avons pris du retard en commerce électronique, même si des démarches positives ont été entreprises. »

«Nous constatons également que le monde digital estompe les frontières et les secteurs. C'est une évolution fondamentale. Il n'y a plus beaucoup d'entreprises qui restent dans les contours précis d'un secteur. Dans un tel contexte, la concertation sociale sectorielle n'est plus adaptée. Cela devrait se passer au niveau de l'entreprise. Par ailleurs, l'image traditionnelle de l'employeur tout-puissant et du petit employé ne tient plus la route. De plus en plus d'employés sont tellement précieux que les employeurs déplaceraient des montagnes pour les satisfaire. »

– **Je constate que l'Europe est très en retard sur les États-Unis en matière de révolution digitale. Comment cela se fait-il ?**

ADC «En Europe, nous restons attachés à un raisonnement industriel. Le fonds Juncker en est un bon exemple. À quoi doit-il servir ? À des projets d'infrastructure comme les routes et les réseaux mobiles. Pourquoi le secteur privé ne peut-il pas développer ces réseaux mobiles ? Il a bien financé et monté un magnifique réseau mobile en Afrique sub-saharienne. Où a-t-on vraiment besoin d'investissements ? Dans l'infrastructure de l'avenir : les compétences. Les PME ne trouvent pas suffisamment de personnes qualifiées et les starters quittent l'Europe pour la même raison. C'est là un défi majeur. La Commission européenne doit créer un marché et veiller à ce qu'il dispose de suffisamment de talents techniques. »

– **Le multilinguisme européen ne constitue-t-il pas aussi une entrave pour les entrepreneurs ?**

ADC « Soyons honnêtes : les États-Unis ne sont pas non plus une région unilingue. En outre, le multilinguisme devrait être un atout, surtout pour les Belges. Lorsque j'ai fondé il y a quelques années une petite entreprise spécialisée dans les données juridiques, nous avons décidé que notre marché cible serait l'Union européenne. Nous avons directement créé notre site web en cinq langues. Nous nous sommes adressés à des traducteurs free-lance. Cela n'a posé strictement aucun problème. »

– **Nous essayons de stimuler l'entreprenariat et l'innovation en Belgique. Mais je constate que pour obtenir une prime à l'innovation, les entrepreneurs doivent remplir un document de 30 pages qui requiert l'aide de consultants. Parallèlement, une entreprise innovante comme Uber est interdite…**

ADC « Je ne suis pas un grand adepte des subsides. Cela perturbe toujours le fonctionnement du marché. Et en fin de compte, c'est la façon dont vous dansez qui détermine si vous pouvez obtenir une prime ou pas. Et ce n'est pas un bon critère. Du reste, les grandes entreprises sont toujours avantagées, car elles disposent de personnel parfaitement capable d'explorer comment enfiler tous ces subsides. C'est pourquoi je suis partisan des mesures fiscales. Mais qu'on me comprenne bien : je plaide en faveur de la stimulation de la R&D. »

« Et en ce qui concerne Uber : il faut les laisser faire. Il y a aujourd'hui une dizaine d'entreprises belges actives dans l'économie collaborative. Et j'aimerais qu'elles restent ici. Ce n'est pas en rayant Uber ou Airbnb de ce monde qu'on y arrivera. D'ailleurs, l'interdiction d'Uber relève plutôt d'une tentative de protection d'un monopole. La législation des taxis garantit cette position monopolistique. Ce n'est pas bon. Bruxelles devrait être un centre digital. Mais il faut constater que le réseau 4G a été interdit initialement. Puis, le niveau de rayonnement a été fixé à un niveau si bas que Bruxelles doit regorger d'antennes. Ce n'est pas comme cela que notre capitale deviendra une ville digitale. »

– **Nous constatons également que les petites start-ups ratent presque toujours les marchés publics en raison de règles et procédures comme la présentation du bilan des trois années écoulées. C'est quand même pénible.**

ADC «C'est vrai. Nous y travaillons également. Et en attendant, nous essayons de leur faciliter la tâche. Par exemple, elles ne doivent pas payer de charges sociales lors du premier engagement. Cela encourage ceux qui envisageaient de travailler seuls à passer le cap et engager quelqu'un pour s'accroître. Le tax shelter a aussi été une mesure très positive pour engendrer plus de starters et stimuler l'entreprenariat. Il y a donc des choses qui bougent.»

– **Une critique récurrente est qu'il y a du capital pour les start-ups, mais pas pour les scale-ups. Comment optimiser cela?**

ADC «Il y a effectivement un problème sur ce plan, mais c'est le cas dans beaucoup de petits pays. C'est le manque de marché européen des capitaux qui est à la base de ce problème, de sorte qu'il n'est pas possible d'obtenir un capital-investissement à l'échelle européenne. Par conséquent, on vous regarde bizarrement quand vous voulez obtenir 5 millions en Belgique. Aux États-Unis, en revanche, cela ne pose aucun problème d'obtenir 15 millions de dollars.»

– **Puisque nous évoquons les États-Unis: l'entreprenariat y est inculqué dès la plus tendre enfance. Ce n'est pas du tout le cas en Belgique. Ne faudrait-il pas revoir d'urgence notre système d'enseignement?**

ADC «Sur le plan des connaissances, notre système est sans doute plus fort que celui des Américains. Mais nous sommes beaucoup moins à l'aise pour nous exprimer et surtout beaucoup moins critiques. Dans les universités belges, les professeurs posent eux-mêmes les questions et y apportent des réponses. Aux États-Unis, ce sont les étudiants qui posent les questions. L'esprit critique fait partie intégrante de la culture, ce qui constitue aussi une meilleure base pour l'entreprenariat. Ils se disent plus rapidement 'je peux faire mieux' ou 'je peux trouver une meilleure solution'. Nous sommes trop conformistes à cet égard.»

«Nous devons enseigner à nos enfants comment apprendre. Il faut continuer de leur transmettre les connaissances de base, mais il faut surtout leur apprendre à se perfectionner, à apprendre de nouvelles choses et à tout remettre en question. Mais il faut conserver les bonnes connaissances techniques qu'ils acquièrent actuellement. Ce qui me semble préoccupant, c'est que la 'programmation' ne figure pas dans les objectifs pédagogiques. C'est quand même incompréhensible à l'heure actuelle.»

«Vous savez, chaque enfant s'inscrit dans l'une de ces trois catégories : la pensée abstraite, la créativité et la pensée émotionnelle. Ce qui nous fait défaut, c'est la capacité à déterminer en quoi chaque enfant est bon et veiller à ce qu'il développe cette compétence de manière optimale. Il faut détecter le talent de chacun au plus jeune âge au lieu d'exclure des enfants parce qu'on les aborde tous de la même manière. C'est vraiment une grande préoccupation pour moi.»

CHAPITRE 3

Les gagnants et les perdants

La classe moyenne composée de personnes au salaire modéré s'est fortement creusée ces 20 dernières années. La deuxième vague de mondialisation qui s'est manifestée à partir des années 90 s'est traduite par une désindustrialisation des pays occidentaux et une industrialisation des pays émergents. L'automatisation accrue a également réduit le nombre de travailleurs nécessaires dans l'industrie. Une tendance qui va encore s'accélérer dans les prochaines années en raison de la robotisation et de l'intelligence artificielle. Par ailleurs, on voit aujourd'hui que l'emploi va s'écrouler dans le secteur des services. Et ce n'est pas le secteur technologique qui va fournir énormément de travail.

Ce fossé qui se creuse et l'augmentation des inégalités qui en découle avaient déjà été observés pendant la deuxième révolution industrielle. Aujourd'hui, les inégalités ont atteint le même niveau que lors de la Grande Dépression. Les gens ont alors renforcé leurs compétences et, finalement, tout est rentré dans l'ordre. Les révolutions industrielles créent toujours plus d'emploi et de bien-être. La période de transition à la fin du XIXe siècle a également été longue et pénible.

Les gagnants de la révolution digitale sont les superstars et les super-entreprises. Dans un monde sans frontières géographiques, le principe qui prévaut est celui de l'économie des gagnants : ce sont les meilleures entreprises et les plus grands talents qui s'emparent de la majorité des gains. La question est de savoir si, au fil du temps, ces entreprises fructueuses ne grandiront pas jusqu'à devenir monopolistiques. Les autorités doivent-elles intervenir ?

En tout cas, la principale mesure à prendre pour enrayer l'accroissement des inégalités est de veiller à ce que chacun reste à bord du vaisseau digital. Les autorités doivent adapter les programmes scolaires au nouveau monde digital. Les travailleurs doivent continuer de se former en continu. Les entreprises ne garantissent plus un emploi à vie, mais une employabilité permanente. Les entreprises et les autorités doivent également s'entendre pour cartographier la transformation. Les emplois en danger et les professions sensibles doivent être référencés pour prévoir des formations (complémentaires) adaptées.

Ce n'est que si ces mesures ne parviennent pas à empêcher une augmentation structurelle du chômage qu'on pourra se tourner vers d'autres solutions comme le revenu de base. Mais comme celui-ci passe difficilement dans la société, l'impôt négatif sur le revenu (qui revient pratiquement au même) constituera sans doute une meilleure alternative. Dans les deux cas, les coûts de sécurité sociale augmenteraient énormément par rapport à la facture actuelle. En outre, une société souffrant d'un chômage élevé est beaucoup plus vulnérable en termes de régression sociale. Raison de plus pour tout mettre en œuvre afin que l'homme et la machine puissent collaborer et non s'opposer.

Introduction

« La robotisation va entraîner un chômage de masse. » Tel est le message peu réconfortant délivré par Martin Ford lors de la présentation de son livre à Bruxelles, où il était invité par Accenture et la Société Générale. *The Rise of The Robots* est un best-seller du *New York Times*, couronné par le FT & McKinsey Business Book of the Year Award (2015). Rien de très réjouissant, donc. L'innovation est à la base de la productivité et, à ce titre, constitue un pilier de l'accroissement du bien-être. La technologie améliore nos vies et nous libère de tâches dangereuses et ennuyeuses. Jusque-là, tout va bien. Mais, d'après lui, la robotisation actuelle va se traduire par un chômage de masse. Et comme les machines ne consomment pas, cela pèsera également sur la croissance. Il faut nous y préparer.

Naturellement, il est impossible de vivre sans innovation. « Mieux vaut un monde où l'innovation est trop rapide et trop abondante plutôt qu'un monde sans innovation », concluait une étude mondiale menée par Citi Research auprès d'un public averti de hauts diplômés bien rémunérés. Plus de 70 % d'entre eux considéraient la technologie comme le principal facteur de changement dans l'entreprise. Parallèlement, plus de la moitié des personnes interrogées trouvaient que le changement va beaucoup trop vite.

Tout cela indique qu'une innovation rapide s'accompagne inévitablement de défis majeurs. Non seulement le risque de perte d'emplois s'accroît, mais il n'est pas évident non plus de maîtriser les compétences digitales qui sont nécessaires pour (re)trouver un emploi. De plus en plus de secteurs voient surgir un cadre de travail caractérisé par le principe du *winner takes all*. C'est ce que l'on peut qualifier d'économie des gagnants. Celle-ci peut entraîner une augmentation du chômage et son corollaire, l'accroissement des inégalités. Car soyons clairs : si la révolution digitale a ses gagnants, elle a aussi ses perdants.

La classe moyenne, la classe perdante

Certains craignent que la quatrième révolution industrielle qui est en cours exerce un impact majeur sur le marché du travail. L'évolution est en marche. Mais ce n'est pas tout : peu de gens se rendent compte que la troisième révolution industrielle (ou révolution ICT) a fait directement et indirectement des ravages dans les économies occidentales. Ces 25 dernières années, c'est surtout la classe moyenne qui en a payé le prix. C'est ainsi que de 1979 à 2012 aux États-Unis, il y a eu proportionnellement une forte diminution du nombre d'emplois moyennement rémunérés, dont dépend la classe moyenne. Il s'agit par exemple de vendeurs, d'employés administratifs, d'hommes de métier, d'ouvriers en production ou d'employés. Leur part dans l'emploi global est passée de 60 à 46 %[83]. Parallèlement, la demande en emplois peu qualifiés (par exemple dans le secteur des soins, de l'alimentation, de l'entretien et de la sécurité) et hautement qualifiés (professions techniques et professionnelles ou fonctions de management) a fortement augmenté.

FIG. 19 Désagrégation de la classe moyenne
Source : Goose, Mannings et Salomons (2014)

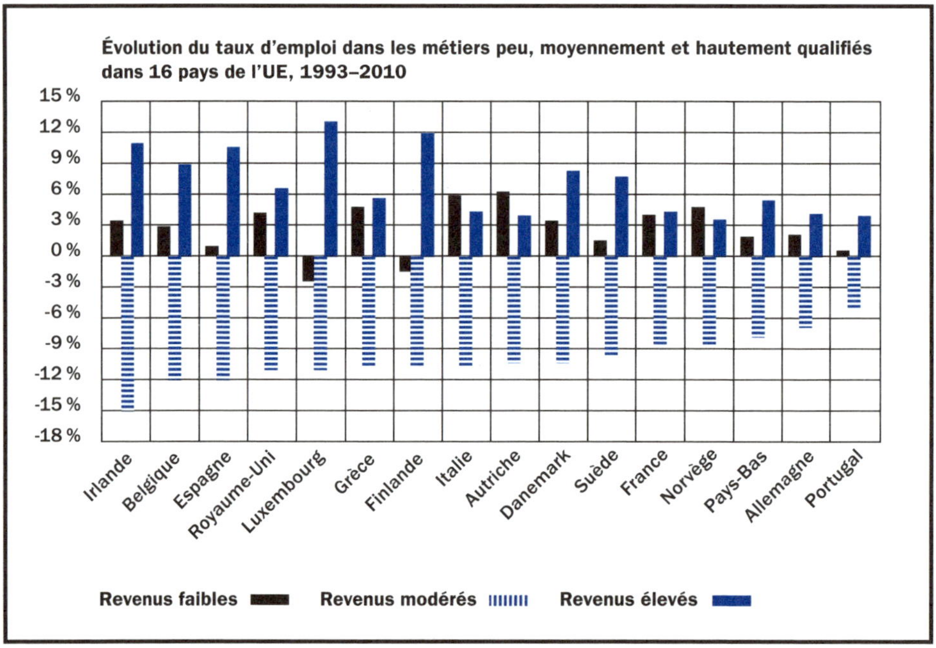

▲ Notes : Professions à revenus élevés : dirigeants d'entreprise, mathématiciens, ingénieurs, professions médicales, travailleurs de la santé, sciences biomédicales et spécialisations apparentées ; dirigeants de petites entreprises. Les professions à salaires modérés sont les opérateurs de machines fixes et apparentés ; les travailleurs de la métallurgie, du secteur des machines et autres secteurs apparentés ; les conducteurs de véhicules et opérateurs d'installations mobiles ; les employés de bureau ; les métiers de précision, les travailleurs manuels, les travailleurs de l'imprimerie artisanale et autres secteurs apparentés ; les travailleurs du secteur de l'extraction et du bâtiment ; les collaborateurs des services à la clientèle ; les opérateurs et monteurs de machines ; et les autres travailleurs des secteurs artisanaux et apparentés. Les bas salaires se retrouvent dans l'exploitation minière, le bâtiment, la production et le transport ; les travailleurs des services à la personne et de sécurité ; les modèles, les commerciaux et les démonstrateurs ; et les simples carrières dans la vente et les services.

Nous constatons le même phénomène en Europe : une augmentation claire des emplois peu ou fortement rémunérés combinée au creusement de la classe moyenne. Quel est le rapport entre les États-Unis et ces 16 pays européens dans le graphique ? « En termes de polarisation de l'emploi, l'économie américaine se situerait plus ou moins au milieu de ces 16 pays », affirme David Autor, professeur d'économie au Massachusetts Institute of Technology. « Comme le glissement est comparable dans tous ces pays développés, il est très probable que des forces similaires contribuent à cette évolution du marché de l'emploi. »

Tant en Europe qu'aux États-Unis, c'est la désindustrialisation qui était à la base de la polarisation sur le marché de l'emploi. « Entre 2001 et 2008, l'industrie a perdu 3,5 millions d'emplois, tant en Europe qu'aux États-Unis. Entre 2001 et 2015, il s'agit même de 7 à 8 millions d'emplois pour les deux régions, précise le professeur Joep Konings. La révolution ICT a permis d'automatiser de plus en plus facilement les tâches routinières, qui sont surtout présentes dans le secteur industriel. C'est donc là qu'elle a fait le plus de victimes. » L'automatisation croissante n'est pas la seule à avoir supprimé de l'emploi. Il en va de même pour la deuxième vague de mondialisation rendue possible par la révolution ICT.

Les vagues de la mondialisation

La première vague de mondialisation a eu lieu vers l'an 1800, comme l'indique le professeur Richard Baldwin dans son ouvrage intitulé *The Great Convergence*. L'invention du bateau à vapeur et du chemin de fer a ouvert les portes d'un nouveau monde. Jusqu'alors, la vie économique d'une grande partie de l'humanité se jouait au niveau du village et des alentours. Le champ d'action des hommes et des marchandises était restreint par les coûts élevés en matière de commerce et de communications. Déménager des travailleurs d'un site à l'autre était également inabordable. Mais plus il y a eu de navires, plus il a été possible d'acheter des marchandises produites loin de chez soi. « La classe moyenne britannique pouvait se permettre de manger du pain à base de céréales américaines, accompagné de thé chinois édulcoré au sucre de Jamaïque, le tout servi sur une nappe indienne », écrit Richard Baldwin.

Cette séparation entre production et consommation a eu d'énormes conséquences. La première vague de mondialisation a permis une augmentation rapide du bien-être dans les pays du G7 (États-Unis, Allemagne,

Japon, France, Grande-Bretagne, Canada et Italie). Un cercle vertueux formé d'agglomérations industrielles, d'innovation et de croissance a propulsé la part des pays du G7 dans les revenus mondiaux. Mais cela s'est fait aux dépens de la Chine et de l'Inde, qui représentaient plus de la moitié du PIB mondial en l'an 1000, compte tenu de leur immense population. Au début du XIXe siècle, leur part était encore de 49 %, contre 22 % pour les pays du G7. Mais, après la première vague de mondialisation, la part de l'Inde et de la Chine s'est rétrécie à quelques pourcents à peine. En 1990, les pays du G7 représentaient deux tiers des revenus mondiaux.

La remontée des pays émergents

La tendance s'est inversée à la fin des années 80. La révolution dans les technologies de l'information et de la communication a continué de tirer les coûts de la communication vers le bas. Des opérations de production complexes ont pu être organisées de façon modulaire et à distance. Ensuite, les grandes entreprises internationales des pays du G7 n'ont pas pu résister à l'appel des bas salaires dans les pays émergents, où elles ont déplacé les parties routinières et à forte main-d'œuvre de leur processus de

FIG. 20 Observez l'inversion de la tendance : part dans le PIB mondial, 1000–2014
Source : Richard Baldwin, The Great Convergence

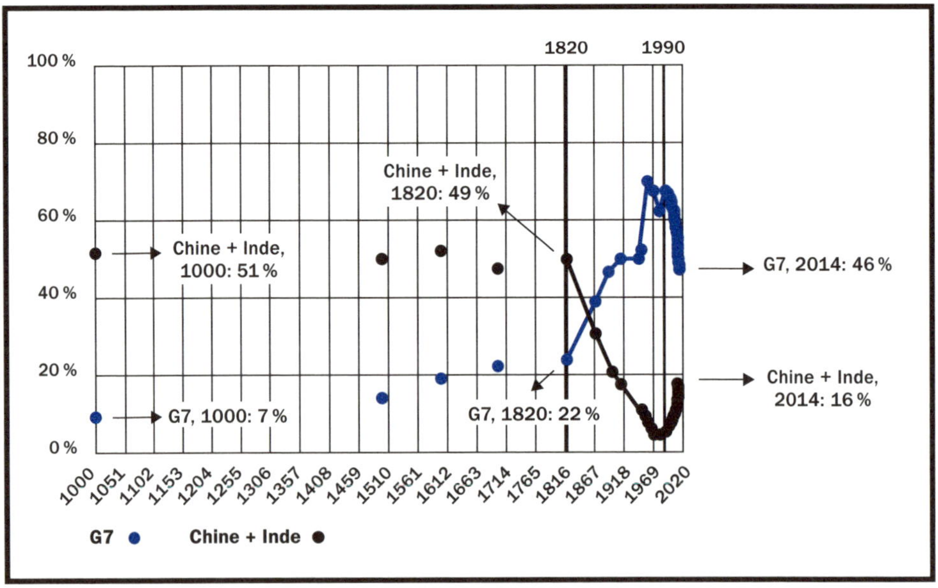

production. La spirale ascendante du bien-être dans les pays industrialisés s'est arrêtée au profit des pays émergents. La part des pays du G7 dans le PIB mondial est retombée de 67 % à 46 % sur la période de 1990–2014, retrouvant le même niveau qu'au début du XXe siècle.

Cette deuxième vague de mondialisation a accéléré l'industrialisation de la moitié de la population mondiale. Remontée à 16 %, la part de l'Inde et surtout de la Chine dans le PIB mondial est toutefois toujours très éloignée de sa part historique de 50 %. Mais la tendance est enclenchée. Ces deux pays forment avec la Corée, la Pologne, l'Indonésie et la Thaïlande ce que Richard Baldwin appelle les 'Industrializing-6' : les six pays qui profitent le plus de la deuxième phase de la mondialisation.

La nouvelle mondialisation ou deuxième dissociation découlant de la révolution ICT a déclenché une redoutable concurrence secondaire pour les pays industrialisés. Le savoir-faire détenu par les pays industrialisés pendant presque deux siècles depuis l'an 1800 a été transféré vers les pays émergents par les entreprises internationales. Si une entreprise belge transfère des connaissances technologiques vers l'un de ces pays, accroissant de la sorte la concurrence internationale pour les entreprises d'exportation belges, ce sont les travailleurs de Belgique qui y perdent.

Il en a résulté une accélération de l'industrialisation dans les pays émergents et une désindustrialisation chez nous. « Aux États-Unis, le transfert de connaissances technologiques vers la Chine peut entraîner une perte permanente du revenu réel par habitant[84] », affirmait l'économiste Paul Samuelson dans un article publié en 2004. Et les faits ont donné raison à ce lauréat du prix Nobel.

De 1960 à 1990, le revenu réel américain a augmenté de 60 %, de sorte qu'il allait pratiquement de pair avec l'augmentation des revenus des entreprises. Depuis les années 90, les gains en efficacité et les réductions de coûts poussent de 200 % vers le haut les bénéfices réels par action des entreprises américaines. Mais le revenu moyen réel par famille n'a augmenté que de 10 % aux États-Unis[85]. Les autres pays industrialisés suivent la même évolution. La nouvelle mondialisation a fait des centaines de millions de gagnants dans les pays émergents, mais aussi des millions de perdants dans les pays industrialisés.

Dans son ouvrage, Richard Baldwin se réfère au monde du sport pour illustrer la transformation profonde opérée dans le sillage de la révolution ICT. « Deux équipes de football négocient l'échange de joueurs.

Les deux clubs y trouveront leur intérêt s'ils arrivent à un *deal* efficace. Chacun d'entre eux reçoit un joueur dont ils ont vraiment besoin en échange d'un joueur dont ils peuvent se passer.» C'est 'l'ancienne' mondialisation basée uniquement sur un échange de produits. «Imaginez à présent la transaction suivante. Supposons que l'excellent entraîneur de la meilleure des deux équipes se mette à entraîner l'équipe la plus faible pendant le week-end. Cet échange rendra sans doute la compétition plus passionnante tout en permettant à l'équipe plus faible de s'améliorer. Mais en dépit du fait que l'entraîneur y trouvera certainement du profit, on peut douter du fait que la meilleure équipe bénéficie de cette transaction.»

La 'nouvelle' mondialisation a permis aux entreprises internationales (l'excellent entraîneur dans notre exemple) de stimuler leurs marges en déménageant des parties de leur production et de leur savoir-faire dans des pays à bas salaire. C'est ainsi que 650 millions de personnes ont pu sortir de la pauvreté dans les pays émergents depuis les années 90. Tandis que dans les pays industrialisés, cela s'est traduit par une désindustrialisation et une polarisation du marché de l'emploi.

Le pire est à venir

Et maintenant? La révolution digitale annonce la vague de mondialisation suivante. Laquelle, toujours selon Richard Baldwin, sonne la fin des frais de déplacement. «Si elle est vraiment de qualité, l'ICT crée de bons substituts aux réunions en face à face, affirme le professeur Baldwin. Cette révolution de la 'présence virtuelle' repose sur des systèmes audio et vidéo de très grande qualité. On peut voir cela comme une excellente connexion Skype élevée au carré.»

Une connexion de très haute qualité permet de mieux percevoir les expressions du visage qu'au cours d'une vidéoconférence normale. C'est notamment grâce au décryptage de ces 'microexpressions' que les réunions personnelles engendrent plus de compréhension et de confiance qu'une conversation par Skype. Le secteur des services haut de gamme applique déjà ces solutions, ce qui permet de réduire considérablement le nombre de réunions. L'étape suivante est la présence holographique. Il suffit de lancer une recherche sur 'Holographic Video Conferencing' pour se faire une idée des fantastiques possibilités offertes par cette technologie.

Une autre grande tendance est la télérobotique. « À l'instar de la téléprésence dont l'usage se répand fortement, la télérobotique est encore freinée par des frais élevés. Mais s'il est possible de développer des systèmes permettant aux chirurgiens d'opérer à distance, rien n'empêche d'en développer qui permettent à des techniciens installés à Stuttgart d'intervenir sur des machines au Brésil. Au rythme où les frais de la télérobotique diminuent, ce n'est qu'une question de temps et plus rien ne devrait entraver ces nouvelles technologies », conclut Richard Baldwin.

La révolution ICT des 25 dernières années a entraîné la dissolution du processus de production. Les différentes phases de la production ne se concentrent en effet plus autour d'un même lieu, mais se répartissent sur plusieurs régions. « L'impact de la diminution des frais de transport et d'approvisionnement permet encore plus facilement de subdiviser le processus de production à des stades plus fins et d'en externaliser davantage. »

C'est la raison pour laquelle cette phase de la mondialisation est encore plus perturbatrice pour l'Occident, explique Richard Baldwin dans *De Tijd*[86]. « La troisième phase va toucher un très grand nombre d'emplois. Jusqu'à présent, la mondialisation a surtout affecté l'industrie et les services hautement qualifiés comme les services bancaires. La télérobotique et la téléprésence visent le secteur des services au sens large. Il sera possible de faire nettoyer une chambre d'hôtel à Londres par un robot télécommandé depuis les Philippines. Les meilleurs professeurs, comptables et chirurgiens pourront offrir leurs services dans le monde entier. Ce sont donc les superstars qui remporteront la mise, ce qui ne fera qu'accroître les inégalités. Mais cela ne signifie pas que nous devions ou puissions empêcher la mondialisation. Elle n'est pas mauvaise en soi. Mais il nous faut une politique compensatoire. »

L'automatisation de pointe

Poussée par la révolution technologique, la mondialisation fait l'effet d'un coup de tonnerre sur le marché de l'emploi en Occident. De même que l'automatisation galopante. Celle-ci nourrit en outre la crainte que de nombreux travailleurs deviennent superflus et que l'on se dirige tout droit vers un chômage de masse. Cette crainte n'a rien de neuf. On nous prédisait aussi un chômage de masse pendant la première et la deuxième révolution industrielle. Et finalement, tout s'est bien passé. Mais pendant la phase de transition, c'est-à-dire au cours de la première décennie qui a suivi l'introduction des nouvelles technologies, le marché de l'emploi a été énormément perturbé. Les similitudes avec la situation actuelle sont frappantes.

Nous avons déjà vécu cela

Le terme 'révolution' porte sur un changement total de l'organisation du travail. Pendant la première révolution industrielle de 1750 à 1850, différents artisans ont été réunis sous un même toit. La force humaine a été remplacée par la force mécanique des machines à vapeur. La deuxième révolution industrielle a suivi l'introduction de l'électricité. Appliqué notamment par Henry Ford, le travail à la chaîne a modifié profondément l'organisation des usines.

Cette réorganisation du travail et les gains d'efficacité qui en ont découlé ont permis une forte amélioration du bien-être et de la prospérité. À long terme, ce fut profitable pour tout le monde. Le salaire moyen n'a pas évolué très vite au cours de ces 200 ans, mais il était conforme à la productivité. Le travail était aussi devenu moins lourd et moins sale. Et, en outre, les gens ont amélioré leurs compétences. À la moitié du XIXe siècle, au début de la deuxième révolution industrielle, 80 % des Britanniques n'avaient jamais fréquenté l'école. Aujourd'hui, presqu'un Britannique sur trois est diplômé d'une université ou d'une haute école. Tous les autres, à 10 % près, disposent au moins d'un diplôme de l'enseignement secondaire. Les compétences n'ont cessé d'être stimulées. Et à mesure que les machines ont supplanté l'homme pour les travaux physiques, le processus d'automatisation a toujours suivi le rythme grâce aux formations permanentes et à l'accroissement de l'économie de la connaissance.

Il n'y a donc pas de quoi s'inquiéter à long terme. Mais, à court terme, la transition ne se fait pas sans peine. Dans la plupart des pays industrialisés, la part de la pêche et de l'agriculture dans l'emploi global a chuté ces 200 dernières années de 70 % à quelques pourcents à peine. Celle de l'industrie a augmenté dès les débuts de la révolution industrielle, a connu un pic d'environ 50 % après la Deuxième Guerre mondiale et a ensuite diminué avec constance jusqu'à moins de 20 %. Pendant tout ce temps, le secteur des services a eu le vent en poupe et représente aujourd'hui quatre emplois sur cinq dans de nombreux pays.

FIG. 21 **À long terme, les salaires augmentent conformément à l'accroissement de la productivité**
Source : Hill, Thomas & Dimsdale (2015)

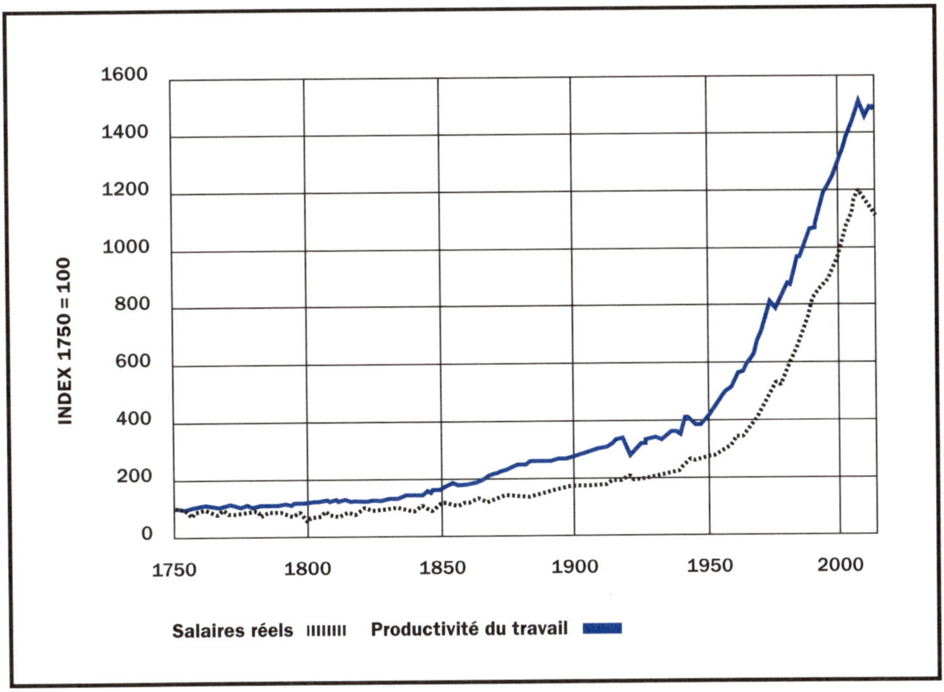

Évidemment, ces évolutions font des victimes. Qui ne se comptent pas majoritairement chez les personnes non qualifiées, contrairement à ce que l'on pourrait penser. Pendant la première révolution industrielle, la disparition de l'artisanat s'est accompagnée d'un glissement vers plus de travail non qualifié. Les usines équipées de machines à vapeur n'avaient en effet que faire d'artisans. Cette augmentation de la demande en travailleurs non qualifiés s'observe également au cours de la deuxième révolution industrielle, avec l'introduction du travail à la chaîne. Parallèlement, la demande en travailleurs hautement qualifiés tels que des techniciens et des ingénieurs a également augmenté pour organiser ces usines plus sophistiquées. Il fallait aussi des managers pour les diriger. Ce sont les travailleurs de la classe moyenne qui y ont perdu. Aux États-Unis, leur part dans la population active totale a diminué de 15 % sur la période 1860–1910. Le creusement actuel est similaire. Mais ce qui se passait jadis sur une période de 50 ans se produit aujourd'hui en 20 ans.

FIG. 22 Part décroissante des travailleurs moyennement qualifiés aux États-Unis, s'est également produite dans le passé. Source : Katz & Margo (2013)

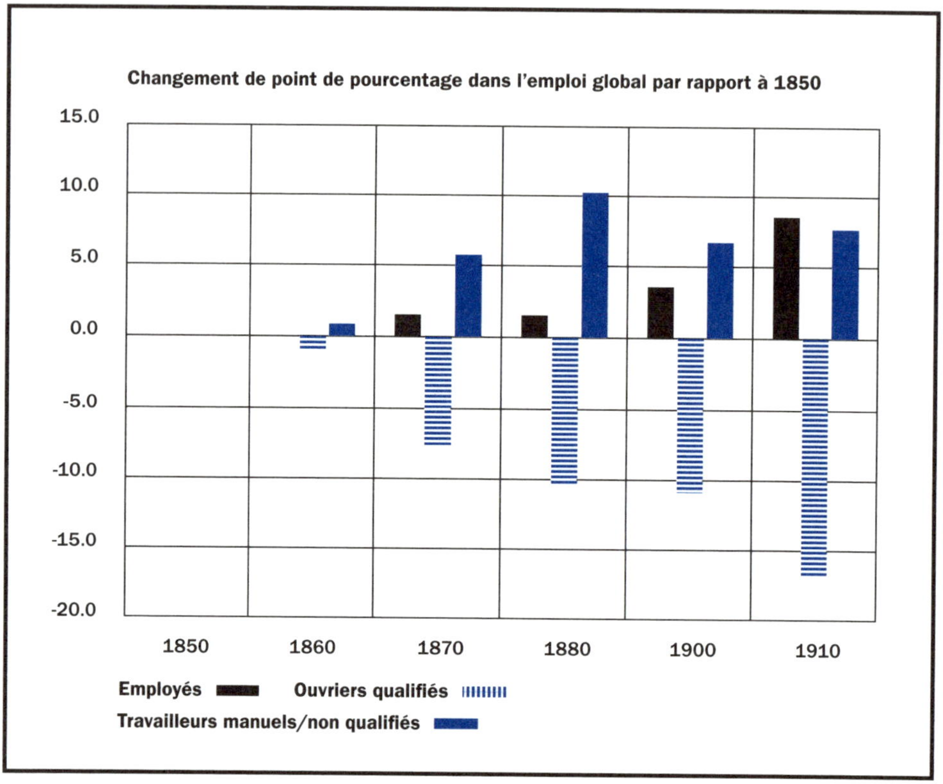

Qu'en est-il des salaires ? Là aussi, on constate la même évolution qu'aujourd'hui. Dans la première phase, la révolution industrielle n'a pas profité aux travailleurs. Les salaires n'ont augmenté qu'à partir de la moitié du XIXe siècle, mais moins pour les travailleurs non qualifiés. Ceux-ci étaient très demandés dans les usines, mais il leur a fallu tenir compte de la concurrence des artisans de la classe moyenne. Car ces derniers étaient aussi en quête d'un nouvel emploi et ont dû revoir leurs exigences à la baisse. Ce ne sont donc pas les travailleurs qui manquaient et bon nombre d'entre eux étaient surqualifiés.

Ce sont les travailleurs hautement qualifiés qui s'en sont le mieux sortis par le passé. Leur nombre a également augmenté. Mais il était alors question de primes à la formation et aux compétences. Il s'est ensuivi une différence salariale croissante entre les travailleurs qualifiés et non qualifiés, ce qui s'est traduit par une augmentation des inégalités, qui a disparu progressivement après la Grande Dépression.

Pendant la révolution ICT, nous avons également constaté une adaptation en matière d'emploi. La plupart des gens qui ont perdu leur travail en ont trouvé un nouveau, mais à moindre valeur ajoutée[87]. « Ils ont commencé à travailler dans l'horeca, le commerce, la distribution et d'autres secteurs dont la valeur ajoutée est beaucoup moins élevée, précise le professeur Konings. On a aussi vu apparaître des professions à haute valeur ajoutée, comme scientifique ou bioingénieur. Mais pas en nombre suffisant, surtout en Europe. Avec pour résultat final une part accrue des secteurs à faible valeur ajoutée dans l'économie. »

La classe moyenne industrielle d'antan doit de plus en plus souvent se contenter d'emplois moins bien rémunérés dans les services. C'est une conséquence de la mondialisation, mais aussi et surtout de l'automatisation. On compte en moyenne 66 robots contre 10 000 travailleurs dans les secteurs de production au niveau mondial[88]. Dans l'industrie automobile, le nombre de robots industriels a augmenté de 43 % en 2013-2014. « L'automatisation de la quatrième révolution industrielle est en train de s'accélérer », confirme la Fédération Internationale de la Robotique (IFR).

D'après les statistiques de l'IFR, 21 pays misent sur un plus grand nombre de robots. La Belgique figure en bonne 6e place. Ce joli score s'explique par la forte présence des secteurs automobile, mécanique, électronique et électrique. Le salaire moyen y est plus élevé que dans les autres secteurs industriels en raison de leur besoin en personnel qualifié. D'où l'intérêt d'investir dans des robots. « La rapide augmentation des frais salariaux a entraîné une plus forte demande globale d'automatisation », confirme l'analyste Elizabeth Curmi[89] de Citigroup. Le vieillissement de la population contribue également au phénomène. Cela vaut surtout pour la Chine, qui est de loin le plus grand acheteur de robots au monde. « En outre, l'évolution technologique en matière de capteurs visuels et de systèmes de préhension a augmenté l'employabilité des robots. Sans oublier que les frais de *hardware* et de logiciel de commande ont fortement diminué. »

Le Boston Consulting Group (BCG) évalue les coûts des systèmes robotiques entre 10 et 20 dollars de l'heure aux États-Unis. Soit moins que le salaire horaire moyen, alors qu'on s'attend aussi à une diminution des frais. Les travailleurs sont remplacés dès que les robots coûtent 15 % de moins. On n'en est donc plus très loin, surtout dans les pays occidentaux.

Sur la période 2005–2014, les coûts d'un robot de soudure perfectionné sont passés de 182 000 à 133 000 dollars, alors que sa complexité ne cesse d'augmenter. Le cobot standard Baxter, qui travaille côte à côte avec les travailleurs le long de la chaîne pour tourner des boulons, ne coûte plus que 22 000 dollars. C'est pourquoi BCG prévoit une accélération de la robotisation dans les dix prochaines années. D'après le bureau de consultance, la part des tâches industrielles effectuées par des machines va passer de 10 à 25 % à l'horizon 2025. Il semble donc que les robots industriels vont évincer les travailleurs.

Bram Vanderborght, professeur de robotique à l'Université Libre de Bruxelles, n'est pas de cet avis. Pour lui, le progrès constitue plus une chance qu'une menace. « On surestime la technologie actuelle », déclare-t-il dans une interview au magazine *Trends*[90]. « Les robots peignent, collent et effectuent d'autres tâches nuisibles à la santé dans le secteur automobile et ils le font avec rapidité et précision. Mais ils n'ont aucune conscience de ce qui les entoure et sont donc souvent bloqués pour des raisons de sécurité. Par contre, il leur est très difficile d'enrouler un petit câble dans une goulotte. Dans bien des cas, les travailleurs sont irremplaçables. »

Bram Vanderborght cite l'exemple du producteur automobile Tesla pour illustrer les limites de la robotique. « Tesla n'arrive pas à produire suffisamment de voitures parce que leurs robots ne sont pas assez flexibles pour faire deux modèles de façon coordonnée. Toyota et Mercedes ont retiré dernièrement des robots de leur ligne de production pour les remplacer par des humains en vue d'obtenir un meilleur résultat. Je ne crois pas en cette vision d'une usine sans personnel. » D'après le professeur, l'avenir est à la collaboration entre l'homme et la machine plutôt qu'au remplacement de l'un par l'autre. « À Bruxelles, la société Audi étudie comment les robots peuvent alléger le travail des hommes pour tenir compte de l'augmentation de l'âge moyen du personnel. Ainsi, celui-ci devra moins se pencher, par exemple. Le robot peut passer les pièces au travailleur qui, lui, s'occupe du montage. »

Cette vision des choses paraît très naïve aux yeux de l'auteur Martin Ford. « Certaines personnes trouveront certainement des opportunités pour collaborer avec les nouvelles technologies. Mais la grande question est de savoir s'il y aura suffisamment d'opportunités pour tout le monde. Vous savez, un très grand pourcentage de la population active (sans doute autour de 50 %) exerce des activités qui sont fondamentalement routinières et prévisibles. Il viendra un moment où pratiquement tout ce travail sera sujet à l'automatisation. Et les entreprises n'ont aucun intérêt économique à garder un homme en service si celui-ci peut être remplacé par une machine.»

Les ordinateurs rendent les employés superflus

Les machines du XXIe siècle ne remplacent pas seulement les tâches manuelles. Elles sont désormais aussi capables d'effectuer des tâches cognitives. L'éventail des compétences humaines qui peuvent être reprises par des machines à faibles coûts s'est fortement élargi. Les conséquences de l'innovation se remarquent plus vite aujourd'hui et deviennent beaucoup plus profondes. Certains métiers qui exigeaient jadis un travail humain ont disparu depuis l'avènement de l'ordinateur. De 2007 à 2011, le nombre de courriers envoyés par la poste a diminué de 4 % par an dans 13 pays développés. Ce n'est donc pas un hasard si les services postaux des États-Unis ont licencié un quart de leur personnel ces 15 dernières années. Et la plupart d'entre eux occupaient une fonction peu qualifiée [91].

D'après les techno-intellos, on n'en voit pas encore la fin. Les compétences des machines s'étendent comme une tache d'encre. «Je pense que dans une dizaine d'années, les ordinateurs seront plus doués que les hommes pour lire, parler, écouter et un tas d'autres choses», affirme Mark Zuckerberg, le grand patron de Facebook. En 2014, Jeremy Howard a comparé la révolution actuelle avec la précédente lors d'une conférence TED [92]. Jeremy Howard est un 'enfant prodige' australien qui a fondé Enlitic, entreprise pionnière dans le domaine de l'apprentissage automatique. «Au cours de la révolution industrielle, l'apparition des moteurs électriques et des machines à vapeur a entraîné des changements graduels dans les possibilités de production. Cette évolution s'est aplanie au fil du temps. Il y a bien eu une dislocation sociale, mais celle-ci s'est achevée dès que les moteurs ont été utilisés pour produire de l'énergie dans toutes sortes de situations, explique Jeremy Howard. La révolution en matière d'apprentissage automatique va modifier ce canevas. L'innovation ne va jamais s'atténuer. Plus les ordinateurs s'amélioreront dans les activités intellectuelles, plus il y en aura de nouveaux qui deviendront encore meilleurs sur le plan intellectuel. Cela va entraîner un changement silencieux, qui nous forcera à revoir complètement notre conception de ce qui est possible.»

Nous observons déjà qu'à la suite de la révolution ICT, l'introduction de nouvelles technologies passe à la vitesse supérieure. Avec des effets proportionnels. Ce deuxième âge de la machine se caractérise par de nouvelles machines capables de penser, ressentir, s'adapter et apprendre. Par conséquent, l'ensemble des tâches qu'elles peuvent réaliser s'étend à une plus large palette de compétences qu'avant. Ce qui va accentuer et accélérer le creusement de la classe moyenne.

Jadis, les hommes parvenaient toujours à avoir une longueur d'avance sur l'évolution technologique grâce à des formations universitaires plus longues et plus approfondies. L'intelligence artificielle combinée à d'autres technologies nous force à accélérer le pas. Car après les emplois industriels, il semble que le danger pèse sur l'emploi du secteur des services. « 80 % des emplois des pays développés se trouvent dans le secteur des services. Mais aujourd'hui, ce sont justement ces compétences de service que les ordinateurs ont développées, déclare Jeremy Howard. Lorsque j'en parle autour de moi, je rencontre souvent des réactions de rejet. 'Les ordinateurs ne peuvent pas vraiment penser ni ressentir. Ils ne comprennent pas la poésie et nous ne comprenons pas vraiment comment ils fonctionnent'. Et alors ? Les ordinateurs sont déjà capables de faire ce pourquoi de nombreuses personnes sont payées aujourd'hui. Il est donc temps de réfléchir à la manière dont nous allons adapter notre structure sociale et économique pour aborder cette nouvelle réalité », prévient Jeremy Howard. Et nous lui donnons totalement raison sur ce point.

Autant d'optimistes que de pessimistes

Le PEW Research Center[93] a demandé à des experts en technologie et à des analystes s'ils nourrissent des espoirs ou des préoccupations vis-à-vis de l'impact de l'intelligence artificielle et de la robotique sur le marché du travail au cours de la prochaine décennie. Geoff Livingston, auteur et président de l'agence de marketing Tenacity5 Media a affirmé que « la technologie est déjà prête, mais pas nous. Ou du moins pas encore. » Jerry Michalski, fondateur de l'organe de réflexion REX Relationship Economy eXpedition (REX) prédit un avenir un peu plus sombre pour le marché de l'emploi. Il recourt à la saga de Harry Potter en guise de métaphore. « L'automatisation, c'est Voldemort : une puissance redoutable dont personne ne veut prononcer le nom. »

La moitié des personnes interrogées s'est montrée optimiste et l'autre pessimiste. Cela ne nous avance donc pas beaucoup. L'intérêt réside surtout dans les points de ralliement des deux parties. Par exemple, toutes deux s'entendent sur le fait que l'enseignement présente d'importantes lacunes dans la préparation de la prochaine génération de travailleurs. Les optimistes et les pessimistes affirment également que le concept de 'travail' se modifiera fortement au cours de la prochaine décennie. Tout d'abord, cela nous libérera de la définition industrielle de 'l'emploi'. Deuxièmement, nous reviendrons à des formes 'humaines' de production à caractère unique. Les artisans feront leur retour (et c'est d'ailleurs déjà fortement le cas aujourd'hui). Et enfin, il y aura moins de travail à réaliser et donc plus de temps libre. « La réduction de la semaine de travail suit déjà son cours depuis 300 ans. Je ne vois pas pourquoi cela s'arrêterait dans les dix années à venir », conclut l'Économiste en Chef de Google, Hal Varian.

Le chômage de masse

Les recherches de Michael Osborne et Carl Frey de l'Université d'Oxford[94] n'annoncent rien de bon. Leur désormais célèbre étude de 2013 arrive à la conclusion que 47 % des 703 emplois étudiés aux États-Unis « courent le risque d'être automatisés[95] ». Par ailleurs, ils ont estimé chaque emploi en fonction de neuf compétences requises pour effectuer le travail[96]. Une étude similaire menée par des économistes de la banque ING-DiBa nous apprend que ce pourcentage s'élève à 59 % en Allemagne.

À ce propos, si vous êtes curieux de savoir si un robot risque de s'emparer de votre emploi dans les vingt années à venir, lancez une recherche sur l'article intitulé *Will a robot take your job?* sur le site web de BBC News. Vous y trouverez un outil vous invitant à encoder votre emploi. C'est ainsi que j'ai appris que mon métier d'économiste présente 15 % de risque d'être automatisé. Il est donc 'plutôt improbable' qu'un robot exerce bientôt ma fonction. Ouf ! Parmi les professions les plus menacées, citons le classement, la comptabilité et la vente dans un call center. Les emplois les moins menacés sont les conseillers pédagogiques et les inspecteurs de l'enseignement ainsi que les psychologues et les accoucheurs.

Les emplois les plus menacés exigent généralement moins de formation. Mais le rapport s'amoindrit à mesure que l'on descend les

FIG. 23 Le top 10 des professions populaires les moins (gauche) ou plus (droite) exposées au risque de l'automatisation. Source : Carl B. Frey & Michael A. Osborne, The Future of Employment: how susceptible are jobs to computerisation? Université d'Oxford, septembre 2013

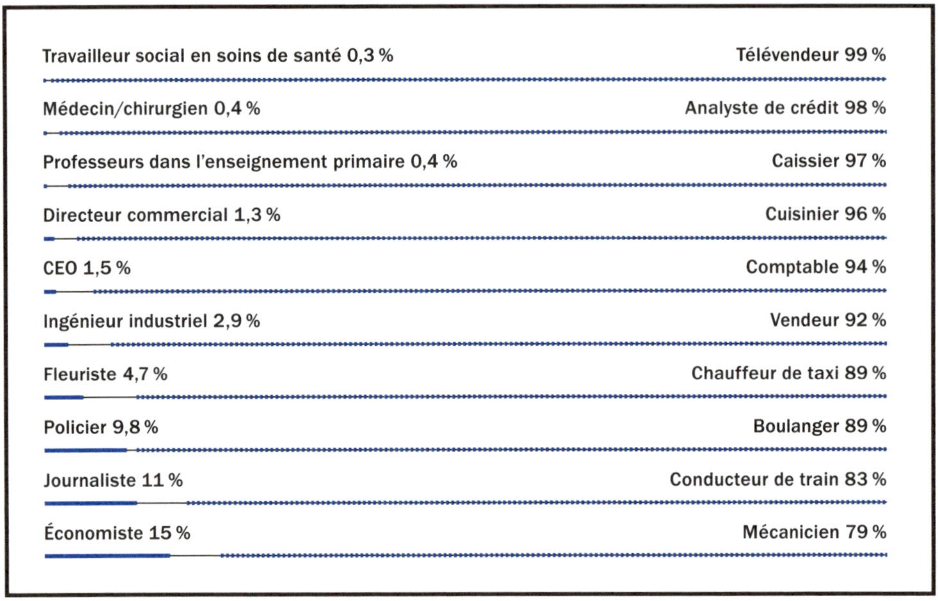

échelons de la formation. Formellement, la trajectoire de formation d'un concierge, d'un coiffeur ou d'une danseuse du ventre est limitée, mais on semble loin de développer des technologies permettant d'automatiser ces métiers. Il découle néanmoins de l'analyse d'Osborne et Frey que ce sont surtout les emplois peu qualifiés qui sont sur le déclin. Et en particulier les tâches routinières ou répétitives.

La moitié de la population vivra-t-elle bientôt d'allocations ? On n'en arrivera sans doute pas là. Osborne a entamé ses estimations en 2013, mais d'autres évaluations sont moins élevées. D'après l'OCDE, environ 9 % des tâches pourront être automatisées. À cela s'ajoute une automatisation progressive d'un quart des tâches dans leur ensemble. La différence entre cette estimation et celle d'Osborne et Frey, c'est qu'ils partent du principe que des professions entières seront automatisées plutôt que certaines tâches spécifiques. « Cela peut conduire à surévaluer l'automatisation de l'emploi. Les professions présentant un risque élevé d'automatisation comprennent toujours une part substantielle qu'il est difficile d'automatiser », affirment les auteurs de l'étude de l'OCDE [97].

FIG. 24 Les professions peu qualifiées les plus menacées
Source : *USA TODAY*- analyse de données de Carl Benedikt Frey et Michael A. Osborne

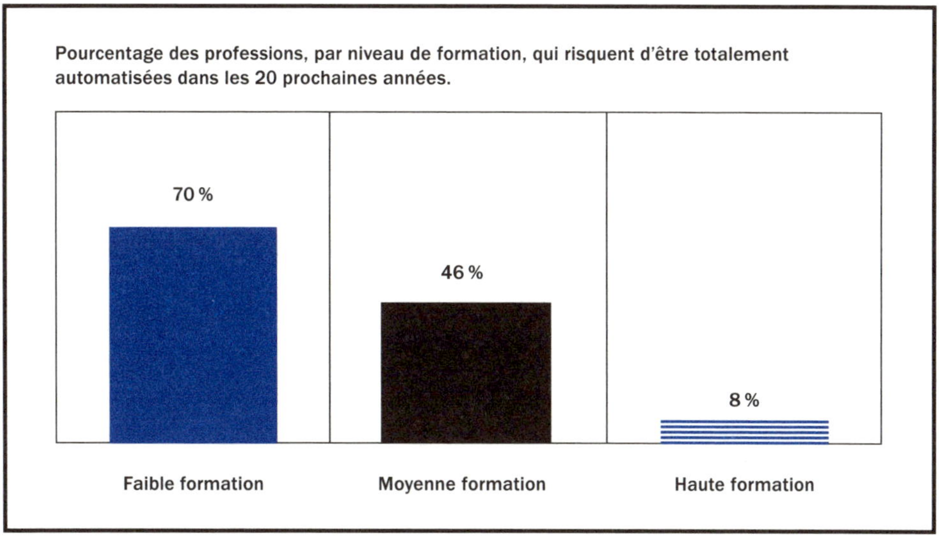

▲ Note : 'Une 'faible formation' n'exige pas d'enseignement post-secondaire ; une 'moyenne formation' signifie un passage en haute école ou autre formation ; une 'haute formation' exige au moins un diplôme de bachelor.

En outre, les 47 % d'emplois à risques ne correspondent pas aux pertes d'emplois présumées ou effectives, d'après les auteurs. Et ce pour trois raisons. « Tout d'abord, le recours aux nouvelles technologies est un processus lent. Des obstacles économiques, juridiques et sociaux empêchent la substitution technologique de se dérouler comme prévu. » Un obstacle majeur, par exemple, c'est que les entreprises elles-mêmes ne sont pas encore prêtes. « Un tour de table effectué en 2015 par le centre d'études allemand ZEW a indiqué qu'à peine 18 % des entreprises allemandes interrogées connaissaient le concept d'Industrie 4.0[98]. Et seulement 4 % ont entamé le processus ou initié sa mise en œuvre. » Du reste, la législation doit encore suivre. Sans oublier les questions éthiques qu'il reste à résoudre sur la manière dont un algorithme doit choisir par exemple entre s'écraser contre une voiture ou un arbre. De tels obstacles finiront par se résoudre, mais ils vont certainement freiner la rapidité d'expansion des nouvelles technologies. Les voitures autonomes constituent un bon exemple à cet égard. On estime souvent qu'elles ont un potentiel de perturbation très élevé. Mais, d'après les chiffres de 2015 du Boston Consulting Group, les voitures autonomes ne représenteront que 10 % du parc automobile complet en 2035, ce qui témoigne d'une adaptation plutôt lente.»

«Deuxièmement, force est de constater que, même lorsque de nouvelles technologies sont introduites, les travailleurs parviennent à s'adapter et acquièrent de nouvelles compétences techniques qui leur permettent d'éviter le chômage technique, affirment les auteurs. Le travail effectué glisse des tâches routinières vers des tâches complémentaires aux machines.» En outre, il faut toujours quelqu'un pour contrôler les machines, lorsque celles-ci prennent le relais.

Une troisième et dernière raison pour laquelle la perte d'emploi pourrait être moins importante qu'on le craint, c'est justement la demande accrue en nouvelle technologie. Cette demande croissante exige plus de production et donc plus de travail et de nouvelles trajectoires professionnelles. L'intensification de la technologie s'accompagne également d'une diminution des prix des produits et services, ce qui accroît le pouvoir d'achat de la population. C'est ainsi que naissent de nouvelles demandes et de nouveaux emplois.

L'évolution technologique détruit-elle des emplois ?

L'évolution technologique met en œuvre deux forces opposées: la substitution contre la compensation. Les technologies réduisant la main-d'œuvre supplantent les travailleurs. Il s'agit de l'effet de substitution ou de remplacement. S'il n'y avait qu'une quantité définie de travail disponible et que tous les autres facteurs restaient identiques, le chômage augmenterait parallèlement à l'évolution technologique.

Mais, dans le monde réel, les autres facteurs ne restent jamais constants. À mesure que les technologies moins chères remplacent le travail, les coûts des biens et des services diminuent. Le revenu réel des gens et donc le total des produits qu'ils peuvent s'acheter grâce à lui, augmente. Ce qui permet de proposer de nouveaux produits et services. De nouveaux secteurs voient le jour. L'idée de 'quantité fixe de travail' est donc erronée. Les travailleurs licenciés se recyclent et le chômage diminue. C'est l'effet de compensation ou de revenu qui découle de l'évolution technologique.

FIG. 25 Part des travailleurs à haut risque d'automatisation en fonction de la formation
Source : OCDE

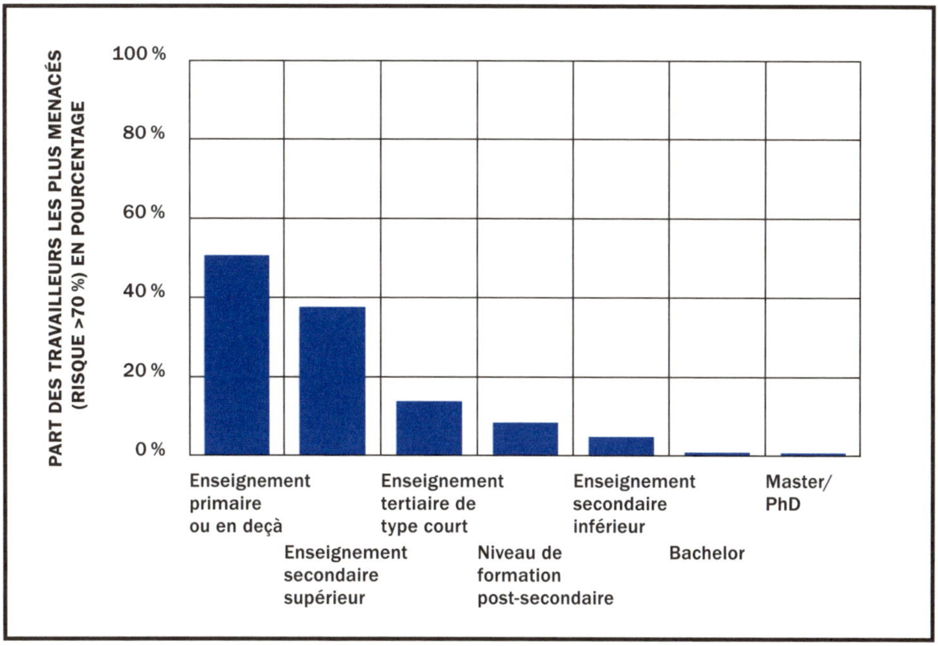

Lequel de ces deux effets l'emporte-t-il ? On a vu par le passé que la technologie ne restreint pas le marché de l'emploi à long terme et que les salaires partent à la hausse. Mais il existe une grande inconnue sur la capacité des travailleurs à se recycler suffisamment rapidement dans un monde où le changement est exponentiel.

En bref, les auteurs de l'étude de l'OCDE pensent que la perte d'emploi sera moins importante que ce que prévoient les professeurs de l'Université d'Oxford. Mais s'ajouteront à cela des glissements considérables au sein de certaines catégories professionnelles et auxquels les travailleurs vont devoir s'adapter. « Si les tâches se complexifient et deviennent plus exigeantes, les perspectives d'emploi des travailleurs sans qualification précise vont se dégrader », admettent les auteurs. Cet avertissement s'adresse aux 40 à 60 % de travailleurs diplômés de l'enseignement secondaire inférieur ou moins encore, et qui exercent un métier que l'OCDE identifie comme à risque d'automatisation élevé.

La pénurie d'emplois dans le secteur technologique

Face à la perte d'emplois due à l'automatisation, de nouveaux métiers peuvent venir sauver les meubles. Car l'innovation donne aussi naissance à de nouveaux besoins et secteurs, comme cela s'est déjà produit par le passé. Mais en sera-t-il ainsi à l'avenir ?

Le secteur technologique n'est pas un aussi grand pourvoyeur d'emplois que les géants d'il y a 25 ans. En 1990, les trois plus grandes entreprises automobiles de Detroit employaient conjointement 1,2 million de personnes pour un chiffre d'affaires total de 250 milliards de dollars. Leur capitalisation de marché atteignait 36 milliards de dollars. Par comparaison : les trois plus grandes entreprises de la Silicon Valley réalisaient ensemble un chiffre d'affaires de 247 milliards de dollars et une capitalisation de plus de mille milliards de dollars en 2014. Et ce avec 137 000 travailleurs à peine. En 1988, l'entreprise de photo Kodak connaissait son apogée avec 145 300 collaborateurs. Instagram, l'une des principales sociétés de photographie digitale, a été vendue en 2012 pour un milliard de dollars à Facebook. Elle compte aujourd'hui 13 collaborateurs.

Depuis l'avènement du digital, de nouvelles activités ont poussé comme des champignons : vente aux enchères en ligne, streaming audio et vidéo, développement de sites web, etc. Des métiers qui n'existaient pas il y a une dizaine d'années ont vu le jour, dont développeur d'applications, mineur de données, gestionnaire de réseaux sociaux et expert en durabilité. Sur les 71 secteurs naissants, 51 ont un lien direct avec les technologies digitales. Le problème, c'est qu'ils nécessitent peu de personnel. La création d'emploi dans l'ensemble du secteur technologique a de quoi décevoir et la tendance est à la baisse depuis l'accélération de la révolution informatique[99]. Dans les années 80, 8,2 % de la population active américaine évoluaient encore vers de nouveaux emplois liés aux nouvelles technologies, selon Jeffery Lin. Dans les années 90, ce taux était retombé à 4,4 % et, en 2000, à moins de 0,5 %.

« Le nombre de nouveaux emplois créés ne suffira pas à remplacer la grande quantité d'emplois perdus. Environ 80 % des emplois actuels existaient déjà en 1914 », constate l'auteur Martin Ford sur la base d'une étude menée par l'expert en technologie Gerald Huff. « Et 90 % des travailleurs exercent des fonctions qui existaient déjà à cette époque. » Voici ce qu'écrit Gerald Huff à ce propos : « Nous avons la sensation d'avoir basculé vers un marché de l'emploi hautement qualifié du point de vue

FIG. 26 Emploi et nombre de nouveaux métiers aux USA depuis 1914
Source : Gerald Huff

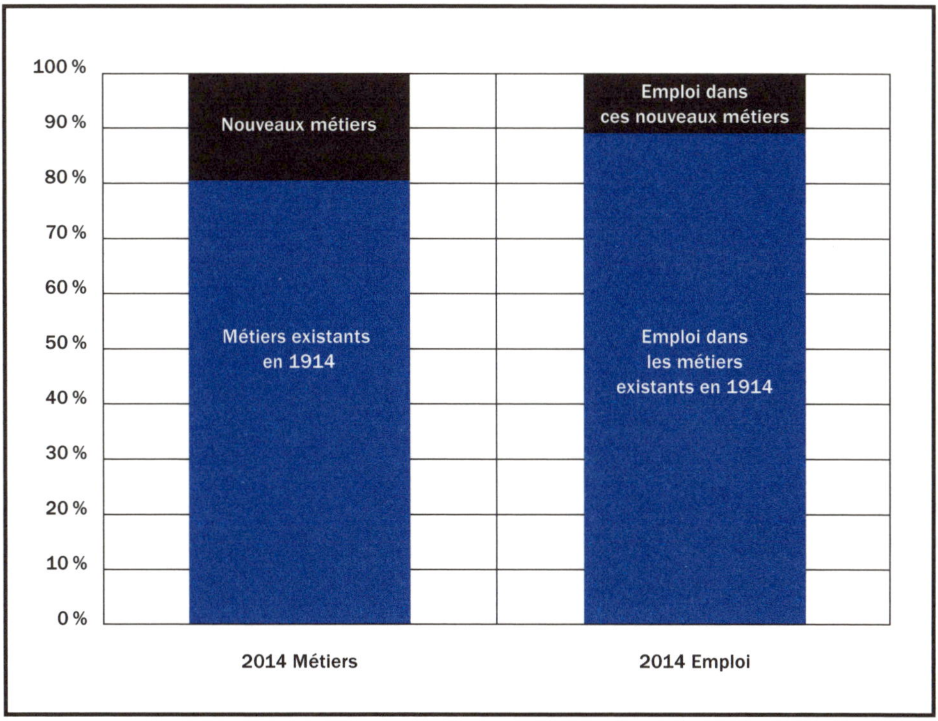

technologique. Mais, en réalité, le top 35 des professions exercées par la moitié de la population américaine ne compte qu'un seul nouveau métier : ingénieur en logiciel. Tous les autres existent déjà depuis au moins 75 ans »[100].

Les générateurs d'emplois de ces 20 dernières années se trouvent dans les secteurs traditionnels. Pendant cette période, l'horeca et la petite distribution ont en effet créé quatre fois plus d'emplois que n'importe quel secteur à haute technologie. Mais ce sont surtout ces emplois de masse qui sont soumis à l'automatisation.

Les superstars, les grands gagnants

Les perdants de la révolution digitale sont largués. Ils perdent leur emploi et doivent faire marche arrière pour se contenter ensuite d'un salaire moins élevé. C'est ainsi qu'une grande partie de la classe moyenne a été touchée ces dix dernières années, creusant les inégalités. Il vaut donc mieux se retrouver dans le camp très exclusif des gagnants.

FIG. 27 Les capitalistes profitent de la forte augmentation du revenu des entreprises, tandis que les salaires restent à la traine. Source: Thomas Reuters Datastream

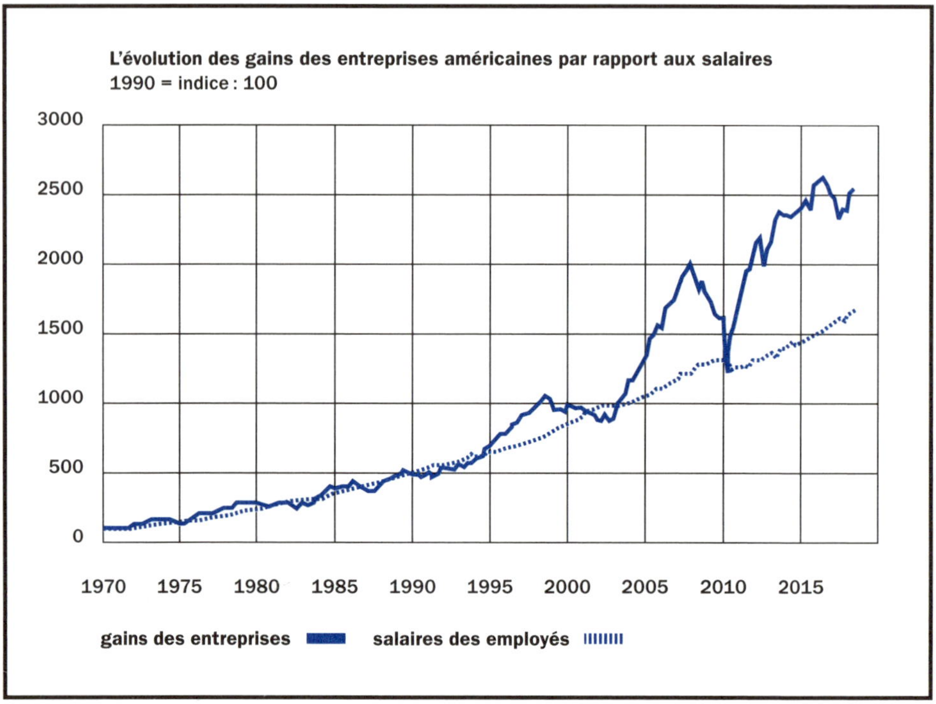

Les superstars

Les nantis ont de l'argent à investir dans l'innovation, dont ils peuvent ensuite récolter les fruits. D'après Marc Andreessen, on retrouvera deux types de personnes sur le marché de l'emploi à l'avenir: ceux qui possèdent des robots et ceux qui œuvrent en ce sens. Marc Andreessen était le cofondateur de l'entreprise internet Netscape. À la tête de son entreprise Andreessen Horowitz, il est aujourd'hui l'un des plus grands capitalistes à risque de la Silicon Valley.

Outre les capitalistes, qui profitent de l'augmentation considérable des revenus des entreprises, le personnel hautement qualifié a également vu accroître ses revenus plus rapidement que la moyenne. C'est ce qui découle des chiffres du Center on Education and the Workfors de Georgetown. Aux États-Unis, la reprise économique a créé 2,9 millions de 'bons' emplois supplémentaires entre 2010 et 2014. Il s'agit d'emplois au salaire annuel moyen d'au moins 42 700 dollars. 2,8 millions de ces emplois (soit 97 %) ont été attribués à des travailleurs qui disposaient au moins d'un diplôme de bachelier. L'avenir réserve également peu d'emplois bien payés aux personnes non ou faiblement qualifiées.

Et puis il y a les superstars, qui comptent également parmi les grands gagnants de la révolution digitale d'après les économistes du MIT, Brynjolfsson et McAfee[101]. Le principe est le même que dans le monde des entreprises : *the winner takes it all.* Car les entreprises ont bien compris les conséquences de l'automatisation et de la numérisation dans l'économie des gagnants. Les secteurs submergés par le tsunami digital sont soumis à la règle générale selon laquelle l'entreprise numéro 2 a une part de marché ne dépassant pas la moitié de celle du leader de marché. La différence de rémunération entre le numéro 1 et le numéro 2 se transforme en gouffre béant.

Et cela ne vaut pas seulement pour les entreprises, mais aussi pour les individus. « Le footballeur néerlandais Johan Cruijff, élu officiellement meilleur footballeur du XXe siècle, a signé le premier transfert de l'histoire en millions avec le club de Barcelone. Le monde du football était en état de choc », explique le professeur Marc De Vos dans son ouvrage intitulé *Ongelijk maar Fair*[102]. « En 2014, Cristiano Ronaldo a été élu meilleur footballeur de l'année. Son transfert au Real de Madrid lui a permis d'encaisser 80 millions de dollars. Compte tenu de l'inflation, les revenus de Ronaldo étaient cinquante fois plus élevés que ceux de Cruijff. Et cela ne choque plus personne. » Autre exemple : en basket-ball professionnel américain, le salaire moyen est quinze fois plus élevé qu'en 1985. Plus de vingt joueurs de baseball américains gagnent plus de 20 millions de dollars, soit sept fois plus que la plus grande star du basket-ball des années 80. Et J. K. Rowling, l'auteure de la saga *Harry Potter*, est la première écrivaine à être devenue milliardaire.

Injustifiable ? « Nous en sommes nous-mêmes responsables, écrit Marc De Vos. Nous bénéficions mondialement des exploits sportifs de ces stars en les regardant en streaming direct sur internet ou sur l'une ou l'autre chaîne sportive payante. Des millions de personnes ont lu les livres de J. K. Rowling ; un lectorat beaucoup plus large qu'avant grâce à la propagation du livre électronique. Tout cela est rendu possible par la numérisation des produits et des services ainsi que par les énormes progrès des télécommunications. Les véritables gagnants sont les amateurs de sport et de lecture. »

Les postes élevés en entreprise sont également beaucoup mieux rémunérés aujourd'hui que par le passé. Les économistes Brynjolfsson et Heekyung[103] ont calculé que le ratio salarial entre un directeur et un simple collaborateur est passé de 70 à 300 entre 1990 et 2005 aux États-Unis. Aujourd'hui, le CEO d'une entreprise est beaucoup plus important qu'avant. Les entreprises du XXe siècle étaient orientées vers le contrôle de leur position de force et de leur part de marché. Les entreprises du XXIe siècle se tournent quant à elles vers l'innovation. Stagner, c'est couler. Et c'est le CEO qui est aux commandes.

Le manager d'aujourd'hui qui dirige directement l'entreprise à l'aide de technologies digitales est également plus précieux que le manager d'hier. Celui-ci était contraint par la force des choses de déléguer de nombreuses tâches, de sorte qu'il avait moins d'influence sur le pilotage de son entreprise. « Si un sergent commet une erreur, c'est le peloton qui en fait les frais, écrit le professeur De Vos. Mais si l'erreur est commise par un général, c'est toute l'armée qui paie[104]. » Tout change à une telle vitesse dans le monde digital que le risque d'erreur est bien plus important. De petites différences de talent font toute la différence. Et les entreprises sont prêtes à payer pour cela.

Les super-entreprises

Les talents exceptionnels sont davantage rémunérés dans le monde digital. Les 'fils à papa' disparaissent du haut du classement des gens les plus fortunés. En 1982, la première génération de 'self-made men' super riches représentait 40 % de la liste du Fortune 400 des plus grosses fortunes américaines. En 2011, pratiquement 70 % des Américains les plus riches avaient bâti eux-mêmes leur fortune[105].

Aujourd'hui, le top 10 comprend six chefs d'entreprise ou anciens chefs d'entreprise liés au secteur ICT : Bill Gates (#1, Microsoft), Larry Ellison (#3, Oracle), Jeff Bezos (#4, Amazon.com), Mark Zuckerberg (#7, Facebook), Larry Page (#10, Google) et Sergey Brin (#10, Google)[106]. Tous sont des hommes hautement qualifiés qui ont appliqué leurs compétences au secteur le plus modulable : la technologie.

On ne peut que se réjouir que le succès ne dépende plus de l'arbre généalogique. Il suffit désormais d'un ordinateur et d'une connexion internet pour que chacun puisse tenter sa chance. Paradoxalement, la société digitale entraîne également plus d'inégalités. Ce phénomène se

FIG. 28 La part de la première génération de super riches dans le classement Forbes 400 des plus grosses fortunes américaines est en augmentation

Source: Steven N. Kaplan and Joshua Rauh, *It's the Market: The Broad-Based Rise in the Return to Top Talent*

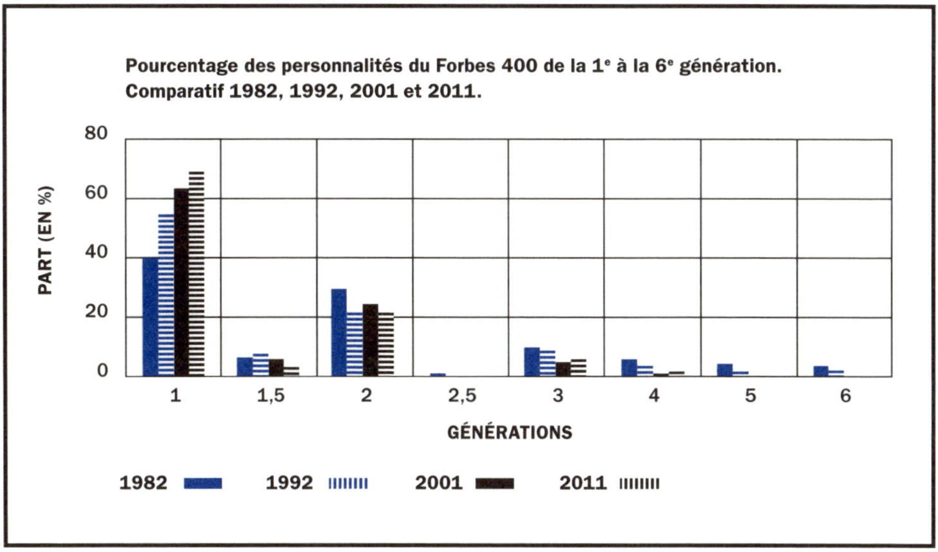

▲ Note: les chiffres de l'axe X reflètent la génération d'une personnalité du Forbes 400 au sein de la famille du fondateur de son entreprise. L'encodage normal pour la génération est un chiffre entier. Mais si la personnalité a hérité d'une petite entreprise modeste et en a fait une grande entreprise, nous introduisons la génération en tant que 1.5.

produit au niveau individuel, comme l'indique le cercle fermé des superstars du monde sportif. Ces quelques personnes absorbent la majeure partie de l'attention et de l'argent, ce qui ne cesse de creuser le fossé qui les sépare des autres. On observe la même chose dans le monde des entreprises. Comme le démontre une étude d'Orszag et Furman[107], ce sont surtout les secteurs liés à l'ICT qui créent des monopoles et engendrent de super-revenus.

Cela s'explique par plusieurs raisons. Les effets de réseau par lesquels chaque utilisateur renforce l'attrait de la plateforme pour tout nouvel utilisateur ont déjà été largement abordés dans le deuxième chapitre. S'y ajoute la structure des coûts caractérisée par d'importants frais fixes initiaux, compensés par des frais complémentaires insignifiants à chaque nouveau client. Cela ne vaut pas seulement pour les produits digitaux, mais aussi pour un producteur de puces, par exemple. Et enfin, il faut souvent tenir compte de 'frais de transfert' élevés. Une fois que vous avez opté pour le système d'exploitation Windows ou pour un type d'imprimante déterminé, il revient très cher de revenir sur son choix.

L'économie des gagnants

Le fondateur de l'économie moderne, Adam Smith, a décrit le fonctionnement du marché il y a deux siècles. Produire quelque chose en deux exemplaires coûtait plus cher qu'en un seul exemplaire en raison de l'effet combiné de la rareté et des coûts. La concurrence était parfaite. Augmenter la production nécessitait un accroissement proportionnel des machines et des matières premières. La technologie a modifié les règles du jeu. La rareté est reléguée au passé. Grâce à la numérisation, les biens et services ne sont plus jamais épuisés (étant donné qu'ils ne rivalisent plus). Il reste un coût fixe de développement initial du produit, mais le coût de chaque produit supplémentaire (une copie digitale) est réduit à néant. La structure des coûts s'est aussi beaucoup allégée. Les frais de distribution sont minimes et l'immense amélioration des télécommunications met le monde à la portée de tous. Il suffit d'un ordinateur et d'une connexion internet.

Mais ce n'est pas tout: l'effet de réseau perturbe la concurrence. Une plateforme digitale gagne en valeur à mesure qu'un nombre accru de personnes recourt au programme ou au service. Un Facebook est plus intéressant pour les utilisateurs que dix Facebooks différents. Et ce Facebook unique, cette entreprise unique, offre le meilleur service à l'ensemble de la planète. La concurrence n'est plus limitée par les frontières géographiques. L'économie des gagnants, c'est *The Winner Takes it All.*

De méga-bénéfices

La différence de rentabilité parmi les entreprises non financières cotées en bourse a fortement augmenté depuis l'an 2000 aux États-Unis. Sur la période 1982–2014, les 10 % d'entreprises les plus rentables ont multiplié par cinq leur retour sur capital investi, passant de 20 à 99 %. C'est d'autant plus remarquable que ce retour était resté stable pendant les 20 années précédentes. De même, le retour obtenu par les entreprises moyennes a doublé jusqu'à 16 % ces trente dernières années. Et pour le quart d'entreprises les moins rentables, le retour est resté stable à 6 %.

Un retour de 99 % est anormal, surtout si ce sont toujours les mêmes entreprises qui sont concernées. C'est pourtant ce qui s'est produit ces dix dernières années. La majeure partie (85 %) de toutes les entreprises qui ont présenté un retour supérieur à la moyenne de plus

FIG. 29 10 % des entreprises les plus rentables aux USA enregistrent chaque année un rendement supérieur. Source : Koller et al. (2015); McKinsey & Company

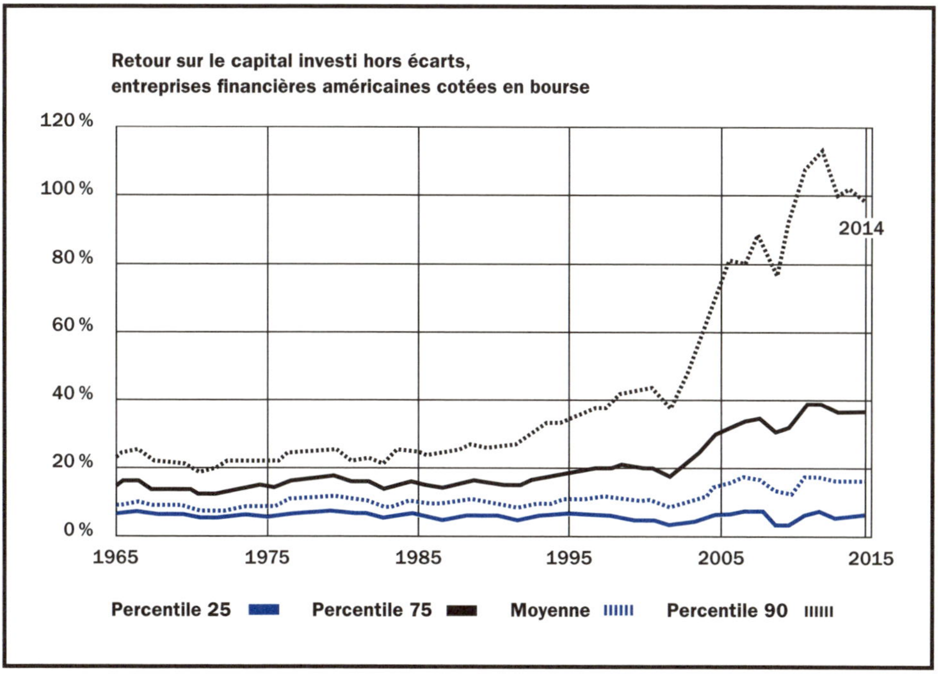

de 25 % en 2003 y sont également parvenues en 2013. Deux secteurs, les technologies de l'information et les soins de santé, sont largement surreprésentés parmi ces super-entreprises.

Pourquoi ? Les bénéfices des entreprises technologiques et pharmaceutiques ne découlent pas des actifs fixes, comme les usines. Ce sont des actifs immatériels tels que les standards technologiques (Windows OS, par exemple), les brevets et les réseaux de clients et de fournisseurs qui sont à la base de leur rentabilité, ce qui rend leurs produits uniques et plus précieux. Et les concurrents potentiels ont d'autant plus de difficultés à s'implanter.

Les super-bénéfices de ces entreprises sont aussi super pour leurs collaborateurs. Car ces entreprises très rentables partagent leurs super-bénéfices avec tous leurs collaborateurs et pas seulement avec leurs dirigeants[108]. En 2015, Apple a accordé une augmentation de 25 % aux chauffeurs des navettes qui assuraient le transport des employés. Les agents de la sécurité d'Alphabet (la société mère de Google) sont devenus des employés fixes, avec tous les avantages qui y sont liés. Et en juillet 2015, Facebook a augmenté le salaire du personnel de la cafétéria et des portiers à 15 dollars de l'heure. Sachant que le salaire minimum fédéral aux États-Unis était alors d'à peine 7,25 dollars de l'heure.

Les divergences salariales croissantes des dix dernières années découlent sans doute davantage du fossé qui se creuse de plus en plus entre les entreprises les plus rentables et les moins rentables que de l'écart salarial entre les travailleurs les mieux rémunérés et les moins bien rémunérés. Les superstars, c'est-à-dire les 0,2 % d'employés les mieux payés des entreprises de plus de 10 000 personnes, continuent de gagner beaucoup plus que le reste des employés. Mais pour les 99,8 % restants, l'écart salarial croissant peut s'expliquer par le type d'entreprise où l'on travaille.

La concurrence, c'est pour les losers

Les méga-bénéfices des super-entreprises n'ont rien de surprenant si l'on considère leur position dominante sur le marché. Le capitaliste à risques Peter Thiel s'est fait remarquer dans une chronique d'opinion du *Wall Street Journal*[109] où il décrivait la concurrence comme une affaire de losers. « L'histoire du progrès, c'est une histoire de remplacement de monopoles actuels par d'autres monopoles. Les monopoles entraînent le progrès, car la promesse de longues années, voire de décennies de bénéfices liés au monopole stimule fortement l'innovation. Les monopoles peuvent continuer d'innover parce que leurs bénéfices leur permettent de faire des plans à long terme et de financer d'ambitieux projets de recherche à faire rêver les entreprises évoluant dans un cadre concurrentiel. »

Nous n'entrerons pas ici dans un débat sur ce qui engendre le plus d'innovation : la concurrence ou le monopole. Dans un cas comme dans l'autre, il faut se méfier des extrêmes. Trop de concurrence peut faire en sorte que les marges bénéficiaires réalisées soient trop faibles et que les acteurs trouvent trop risqué d'investir dans de nouveaux développements onéreux. Sans concurrence, l'entreprise dominante pourrait se reposer sur ses lauriers au lieu de développer de nouveaux produits et des technologies innovantes. Et, dans les deux cas, c'est le consommateur qui est perdant.

Toutefois, il est indéniable que l'économie digitale ne profite qu'aux gagnants. « La nature de l'internet favorise les monopoles et le marché est aujourd'hui dominé par quelques plateformes en ligne », écrit la Banque mondiale dans son rapport *Digital Dividends*[110]. « Leurs bénéfices sont tellement élevés qu'elles peuvent rapidement conquérir de

FIG. 30 Android détient une part de marché de 80 % dans les smartphones
Source: International Data Corporation (IDC)

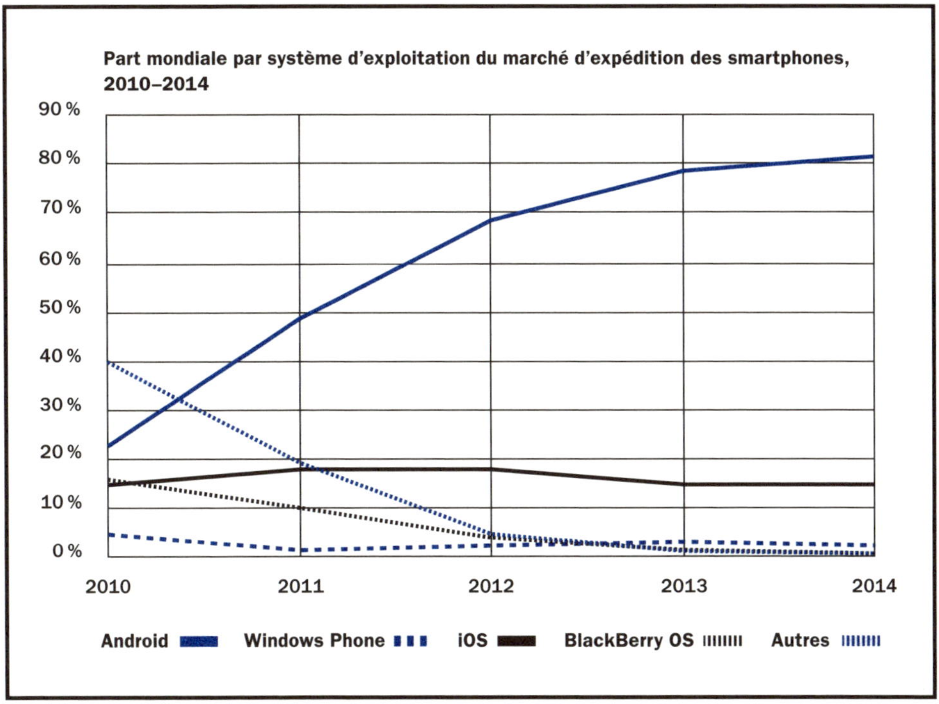

nouveaux marchés en achetant des concurrents ou en développant un modèle concurrentiel.» C'est ainsi que Google a repris DeepMind pour 400 millions de livres (560 millions d'euros) en 2015. Ce qui lui a permis de mettre simultanément la main sur les 200 meilleurs cerveaux du monde dans le domaine de l'intelligence artificielle. À titre d'exemple: depuis 2001, Google a déjà repris quelque 225 entreprises.

La part de marché des géants digitaux a aujourd'hui de quoi impressionner. D'après le site web spécialisé *NetMarketShare.com*, Google dispose d'une part de marché globale de 67 % des recherches lancées depuis un ordinateur et même de 97 % pour les recherches lancées depuis un téléphone mobile ou une tablette. Android, le système d'exploitation de Google pour les smartphones, détient une part de plus de 80 %. Il n'en va pas autrement pour les réseaux sociaux. Facebook y règne pratiquement en souverain absolu. Si l'on en croit le bureau d'études Nielsen, un quart du temps global passé par les Américains sur internet via leur appareil mobile est consacré à Facebook. À titre de comparaison: Google Search et YouTube représentent conjointement 11 % du temps total.

Et cela ne s'arrête pas là. Amazon contrôle la moitié du marché du livre américain et décroche la moitié de tous les achats en ligne. « Sur le plan de la vente au détail, Amazon égale ou dépasse la position de marché de Wal-Mart, le plus grand détaillant au monde. Et cela ne fera que s'accentuer à l'avenir », affirme un rapport [111] de l'Institute for Local Self-Reliance. « Dans cinq ans, un cinquième du marché du détail équivalent à 3600 milliards de dollars se déroulera en ligne. Amazon est en bonne voie pour s'emparer de deux tiers de cette part. » D'autres exemples ? Le Chinois Alibaba représente 80 % du commerce électronique en Chine. Et le voyage en ligne est dominé par deux grands acteurs aux États-Unis : Priceline et Expedia. « À terme, l'économie des gagnants exercera l'ascendant sur l'économie et ce aussi bien sur le plan individuel que sur le plan des entreprises. Et les autorités auront fort à faire avec cette donnée », estime Martin Ford.

L'accroissement des inégalités

Un soupçon d'inégalité ne fait pas de tort. L'idée du rêve américain constitue une importante source de motivation pour beaucoup de monde. Admirer des entrepreneurs encourage à entreprendre soi-même, ce qui permet de contribuer à la croissance. Mais en même temps, il y a probablement des limites aux inégalités. Cela mérite réflexion de constater que nous atteignons aujourd'hui le même niveau d'inégalité que juste avant la Première Guerre mondiale ou la Grande Dépression des années 30. Le Brexit et l'élection du président Donald Trump aux États-Unis provoquent des froncements de sourcils. Nous sommes sans doute arrivés à un point de basculement.

Dans son *World Development Report 2016 : Digital Dividends* [112], la Banque mondiale explique remarquablement les avantages de l'internet, mais aussi ses dangers et la façon de les éviter. Nous revenons en profondeur sur quelques-uns de ces points dans les lignes qui suivent. Nous cartographions l'accroissement des différences de bien-être et expliquons l'émergence des super-entreprises qui y contribuent en partie. Les autorités doivent intervenir là où c'est possible et indiqué. Il est crucial d'adapter l'enseignement et les formations. Compte tenu du creusement de la classe moyenne, les autorités doivent également créer un cadre permettant d'attirer l'emploi qualifié tout en permettant au travail peu qualifié de se développer. Car l'un ne peut pas aller sans l'autre.

Et que faire si le chômage continue d'augmenter? Il est impossible de se voiler la face et de faire comme si le risque n'existait pas. Même le plus optimiste des opportunistes, Elon Musk, à qui l'on doit la voiture électronique Tesla et la colonisation de Mars, est pessimiste sur ce point. « Il y a de très fortes chances que l'on soit obligé de distribuer à chacun un revenu universel en raison de l'automatisation. Je ne vois pas comment on pourrait faire autrement » [113]. Pour notre part, nous avons peut-être quelques petites idées...

Le danger de l'internet

L'internet permet d'échanger plus facilement des biens et des services (via les services en ligne et le commerce électronique), d'améliorer la productivité du travail et des machines (l'internet des objets) et de créer de nouvelles entreprises et de nouveaux écosystèmes (pensez à l'économie collaborative et aux plateformes en ligne pour le prêt de biens et l'offre de services). Mais il comporte aussi des risques.

Quand les autorités doivent à peine justifier leurs actes, un plus grand contrôle de l'internet peut mener à des régimes autoritaires. L'automatisation rapide de certains emplois accroît les risques d'inégalité. Et les entreprises internet qui connaissent une croissance et un succès fulgurants menacent de se transformer en monopoles.

D'après le rapport *Digital Dividends* de la Banque mondiale, quatre éléments sont indispensables pour éviter ces écueils. Il est fondamental que l'internet se répande largement à toutes les couches de la population. Les individus doivent avoir accès à un enseignement, des formations et des stages adaptés et de qualité. Les entreprises ont besoin d'un environnement compétitif et bien régulé où elles puissent prospérer. Et enfin, les services publics doivent être plus accessibles et rendre des comptes aux citoyens.

Les inégalités diminuent au plan mondial, mais augmentent au plan national

L'inégalité croissante des dernières décennies peut s'illustrer de différentes façons. À l'échelle mondiale, nous constatons une part croissante des pays émergents dans le PIB mondial, aux dépens des pays industrialisés.

La conséquence sur l'évolution des revenus se reflète parfaitement sur le 'graphique éléphant' de Branko Milanovic, professeur invité au City University of New York Graduate Center. Son ouvrage *Global Inequality: A New Approach for the Age of Globalization* paru en 2016 met en évidence les gagnants et les perdants de la nouvelle mondialisation. L'axe X représente tous les individus indépendamment de la nationalité, classés des plus pauvres (tout à fait à gauche) aux plus riches (tout à fait à droite) de la planète. L'axe Y montre l'évolution de leurs revenus sur la période 1988–2008 correspondant pratiquement à la récente vague de mondialisation.

Ce graphique en dit long. Les 50 % de personnes les plus pauvres (à l'exception des 10 % des plus déshéritées) ont vu leurs revenus réels exploser de 40 à 70 % ces 20 dernières années. L'élite mondiale composée des propriétaires d'entreprises, mais aussi de superstars, en ont également profité. Ils ont pu vendre leur savoir-faire à un plus large public. Le groupe qui y a le plus perdu, c'est le 80e centile. C'est là que l'on retrouve

FIG. 31 Les gagnants et les perdants de la nouvelle mondialisation
Source : Branko Milanovic, revenus réels, adaptés suivant la parité du pouvoir d'achat, cours du dollar 2005

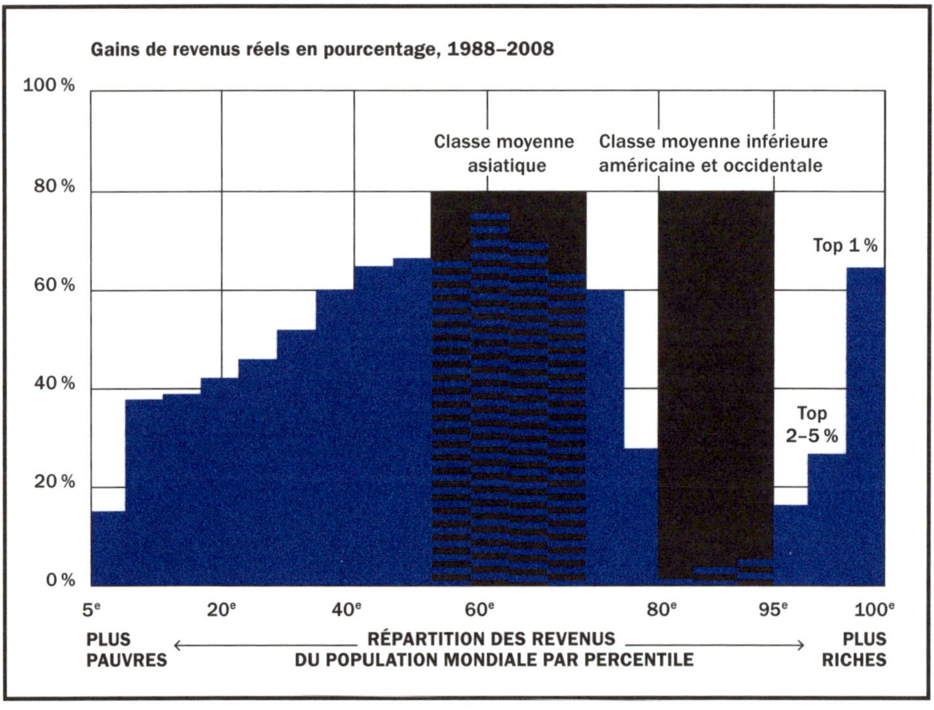

la catégorie de revenus les plus bas des pays riches. On note dans ces pays une augmentation lente, voire une diminution en termes réels des faibles revenus et une hausse spectaculaire des hauts revenus. La part des revenus des plus grosses fortunes dans les revenus globaux atteint aujourd'hui des sommets historiques. « La période des années 80 à nos jours a déclenché la plus grande redistribution des rentrées personnelles depuis la révolution industrielle », nous explique Branko Milanovic dans son petit bureau de la City University à New York. « C'est aussi la première fois que les inégalités diminuent sur le plan mondial au cours des 200 dernières années, au profit de la classe moyenne et de la classe aisée des pays asiatiques relativement pauvres, ainsi que du 1 % de personnes les plus riches du monde. Ceux qui y perdent (relativement) sont les représentants de la catégorie des revenus faibles et moyens des pays riches. »

On ne peut que se réjouir de la diminution mondiale des inégalités. Mais elle a un effet secondaire : l'accroissement des inégalités de revenus dans les pays occidentaux. « L'augmentation des inégalités au plan national est-elle le prix à payer pour la diminution des inégalités et de la pauvreté au niveau mondial ?, se demande Branko Milanovic. Est-ce un bien pour un mal ? » Cela laisserait penser que la mondialisation crée un monde plus inégal, même si ce n'est objectivement pas le cas. « Et les faits qui sont rassurants et porteurs d'espoir à l'échelle mondiale auraient des conséquences inverses au plan national. »

Polarisation à l'ouest

La révolution ICT a donc engendré plus d'égalité au plan mondial, mais pas au plan national. Les prestations humaines sont de plus en plus remplacées ou complétées par des machines, à mesure que celles-ci deviennent beaucoup plus sophistiquées. En outre, l'OCDE [114] souligne que les coûts de ces machines ont diminué à un rythme relativement plus rapide que le niveau général des prix. Fonder une toute nouvelle usine équipée de machines coûte aujourd'hui pratiquement un quart de moins qu'il y a 30 ans en termes réels. Il est dès lors relativement moins cher d'investir dans des machines que dans de la main-d'œuvre humaine.

Ce sont les travailleurs qui y perdent le plus. Aux États-Unis, la part du revenu national qui revenait aux travailleurs était de 64,3 % en moyenne sur la période 1947–2000. Elle est retombée à 58 % en 2011 pour

FIG. 32 **La part du travail dans le revenu national a fortement diminué ; 1990 contre 2009**
Source : OCDE (2012), *Labour losing to capital: what explains the declining labour share?*, OECD Employment Outlook 2012

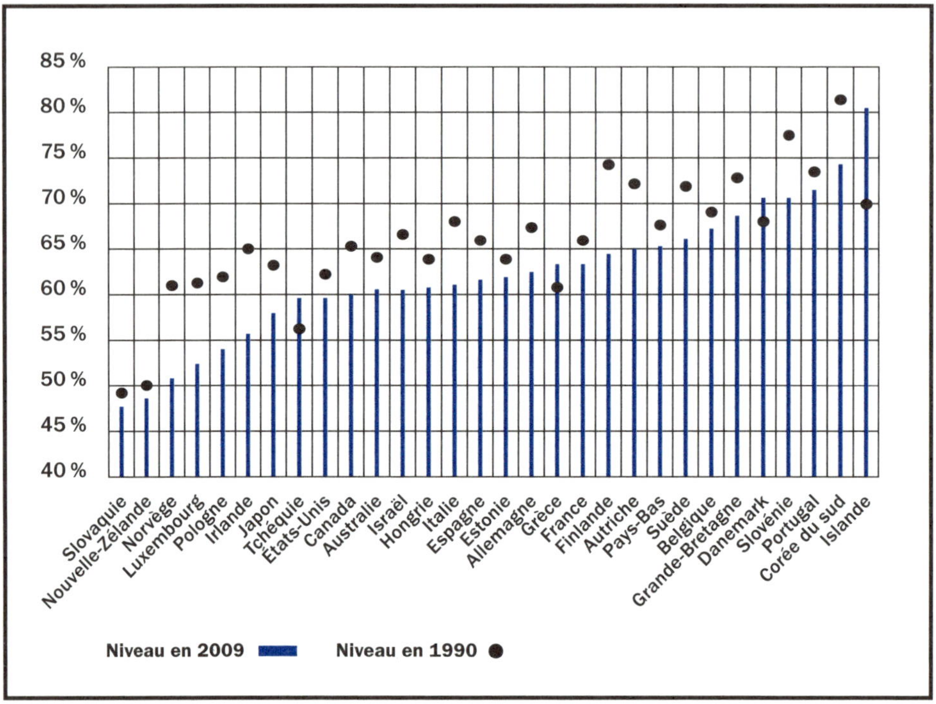

ensuite remonter légèrement les années suivantes. Le gros des gains de productivité allait donc aux propriétaires et non à la hausse des salaires. Le même phénomène s'est produit dans les pays de l'OCDE. C'est le capital et les pourvoyeurs de capital qui sortent gagnants.

« Trois grandes tendances communes sont aujourd'hui perceptibles aux quatre coins de la planète », constate Marc De Vos dans son ouvrage consacré aux inégalités[115]. « Les personnes à hauts revenus voient chaque année leurs revenus augmenter à un rythme plus rapide, voire beaucoup plus rapide que le reste de la population. Leur part du gâteau du revenu annuel ne cesse donc d'augmenter. À l'autre bout de l'échelle des revenus (les 10 à 20 % de faibles revenus), c'est la stagnation qui s'impose. Du point de vue relatif, ils sont donc en recul. Leur part de gâteau diminue. Entre les deux, dans le vaste champ du segment de revenus que l'on identifie généralement sous les termes de classe moyenne, la situation n'est pas beaucoup plus favorable. S'il est vrai que la plupart des pays sont encore en progression, il faut dire que l'augmentation des revenus n'est plus ce qu'elle était. Elle ne suffit plus à conserver le contact avec

FIG. 33 Les riches ont vu leurs revenus augmenter beaucoup plus rapidement que les bas et moyens revenus. Source : Thomson Reuters Datastream

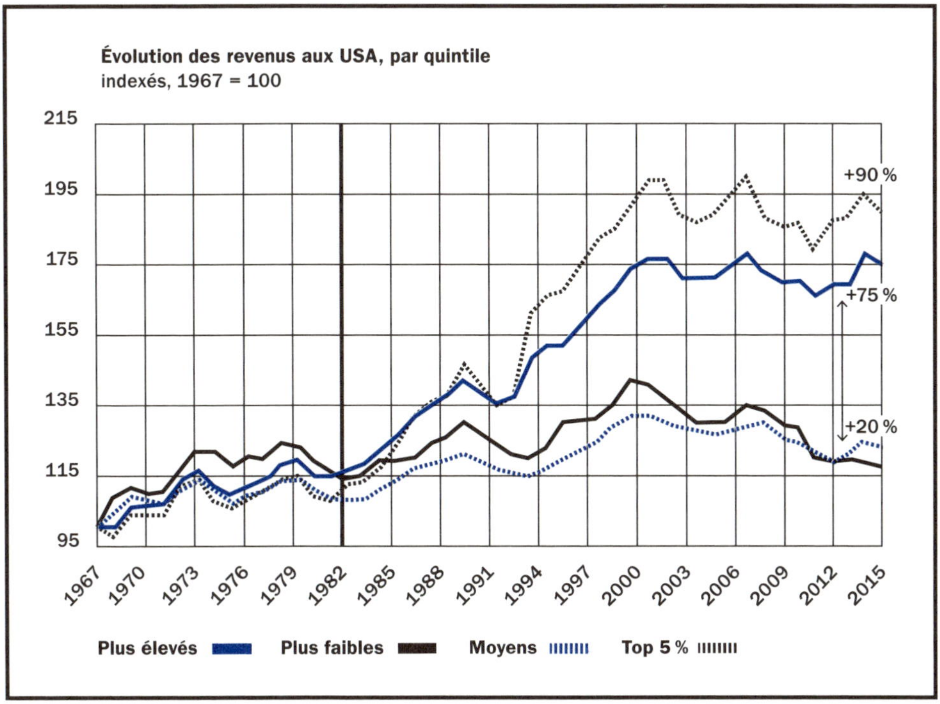

la couche supérieure qui a le vent en poupe, mais elle laisse encore les bas revenus derrière elle. »

Tous les pays occidentaux partagent plus ou moins l'archétype d'une polarisation constante à l'échelle nationale. La Belgique connaît une forte concentration au sommet mais, en moyenne, l'inégalité des revenus a à peine augmenté jusqu'à la crise de 2007-2008. C'est aux États-Unis que la polarisation est allée le plus loin. « Ce qui ailleurs peut être qualifié de fossé salarial qui se creuse constitue un gigantesque gouffre aux États-Unis », affirme Marc De Vos. Le revenu annuel moyen réel, c'est-à-dire adapté à l'inflation, des 20 % de foyers les plus riches a augmenté de 75 % pour passer de 110 000 à 194 000 dollars sur la période 1967-2014. Les 5 % des familles les plus riches ont même vu leurs revenus augmenter de 90 %. Pour les deux quintiles de revenus les plus bas, l'augmentation s'est limitée à 20 % : de 44 000 à 55 000 dollars et de 10 000 à 11 700 dollars. La différence de revenus a commencé au début des années 80, c'est-à-dire plus ou moins en même temps que la nouvelle vague de mondialisation.

FIG. 34 **Inégalité de revenus au même niveau qu'avant la Première Guerre mondiale / Grande dépression**
Source : The World Wealth and Income Database

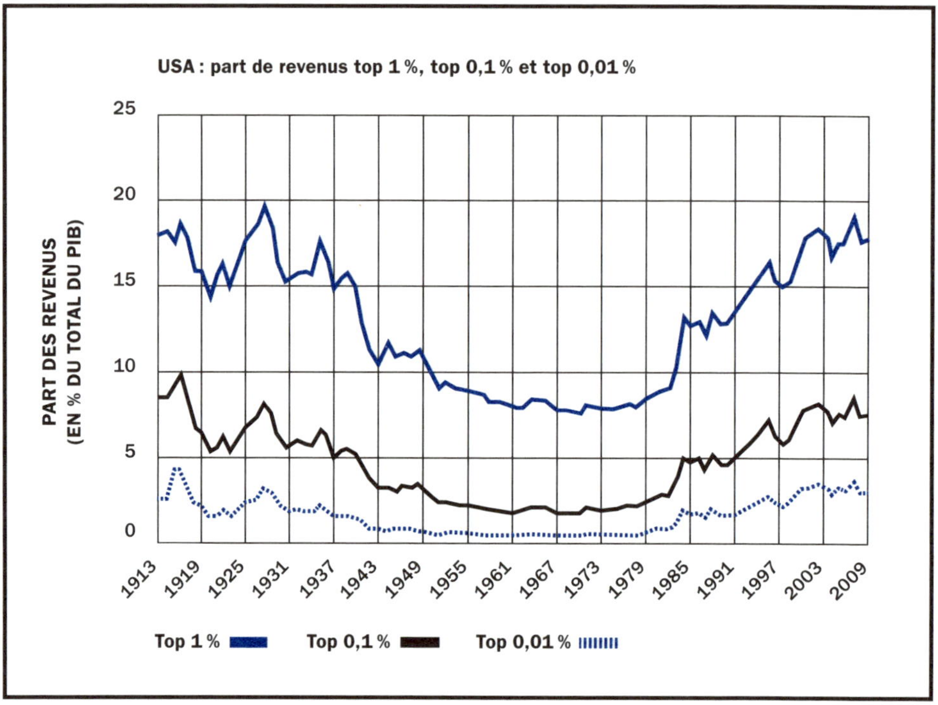

Le passé se répète

L'inégalité croissante est énorme, mais elle semble faire partie intégrante du processus de révolution industrielle. Lors des révolutions précédentes, on a également pu constater un accroissement initial des inégalités[116]. Aujourd'hui, les Américains les plus fortunés (qui appartiennent au 0,01 % des plus riches de la population) se partagent 3 % du total des revenus annuels des États-Unis, soit six fois plus que dans les années 70, mais autant que pendant la période 1913–1927, lorsque les effets positifs de la deuxième révolution industrielle étaient les plus marqués. Au cours de la décennie suivante, l'inégalité des revenus s'est atténuée parallèlement à l'augmentation de la part salariale dans l'ensemble de l'économie. Une plus grande partie des revenus est donc allée aux travailleurs.

Nous constatons une évolution identique en Europe. Les Allemands et les Français les plus fortunés (0,01 % des plus riches) se partagent aujourd'hui respectivement 2,4 % et 1,03 % du total des revenus. Ici aussi, la part de revenus de ces super-riches est significativement plus élevée que dans les années 70 (bien que dans une moindre mesure par rapport aux États-Unis). Et ici aussi, il faut remonter à la période qui a précédé la Grande Dépression des années 30 pour retrouver une inégalité de revenus identique (Allemagne) ou supérieure (France).

Ce sont donc les super-riches qui emportent la mise. Mais nous constatons que ce n'est pas un phénomène nouveau. La crise des années 30 a rectifié le tir par le passé. Ce n'est pas une prévision, mais nous attendons tous de voir ce qui va se passer.

Endiguer les inégalités

Si les inégalités se poursuivent dans l'économie des gagnants d'aujourd'hui, la révolution digitale elle-même et l'amélioration de la productivité pourraient être en danger. « Se focaliser uniquement sur la croissance et en déduire que ses avantages vont automatiquement percoler sape la croissance à long terme », constate également l'OCDE dans son rapport *In It Together: Why Less Inequality Benefits All* [117] de 2015. Une politique qui limite, voire inverse, l'accroissement des inégalités rendrait les sociétés moins injustes tout en contribuant au bien-être.

Qu'est-ce que cela signifie concrètement ? Si les salaires réels avaient suivi la croissance de la productivité depuis les années 70 aux États-Unis, le travailleur moyen gagnerait aujourd'hui 40 % de plus. Le travailleur britannique gagnerait 20 % de plus depuis 1990. Ils dépenseraient aussi davantage que les plus fortunés pour chaque dollar ou chaque livre supplémentaire gagné.

Concentrons-nous sur quelques éléments qui, selon moi, sont importants pour la future répartition des gains de productivité. En tout premier lieu figure la redéfinition de l'enseignement et de la formation. Il est également capital de limiter les monopoles et les gains monopolistiques. *Saving Capitalism from the Capitalists.* Tel était le titre du best-seller publié en 2003 par les économistes Raghuram Rajan et Luigi Zingales. Et, enfin, se pose la question de savoir ce qui va arriver aux personnes qui restent sur le quai. Que faire si le chômage augmente considérablement du fait de l'économie des gagnants ? Une répartition des énormes gains de productivité va-t-elle s'imposer ?

Rompre les monopoles

Constatant qu'une forte dominance freine la concurrence et l'innovation, il va de soi qu'il est important de rompre le monopole digital. Car, au bout du compte, c'est également préjudiciable pour le consommateur. L'histoire économique nous enseigne que les entreprises ont toujours tendance à user d'une position dominante. Dans les années 90, le système d'exploitation Windows de Microsoft a défini à lui seul l'orientation de tout un secteur et a encaissé de monstrueux bénéfices. Et, pour conserver cette position, Microsoft est allée aux extrêmes et s'est livrée à des pratiques malhonnêtes afin d'évincer la concurrence. Un trafic d'e-mails internes a révélé que le concurrent Netscape devait 'être privé d'oxygène'.»

Google, Amazon, Alibaba et les autres géants digitaux sont-ils des innovateurs technologiques qui gagnent plus de revenus parce qu'ils prennent plus de risques ? Ou leur retour sur investissement est-il considérable grâce aux obstacles qu'ils élèvent pour la concurrence ? Les géants digitaux d'aujourd'hui font-ils ce que Microsoft a fait avant eux dans les années 90 ? Et si l'accroissement des inégalités est si problématique et que l'innovation technologique y contribue largement, ne faut-il rien y faire ?

Oui, nous pouvons y faire quelque chose. En 1978, le secteur aérien a été dérégulé aux États-Unis. Par voie de conséquence, les salaires y ont diminué de 10 % en moyenne dans les années 80 et 90 comparativement aux autres secteurs[118]. La diminution a été répartie à tous les niveaux professionnels au sein du secteur, des pilotes aux stewards en passant par les directeurs et les secrétaires. Cela a mis en évidence qu'avant la mise en œuvre des nouvelles règles, le secteur et ses travailleurs encaissaient des salaires anormalement élevés, vraisemblablement aux dépens du consommateur.

Le secteur aérien du début des années 80 n'est toutefois pas comparable aux entreprises de plateformes digitales d'aujourd'hui. Selon l'argumentation de certains universitaires, les monopoles digitaux sont même inoffensifs par nature[119] et ce pour trois raisons. Tout d'abord, les barrières sont moins élevées dans le monde digital que dans le monde hors ligne pour pénétrer un marché. Il est plus facile que jamais de lancer un nouveau produit ou service en ligne. Il suffit de penser à Instagram, WhatsApp ou Slack. Il est beaucoup plus cher de développer une infrastructure rivale dans des secteurs comme l'énergie ou les télécommunications. La concurrence y est donc beaucoup moins forte et une régulation publique s'impose davantage.

Par ailleurs, même si des coûts sont liés au passage d'un service en ligne à un autre, les produits et services des géants digitaux n'immobilisent pas les consommateurs comme c'était le cas avec Windows. Il est vrai que l'effet de réseau joue à l'avantage de Facebook. Le réseau social est de plus en plus intégré à notre vie quotidienne, de sorte qu'il devient difficile de passer à la concurrence. Mais ce n'est pas un gage de succès permanent pour autant. Aux États-Unis, la part de marché de son concurrent MySpace est passée d'environ 50 % en 2008 à presque rien aujourd'hui.

Et, enfin, il reste une leçon à tirer du passé : les monopoles technologiques ont beau dominer pendant un moment, ils finissent quand même par céder du terrain parce qu'ils n'évoluent pas avec leur temps ou parce qu'une nouvelle technologie fait subitement son apparition sur le marché sans prévenir. Depuis l'arrivée du smartphone, les usagers passent plus de temps sur des applications que sur le web, ce qui a porté un premier coup aux revenus publicitaires de Google. Mais l'entreprise s'en est remise et le système d'exploitation Android est aujourd'hui super-dominant sur le marché des smartphones. Cela dit, l'évolution ne s'arrête pas en chemin. Les 'instant messaging apps' sont devenues des plateformes d'application autonomes. Les services de 'chatbots' ou robots conversationnels basés sur le texte sont prêts à jouer les alternatives aux applis.

Il existe donc peu de volonté de s'interposer massivement dans ces monopoles souvent temporaires. Surtout tant que le consommateur n'y trouve pas d'inconvénient. C'est la raison pour laquelle la Commission fédérale du commerce américaine a décidé de ne pas poursuivre Google en 2013. Le chien de garde de la concurrence américaine a estimé que chaque préjudice à la concurrence était largement compensé par des avantages pour les consommateurs.

L'Europe a vu les choses autrement. Elle a jugé que « Google a abusé de sa position dominante sur les marchés concernés pour les services de recherches horizontales sur le web ». D'autres accusations se sont ajoutées le 20 avril 2016. Trois pratiques se trouvaient dans le collimateur. Google obligeait les fabricants de smartphones Android qui voulaient installer Google Play à installer également Google Search et d'en faire le moteur de recherche standard. Google Play est l'app store dominante pour les smartphones Android et est à ce titre pratiquement incontournable sur les nouveaux smartphones. Deuxièmement, les fabricants ne pouvaient prétendre à une partie des revenus publicitaires générés par Google Search que s'ils installaient exclusivement ce moteur de recherche. Et enfin, s'ils installaient préalablement les applis Google sur l'un de leurs modèles, ils s'engageaient automatiquement à n'installer que la version standard (et donc aucune version Android adaptée) sur chacun de leurs modèles.

D'après la Commission européenne, les accords de licence limitent la liberté des fabricants de choisir eux-mêmes quelles applis ils souhaitent préinstaller. Ce qui empêche les concurrents de rivaliser à pied d'égalité et étouffe la compétitivité dans l'œuf. Et selon la commissaire européenne à la concurrence Margrethe Vestager, c'est le consommateur qui y perd, car l'innovation est limitée. « Ce qui stimule fortement les entreprises innovantes, c'est la possibilité de pouvoir proposer leurs produits aux consommateurs. À quoi bon innover si celle-ci ne leur est pas donnée ? »

La Commission a-t-elle une aversion pour les entreprises technologiques américaines ? On entend souvent cette accusation mais, cette fois, il est difficile de la corroborer. Aux États-Unis, la Commission fédérale du commerce examine également l'affaire de très près. Le verdict n'est attendu que dans quelques années, tout comme le verdict rendu dans l'affaire Microsoft s'est laissé désirer pendant plusieurs années par le passé. Un peu tard ? Comme précédemment, l'enquête approfondie permettra de laisser plus de place à la concurrence. Et l'une des entreprises qui en a le plus profité à l'époque n'est autre que Google[120].

« Les monopoles ne résistent pas longtemps »

« Il y a toujours eu des monopoles et ils ont toujours été rompus. » Ces propos sont ceux de Patrick Byrne, CEO de la société américaine cotée en bourse Overstock.com. Patrick Byrne est également surnommé le Messie du *bitcoin*, car il fut le premier grand détaillant à accepter des paiements en monnaie virtuelle. « Dans les années 70 et 80, on s'écriait qu'IBM était beaucoup trop grande et trop puissante. Des voix critiques estimaient alors que les autorités devaient subdiviser l'entreprise. Jusqu'à ce que Microsoft

prenne le pouvoir au début des années 90. Cette entreprise était encore plus puissante qu'IBM. Les bagarres juridiques avec les autorités américaines étaient incessantes.»

«C'est exactement ce qui se produit aujourd'hui avec Google. Le géant de l'internet a complètement disloqué le modèle d'entreprise de Microsoft et d'autres entreprises de logiciels. Tout le monde dit que Google a atteint une dangereuse position monopolistique. Et sur ces entrefaites, Amazon traite plus de requêtes que Google lorsqu'il s'agit de produits spécifiques.»

«Les grandes entreprises qui menacent de devenir des monopoles ont un problème: elles ne sont plus suffisamment flexibles. Jadis, la taille optimale était encore plus importante en raison de frais d'informations et de transactions beaucoup plus élevés. Les économies d'échelle permettaient de comprimer ces coûts. Aujourd'hui, ces frais sont fortement retombés et la taille optimale des entreprises évolue vers des entités de plus en plus petites et plus souples.»

«Les monopoles résistent donc beaucoup moins qu'auparavant. Le rythme de l'innovation s'est accéléré. Si vous arrêtez d'innover, vous devenez une proie. Lorsqu'il s'agit des monopoles, je considère que le marché parvient correctement à les contrer. Il n'existe pas de monopole sans protection publique. Le législateur fait pire que bien pour la stimulation de la compétitivité.»

L'enseignement et la formation

«La technologie élimine l'emploi, mais pas le travail»[121]. Telle était la conclusion de la Blue-Ribbon National Commission on Technology, Automation and Economic Progress, fondée en 1964 par le Président américain Lyndon B. Johnson pour répondre aux préoccupations concernant l'automatisation et son impact sur l'emploi. Ces préoccupations étaient tout aussi importantes à l'époque qu'elles le sont de nos jours. Voici par exemple ce que l'on pouvait lire dans le *Time Magazine* en 1961: «Jadis, on engageait plus de personnel dans les nouvelles usines qu'on en licenciait. Mais ce n'est plus le cas à l'heure actuelle. Les nouvelles usines d'aujourd'hui ont relativement moins d'emplois à proposer au personnel faiblement ou moyennement qualifié, c'est-à-dire le type de travailleur dont le travail est remplacé par l'automatisation.»

Quelle fut la réponse de la commission Blue-Ribbon? «Le changement technologique définit dans une large mesure dans quels secteurs et quels types de personnes sont touchés par le chômage. Mais la demande générale de biens et services constitue de loin le facteur le plus important pour déterminer combien de travailleurs seront touchés, combien de temps ils resteront au chômage et le degré de difficulté rencontré par les nouveaux venus sur le marché de l'emploi.»

Les économistes Eric Brynjolfsson et Andrew McAfee ne voient pas les choses aussi sereinement. «L'évolution ultra-rapide de la technologie laissera beaucoup de monde sur le carreau. L'époque est plus favorable que jamais pour les travailleurs qui disposent de compétences particulières ou de la formation adéquate. Car ils peuvent recourir à la technologie pour créer de la valeur. Par contre, l'époque est plus défavorable que jamais pour les travailleurs qui n'ont que des compétences 'modérées' à proposer, parce que les ordinateurs, les robots et autres technologies digitales acquièrent ces compétences à un rythme particulièrement rapide»[122].

De meilleures formations

Si la croissance économique est cruciale pour le marché de l'emploi, la disponibilité de compétences adéquates l'est tout autant. Il en a toujours été ainsi. Lors des premières révolutions industrielles, c'est grâce à une scolarité plus longue que tout le monde a pu monter à bord du train de l'innovation. Dans le cas contraire, on voit naître l'inégalité et une augmentation de la polarisation. Les grands bonds technologiques s'accompagnent de longues et difficiles périodes de transition. Mais une amélioration des formations a toujours permis d'y remédier. La nature de l'emploi a changé et s'est améliorée. Le bien-être général s'est accru. De meilleures formations se sont traduites par un nouveau boost de l'innovation, de sorte que le cercle vertueux se poursuit.

Les autorités doivent donc garder pour objectif d'améliorer l'enseignement et les formations. Il est salutaire pour l'économie de stimuler les compétences. «Évaluer correctement les compétences cognitives permet de calculer l'avantage économique qu'ont les pays à les stimuler individuellement», affirment Eric Hanushek et Ludger Woessmann[123] dans leur ouvrage *The Knowledge Capital of Nations*. «Historiquement, les avantages de l'accroissement du capital de connaissances se sont avérés énormes : des améliorations réalisables en matière d'enseignement ont contribué à la multiplication du PIB. » Pratiquement l'ensemble des différences de taux de croissance économique entre les pays peut s'expliquer par les différences en matière de capital de connaissances. C'est en améliorant la qualité des formations scolaires que certains pays peuvent présenter de meilleurs chiffres de croissance que d'autres.

Des scores plus élevés aux tests PISA[124], l'enquête internationale de l'OCDE portant sur l'enseignement, peuvent exercer un gigantesque effet de levier sur la croissance économique future. Plus la croissance est élevée, plus le bien-être augmente et plus les éventuelles perturbations peuvent être maîtrisées.

Le professeur Maarten Goos de l'Université d'Utrecht et de la KUL s'est appuyé sur les constatations de ses collègues pour mener sa réflexion. « Supposons que la Belgique augmente son score moyen aux tests PISA (514 points) pour atteindre celui de la Finlande (546) à l'horizon 2035, a proposé Maarten Goos lors d'un débat. Les compétences augmenteraient ainsi chaque année, générant un supplément de croissance. La valeur escomptée de cette croissance supplémentaire sur une période de 90 ans, c'est-à-dire quand les enfants qui ont passé le test PISA en 2035 atteignent l'âge de la retraite, serait de 1586 milliards d'euros. Soit 3,8 fois plus que le PIB actuel »[125]. Ce qui confirme le postulat d'Hanushek et Woessmann : une multiplication du PIB. On a donc tout à gagner à bien réfléchir aux moyens d'améliorer ce score.

Le lien entre salaire et formation s'atténue

Ces dernières décennies, la trajectoire pour faire une belle carrière dans les pays riches était très simple : prolonger ses études au maximum et en récolter les fruits le reste de sa vie. « Selon la littérature spécialisée, chaque année d'études supplémentaire se traduit par une augmentation de 8 à 13 % du salaire horaire », peut-on lire dans *The Economist*[126]. Les adultes disposant d'un master, d'un doctorat ou d'un diplôme équivalent gagnent en moyenne presque deux fois plus qu'un jeune qui n'a que son diplôme d'humanités en poche dans les pays de l'OCDE. Ceux qui ont un bachelor ou un diplôme équivalent touchent 48 % de plus. Pour les étudiants de l'enseignement supérieur de type court, le supplément se limite à 20 %.

FIG. 35 Bonus formation : revenus relatifs des adultes actifs à temps plein, suivant le niveau de formation (2014). Source : OCDE (2016), *Education at a Glance 2016, OECD Indicators*, OECD Publishing, Paris

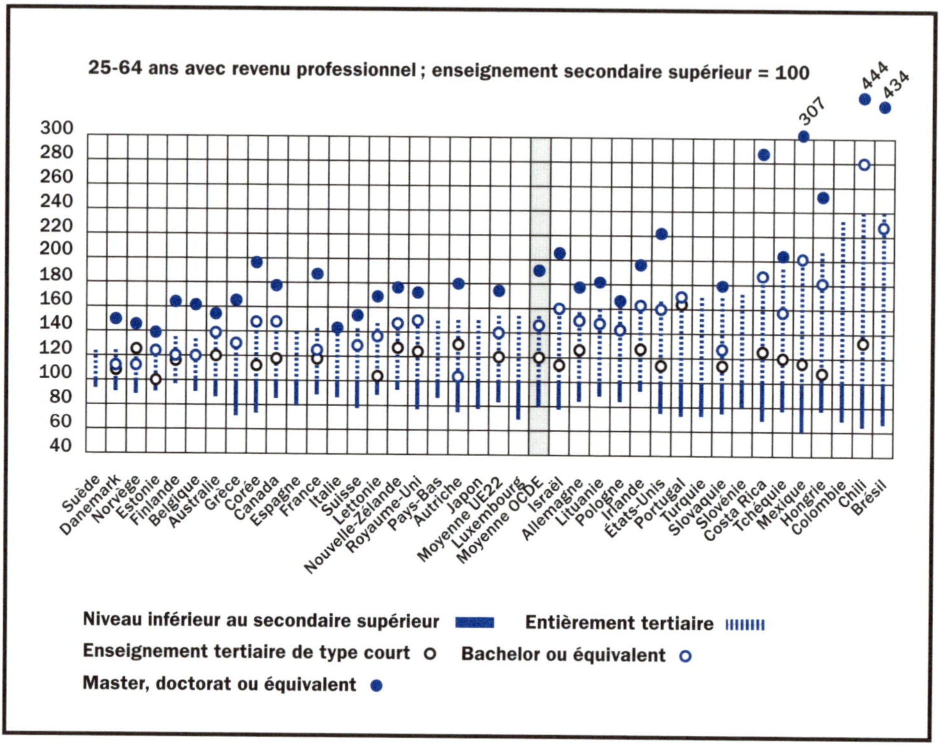

Mais le lien automatique entre formation plus longue et salaire plus élevé s'atténue. « Entre 1982 et 2001, le salaire d'un travailleur américain disposant d'un bachelor augmentait de 31 %, alors que celui d'un diplômé de l'enseignement supérieur ne bougeait pas. Mais au cours des 12 années qui ont suivi, les salaires des universitaires sont fortement retombés au niveau de ceux de leurs collègues moins formés. Et les frais d'inscription à l'université n'ont cessé d'augmenter »[127]...

À peine 16 % des Américains pensent qu'une formation de quatre ans offre la garantie d'exercer un métier bien rémunéré, comme en témoigne une étude menée récemment par l'institut américain Pew Research. Dans l'UE[128], un tiers des diplômés de l'enseignement supérieur estiment qu'ils sont surqualifiés pour leur emploi actuel. De plus en plus de personnes suivent une formation universitaire. Plus le nombre de hauts diplômés augmente sur le marché de l'emploi, plus le supplément salarial lié à la formation diminue.

FIG. 36 **Diminution des tâches cognitives pour les universitaires aux USA depuis l'an 2000**
Source : P. Beaudry, D. Green & B. Sand, *The Great Reversal in the Demand for Skill and Cognitive Tasks*, NBER Working Paper 18901, 2013

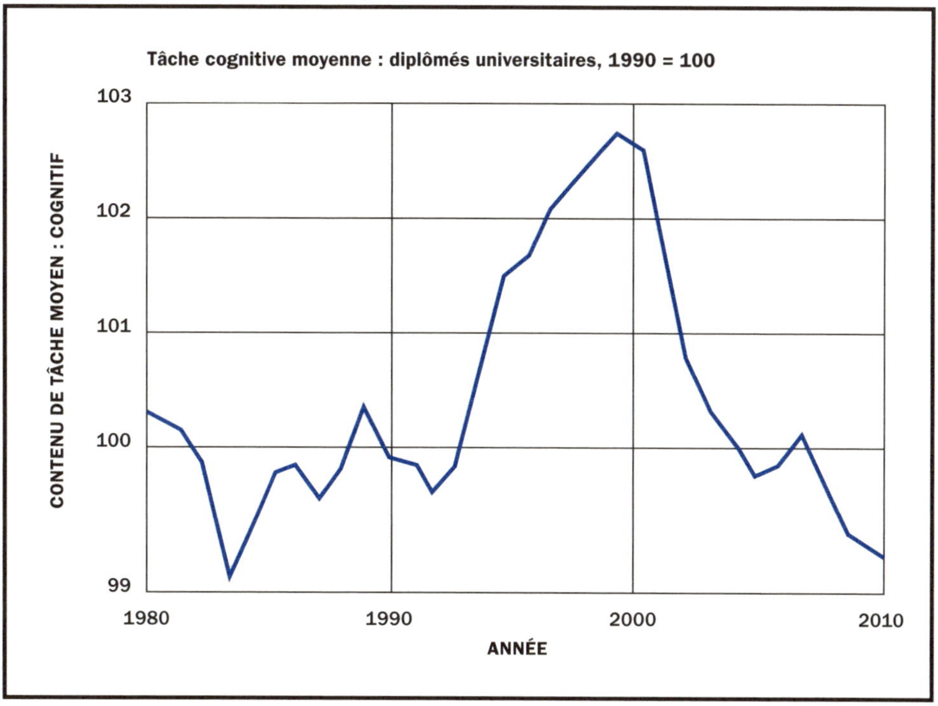

La technologie joue sans doute également un rôle dans cette surqualification. Trois économistes canadiens[129] ont publié en 2013 une étude qui remettait en question l'augmentation attendue des emplois non routiniers. Au cours des deux dernières décennies du XXe siècle, la demande en compétences cognitives a fortement augmenté en raison du développement de l'infrastructure de base pour l'ère de l'IT. Mais à présent que ce travail a été effectué, la demande a forcément diminué. Depuis l'an 2000, la part de l'embauche pour les métiers hautement qualifiés a diminué aux États-Unis. C'est ainsi que les universitaires ont accepté des emplois moins exigeants sur le plan cognitif, tout comme en Europe. Ce qui a fait des victimes : les personnes moins qualifiées.

Sortir les écoles de l'ère victorienne

Dans une société numérique, la demande en personnes hautement qualifiées (diplôme universitaire ou équivalent) va continuer de s'accroître.

Leur part sur le marché de l'emploi européen a augmenté de 25 à 31 % sur la période 2005–2013. Et d'après le Centre européen pour le développement de la formation professionnelle (Cedefop), cela va continuer de monter jusqu'à 38,2 % à l'horizon 2025[130]. Plus spécifiquement pour la Belgique, le centre prédit qu'au moins la moitié de tous les emplois seront à la portée de personnel hautement qualifié.

« La demande en compétences digitales va certainement augmenter, estime également la Banque mondiale. Une petite partie seulement de la population active devra développer du logiciel ou des systèmes. Mais familiariser les enfants aux concepts de base de l'ICT et de la codification peut en influencer quelques-uns dans leur choix de carrière. » Au Royaume-Uni, l'ex-premier ministre David Cameron a introduit du jour au lendemain la 'codification' dans les écoles à l'issue d'un dîner avec Eric Schmidt de Google (désormais Alphabet). Et en Estonie, les enfants apprennent à programmer dès l'école maternelle.

Mais la plupart des écoles prennent du retard sur la nouvelle société. D'après le spécialiste des sciences de l'éducation Sugata Mitra de l'université de Newcastle, nos écoles ne sont pas encore sorties de l'ère victorienne. Le rôle de l'école était alors de « produire des individus qui puissent faire partie de la machine bureaucratique. Trois compétences leur étaient demandées : écrire lisiblement (car les données étaient encore écrites à la main), lire et calculer mentalement »[131].

Et les écoles continuent de produire des personnes de ce type, alors que la machine bureaucratique a disparu. « Les tâches de bureau répétitives effectuées jadis par des fonctionnaires et des employés administratifs sont aujourd'hui prises en charge par des ordinateurs. Les gens gèrent les ordinateurs, mais ils n'ont plus besoin d'écrire lisiblement ou de calculer mentalement. Par contre, ils doivent être capables de lire. En fait, ils doivent pouvoir lire de façon distinctive », précise Sugata Mitra. Et cela, nos enfants peuvent l'apprendre par eux-mêmes, comme en témoigne une expérience SOLE (l'acronyme de *self-organizing learning environments*). Car les enfants sont souvent plus malins qu'on ne le croit. Plutôt que de leur prodiguer des leçons ou de leur fournir des informations à la petite cuiller, il serait intéressant de leur poser des questions stimulantes et de les laisser trouver la réponse par leurs propres moyens. Les enfants iraient ainsi beaucoup plus loin dans la compréhension de certaines informations (qui abordées autrement seraient sans doute beaucoup trop complexes pour eux).

FIG. 37 La demande en personnes hautement qualifiées va continuer de s'accroître
Source : *Cedefop skills forecast*, 2015

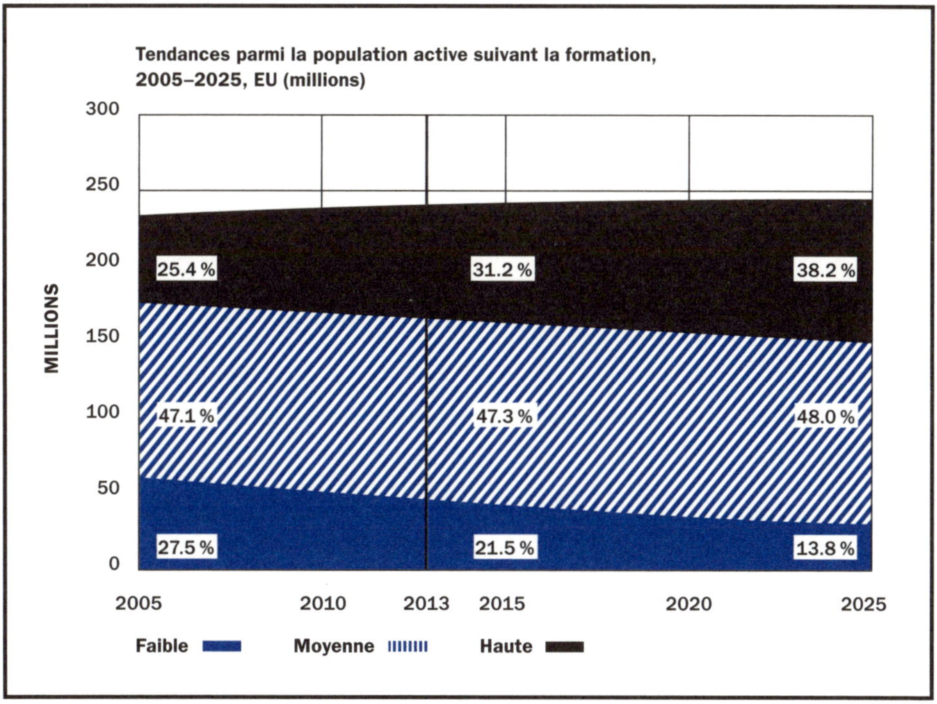

« Les enfants participant à l'étude de Sugata Mitra recourent à la technologie et à l'internet pour chercher les informations pertinentes. Ils discutent ensemble de ce qu'ils ont appris et arrivent finalement à de nouvelles idées (pour eux), qui s'avèrent souvent correctes[132] », résument Brynjolffson et McAfee à propos de l'expérience **SOLE**. « Dans un cadre d'auto-apprentissage, il semble que les enfants apprennent précisément les compétences qui leur sont profitables à l'égard de la technologie numérique. »

Face à la machine, l'homme l'emporte également haut la main sur le plan des aptitudes sociales. Le marché du travail récompense de plus en plus les personnes qui se distinguent dans ce domaine. Depuis 1980, l'emploi et le salaire ont le plus augmenté, tous barèmes de revenus confondus, dans les professions qui accordent une grande importance aux aptitudes sociales (voir FIG. 38, p. 180). D'après le professeur David Deming de l'université de Harvard, les aptitudes sociales tirent les frais de coordination vers le bas[133]. Un individu formera plus d'équipes productives s'il est capable de répartir rapidement et efficacement les tâches au sein

FIG. 38 Les aptitudes sociales gagnent en importance
Source : David Deming, *The Growing Importance of Social Skills in the Labor Market*, août 2016

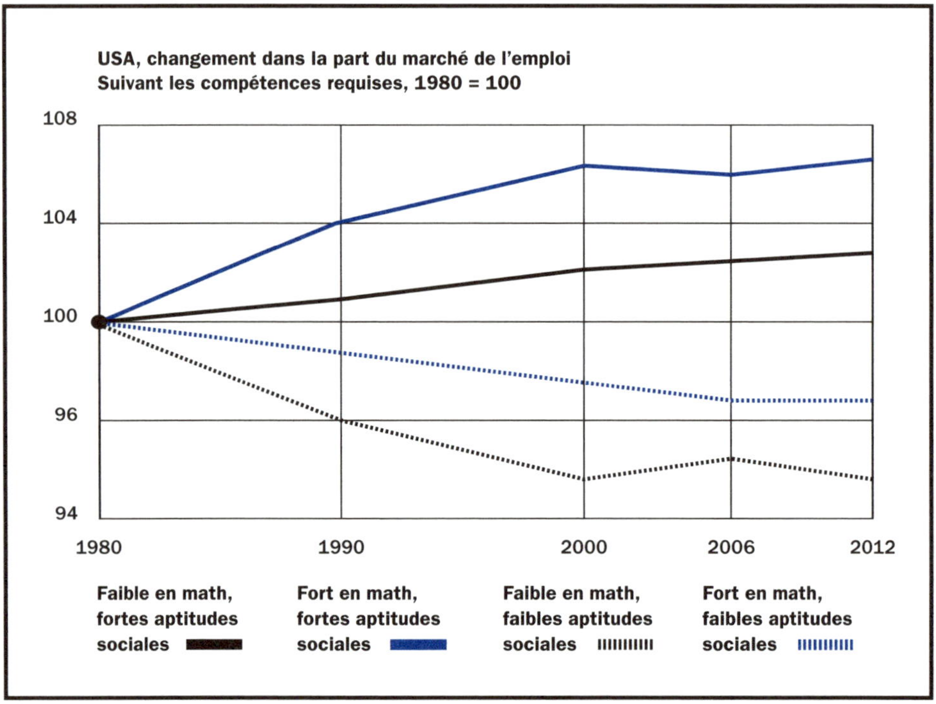

de l'équipe. À l'avenir, si le travail se fait de plus en plus en réseau (qu'il soit virtuel ou non) en recourant en partie à des indépendants, en partie au crowdfunding et qui sait de quelle autre manière encore, les aptitudes de coordination joueront un rôle très important.

Les compétences de base restent importantes. « Mais le marché de l'emploi actuel exige de la créativité, du travail d'équipe, la faculté de résoudre des problèmes et un esprit critique dans un environnement en métamorphose permanente, affirme la Banque mondiale. Autant de compétences difficilement mesurables que l'on n'apprend pas dans le système d'enseignement traditionnel »[134].

Comment faire pour que nos enfants s'y préparent au mieux ? « Le meilleur conseil à donner consiste sans doute à suivre une formation relativement large et à faire preuve de flexibilité, répond Martin Ford. Ce qu'il faut éviter à tout prix, c'est de suivre une formation complète dans un emploi déterminé et routinier qui est tout à coup soumis à l'automatisation. » À la même question, le géant bancaire Citigroup a répondu ceci :

« Concentrez-vous moins sur les connaissances académiques et davantage sur la créativité et les aptitudes de présentation. Car aussi bon que vous soyez dans les matières STEM (sciences, technologie, engineering et mathématiques), il est fort probable qu'il y aura toujours des gens dans le monde qui sont encore bien meilleurs que vous. Sans oublier qu'avec le temps, les ordinateurs reprendront toutes les tâches liées aux matières STEM. À moyen terme, les aptitudes de communication, la créativité et les capacités d'adaptation au changement seront beaucoup plus précieuses pour se distinguer sur le marché de l'emploi »[135].

Dix aptitudes pour avoir toutes ses chances sur le futur marché de l'emploi

L'organisme américain de réputation mondiale Institute for Work & Health a enquêté sur les dix aptitudes dont les jeunes ont besoin pour se distinguer sur le marché de l'emploi à l'avenir.

1. **Esprit critique : la capacité à découvrir ce qui se joue véritablement dans les interactions.**
2. **Intelligence sociale et émotionnelle : il est important d'avoir des aptitudes sociales. Empathie.**
3. **Pensée innovante : réfléchir en dehors des sentiers battus et s'adapter.**
4. **Ouverture à d'autres cultures : compréhension pour les us et coutumes d'autrui.**
5. **Pensée arithmétique : comment mettre en œuvre la technologie informatique pour interpréter les données.**
6. **Culture des nouveaux médias.**
7. **Multidisciplinarité : se sentir à l'aise sur différents marchés.**
8. **Design mindset : maîtriser les choses en recourant à la technologie.**
9. **Métacognition : être capable d'aborder l'énorme quantité d'informations et de stimuli qui se déversent sur nous.**
10. **Collaboration virtuelle : collaborer dans un cadre virtuel, indépendamment de l'heure et du lieu.**

Miser sur la flexibilité

La flexibilité est le mot-clé de l'avenir. Le système d'enseignement ne doit pas préparer les étudiants à un métier, mais à une carrière. L'époque est révolue où l'on se formait à un métier spécifique que l'on exerçait tout au long de sa vie. Les formations professionnelles rapprochent toujours les étudiants des besoins actuels du marché de l'emploi, mais la technologie peut remplacer ou vider un métier de sa substance à tout moment. Il est donc nécessaire de continuer de se former en permanence.

Les entreprises ont un important rôle à jouer à cet égard. D'une part, il est indispensable d'encourager les travailleurs à suivre des formations continues, car la technologie évolue tellement vite que de nouvelles fonctions, et donc de nouvelles offres d'emploi, se créent sans cesse dans les entreprises. D'autre part, elles ont une responsabilité envers la société : elles ne peuvent garantir éternellement de l'emploi, mais bien de l'employabilité.

Pourquoi les entreprises investiraient-elles dans les formations ? Pour créer de l'incentive. Les entreprises qui licencient engendrent d'énormes coûts externes pour la société. À l'instar de ce qui se fait pour les émissions de CO_2, on peut décider de mesures fiscales. Les entreprises auraient droit à une diminution d'impôt lorsqu'elles peuvent prouver qu'elles permettent à leurs collaborateurs de se former en permanence. Par contre, celles qui imposent une charge à la société en licenciant de façon massive parce que leurs employés ne disposent pas de la formation complémentaire seraient surtaxées. L'entreprise américaine United Technology Services (UTS) ouvre la voie. Depuis 1996, elle propose un programme permettant aux employés d'étudier à mi-temps et de recevoir jusqu'à 12 000 dollars de 'bourse d'études' sans contrepartie. Les entreprises ordinaires sont souvent réticentes vis-à-vis de ce type d'initiative. Elles craignent d'entrer dans un scénario où elles investiraient des milliers d'euros avant qu'un concurrent vienne leur subtiliser leurs employés. Mais Gail Jackson, vice-président du département des ressources humaines chez UTS voit les choses autrement. « Nous voulons des collaborateurs animés d'une curiosité intellectuelle. Mieux vaut les former et les voir s'en aller que de ne pas les former et de les voir stagner chez nous. » La politique de recrutement de Google met également l'accent sur les 'learning animals', c'est-à-dire des personnes qui veulent continuer de se former en permanence. Mark Zuckerberg, l'un des cofondateurs de Facebook, donne le bon exemple et se fixe chaque année de nouveaux objectifs d'apprentissage.

Le formation continue n'est pas seulement un must pour les collaborateurs. C'est aussi une nécessité pour les entreprises. AT&T, grande entreprise américaine qui emploie 300 000 personnes dans le domaine des médias et des télécommunications, a constamment besoin de personnel maîtrisant de nouvelles compétences en cette période où règnent les métadonnées et les réseaux sur le cloud. C'est pour combler ce besoin qu'elle développe un ambitieux plan de formation continue à l'intention de ses collaborateurs. Ceux-ci disposent d'un profil de carrière dont l'historique présente toutes les compétences et les formations suivies. Ils ont en outre accès à une base de données intitulée 'intelligence de carrière', où figurent tous les emplois proposés par l'entreprise, les compétences requises et le nombre de postes à pourvoir. L'entreprise a développé de courtes formations sur mesure avec le soutien du fournisseur de MOOC[136] Udacity. Les collaborateurs suivent les cours sur leur temps propre. Mais AT&T subsidie généreusement les frais d'inscription pour ceux qui suivent la formation. Les employés qui ne montrent pas d'intérêt pour le programme sont sanctionnés par une évaluation négative.

Consultant Accenture parle d'une 'liquid workforce', où les collaborateurs se forment en permanence et s'adaptent à leur environnement pour rester aussi pertinents que possible en ces temps de révolution numérique. Par ailleurs, les entreprises devront disposer d'une gestion du personnel très dynamique pour gérer le 'human cloud': des collaborateurs free-lance sont réunis pour certains projets déterminés ou travaillent à distance. Ces 'human cloud' freelancers[137] constituent aujourd'hui 35 % des travailleurs des entreprises aux États-Unis. D'ici à 2030, l'agence de consulting estime que ce pourcentage sera de 75 à 80 % du nombre total de travailleurs.

Les entreprises doivent également travailler en étroite collaboration avec les autorités. Elles ont en effet une bonne image des compétences qui seront nécessaires à l'avenir et il revient aux autorités d'adapter l'enseignement en conséquence. « Mesurez les compétences à grande échelle, précise le professeur Goos. Car ces mesures doivent contribuer à une évaluation continue et à une adaptation de notre enseignement. »

Il est crucial de veiller à une meilleure concordance qu'à l'heure actuelle. Comme mentionné précédemment, un tiers des diplômés européens considèrent qu'ils sont surqualifiés pour l'emploi qu'ils exercent. Et pourtant, les entreprises trouvent de moins en moins de personnel pour certaines fonctions exigeant des qualifications élevées. Le professeur

Goos recommande également de mieux intégrer le secteur privé dans l'enseignement supérieur. « Pour que la révolution digitale entraîne plus de croissance économique et moins d'inégalités, il faut voir dans quelle mesure le marché de l'emploi peut répondre aux compétences requises. » Les professions sensibles sont alors plus facilement comblées, ce qui stimule la croissance. Plus on crée de bien-être, plus il est facile d'absorber les perturbations.

Les métiers d'avenir

Comment les entreprises voient-elles l'évolution du marché de l'emploi dans les années à venir ? C'est la question qui a été posée à la veille du Forum économique mondial 2015 aux Chief Human Resources Officers[138] (CHRO) de 371 employeurs mondiaux de premier plan. Ces pronostics ont permis au FEM d'extrapoler une estimation de la création d'emplois nette pour les grands pays industrialisés, y compris la Chine et l'Inde.

FIG. 39 Creusement de la demande en métiers moyennement qualifiés
Source : *Cedefop skills forecast*, 2015

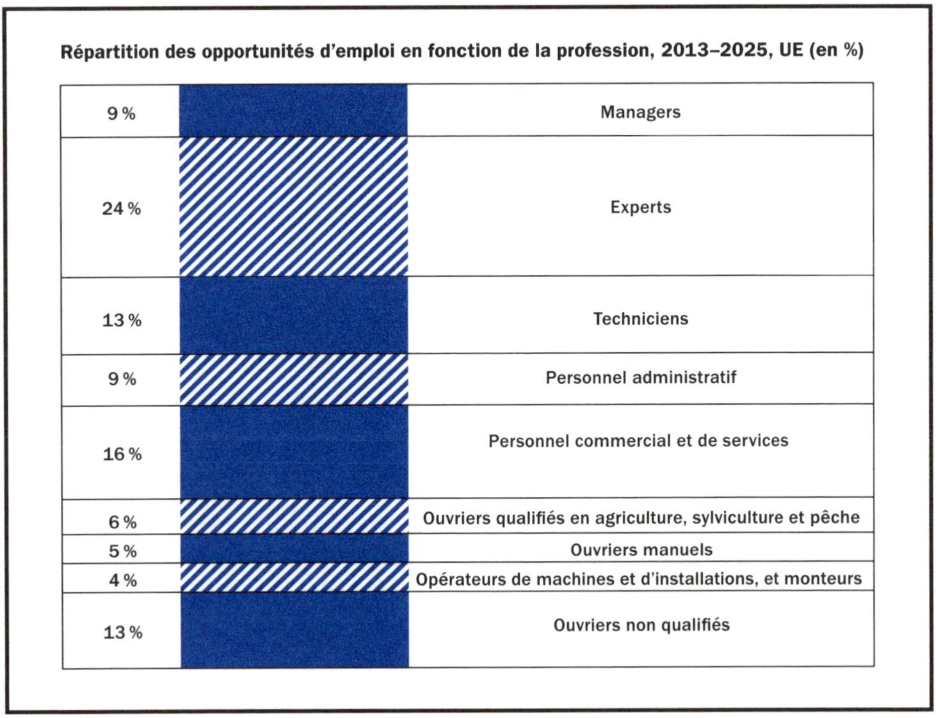

Il s'agirait d'une diminution nette de 5,1 millions d'emplois pour la période 2015–2020. 7,1 millions d'emplois seront perdus et 2 millions de nouveaux emplois seront créés.

La majeure partie des emplois perdus concerne du travail intellectuel routinier comme les tâches administratives. Des emplois se perdront également dans les environnements industriels et de production, mais des formations appropriées pourront éviter les licenciements. Il est en effet possible de pousser les compétences et d'activer les travailleurs dans d'autres fonctions. Chris Doorslaer, CEO de Cartamundi, se retrouve parfaitement dans ce raisonnement. « Il relève de la responsabilité des entreprises de licencier ou non ses ouvriers et ses employés », nous a-t-il confié lors de notre entretien. « Nous avons des robots qui remplissent les boîtes de cartes à jouer. Les ouvriers qui faisaient ce travail précédemment s'occupent aujourd'hui de contrôler ces robots. Cela s'est bien passé, mais au prix de nombreux efforts. De nos jours, il est encore plus important de se former en continu que par le passé. Et les autorités doivent veiller à offrir l'enseignement et les formations. »

Quels seront les profils les plus demandés en 2020 d'après les CHRO ? Les analystes de données se hissent indéniablement à la première place. Ceux-ci doivent aider les entreprises à épurer les informations des masses de données générées par les nouvelles technologies. La revue *Harvard Business Review* a même désigné cette profession comme 'le job le plus sexy du XXIe siècle'. À la deuxième place figurent les représentants spécialisés, qui expliqueront aux clients quelles sont les nouvelles technologies intégrées aux produits. Ils devront aussi savoir comment atteindre leur nouveau public cible par le biais de prestations de services en ligne. D'après le tour de table, les autres emplois se situeront dans des domaines liés à l'informatique, les mathématiques, l'architecture et l'ingénierie.

Selon le Centre européen pour le développement de la formation professionnelle (Cedefop), un quart des opportunités d'emploi des dix années à venir se retrouveront parmi les 'professionnels'. Il s'agit d'emplois pour les hauts diplômés dans les secteurs des sciences, de l'ingénierie, des soins de santé, du négoce et de la formation. Dix pour cent supplémentaires iront aux managers. Les services et la vente ainsi que les professions techniques et les métiers apparentés constituent conjointement 30 % des opportunités. La demande en emplois simples sans formation requise augmentera de 13 %. Et la demande en jobs aux compétences moyennes se creuse (voir FIG. 39, p. 184).

Johan est un chauffeur de poids lourd de 35 ans. Il n'était pas fait pour les études et a quitté l'école dès qu'il a pu. Il exerce un métier fatigant. La concurrence est rude, mais il est heureux. L'avenir s'annonce menaçant: les camions sans chauffeur se rapprochent de plus en plus. Des essais concluants ont déjà eu lieu avec des camions roulant en colonnes les uns derrière les autres. D'ici dix à quinze ans, il suffira d'un ou deux chauffeurs par colonne de dix pour contrôler le cortège sur place ou à distance et intervenir en cas d'imprévu. À ce moment-là, deux tiers des chauffeurs actuels seront superflus, estime la banque Morgan Stanley dans un rapport de 2014.

Les chauffeurs de camion et de taxi sont les exemples types d'emplois menacés de disparition en raison de l'automatisation. Mais il existe beaucoup d'autres emplois peu qualifiés qui risquent de subir le même sort. Il suffit de penser aux employés de banque, aux télétravailleurs, aux employés de poste, aux caissiers et aux coursiers. On peut fermer les yeux sur le problème, mais le jour viendra où l'on y sera quand même confrontés. « S'agirait-il de la fable de la grenouille ? Il ne faudrait pas réfléchir trop longtemps », déclare Matthew Rob de l'agence de consultance Parthenon-EY.

Il n'est pas aisé de recycler ce type de travailleur. Les principaux avantages du recyclage concernent les compétences informatiques. Mais il est difficile de transformer un chauffeur en analyste programmeur. Le rapport annuel *European Progress Report* de la Commission européenne nous donne un aperçu des défis qui nous attendent. Environ 16 % des citoyens européens n'ont jamais été surfer en ligne et 45 % ne sont pas familiarisés aux compétences digitales de base.

Comment attirer ces gens dans les centres de formation ? Les syndicats ont un grand rôle à jouer à cet égard, car ils ont une vue d'ensemble des tendances industrielles. Ils peuvent accompagner les travailleurs tout au long de leur carrière et leur faire comprendre qu'il est nécessaire de se former en permanence. C'est sans doute plus important encore si la tendance actuelle vers plus d'emploi indépendant se poursuit. Au Danemark, les travailleurs, les syndicats et les autorités composent un système tripartite. Les entreprises et les syndicats définissent les compétences nécessaires. Des conventions collectives fixent la législation sur le congé-éducation payé. Le célèbre programme 'flexicurity' propose aux personnes sans emploi une liste de 258 formations professionnelles.

Les autorités portent également une responsabilité. On parle beaucoup de formation continue, mais il est rare que cela se traduise dans les faits. Singapour est l'un des seuls pays à être passé à l'acte en développant l'initiative SkillsFuture. Dans chaque secteur, les employeurs doivent communiquer le nombre d'emplois escomptés dans les trois à cinq ans. Ensuite, les entreprises doivent faire savoir quelles sont les compétences requises. Il en ressort une 'carte de transformation industrielle' qui indique aux personnes quelle direction elles doivent prendre. Et depuis janvier 2016, chaque Singapourien de plus de 25 ans reçoit 500 dollars singapouriens de crédit, qu'il peut consacrer comme il l'entend à l'une des 500 formations approuvées. Au-delà de ce crédit, de généreux subsides jusqu'à 90 % des coûts de formation sont mis à la disposition des plus de 40 ans. Pour l'instant, le budget est limité à 600 millions de dollars singapouriens, mais cela doit passer à un milliard de dollars dans les trois ans. D'après Ng Cher Pong, directeur général de SkillsFuture, le retour obtenu sur ce montant n'est pas tellement important. Ce qui compte, c'est que les mentalités changent vis-à-vis de la formation continue[139].

Un compte consacré au recyclage et à la formation continue doit être ouvert pour toutes les personnes en âge de travailler. Un montant standard est prévu par les autorités. Et pour ceux qui exercent un emploi, l'entreprise verse un montant complémentaire sur le compte. Il est obligatoire de suivre un nombre minimum de formations, sous peine de perdre les crédits versés. Et si vous changez de travail, vous emportez votre bagage de crédits avec vous.

Ce qui est capital à cet égard, c'est que les autorités et les syndicats concentrent leurs efforts sur les personnes sans emploi et les moins qualifiées. Sinon, le risque est grand que la structure de la formation continue accentue encore les différences en matière de compétences. Au lieu d'adoucir l'impact de la révolution numérique, cela ne ferait que creuser les inégalités et empirer la polarisation.

Et si tout tournait mal ?

Dans le grand classique de la littérature américaine *Cent ans après ou l'An 2000* d'Edward Bellamy publié en 1888, le protagoniste Julian West se réveille d'un long sommeil en l'an 2000 et découvre que le monde ne ressemble plus du tout à ce qu'il était. Les gens s'arrêtent de travailler à l'âge de 45 ans. Tout le monde a un horaire allégé et a droit à toute une panoplie d'avantages, à un logement et à de la nourriture. Le roman décrit ainsi la naissance d'un état idéal. Dans cette utopie sociale, les nouvelles technologies aident à propulser la productivité. La société n'a plus besoin d'un aussi grand nombre de travailleurs. Beaucoup de citoyens peuvent passer leur vie à étudier, à œuvrer bénévolement et à travailler pour la collectivité. Les autorités encouragent un nouveau mode de vie où le travail n'occupe plus la place centrale et n'est certainement pas indispensable pour survivre.

Sommes-nous à la veille d'une ère de ce type, où il faudrait de moins en moins de travailleurs ? De nombreux intellectuels se réfèrent aux révolutions industrielles antérieures en soulignant que les périodes d'augmentation du chômage ont toujours été temporaires. Les nouvelles technologies créent de nouveaux emplois. La diminution des prix crée une nouvelle demande et de la demande complémentaire. Regardez l'industrie musicale, où la musique meilleur marché a entraîné un accroissement de la demande en concerts. Le passé semble donc nous suggérer qu'il n'y a pas de souci à se faire à long terme.

Mais d'autres intellectuels tout aussi brillants se font du souci. Et nous aussi. Andrew McAfee nous annonce un avenir où la machine remplacera l'homme à de très nombreux postes. Et il pense que cet avenir n'est pas très lointain[140]. Hod Lipson, ingénieur réputé et professeur de robotique à l'université Cornwell, estime que « pendant longtemps, on a pensé que si la technologie était destructrice d'emplois, elle en créait aussi de nouveaux et de meilleure qualité. On a aujourd'hui la preuve que la technologie élimine des emplois et en crée également de nouveaux, mais en moindre quantité »[141]. Lawrence Summers, ancien Ministre américain des Finances, affirme également que « si la tendance actuelle se poursuit, il est fort possible qu'à la génération suivante, un quart des hommes d'âge moyen se retrouveront sans emploi à un moment donné »[142].

Le travail occupe une place centrale dans l'organisation de notre société. Il ne procure pas seulement des revenus pour entretenir la famille. Surtout aux États-Unis, où le travail est aussi étroitement lié aux assurances et soins de santé, ainsi qu'à la pension. L'extension de l'assurance santé via l'Affordable Care Act (mieux connu sous le nom d'Obamacare) a permis d'offrir une assurance à des millions de personnes en plus. Et, pour l'instant, les tentatives du nouveau président Donald Trump d'y mettre un terme ont échoué.

Nous espérons le meilleur, mais mieux vaut se préparer au pire : une forte augmentation du chômage. Comprenez-moi bien : une société où les gens doivent moins travailler ne doit pas nécessairement tourner au drame. Au contraire. Remplacer les travailleurs par des machines plus performantes doit se traduire par une explosion de la productivité : plus de croissance avec moins de ressources humaines. Les machines peuvent absorber l'emploi, mais pas les revenus. « Je ne pense pas que les robots vont remplacer tous les travailleurs, déclare le professeur Theo Peeters. Mais je constate aujourd'hui que nombreux sont ceux qui n'arrivent pas à suivre en matière de recyclage professionnel. Et leur nombre ne va cesser de s'accroître à l'avenir, de sorte que la proportion de personnes non actives par rapport aux personnes actives va augmenter de manière structurelle. Cette augmentation a-t-elle des limites ? La question se pose. La sécurité sociale sera-t-elle encore abordable ? Je pense que oui. Les agriculteurs représentent aujourd'hui 2 % de la population active. Et ils produisent plus qu'il y a 150 ans, alors qu'ils représentaient 66 % de la population active. »

Il n'y a pas de nuage à l'horizon si les gains de productivité réalisés par les actifs sont redistribués à l'ensemble de la population. Mais y sont-ils prêts ? « Et comment répartir la valeur ajoutée qui a été créée ? », se demande le professeur Peeters. « Il est fondamental de redistribuer ce qui existe. Et pas comme on le fait souvent : en partageant d'abord, puis en laissant la facture à la génération suivante par le biais d'un taux d'endettement plus élevé. »

Les avantages d'exercer un emploi

La plupart des pays européens disposent de systèmes mixtes de soins de santé dont une partie est prise en charge par le public et l'autre par le citoyen. La majeure partie des frais médicaux sont pris en charge par les autorités ou des assureurs privés. En moyenne, les patients doivent s'acquitter de 10 à 20 % de ces frais.

Les entreprises prévoient souvent une assurance hospitalisation pour leurs travailleurs. Les frais propres en cas de grosse opération se comptent vite en milliers d'euros ; aux États-Unis, on atteint même des dizaines de milliers de dollars. Sans emploi et l'assurance hospitalisation qui va de pair, beaucoup de personnes ne pourraient pas se permettre de se soigner. Des soins de santé à deux vitesses accentuent la polarisation. Une évolution qui va sans doute se renforcer avec le développement d'innovations technologiques qui augmentent fortement le prix des traitements.

Le package salarial inclut aussi de plus en plus souvent la pension professionnelle. La plupart des pays européens encouragent activement cette option. La pension légale devient tout doucement impayable en raison du vieillissement de la population. Une population active en déclin paie les pensions d'un nombre accru de personnes âgées. S'il fallait payer aujourd'hui toutes les dettes à venir, la plupart des pays européens seraient confrontés à un doublement de la dette publique. En Belgique, elle serait même multipliée par trois[143]. Une augmentation soudaine du nombre de sans-emploi annihilerait le timide mouvement observé récemment en direction de la pension professionnelle.

Il faut éviter que les avantages proposés actuellement par les entreprises soient bientôt réservés à quelques rares privilégiés. C'est pourtant ce qui risque de se produire en cas de pertes d'emplois massives. Car pratiquement toutes les idées portant sur des alternatives au droit à la pension s'orientent vers les personnes disposant d'un emploi. Revenons à l'idée d'un élargissement de la prise de participation. Cela aurait pour avantage de redistribuer l'augmentation de la productivité due aux robots aux travailleurs plutôt que de l'écouler uniquement vers les fournisseurs de capitaux et les propriétaires d'entreprises. C'est une bonne idée en soi, à condition que la prise de participation ne se limite pas à l'entreprise où l'on travaille soi-même, mais s'étende directement à une large sélection d'entreprises. Cette option serait plus sûre que d'investir tous ses œufs dans le même panier : celui de l'entreprise où l'on travaille. En participant à diverses entreprises, on accroît aussi ses chances d'investir dans une ou plusieurs véritables entreprises de premier plan. Ce qui permet aussi de profiter de leur explosion de productivité. Ce système offre beaucoup de potentiel. Mais il n'en restera pas grand-chose si beaucoup de monde se retrouve sans emploi.

Le revenu de base

L'augmentation de l'insécurité et des inégalités est déjà palpable dans les pays occidentaux. La révolution ICT et la deuxième vague de mondialisation y ont contribué. D'après Guy Standing, professeur en Development Studies à l'Université de Londres, cela a favorisé la naissance d'un prolétariat précaire ou 'précariat'. On se retrouve confronté à des carrières courtes, de faibles revenus, des relations difficiles, peu de sécurité sociale et/ou l'absence de voix politique. Outre la menace d'accroissement de la pauvreté, le précariat est également réceptif au populisme et à l'extrémisme. Ce qui représente un danger pour la démocratie.

D'après Guy Standing, on estime à 20 millions le nombre de Japonais victimes du précariat. En Europe, cette catégorie sociale devient un sujet de préoccupation depuis une dizaine d'années. On y retrouve de plus en plus de jeunes diplômés très qualifiés qui ne trouvent pas d'emploi ou sont sous-payés. C'est le cas d'un jeune sur cinq entre 15 et 25 ans dans les 28 pays de l'Union européenne. Dans les pays du sud, ce rapport est même d'un jeune sur deux. « Il est urgent de prendre conscience de ce précariat global. Car la colère et l'anxiété grondent. »[144], écrit Guy Standing.

En tant que cofondateur du Basic Income Earth Network, il plaide pour un revenu de base garantissant plus de sécurité et d'égalité. Sous sa forme la plus pure, ce système offre à tout le monde un revenu mensuel garanti et inconditionnel. Y compris aux enfants. Ce revenu de base remplace toutes les autres allocations et dispositifs sociaux.

Theo Peeters est partisan du revenu de base, sous certaines conditions. « Il doit s'agir d'un salaire de base absolu pour tout le monde, en remplacement des allocations de chômage et de retraite. De quoi a-t-on besoin pour survivre ? Il faut en outre supprimer toutes les corrections qui viennent s'ajouter au revenu garanti actuel, comme les logements sociaux ou la médication gratuite. Toutes les mesures d'exception disparaissent et le taux d'imposition formel devient le taux d'imposition effectif. Cela vaut aussi bien pour l'impôt des sociétés que pour la sécurité sociale. Le problème de la production et de la redistribution devient ainsi très clair et transparent. »

De nombreux pays sont en train de tenter l'expérience. En 2017, environ 2000 citoyens de la ville finnoise d'Oulu ont été choisis au hasard pour recevoir un revenu de base pendant deux ans. Parmi eux, d'anciens employés de Nokia qui ont perdu leur travail. Les offres d'emploi ne manquent pourtant pas pour ces gens-là. Mais percevoir une allocation garantie constitue tout simplement pour eux une option financière plus sûre que de sauter dans l'inconnu en commençant à travailler pour une start-up. Des projets pilotes sont également lancés au Kenya, aux États-Unis et aux Pays-Bas. Et l'Unicef a initié trois expériences en Inde ces dernières années. « Cela a entraîné plus de bien-être, d'égalité, de croissance et d'émancipation »[145], relate Guy Standing, qui était impliqué dans l'expérience.

Même la Silicon Valley voit le revenu de base d'un bon œil. Y Combinator, grand incubateur qui aide activement les start-ups, a annoncé à la mi-2016 qu'il entamait sa propre étude pilote auprès de 100 familles d'Oakland, non loin de la Silicon Valley. Les techno-intellos sont très conscients des dangers que représentent l'automatisation galopante et l'emploi à temps partiel dont ils sont eux-mêmes responsables. L'insécurité d'emploi qui touche des pans importants de la population devrait pouvoir être contrée par une politique de bien-être qui protège les masses et pas seulement les 'pauvres'. Le revenu de base serait-il le vaccin social du XXIe siècle ?

Les avantages et les inconvénients du revenu de base

Avantages :

1. **Les allocations actuelles sont un enchevêtrement de règles et d'exceptions. Un revenu de base uniforme simplifie le système tout en réduisant les coûts administratifs.**
2. **En cas de chômage de masse induit par la révolution technologique, les sans-emploi doivent quand même toucher un revenu. Ce qui, d'après l'auteur Martin Ford, permet de maintenir le niveau de consommation et donc de croissance. Cela réduit également la polarisation entre les travailleurs et les sans-emploi.**
3. **Un revenu de base résout le piège du chômage, lorsque les gens préfèrent ne pas travailler parce que la différence de revenu est trop faible entre le fait de travailler et de ne pas travailler.**
4. **En garantissant un filet de sécurité, le revenu de base encourage à entreprendre, car l'insécurité financière disparaît.**

Inconvénients :

1. **La nécessité d'un revenu de base n'est pas encore établie, mais il est certain que cela implique des coûts élevés. Pour payer un revenu annuel de 10 000 dollars à chaque adulte et chaque enfant, les États-Unis doivent augmenter les impôts de 10 %**

du PIB. Pour la Belgique, le professeur émérite à l'ULB Mateo Alaluf estime le coût d'une allocation mensuelle de 500 euros à 10 milliards de dépenses annuelles supplémentaires comparativement au dispositif social actuel[146]. Soit une dépense supplémentaire de 2,4% du PIB.

2. **Les coûts d'un revenu de base suffisamment élevé sont énormes. Et un salaire de base trop faible pénaliserait certains allocataires tels que les pensionnés.**
3. **Les gens ne seront peut-être plus motivés à aller travailler.**
4. **Un revenu de base élevé attirerait la migration économique, ce qui peut encourager les pays à fermer encore davantage leurs frontières.**

Le concept de revenu de base passe difficilement auprès de nombreuses personnes, car il se heurte au principe de réciprocité, qui est l'un des piliers les plus acceptés de l'état-providence. Cela suppose que chaque citoyen bénéficiant d'un revenu garanti a l'obligation de travailler en fonction de ses capacités. À défaut, on parle d'exploitation déloyale du système. En 2016, les Suisses ont rejeté la proposition d'introduction d'un salaire de base parce qu'ils craignaient que cela entraîne des frais excessifs et que cela crée une société de fainéants.

Il semble raisonnable d'exiger qu'en échange du revenu garanti, on exerce des tâches communautaires, à titre volontaire ou non. Cela peut aller du nettoyage des rues à l'accompagnement des jeunes ou à l'assistance aux personnes âgées. Chacun effectue la tâche qui lui plaît le plus. Pour les plus habiles des sans-emploi, ce n'est pas un problème. «Si ces obligations peuvent se justifier, cela ne peut certainement pas répondre à des impératifs de coûts», affirme Philippe Van Parijs, professeur d'université à Louvain-la-Neuve et à Harvard. «On n'économisera sur les allocations que si les emplois communautaires proposés sont si peu attractifs que certains préfèrent mendier ou mourir de faim plutôt que de les accepter», déclare-t-il sur un ton ironique.

Philippe Van Parijs est connu dans le monde entier comme un grand défenseur du revenu de base. À l'instar de Guy Standing, il est à la source du Basic Income Earth Network. D'après lui, il ne peut être question d'exploitation du système, car l'économie actuelle manque déjà d'emplois.

Les gens qui ont un emploi disposent d'un actif qui peut être imposé pour assurer un revenu de base. Deuxièmement, il postule que le fait d'avoir un emploi résulte souvent d'un coup de chance : la chance d'être né avec de nombreuses compétences. Tout le monde n'a pas cette chance. Il convient d'uniformiser la mise à disposition limitée des opportunités. Et on évite l'exploitation parce que ceux qui exercent un emploi ont toujours plus de revenus que ceux qui ne disposent que du revenu de base [147].

L'impôt négatif sur le revenu

Du point de vue politique, le revenu de base reste difficile à vendre. Tandis que l'impôt négatif constitue une alternative plus facilement réalisable. Il s'agit d'accorder à chacun un crédit d'impôt. Celui qui ne travaille pas reçoit l'ensemble du crédit. Celui qui travaille et doit payer un montant qui reste inférieur au crédit d'impôt est remboursé de la différence entre les deux montants. Celui qui travaille et doit payer un impôt sur le revenu supérieur au crédit d'impôt transfère la différence positive à l'État.

Les coûts nets du revenu de base sont exactement les mêmes que ceux de l'impôt négatif. Le résultat [148] aussi. Mais politiquement, l'impôt négatif est plus vendable. « Contrairement au revenu de base où tout le monde reçoit un montant fixe, un crédit de base comparable stimule le revenu net du travailleur. Cela donne l'impression que la source d'attribution des revenus est liée au travail », conclut Philippe Van Parijs. En réalité, tout le monde reçoit cet impôt négatif.

Deuxième avantage de l'impôt négatif : les frais *apparents* pour la société semblent un peu moins élevés. Un revenu de base est un montant fixe et important qui est très visible dans la comptabilité du gouvernement. Et tout le monde le reçoit. Tandis qu'un impôt négatif est beaucoup moins visible, étant donné que tout le monde ne reçoit pas l'intégralité de l'avantage fiscal sur son compte en banque. Seuls ceux dont l'avantage fiscal est plus important que l'impôt à payer reçoivent le montant net. La majeure partie de la population devra encore payer des impôts, mais après déduction de l'avantage fiscal. C'est pourquoi les frais du système sont moins visibles.

Troisièmement, la transition administrative vers un impôt négatif sera plus facile à mettre en œuvre. « Tous les transferts d'assurances sociales peuvent être conservés et être facilement pris en compte pour déterminer si un impôt négatif ou positif est d'application. En revanche, l'introduction d'un revenu de base s'accompagnerait d'une adaptation vers le bas des montants nets de tous les avantages», précise Philippe Van Parijs. L'un dans l'autre, l'impôt négatif serait donc la solution la plus praticable.

Soutenu notamment par l'économiste et lauréat du prix Nobel Milton Friedman, l'impôt négatif n'existe encore nulle part. Si ce n'est sous une forme plus modeste aux États-Unis : l'Earned Income Tax Credit (EITC). D'autres pays comme la France et la Grande-Bretagne ont également introduit des systèmes similaires dans les années 90 et 2000.

L'EITC est une subvention au travail. Les personnes au revenu limité reçoivent un bonus en plus de leur salaire. La subvention augmente en fonction de la première augmentation salariale, puis s'uniformise avant de disparaître dès que les revenus atteignent de 40 000 à 50 000 dollars. Deux facteurs jouent en faveur de l'EITC par rapport à l'impôt négatif et surtout au revenu de base. Comme il ne bénéficie qu'aux personnes aux revenus relativement bas, l'EITC est beaucoup moins cher. Le crédit d'impôt maximal pour l'exercice 2016 était de 6269 dollars pour une famille de trois enfants ou plus. Le crédit maximal pour une personne sans enfant atteint à peine 506 dollars par an.

Par ailleurs, l'EITS est réservé aux personnes qui travaillent. Il ne convient donc évidemment pas en cas de chômage de masse. Un autre problème se pose lorsque les revenus cumulés d'un couple marié sont pris en compte. Le crédit disparaît si le deuxième générateur de revenus gagne trop. C'est ainsi que les travailleurs peuvent être enclins à ne pas prester d'heures supplémentaires pour rester sous la limite donnant droit au subside. Les données recueillies par l'organisme américain Tax Policy Center[149] suggèrent toutefois que le programme a permis de sortir 6,5 millions de personnes de la pauvreté.

Le débat sur le revenu de base doit également porter sur le sens du travail. Voltaire affirmait que le travail nous éloigne de trois grands maux : l'ennui, le vice et le besoin[150]. «Pratiquement toutes les études menées sur le sujet indiquent que Voltaire avait raison», confirment McAfee et Brynjolfsson[151]. «Il est très important pour l'être humain de pouvoir travailler. Cela lui procure non seulement de l'argent, mais aussi l'accès à des éléments essentiels : l'amour-propre, le sens de la communauté, l'implication, des valeurs saines, de la structure et de la dignité», affirment les économistes. « Toutes les conclusions indiquent que, à facteurs identiques, les sociétés où beaucoup de gens travaillent sont beaucoup plus saines que celles où règne le chômage. C'est pourquoi nous préconisons une politique qui encourage le travail, malgré l'évolution du deuxième âge de la machine. » L'ouvrage de McAfee et Brynjolffson est donc favorable à l'impôt négatif sur le revenu.

Les conséquences du chômage[152]

Le sociologue Charles Murray distinguait deux groupes de personnes dans son livre intitulé *Coming Apart*[153] où il référençait ce qui leur est arrivé entre 1960 et 2010. Le premier groupe était constitué des habitants de la ville imaginaire de Belmont. Il s'agissait d'Américains hautement qualifiés (de l'université ou de hautes écoles) qui exerçaient des fonctions attractives ou de direction. Le deuxième groupe habitait Fishtown. Ils n'avaient suivi que l'enseignement secondaire et travaillaient dans des usines ou des bureaux.

En 1960, les deux communautés étaient en plein emploi. À Belmont, au moins 90 % des foyers travaillaient au moins 40 heures par semaine et à Fishtown, ils étaient au moins 81 %. En 2010, c'était encore le cas pour 87 % des foyers de Belmont, mais seulement pour 53 % des familles de Fishtown.

Quelles ont été les conséquences pour Fishtown ? Moins de bonheur conjugal et une augmentation du nombre de divorces dans la tranche d'âge des 30 à 49 ans : de 5 % en 1960 à 33 % en 2010. De moins en moins d'enfants de Fishtown ont grandi avec leurs deux parents. En 2004, ils n'étaient plus que 30 %. La criminalité et le nombre de condamnations ont augmenté. En 1974, 213 habitants sur 100 000 étaient en prison. Ce nombre a quadruplé dans les 30 années suivantes, pour atteindre 957. Belmont a également subi des changements, mais dans une bien moindre mesure. En 2004, 90 % des enfants de Belmont vivaient avec leurs deux parents.

Le coût du revenu de base

Le financement du revenu de base n'est pas une mince affaire. L'économiste britannique Anthony Atkinson prend pour règle générale que le revenu universel équivalent à un pourcentage déterminé du revenu moyen d'un pays (mesuré en PIB par habitant) va de pair avec une augmentation aussi élevée des recettes fiscales en pour cent du PIB. Aujourd'hui, avec un PIB par habitant de 44 000 euros, un revenu de base de 4400 euros coûte 10 % du PIB par an à notre pays.

L'hebdomadaire *The Economist* publie sur son site web un tableur des revenus de base. «Nombreux ont déjà rejeté l'idée d'avance ; le coût rendrait impossible de procurer à chacun une somme suffisante pour vivre», affirme le magazine. Mais de très nombreux pays développés perçoivent déjà d'importantes taxes pour pouvoir allouer des avantages sociaux aux citoyens. Imaginez que les autorités réforment le système de la sécurité sociale : combien de revenus de base serait-il alors possible de verser ? »

Le graphique indique par pays le montant qui pourrait être versé en guise de revenu de base si toutes les allocations sociales (à l'exception des soins de santé) étaient supprimées et réparties parmi la population sous la forme d'un paiement annuel. Ce qui ressort clairement de ce graphique, c'est qu'il est préférable de vivre dans un pays riche. La Finlande figure dans le peloton de tête avec une allocation annuelle de 10 500 dollars (9800 euros). Il n'est donc guère surprenant que ce pays mène de nombreuses expériences sur le revenu de base. «Au Mexique, les 900 dollars par an (840 euros) procureraient un niveau de vie qui ne ressemble pas le moins du monde à l'avenir utopique espéré par les défenseurs du revenu de base», fait remarquer *The Economist*.

Compte tenu de son vaste filet de sécurité (on pourrait presque parler de hamac), la Belgique présente aussi un très beau score. Un revenu de base de 10 000 dollars par habitant (9300 euros) est de l'ordre du possible. Ce qui revient à une allocation mensuelle de presque 800 euros. Quelques points de référence ? L'allocation de chômage moyenne en Belgique pour une personne seule sans charge de famille est de 990 à 1640 euros au cours des premiers mois de la période de chômage. La deuxième année, la fourchette d'allocation varie entre 990 et 1120 euros et après quatre ans, elle tombe au minimum de 990 euros[154]. Par ailleurs, la pension versée par les autorités s'élève de 1000 à 1500 euros (dans le secteur privé), tandis que les fonctionnaires évoluent dans une fourchette de 1000 à 3000 euros.

Une allocation plus élevée que ces 800 euros pour la Belgique et 750 euros pour la France implique une imposition supérieure. Les autorités belges prélèvent déjà le PIB à hauteur de 50 %. 53 % pour la France[155]. La moyenne dans la zone euro est de 46 %. 34 % seulement aux États-Unis mais, là aussi, il s'agit du plus haut niveau depuis 1970.

FIG. 40 **Montant disponible comme revenu de base (en remplacement des allocations sociales actuelles, à l'exclusion des soins de santé)** Source : *http://www.economist.com/blogs/graphicdetail/2016/06/daily-chart-1*

Sur la base

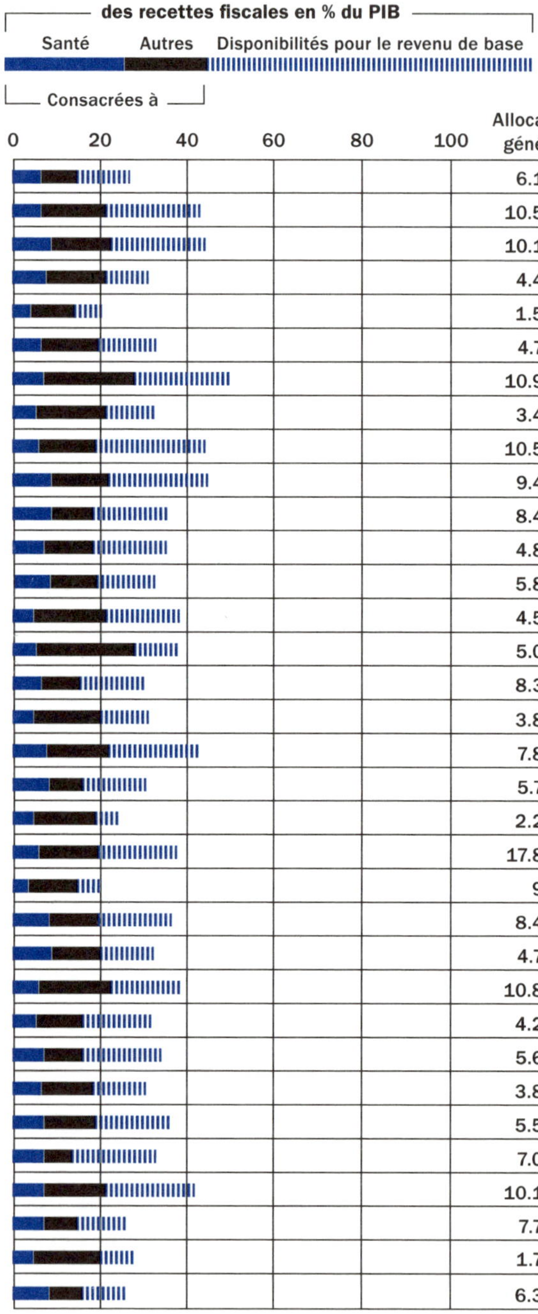

	Allocation générale	PIB* par personne, $
Australie	6.100	47.200
Autriche	10.500	48.200
Belgique	10.100	44.700
Canada	4.400	45.400
Chili	1.500	22.300
Tsj. république	4.700	32.700
Danemark	10.900	46.500
Estonie	3.400	28.900
Finlande	10.500	41.300
France	9.400	40.200
Allemagne	8.400	47.300
Grèce	4.800	27.400
Grande-Bretagne	5.800	40.900
Hongrie	4.500	26.300
Islande	5.000	45.600
Irlande	8.300	54.500
Israël	3.800	34.100
Italie	7.800	36.200
Japon	5.700	37.100
Corée du Sud	2.200	34.500
Luxembourg	17.800	100.300
Mexique	900	18.100
Pays-Bas	8.400	49.500
Nouvelle-Zélande	4.700	38.000
Norvège	10.800	65.800
Pologne	4.200	26.200
Le Portugal	5.600	29.800
Slovaquie	3.800	29.500
Slovénie	5.500	31.600
Espagne	7.000	35.100
Suède	10.100	47.00
Suisse	7.700	59.700
Turquie	1.700	20.400
États-Unis	6.300	22.800

L'augmentation du précompte professionnel représente aussi un danger en renforçant l'attrait relatif des machines et des robots. Mais tout bien considéré, si le chômage atteint effectivement des sommets, les recettes publiques issues du précompte professionnel diminueront fortement.

La hausse des impôts

Selon le baron Robert Skidelsky, professeur émérite d'économie politique à l'université de Warwick, le revenu de base, comme toute autre forme de revenu de substitution, doit être financé par l'automatisation elle-même[156]. « Si les employeurs travaillent avec des robots qu'ils ne doivent pas payer, leurs gains vont fortement augmenter. Car les coûts de production diminuent, de sorte que leurs gains ne vont cesser de croître. Et ces gains devront être distribués. C'est une question de politique. » D'après les calculs de la Bank of America Merrill Lynch publiés dans leur volumineuse étude *Robot Revolution*[157], les robots et l'intelligence artificielle stimuleront la productivité de 30 % dans de nombreux secteurs sur la période 2015-2025. Suivant ce scénario, 230 millions d'emplois vont disparaître et les coûts de main-d'œuvre vont chuter de 18 à 33 %. Les gains des entreprises vont donc exploser.

Ces dix dernières années, les 10 % d'entreprises les plus performantes aux États-Unis ont obtenu un retour de 80 % en moyenne sur le capital investi. L'économie des gagnants ne leur a pas été défavorable, loin de là. C'est pourquoi le professeur Standing précité plaide pour un prélèvement sur les revenus d'agence des plateformes technologiques comme Uber et Airbnb. Selon lui, ces entreprises n'ont pas grand-chose à voir avec l'économie collaborative. « On ne peut parler de 'collaboration' que si les deux parties y trouvent avantage et qu'elles se partagent aussi bien les coûts que les bénéfices. Mais les entreprises comme Uber constituent plutôt des agences de travail qui perçoivent une commission de 20 % ou plus sur chaque transaction tout en reportant l'ensemble des risques sur celui qui effectue la tâche »[158].

L'écumage des gains de l'entreprise menace l'innovation technologique. Mais les investissements nécessaires dans le secteur digital et ICT sont un peu moins élevés que dans 'l'ancienne' économie. Aux États-Unis, les cinq plus grandes entreprises non-financières qui ont le plus de cash sont toutes des entreprises ICT[159]. Apple est la championne absolue avec 216 milliards de dollars (201 milliards d'euros) à la fin de l'année 2015. Conjointement avec Microsoft, Google, Cisco et Oracle, ce montant atteint 504 milliards de dollars (540 milliards d'euros), soit 30 % du montant global en cash de toutes les entreprises non-financières américaines cotées en bourse.

L'évitement de l'impôt explique en grande partie ces positions astronomiques. Les gains engendrés à l'étranger par les entreprises américaines ne sont imposés que s'ils sont rapatriés aux États-Unis. La majeure partie du cash reste donc en dehors des États-Unis. Mais cela indique aussi qu'il ne faut pas vraiment de lourds investissements pour intensifier l'innovation. Les investissements sont principalement consacrés aux actifs immatériels comme la recherche et le développement. Des entreprises comme Apple, Google, Amazon.com et Tesla ont accru leurs dépenses en recherche de 25 à 55 %.

Robert Skidelsky pense qu'il ne faut pas surestimer les nouveaux investissements pour les 30 à 40 années à venir. « La plupart des améliorations aux technologies existantes sont plutôt progressives. Il devrait être possible d'avoir suffisamment de redistribution pour stimuler l'envie d'améliorer les choses, mais aussi pour fournir un revenu de base à ceux qui n'ont pas besoin de travailler (aussi dur). » Ou à ceux qui sont laissés sur le côté.

Les superstars constituent une autre source de financement possible. « Certains proposent qu'une part des gigantesques revenus des superstars soit reprise sous l'appellation de 'rente économique' », affirment McAfee et Brynjolfsson. Une rente économique est une rémunération excessive, souvent justifiée par la rareté. Ces superstars ne souffrent d'aucune concurrence en raison de leur talent exceptionnel et sont donc payées royalement. « Il y a probablement plus à tirer en augmentant la pression fiscale marginale pour les revenus les plus élevés, par exemple en créant une nouvelle catégorie pour les revenus annuels d'un à dix millions de dollars, proposent McAfee et Brynjolfsson. Il n'existe que peu de preuves étayant l'argument parfois avancé contre cette idée, selon lequel une pression fiscale plus élevée sur les grosses fortunes entraverait la croissance économique. » Une étude[160] des professeurs Diamond et Saez de la MIT indique que le taux d'imposition optimal pour les groupes de revenus les plus élevés se situe autour de 76 %.

Soyons clairs : le revenu de base n'a de sens que dans un monde bouleversé par la révolution numérique. On peut y réfléchir, mais c'est aujourd'hui totalement inutile et impayable. Avant de faire des plans pour un monde sans travail, les autorités et les entreprises doivent d'abord œuvrer ensemble pour occuper tout le monde au maximum. Une réforme structurelle du système actuel et le développement d'un concept de formation continue doivent y contribuer.

Conclusions

Tout comme pendant la deuxième révolution industrielle de la deuxième moitié du XIXe siècle, la classe moyenne occidentale s'est fortement creusée au cours des deux dernières décennies. L'automatisation et dans une moindre mesure la mondialisation ont réduit le nombre d'ouvriers nécessaires dans les usines. La révolution digitale menace également de plus en plus le secteur des services. Et, entretemps, les inégalités se sont accrues pour atteindre le même niveau que pendant la Grande Dépression des années 30.

- L'économie digitale crée une économie des gagnants où les meilleures entreprises et les plus grands talents s'emparent d'une grande partie des revenus. Il en résulte un monde de superstars qui décrochent d'énormes gains. À moins qu'il s'agisse de gains monopolistiques ?

- L'accroissement des inégalités disloque le potentiel de la société. Le meilleur moyen de garder tout le monde à bord, c'est que les autorités et les entreprises agissent communément. Il devient indispensable de se former en continu. Les entreprises prévoient cette possibilité et les autorités développent des formations en collaboration avec d'autres parties prenantes. Ensemble, elles composent une carte de la transformation qui référence aussi bien les emplois en voie de disparition que les professions sensibles.

- Si l’on s’oriente malgré tout vers un niveau de chômage structurellement plus élevé, il faut envisager le développement d’un revenu de base ou d’un impôt négatif sur le revenu. Cette piste coûte cher. Si les hommes sont remplacés par des robots, une forte augmentation de la productivité des entreprises constitue une autre source de financement possible. Il s’agira alors d’une question de redistribution. Une société confrontée à un chômage élevé s’expose à l’agitation sociale. Mais il s’agit d’un plan d’urgence et non d‘un scénario de base.

Entretien avec la commissaire européenne Marianne Thyssen

– **« On ne peut pas subir passivement la numérisation »**

MT Marianne Thyssen est Commissaire européenne pour l'emploi, les affaires sociales, les compétences et la mobilité des travailleurs. Son cabinet doit formuler des réponses aux défis posés par la révolution numérique. Quel traitement réserver aux nouvelles entreprises de plateforme ? Comment faire en sorte que personne ne soit exclu du marché de l'emploi ? L'eurocommissaire nous a reçus dans son bureau bruxellois de la place Schuman en février 2017.

À peine a-t-on eu le temps de s'asseoir que Marianne Thyssen se lançait avec enthousiasme dans le sujet. « Nous poursuivons deux objectifs dans l'Union européenne : le progrès social et le progrès économique. Nous visons une économie sociale de marché, mais ce n'est pas aisé dans l'environnement hyper changeant et compétitif que nous connaissons aujourd'hui. Il nous faut d'abord définir notre point de départ : quelles normes fixons-nous pour une bonne politique sociale ? Ensuite, il faut tenir compte des changements qui s'opèrent. Et enfin, nous arrivons à un cadre de référence, un pilier européen des droits sociaux. »

– **Ce pilier est-il conçu comme un objectif minimal à atteindre pour obtenir une Europe sociale ?**

MT « Il avance quelques principes qui doivent garantir le bon fonctionnement du marché de l'emploi et du système de bien-être. Nous arrivons à trois grands principes en concertation avec les organisations d'employeurs et de travailleurs. Tout d'abord, la protection sociale pour tous. Et je dis bien pour tous, y compris pour ceux qui travaillent pour une entreprise de plateforme. Toute personne qui travaille doit être protégée et également contribuer au système des États membres. Nous sommes ouverts aux nouvelles entreprises, mais pas à la distorsion de la concurrence. Deuxièmement : toute personne qui travaille doit recevoir un contrat de travail écrit qui énonce clairement ses droits et ses obligations. Et ce avant de commencer à travailler. Ce qui soulève d'importantes questions comme : un travailleur free-lance est-il ou non un employé ? Et enfin, il faut viser un bon équilibre entre vie professionnelle et vie privée. »

– **Est-ce une réaction à l'avènement de nouvelles formes d'entreprises comme les plateformes à la Airbnb ou Uber, qui provoquent beaucoup de confusion ? Pour les uns, elles entraînent une concurrence déloyale et érodent notre système fiscal. Pour les autres, elles incarnent au contraire l'innovation et ne peuvent donc pas être traitées trop sévèrement. Ne s'agit-il pas là d'un exercice d'équilibre délicat pour les décideurs politiques ?**

MT «C'est exact. Il est clair que les juristes courent derrière les faits pour les entreprises de plateforme. Ces entreprises sont synonymes d'innovation. Nous devons leur créer un cadre adapté. Mais nous nous trouvons aujourd'hui dans une phase de transition. Notre système de sécurité sociale doit être adapté à cette nouvelle réalité et cette nouvelle manière d'entreprendre. L'objectif de cette adaptation doit être de veiller à ce que l'Europe reste compétitive tout en offrant de la protection. Nous devons absorber les risques et saisir les opportunités offertes par ces plateformes. C'est précisément pour cela que le pilier européen des droits sociaux est si important.»

«Nous devons donc nous mettre d'accord au niveau européen sur un question cruciale: considérons-nous les gens qui offrent des services sur des entreprises de plateforme comme des employés ou comme des indépendants ? Ce n'est qu'alors que nous pourrons créer un terrain de jeux où les règles sont les mêmes pour tout le monde. C'est la raison pour laquelle nous travaillons à une mise à jour de nos modèles sociaux pour y intégrer cette nouvelle tendance du marché de l'emploi. Notre protection sociale doit rester accessible, quel que soit le type de contrat de travail. Mais je trouve aussi important d'œuvrer pour une fiscalité équitable. Des milliards d'impôts se perdent chaque année en raison de l'évasion fiscale. C'est inadmissible.»

– **Comment souhaitez-vous aborder cette question ?**

MT «On ne peut pas continuer à se couper l'herbe sous le pied. En tant qu'Union européenne, nous devons intervenir contre les avantages fiscaux illégaux accordés aux multinationales par les États membres via ce qu'on appelle les 'rulings'. Lorsqu'Apple ne paie effectivement que 0,005 % d'impôt à l'Irlande en 2014, nous devons dire 'stop'. Nous nous attaquons aussi à ces régimes fiscaux privilégiés dans d'autres pays comme la Belgique. Nous devons évoluer vers une Common Consolidated Corporate Tax Base ou CCCTB : une base imposable unique pour l'impôt des sociétés. Il en résultera une répartition beaucoup plus équitable des recettes fiscales. Les recommandations de l'OCDE vont dans le même sens. J'espère que nous pourrons évoluer vers une collaboration internationale. »

– **Notre législation du travail est beaucoup trop rigide, alors que la flexibilité et la rapidité sont précisément les maîtres mots dans le monde numérique. Cela explique pourquoi il n'y a pas de grandes entreprises technologiques européennes. Ne risque-t-on pas dès lors de perdre la course technologique face à la Chine et aux États-Unis ?**

MT « Est-on vraiment à la traîne par rapport à la Chine et aux États-Unis ? Je ne le pense pas. Nous sommes au top absolu dans certains secteurs comme la production automobile, aérienne et ferroviaire. Nous devons créer un climat idéal où les entreprises puissent investir dans l'innovation et où les gens fassent le pas vers l'entreprenariat. Il est très important d'avoir un cadre prévisionnel à cet égard et je pense que nous faisons mieux que les États-Unis pour l'instant. »

« La disponibilité de capital humain est également importante pour favoriser un bon climat d'investissement. Là aussi, nous restons très forts en Europe. Certains emplois risquent de disparaître. Parallèlement, la numérisation a créé deux millions d'emplois au cours de la décennie écoulée. Rien que pour les trois dernières années, le compteur est à un million d'emplois supplémentaires. La numérisation va également contribuer à renforcer notre productivité. Une foule de tâches vont être automatisées. Ce qui va engendrer plus de croissance. »

« Le principal effet de l'automatisation et de la robotisation, c'est que celles-ci exigent d'autres compétences. Le contenu des tâches va changer. Dans l'industrie automobile, l'ancien mécanicien analysera désormais les problèmes de votre voiture à l'aide d'un logiciel. Et il devient crucial à cet égard d'offrir le support approprié, surtout aux travailleurs peu qualifiés. Nous ne pouvons pas aborder passivement la numérisation. Nous devons lui donner forme activement. »

– **La formation continue devient plus importante que jamais, car la technologie modifie en permanence le niveau de compétence requis. Comment l'Europe peut-elle y contribuer ?**

MT «Nous sommes en effet confrontés à un défi de taille à cet égard. Quelles compétences sont requises pour les nouveaux emplois ? D'après les prévisions, 90 % des métiers d'avenir exigent une base de compétences digitales. C'est un véritable défi, car nous constatons aujourd'hui que 40 % de la tranche d'âge des 15 à 64 ans ne disposent pas des compétences digitales de base. Un 'skills agenda' a été mis sur pied pour relever ce défi. Nous nous concentrons sur l'investissement dans les ressources humaines et le renforcement de leurs compétences. Les personnes peu qualifiées doivent être accompagnées individuellement pour stimuler leurs compétences. Cet accompagnement débouchera sur une certification. Il s'agit en quelque sorte d'une deuxième chance.»

– **Comment faire pour que les personnes les moins qualifiées intègrent également le circuit de la formation continue ? Prenons l'exemple des chauffeurs de poids lourds. Tôt ou tard, on n'aura plus besoin d'eux. Mais cette problématique a beau se rapprocher, elle semble être niée.**

MT «Nous anticipons la question grâce au programme 'upskilling pathways'. Les personnes peu qualifiées obtiennent une première évaluation de leurs compétences en vue d'identifier leurs besoins spécifiques. Cela permet de proposer une vaste offre de formation tout à fait adaptée aux besoins du marché local de l'emploi. Et enfin, il y a la validation et la reconnaissance des diplômes au niveau européen. Il existe déjà une reconnaissance mutuelle des professions. Il nous reste à présent à nous occuper de la reconnaissance mutuelle des diplômes.»

«Il est important d'y impliquer les employeurs, qui ont également tout intérêt à ce que leurs travailleurs puissent s'adapter aux nouvelles exigences. D'ailleurs, nous constatons que nous manquerons sérieusement de certaines compétences à l'horizon 2020 : la pénurie de professionnels de l'ICT est évaluée à 756 000. Si nous n'arrivons pas à résoudre ce problème, les entreprises seront confrontées à un problème de compétitivité.»

«Ce problème est également cartographié par le Cedefop, Centre européen pour le développement de la formation professionnelle. Quels sont les emplois disponibles à l'heure actuelle ? Où la demande est-elle importante ? Où constate-t-on une pénurie ? Il est crucial de créer des correspondances et surtout de savoir où l'offre et la demande ne sont pas alignées afin de rectifier le tir. Le portail Eures propose des offres d'emploi qui dépassent le cadre des frontières afin de stimuler la mobilité de l'emploi au sein de l'Europe. »

– **La formation commence sur les bancs d'école. Je remarque que mon fils étudie précisément les mêmes choses que moi il y a trente ans. Et pourtant, le monde a complètement changé. L'enseignement n'est-il pas fortement à la traîne ?**

MT « La qualité de l'enseignement et de la formation revêt une importance cruciale, surtout dans notre monde actuel où tout change à vive allure. Les États membres sont responsables du projet de leur système d'enseignement. L'Union européenne joue un rôle de soutien et d'accompagnement. Nous souhaitons nouer des liens plus étroits entre nos systèmes d'enseignement et encourager les marchés de l'emploi au niveau européen. Nous examinons la situation sur l'ensemble de l'Union européenne et observons où se situent les meilleures pratiques. Ce qui fonctionne très bien, par exemple, c'est l'apprentissage bivalent en Allemagne. Il s'agit de formations professionnelles poussées dans des entreprises comme Siemens, Porsche ou Bosch, mais aussi et surtout dans des milliers de petites et moyennes entreprises. Un véritable label de qualité à nos yeux. »

« Je trouve important de stimuler des liens plus étroits entre nos systèmes d'enseignement et nos marchés de l'emploi. Et c'est aussi une nécessité, car 40 % des employeurs européens signalent qu'ils ne parviennent pas à trouver du personnel disposant des compétences requises. C'est là que nous devons agir. Et c'est précisément pour cette raison que j'ai lancé le nouvel agenda des compétences, qui doit veiller à améliorer la qualité et la pertinence des compétences, la visibilité des compétences acquises et la clarté concernant les besoins du marché. Cela permettra également de présenter ses qualifications à travers toute l'Europe par le biais de l'initiative Europass. Nous aidons les citoyens à expliquer efficacement leurs compétences et les employeurs à mieux les comprendre. Il sera également possible pour les entreprises de proposer des emplois par-delà les frontières. Et ces deux dernières années, l'Alliance européenne pour l'apprentissage et le Pacte européen pour la jeunesse ont soutenu la création de 500 000 postes de formation et d'emploi dans les entreprises. »

– **Il est fondamental de créer un marché unique pour les services et le numérique. D'après de nombreux experts, c'est là que se situe le problème majeur des entreprises en Europe, mais il semble très difficile d'accroître l'intégration.**

MT «L'Europe n'est-elle pas un marché unique? Nous avons la directive des services, qui repose sur l'idée fondamentale que les prestataires de services de toute l'Europe peuvent s'établir sans entrave dans un autre État membre ou y effectuer temporairement des services. Sans tracas ni frais supplémentaires. Mais il est vrai que le secteur numérique est à la traîne. Il reste des obstacles en ligne qui continuent de restreindre les possibilités des entreprises sur internet et des start-ups innovantes. La Commission œuvre à résoudre ce problème par le biais de l'Agenda pour un marché unique numérique. L'objectif est de réunir les 28 marchés nationaux en un seul. Ce qu'il faut, c'est garantir aux consommateurs et aux entreprises l'accès aux biens et services en ligne à travers toute l'Europe. D'après nos calculs, cela peut contribuer à l'économie européenne à hauteur de 415 milliards d'euros par an tout en procurant des centaines de milliers d'emplois.»

«Nous travaillons en outre également à une union du marché monétaire afin que les entreprises puissent trouver rapidement des fonds. Mais tout est plus lent qu'aux États-Unis. Il ne faut pas oublier que l'Union européenne n'est pas un État comme le sont les USA. Il faut d'abord que ce soit approuvé par la Commission européenne, puis par le Conseil des Ministres. Il y a tout un processus à parcourir. Sans compter les initiatives au niveau des États membres eux-mêmes. Une part importante du développement de l'économie digitale relève des compétences nationales. Et on constate parfois une sérieuse opposition, car de très nombreuses entreprises locales préfèrent se sentir protégées dans leur propre pays en limitant la concurrence.»

CHAPITRE 4

La technologie, c’est bon pour la santé

Au cours des cinquante dernières années, les dépenses publiques dans les soins de santé ont augmenté quasiment deux fois plus vite que notre prospérité. Le vieillissement de la population est loin d'être le seul responsable. Les grands coupables sont les récentes – et très coûteuses – technologies, les nouvelles pathologies et le manque avéré d'augmentation de la productivité dans le secteur des soins de santé. Certaines nouvelles technologies, comme la médecine régénérative, alourdissent la facture. C'est un fait. La robotique et la médecine à distance par contre pourraient faire baisser les coûts. À l'avenir, il sera important de faire le tri et de n'adopter que les technologies dont le prix sera acceptable.

L'amélioration de la productivité est un facteur essentiel si l'on souhaite maintenir les coûts sous contrôle. Des erreurs de mesure de la productivité – à la fois au niveau de la sur- ou de la sous-consommation, ou de problèmes d'efficacité – n'ont pas permis dans le passé de mettre en évidence une augmentation de la productivité. On peut résoudre le problème de surconsommation en modifiant le système de remboursement actuel, qui est en grande partie basé sur les prestations. Les applications digitales peuvent aider à résoudre les phénomènes de sous-consommation et à augmenter l'adhésion des patients aux traitements. Mais à l'heure actuelle, la législation et les prestataires de soins ne sont pas encore prêts pour ce changement.

La prévention intelligente (via les applications) et les pronostics de santé (grâce à notre ADN) sont présentés comme le Saint Graal des soins de santé du futur. Grâce aux recherches sur les matériaux génétiques (étude du génome), nous pouvons prévoir la survenance de maladies rares et appliquer des traitements préventifs. Ces avancées ouvrent également la porte à des traitements individualisés. Même si l'on peut douter que la personnalisation du traitement du cancer et les corrections génétiques permettront de réduire les coûts.

Introduction

Nous sommes en 2030 et je dois me faire opérer de la prostate. « Bonjour Monsieur De Leus. Je m'appelle Nadine. Je vais vous aider à vous inscrire et vous conduire à votre chambre. Pourriez-vous poser votre index sur mon bras pendant 5 secondes s'il vous plaît ? » J'obéis à Nadine et, quelques secondes plus tard, mon dossier médical s'ouvre sur son écran. Dès que j'ai signé mon formulaire d'hospitalisation avec un stylo électronique, Nadine s'en va, sur ses petites roues. Je la suis.

Arrivés dans la chambre, le robot me fait une petite visite guidée, répond à mes questions et dissipe mes inquiétudes. Nadine m'assistera jour et nuit. Si j'ai absolument besoin d'une infirmière humaine, ce sera possible. Mais pour une question de coût, j'essaierai de l'éviter au maximum. Le petit robot me demande ensuite si je peux placer mon bras dans sa main électronique afin qu'elle puisse poser le cathéter.

Je lui demande : « L'opération sera-t-elle effectuée par un robot ? » Nadine rit. « Mais bien entendu, Monsieur De Leus. Nous sommes un hôpital moderne. » Je trouve son rire électronique un peu étrange. Mais elle a raison. Plus de 90 % des interventions chirurgicales sont aujourd'hui réalisées par une chirurgie robotisée, qui permet au chirurgien humain d'être plus précis et plus rapide. Les patients se rétablissent plus vite. C'est bénéfique pour tout le monde.

Une demi-heure et un calmant plus tard, Nadine m'emmène au bloc opératoire. L'anesthésiste consulte mon dossier électronique. Elle gèrera simultanément six opérations. Elle lit l'angoisse sur mon visage et me prend la main. « Ne vous inquiétez pas, Monsieur De Leus. Votre narcose sera réduite au minimum et nos appareils de contrôle fonctionnent à la perfection. L'époque où l'anesthésie représentait un danger pour les patients de votre âge est révolue depuis longtemps. Croyez-moi, lorsque cette prostate sera enlevée, vous serez reparti pour soixante années de plus », m'explique-t-elle en me faisant un clin d'œil.

Le chirurgien vient à son tour me rassurer puis prend place dans un coin de la salle d'opération. La veille, j'ai regardé une vidéo pour savoir comment se déroule une telle opération. Impressionnant ! La tête dans une console, les mains sur un 'joystick', et les pieds sur des pédales, le chirurgien dirige une petite caméra armée de trois bras, eux-mêmes équipés de pinces, de tenailles, de ciseaux et d'autres instruments qui imitent les gestes du chirurgien. Avant l'utilisation du robot, un patient sur trois devait recevoir une transfusion sanguine pour ce type d'opération. Aujourd'hui, d'après la vidéo, les patients perdent à peine 150 ml de sang.

Un robot place une série de capteurs sur mon corps. Il attache mon bras et relie le cathéter au liquide anesthésiant. Je dis en riant à la charmante anesthésiste qui m'injecte le produit: «Essayez de m'endormir, vous n'y arriverez pas!». Elle sourit. Cette blague, elle l'a sans doute entendue des centaines de fois. Bien entendu, je n'ajouterai rien... et je reprends connaissance dans la salle de réveil. Quelques heures plus tard, Nadine me raccompagne à la sortie de l'hôpital, où m'attend ma chère épouse Miriam.

Soins de santé impayables

Les nouvelles technologies médicales sont particulièrement prometteuses. Et pas uniquement en chirurgie clinique, comme l'illustre la fiction sur mon opération de la prostate. Un séquençage complet d'ADN (sans interprétation) coûtait 65 millions d'euros en 2000. En 2013, ce prix était retombé à 3.500 euros, et devrait bientôt coûter l'équivalent d'un bon dîner au restaurant. «Dans le monde du génome, on se moque volontiers de la Loi de Moore», souligne le biologiste numérique et professeur d'oncologie, Koen Kas.

Il fait partie des quatre spécialistes que nous avons interviewés afin de comprendre les possibilités et la faisabilité financière des nouvelles technologies dans le secteur médical. Les autres personnes interviewées sont Lieven Annemans (économiste de l'Université de Gand, spécialiste du secteur de la santé), Hendrik Cammu (journaliste, chef de service de gynécologie de l'UZ Brussel et professeur à la VUB) et Jan De Backer (fondateur de Fluidda, une start-up belge qui permet de visualiser nos voies aériennes en trois dimensions).

Modèle intenable

Aujourd'hui, l'impact des analyses d'ADN est surtout marquant dans le domaine de la biologie appliquée au cancer, en diagnostic prénatal, en diagnostic des troubles génétiques et pour le dosage de médicaments. Les médicaments contre le cancer sont aujourd'hui fabriqués sur mesure pour certains groupes de patients présentant des caractéristiques communes. Résultat: une médecine personnalisée et plus efficace. Le diagnostic de maladies héréditaires peut lui aussi sauver de nombreuses vies. L'actrice américaine Angelina Jolie a subi une double mastectomie après qu'un test génétique a révélé qu'elle était, pour des raisons héréditaires, prédisposée à développer le cancer du sein et des ovaires. L'analyse détaillée de la séquence d'ADN devrait également permettre d'optimaliser le dosage des médicaments. Le risque d'effets secondaires – parfois létaux – devrait également être sensiblement réduit[161]. Les applications liées au séquençage de l'ADN en sont certes encore à leurs balbutiements, mais sont très prometteuses.

Idem pour la robotique. En 2014, d'après la firme américaine Intuitive Surgical, spécialisée en développement de robots, 570.000 interventions chirurgicales ont été réalisées avec l'aide de robots, contre 1.000 à peine en 2000. Aux États-Unis, de 80 à 85 % des prostatectomies – c'est-à-dire l'ablation totale ou partielle de la prostate – sont aujourd'hui exécutées par un robot[162]. Mais cette technologie est loin de se limiter à la chirurgie. Pensez à Zora, le premier robot humanoïde, qui est aujourd'hui utilisé dans des maisons de soins pour personnes âgées, dans les écoles pour aider les enfants souffrant d'autisme, et dans différents hôpitaux. Au Japon, un tiers du budget de l'État affecté aux robots concerne des applications liées aux soins aux personnes âgées. Les «Robobears» – qui sont des robots à la pointe de la technologie ressemblant à des ours en peluche – installent et sortent les patients de leur lit, font leur toilette et exécutent d'autres gestes thérapeutiques. Les seniors japonais n'ont d'ailleurs pas le choix: le pays du Soleil levant manque cruellement de personnel soignant. En 2016, le nombre de naissances est pour la première fois depuis 1989 tombé en-dessous du million. C'est la dixième baisse annuelle consécutive de la population japonaise. D'après les estimations, elle devrait passer de 127 millions de personnes aujourd'hui à 87 millions en 2060[163].

La télémédecine, qui est une des composantes de l'eHealth et de la mHealth, permet de suivre un patient à distance. L'eHealth porte sur des applications digitales dans le domaine des soins: l'utilisation des technologies de l'information et de la communication – en particulier la technologie internet – pour soutenir et améliorer la santé et les soins. Dans de nombreux cas, on fait appel à des sites internet ou à des applications web qui permettent aux patients et aux médecins d'établir un diagnostic via un ordinateur, de communiquer des résultats, et d'échanger des informations. La mHealth se concentre surtout sur les soins via des appareils mobiles comme les smartphones, podomètres et GPS. L'approche est plus personnalisée qu'avec l'eHealth. Les deux domaines sont complémentaires et devraient permettre à la télémédecine de se développer. Les médecins américains utilisent la télémétrie – soit le contrôle à distance de plusieurs paramètres – en cardiologie et en obstétrique. «Si vous grimpez en haut d'un clocher et que vous avez de bons yeux, il est probable que vous apercevrez au moins un hôpital», explique le docteur Cammu. «Aux États-Unis, les distances sont plus importantes et la télémétrie permet de gagner beaucoup de temps et d'argent dans les zones isolées.» Et d'éviter des déplacements inutiles.

Autre avantage: les personnes âgées peuvent rester plus longtemps chez elles, ce qui retarde leur départ vers les maisons de repos (très chères). Elles peuvent contrôler leur tension, leur poids (elles ont tendance à «oublier» de manger), leur température corporelle et leur rythme cardiaque. L'appareil envoie ensuite les résultats automatiquement à leur généraliste. Idem pour la revalidation et le suivi par des médecins ou kinésithérapeutes de patients souffrant de maladies chroniques. En 2015, 500 millions de personnes ont utilisé des applications santé via leur smartphone. Une nouvelle app permet aujourd'hui de sauver la vie de nombreux diabétiques, en améliorant le suivi de leur glycémie. L'application prévient le patient en cas de chute du niveau de sucre, ce qui réduit le risque d'hypoglycémie. Cette appli est arrivée un mois trop tard pour mon meilleur ami, Jan, à qui je dédie cet ouvrage.

Le petit pilulier intelligent éteint automatiquement la télévision ou envoie un signal au patient qui a oublié de prendre ses médicaments. Avec le dossier électronique contenu dans notre e-passeport, nous aurons en permanence notre historique médical en poche. Les médecins et spécialistes pourront prendre des décisions sur base d'informations plus complètes. Les interactions négatives entre différents médicaments pourront également être évitées. Ce ne sont que quelques exemples d'avantages de la mHealth et de la télémédecine.

Mais ces nouvelles technologies prometteuses (comme l'analyse de l'ADN, la robotique et la mHealth) ont aussi un coût. La question est de savoir si notre système de soins de santé pourra le supporter. Nous pouvons d'ores et déjà comparer le système actuel au coucou, cet oiseau qui parasite les couvées d'autres espèces en déposant ses œufs dans leur nid et en leur confiant ses jeunes. Pour ne pas éveiller la méfiance, la femelle coucou, après avoir déposé son œuf dans le nid de « l'hôte », en emporte un dans son bec. Après une période (très courte) de 12 jours, le jeune coucou sort de sa coquille. Il naît généralement avant les autres oiseaux du nid et se débarrasse de ses futurs « frères et sœurs » en jetant les œufs par-dessus bord avec ses ailes. Il s'approprie ainsi le nid comme « enfant unique ».

Les soins de santé ressemblent à de nombreux égards à un jeune coucou : la hausse permanente des coûts prive les autres secteurs des fonds publics. Depuis les années '70, les dépenses liées à la santé ont quasiment augmenté deux fois plus vite que la richesse. Depuis 2000, ces dépenses sont passées de 5,9 % à 8 % du PIB. En 2060, elles devraient représenter 60 % de ce PIB. Et cette estimation est relativement conservatrice, comme vous le découvrirez plus loin. Le total des dépenses est en réalité 20 % plus élevé, puisqu'il ne tient pas compte de la part du patient (ticket modérateur).

Le vieillissement de la population

Dans le passé, nous avons plus ou moins maintenu le budget des soins de santé sous contrôle. À cause du phénomène de vieillissement de la population, ce défi devrait être beaucoup plus difficile à relever. Depuis 1950, l'espérance de vie moyenne des Belges est passée de 62 ans pour les hommes et de 67 ans pour les femmes à respectivement 80 et 84 ans en 2014. Tous les quatre ans, les nouveau-nés bénéficient d'une année de vie supplémentaire. D'après le Bureau du Plan, ce rythme devrait se ralentir à une année d'espérance de vie supplémentaire tous les huit ans. En 2060, l'espérance de vie à la naissance devrait se situer à 87 ans pour les hommes et à 89 ans pour les femmes.[164]

Le vieillissement de la population – soit la forte augmentation de la proportion des personnes de plus de 80 ans au sein du groupe des plus de 65 ans – témoigne des avancées spectaculaires de la médecine. Certes, la guerre est perdue d'avance, puisque la mort est inéluctable, mais nous gagnons de nombreuses batailles, en augmentant régulièrement notre espérance de vie. Ces progrès ont cependant un impact important sur le

FIG. 41 Augmentation du nombre d'allocataires sociaux mais baisse du financement de la sécurité sociale. Source: Union Européenne, eHealth Task Force Report Redesigning health in Europe for 2020, 2012

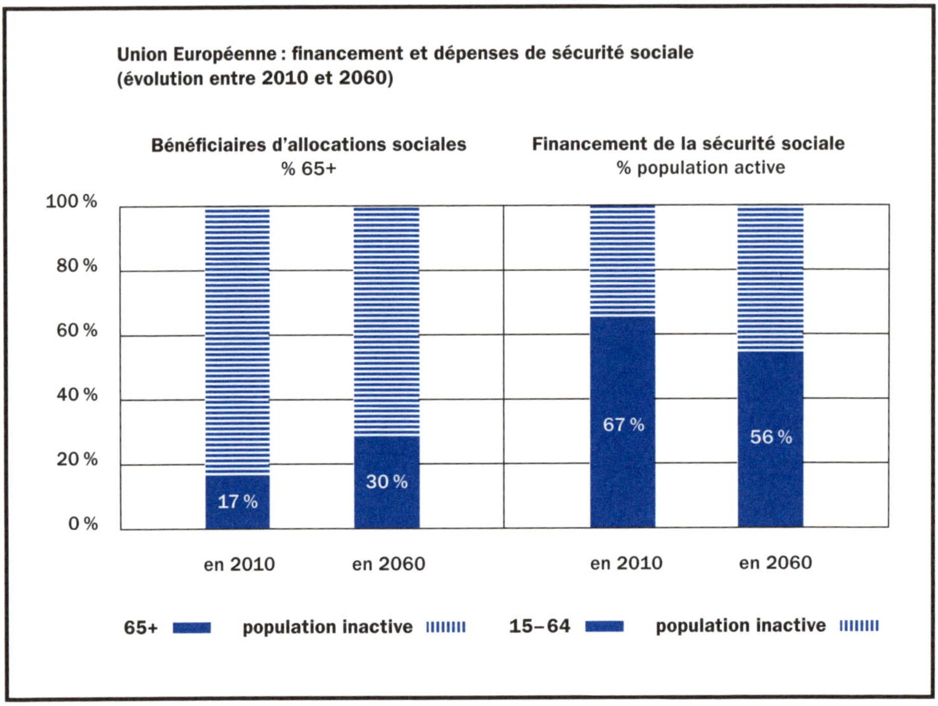

financement de la sécurité sociale. Dans notre système de répartition, c'est la population active qui finance les dépenses de pension et de santé du reste de la population. Ce système fonctionne bien tant que la hausse du nombre de contributeurs reste supérieure à celle des bénéficiaires. Aujourd'hui, la hausse du nombre de personnes de plus de 65 ans n'est pas compensée par la hausse de la population. Au contraire. Et avec la stabilisation attendue du nombre d'enfants par femme à 1,8 (contre 2,3 dans les années '50), la situation ne devrait pas s'améliorer dans les années à venir.

La conséquence ? Aujourd'hui, pour 100 personnes dont l'âge se situe entre 15 et 64 ans, on compte 28 personnes de plus de 65 ans. En 2060, cette proportion devrait passer à 48 personnes de plus de 65 ans. Le reste de l'Europe fait face au même problème (cf. tableau). Le modèle européen des soins de santé – qui fait la fierté de l'UE – est tout simplement intenable à terme.

L'augmentation du nombre de seniors pousse le coût des soins de santé inexorablement vers le haut. Les frais de santé d'une personne de 70 ans sont 3,5 fois plus élevés que ceux d'une personne de 35 ans. À 90 ans, ces frais sont 12 fois supérieurs.

De nombreuses personnes âgées souffrent de maladies chroniques. En moyenne, un Belge sur trois souffre d'au moins une maladie chronique. Dans le groupe des plus de 65 ans, deux personnes sur trois sont atteintes d'au moins deux pathologies chroniques. Les maladies liées au vieillissement, comme le cancer et la maladie de Parkinson, devraient augmenter de manière spectaculaire. À l'heure actuelle, les États-Unis diagnostiquent 1,6 million de nouveaux cas de cancer par an. Avec le vieillissement de la population, ce nombre devrait passer à 2,3 millions par an d'ici 2030. Les États-Unis devraient être confrontés à une pénurie de 2.500 à 4.000[165] oncologues.

La hausse du coût du vieillissement s'observe principalement dans les soins de longue durée, c'est-à-dire, les soins dont les personnes ont besoin lorsqu'elles perdent leur autonomie pendant de longues périodes (et souvent même jusqu'à la fin de leur vie). Aujourd'hui, les dépenses publiques affectées à ces soins en Europe représentent en moyenne 1,8 % du PIB, et la Commission Européenne s'attend à ce que ce pourcentage soit multiplié par deux d'ici 2060[166]. En Belgique, ces dépenses représentent 2,3 % du PIB, et dépassent donc de 0,5 % la moyenne européenne. Cette situation s'explique en grande partie par la part prépondérante des soins en institution, par rapport aux soins à domicile. Cela vaut surtout pour les personnes très âgées : près de la moitié de la population entre 90 et 94 ans réside dans une maison de soins. Pour les personnes de plus de 95 ans, ce pourcentage passe à 72 %.

Les coûts des soins dispensés de manière totalement institutionnalisée dans des centres de soins (comme au Danemark) représentent 90 % du revenu annuel moyen *per capita*. En Belgique, plus de la moitié de la facture est payée par les pouvoirs publics. Les coûts de l'aide informelle aux personnes dépendantes – soins à domicile prodigués par la famille – comme en Italie, sont estimés à 5 % du revenu annuel *per capita*. Les économies que l'on pourrait réaliser en maintenant les personnes âgées plus longtemps à leur domicile sont gigantesques. Nous y reviendrons plus loin.

En même temps, il est important de souligner que l'évolution démographique – soit l'augmentation de la population et le phénomène de vieillissement – ne représentait dans le passé que 25 % de la hausse des coûts du secteur des soins de santé. À l'avenir, cette évolution ne devrait pas davantage expliquer la hausse des dépenses. L'augmentation des coûts des soins – qui est la conséquence la plus visible du vieillissement de la population – ne devrait pas représenter plus d'un tiers des dépenses supplémentaires. Le solde est à mettre sur le compte de ce que l'on définit comme la hausse tendancielle des dépenses en soins de santé. On y trouve les coûts des nouvelles maladies résultant de l'augmentation de notre richesse (l'obésité est considérée comme « la » maladie du futur), l'émergence des nouvelles technologies, et l'évolution des prix dans le secteur des soins de santé à cause de l'absence d'augmentation de la productivité.

La technologie, grande coupable

Comme nous l'avons dit, le vieillissement de la population est loin d'être la cause principale de l'augmentation des dépenses en soins de santé. « En réalité, nous sommes face à un 'trilemme' en matière de soins », explique le professeur Annemans lorsque nous lui parlons de l'augmentation des coûts dus à l'innovation technologique. « Nous voulons de la qualité et que le système soit durable et solidaire. La demande en qualité nous pousse vers les technologies extraordinaires qui sont aujourd'hui disponibles. Mais est-ce durable ? Est-ce financièrement jouable ? Si le coût des soins doit rester dans des limites acceptables, seront-ils accessibles à tous ? De nombreuses nouvelles technologies coûtent d'ailleurs bien plus que ce qu'elles apportent. Nous devons donc fixer certaines limites. »

Il est particulièrement difficile d'évaluer correctement ce que les soins de santé coûteront à l'avenir, et donc aussi de savoir s'ils seront financièrement tenables. C'est aussi le constat de l'OCDE. « Nous devons tenir compte d'une importante marge d'erreur », nous explique-t-on. « La seule certitude quant à l'avenir, c'est que dans trente ans nous éclaterons de rire en relisant ces estimations », explique le futurologue américain Herman.

« C'est précisément ce qui s'est passé lorsque le *British Medical Journal* a publié en 2000 les estimations de scientifiques de haut niveau et de médecins en 1975 », explique le docteur Cammu. « Ces estimations étaient tout simplement hilarantes. De nombreux postes ont été surestimés, et d'autres sous-estimés. Nous pouvons nous attendre aux mêmes erreurs pour les

FIG. 42 **La hausse estimée des dépenses de santé est probablement fortement sous-évaluée.**
Source : Itinera, Comité d'étude sur le vieillissement et estimations de Lieven Annemans

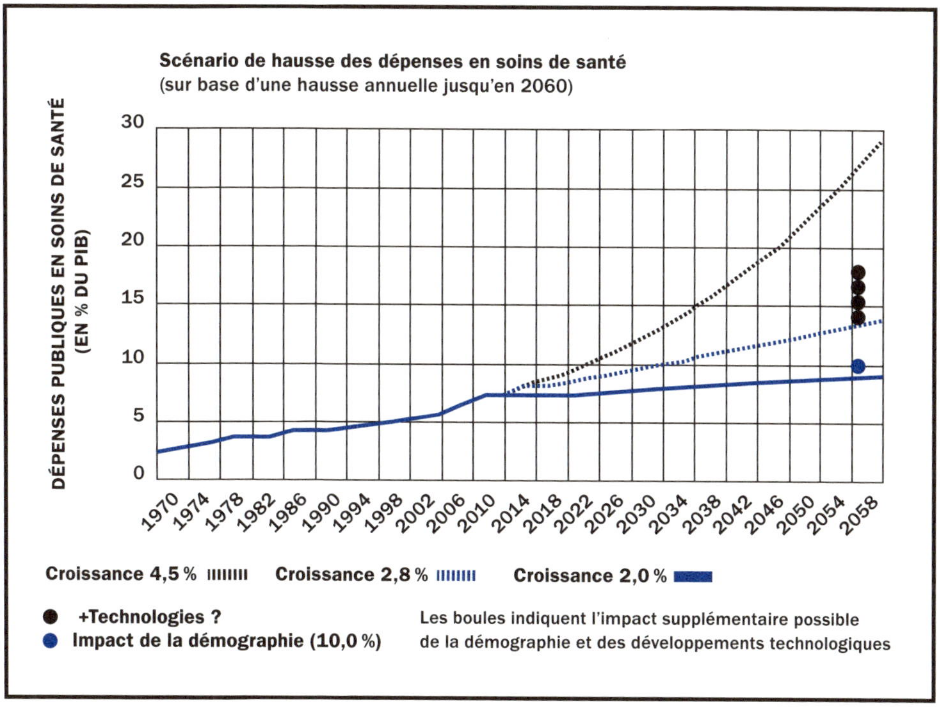

décennies à venir. En 1975, le SIDA était encore inconnu. Tout comme le virus zika, qui vient d'être découvert, et qui a été qualifié de crise mondiale de la santé par l'OMS (Organisation Mondiale de la Santé). De même, il est difficile de savoir aujourd'hui comment notre santé évoluera. Peut-être serons-nous en meilleure santé à âge égal et que les coûts baisseront. Par exemple, le nombre de cas de démence est aujourd'hui clairement en baisse. »

Ce manque de visibilité représente un défi de taille. Prenons les chiffres du Comité d'étude sur le vieillissement. Ce comité se base sur une hausse de 2 % par an des dépenses publiques en soins de santé. D'ici 2060, nous dépenserons donc chaque année 10 % de notre PIB en soins de santé, contre 8 % aujourd'hui. Si cette hausse semble modeste à première vue, nous parlons malgré tout d'une augmentation des dépenses de 8 milliards d'euros par an. Cet argent devra être trouvé en réduisant d'autres dépenses. Cela équivaut aux efforts que le gouvernement devra consentir durant la période 2016–2019 pour retrouver un budget structurellement à l'équilibre. Pour la période 2012–2015, le gouvernement a économisé à peine 3 milliards d'euros.

Et c'est le scénario le plus optimiste. « Dans le calcul de cette estimation, le Bureau du Plan se base sur une hausse linéaire des coûts », explique le professeur Annemans. « Il ne tient pas compte des nouvelles technologies. Les 2 % de hausse estimée pourraient donc s'avérer nettement en-dessous de la réalité ou, du moins, de la hausse dont il faudra tenir compte pour intégrer et financer l'usage des nouvelles technologies. »

Si nous n'intégrons pas ces nouvelles technologies dans le calcul (ce sont les boules rouges que l'on retrouve dans le graphique ci-avant), les dépenses pourraient facilement grimper à 14 %, voire 18 % du PIB en 2060, soit trois à cinq fois le montant supplémentaire estimé par le Bureau du Plan. « C'est, au mieux, une estimation au pifomètre, explique Lieven Annemans en riant. Nous ne savons tout simplement pas à quelles technologies nous pourrons faire appel à l'avenir. Et le choix de l'une aux dépens d'une autre pourra faire toute la différence au niveau des estimations de coûts. »

La facture de l'innovation technologique

Lieven Annemans distingue deux types de technologies dites « disruptives ». Tout d'abord, on trouve la médecine régénérative et les thérapies, qui comprennent entre autres la technologie des cellules-souches et celle de la 3D. Vous avez de toute urgence besoin d'un organe ? Grâce aux dernières technologies 3D, il sera possible d'« imprimer » un organe qui vous permettra de vivre encore pendant de longues années. « Certains organes défaillants pourront être guéris grâce à cette technologie. La thérapie du génome – dont les traitements révolutionnaires contre le cancer – font également partie de cette catégorie. Ces technologies augmentent sensiblement la qualité de vie, mais elles coûtent très cher », estime Lieven Annemans. La deuxième catégorie de technologies disruptives comprend la technologie des robots et de la télémédecine qui, selon lui devraient plus que probablement permettre de réduire les coûts de santé. Pensez aux robots utilisés dans les hôpitaux pour accompagner les patients à leur chambre, s'occuper des repas et dispenser des soins. Par exemple, le Canada a ouvert en octobre 2015 l'hôpital Humber River, le premier hôpital entièrement numérisé au monde. Certaines applications entraînent une réduction des coûts en permettant aux médecins d'assurer le suivi à distance de l'état de santé des patients souffrant de maladies chroniques.

FIG. 43 Augmentation des coûts et efficacité des médicaments disruptifs vs. les médicaments traditionnels. Source : European Union, eHealth Task Force Report – Redesigning health in Europe for 2020, 2012

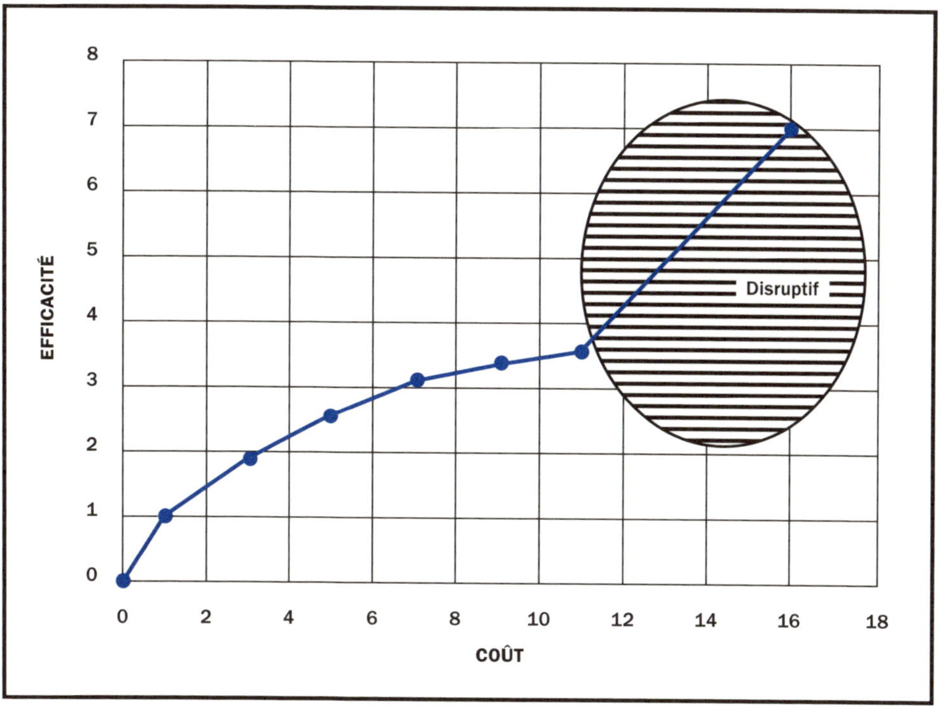

Concernant les estimations du coût des soins de santé, la grande question est savoir si nous verrons principalement émerger des technologies qui réduiront ou augmenteront le coût des soins.

En tout cas, à l'avenir, le maître mot sera le rapport « coût-efficacité ». « Nous avons les moyens de prolonger la vie, mais cela ne peut se faire à n'importe quel prix. Le coût doit pouvoir se justifier, poursuit Lieven Annemans. Lors du développement de nouveaux médicaments, nous sommes souvent face à une courbe où les prix augmentent fortement, avec en contrepartie une très légère augmentation de l'efficacité. » L'économiste spécialisé en santé cite l'exemple d'un médicament anticancéreux révolutionnaire, très cher, qui peut prolonger la vie, certes, mais de deux ans à peine. « Ce n'est plus payable. »

« Avec les médicaments régénérateurs disruptifs, nous voyons que l'efficacité augmente subitement, mais la hausse des coûts est à l'avenant. Exemple : le Praluent, un médicament qui fait baisser le cholestérol et réduit de moitié le mauvais cholestérol. C'est un pas de géant pour la médecine, mais le médicament coûte 4.000 euros par an et les patients doivent le prendre toute leur vie. Ce coût se justifie-t-il ? », se demande le professeur.

Cet exemple est loin d'être imaginaire. Les dépenses totales de l'INAMI en matière de médicaments s'élevaient à près de 2.600 millions d'euros en 2014. Les 25 médicaments les plus prescrits représentaient 913 millions d'euros, soit plus d'un tiers du total. À la première place du classement de l'INAMI, on trouve l'adalimumab, un anti-inflammatoire performant qui est prescrit lorsque les traitements conventionnels ne fonctionnent pas. L'adalimumab est entre autres utilisé pour le traitement de la maladie de Crohn, de l'arthrite rhumatoïde et du psoriasis. Le nombre de patients reste limité à 12.000, mais le traitement coûte 40 euros par jour. Le coût annuel moyen par patient revient à 10.000 euros[167]. Et ce n'est pas tout : au quatrième rang du classement des remboursements de l'INAMI, nous trouvons le facteur VIII de coagulation du sang, un médicament pour traiter l'hémophilie. L'INAMI a dépensé 51,8 millions d'euros pour traiter 274 patients. Coût par patient : 189.000 euros. « Il est important de connaître le nombre de personnes qui prennent des médicaments aussi chers », nuance le docteur Cammu après avoir parcouru avec moi la liste de l'INAMI. « Presque tout le monde est un jour confronté à des problèmes cardiovasculaires, mais l'arthrite rhumatoïde touche à peine 1 % de la population. Le nombre d'utilisateurs du médicament contre l'hémophilie est lui aussi très limité. »

Cammu se pose les mêmes questions qu'Annemans sur les nouveaux traitements – trop chers – contre le cancer. « Nous disposons de trois traitements standard contre le cancer : la chirurgie, la chimiothérapie et la radiothérapie. Mais de nouveaux traitements émergent, comme l'immunothérapie, la vaccinothérapie et l'hormonothérapie. Ces protocoles prolongent la vie de quelques mois. Mais ce sont des stades intermédiaires. La première fois, le patient gagne quatre mois, la fois suivante, un nouveau médicament pourra peut-être prolonger la vie de trois mois. Après dix ans, nous aurons gagné une année. Cela commencera à en valoir la peine. » Devons-nous oui ou non rembourser ces médicaments très chers ? Soupir. « C'est une question très difficile. Mais ce que l'on constate, c'est que cela permet d'avancer progressivement, même si chaque étape représente un progrès marginal », répond Cammu, esquivant ainsi la question.

Pour Annemans – davantage *homo economicus* par sa formation d'économiste de la santé que son ami le docteur Cammu –, il faut fixer certaines limites. « Et le secteur pharmaceutique doit en être clairement informé. Il ferait mieux d'arrêter les recherches sur une thérapie ou un médicament dès que les limites sont atteintes, puisque de toute façon la Sécurité sociale ne pourra jamais payer. » Notre expert se réfère ici à l'immuno-oncologie. « Certaines de ces thérapies font du cancer une maladie chronique. C'est bien entendu fantastique. Mais les entreprises pharmaceutiques demandent des prix extraordinairement élevés pour ces traitements. Ils pensent que la vie n'a pas de prix et que les gens seront prêts à payer. Mais la société ne peut pas supporter ces coûts. Je suis un fervent défenseur de l'innovation, mais son prix doit rester à l'intérieur de certaines limites. »

Les moyens financiers de l'INAMI ne sont pas illimités. Un traitement standard du cancer – par chimio ou radiothérapie – coûte entre 15.000 et 30.000 euros par personne et par an. Avec les nouvelles immunothérapies personnalisées, les prix atteignent 150.000, voire 300.000 euros par patient. « Nous pouvons financer ce type de traitement pour un nombre limité de personnes », a déclaré au *Tijd* Ri De Ridder, directeur général de l'INAMI. « Mais pas pour toutes les tumeurs que ces nouveautés ambitionnent de traiter. »

La ministre de la santé publique, Maggie De Block, a prévu un budget annuel supplémentaire de 350 millions d'euros pour les médicaments innovants, y compris ceux destinés au cancer. Mais c'est loin d'être suffisant, si l'on en croit les estimations du professeur Walter Van Dyck, directeur du Health Care Management Center de la Vlerick Business School. « Aujourd'hui, les remboursements des traitements innovants contre le cancer se montent déjà à 245 millions d'euros par an, soit la moitié du budget total consacré aux traitements contre le cancer. Dans quatre ans, ce chiffre devrait atteindre 778 millions d'euros, dont 372 millions pour la seule immunothérapie »[168].

Que coûte une année de vie supplémentaire ?

Nous ne pouvons donc pas continuer à payer pour toutes les nouveautés thérapeutiques et technologiques. « Nous devrions faire un tour d'horizon prospectif de toutes ces nouvelles technologies, estime Annemans. Cela permettrait de cartographier les projets en développement ainsi que leur coût. Ce n'est qu'ensuite que nous pourrons fixer les limites. Tout ce qui dépasserait ces limites – à l'exception de quelques médicaments pour des maladies très rares – ne serait plus remboursé. »

L'avantage de cette approche, c'est qu'elle permet d'évaluer les dépenses liées aux nouvelles technologies. « Nous pourrons ainsi ajuster les estimations du Bureau du Plan en connaissance de cause, ce qui nous donnera une meilleure idée de l'évolution des coûts des soins de santé d'ici 2060. Cela nous fera peut-être prendre conscience de la gravité de la situation, car nous ne pouvons pas tout nous permettre. La productivité dans le secteur des soins de santé doit augmenter et les coûts doivent baisser », ajoute Annemans.

Si nous voulons mesurer le coût de la santé, nous devons disposer d'un outil nous permettant d'évaluer le rapport « coût-efficacité » de toutes les mesures thérapeutiques ou préventives. « Cet instrument existe, explique Annemans. Il s'agit du QALY, l'acronyme de 'Quality-Adjusted Life Year', ce qui est en fait l'unité de mesure de la santé. Une QALY représente une année de vie supplémentaire en bonne santé. Une QALY peut aussi représenter plusieurs années de vie, mais en moins bonne santé. De plus, la valeur de cette QALY peut être exprimée en euros »[169].

Quel est le prix maximum acceptable pour un nouveau médicament ou une nouvelle avancée technologique ? L'OMC (Organisation Mondiale du Commerce) se base sur le PIB par habitant pour calculer les moyens financiers d'un pays. « En Belgique, il se situe aux alentours de 37.000 euros. Cela peut nous aider à fixer le prix que nous pouvons ou sommes prêts à payer pour une QALY, en d'autres termes, pour une année de vie en bonne santé. Car, au final, c'est la société qui décide. Si le montant total des frais de traitement pour une QALY supplémentaire ne dépasse pas 37.000 euros, c'est acceptable. Un médicament qui coûte 60.000 euros mais qui apporte trois années de vie en bonne santé est également acceptable, car le coût d'un QALY revient alors à 20.000 euros. Dans certains cas, les autorités acceptent de multiplier par trois le maximum autorisé de 37.000 euros par QALY. »

Dans ce domaine, les Pays-Bas nous montrent l'exemple. Chez nos voisins du Nord, une année de vie en bonne santé peut coûter entre 10.000 et 80.000 euros, selon la gravité de la maladie. Les médicaments qui dépassent cette limite ne sont simplement pas commercialisés ou, du moins, pas remboursés.

Productivité invisible

Le vieillissement de la population et la technologie sont certes responsables d'une grande partie des coûts des soins de santé, mais l'évolution des prix dans le secteur joue également un rôle important. À cause de la spécificité du secteur – utilisation intensive de main-d'œuvre – l'évolution des coûts salariaux pèse lourdement sur le secteur. De plus, de nombreux services médicaux sont difficiles à standardiser. Contrairement au secteur industriel, il existe moins de possibilités d'augmenter la productivité en recourant à l'automatisation. Cela se reflète aussi dans les statistiques.

Problème de mesure

Au cours de la période 1990–2010, l'économie américaine a progressé en moyenne de 2,5 % par an: deux tiers de cette croissance, soit 1,7 %, ont été réalisés grâce aux gains d'efficacité. La création d'emplois explique le solde. Venons-en au secteur des soins de santé: au cours de la même période, il s'est développé au rythme de 2,3 % par an. Mais ici,

FIG. 44 Croissance de la productivité négative dans le secteur des soins de santé
Source: Robert Kocher & Inkhil R. Sahni, Rethinking Health Care Labor

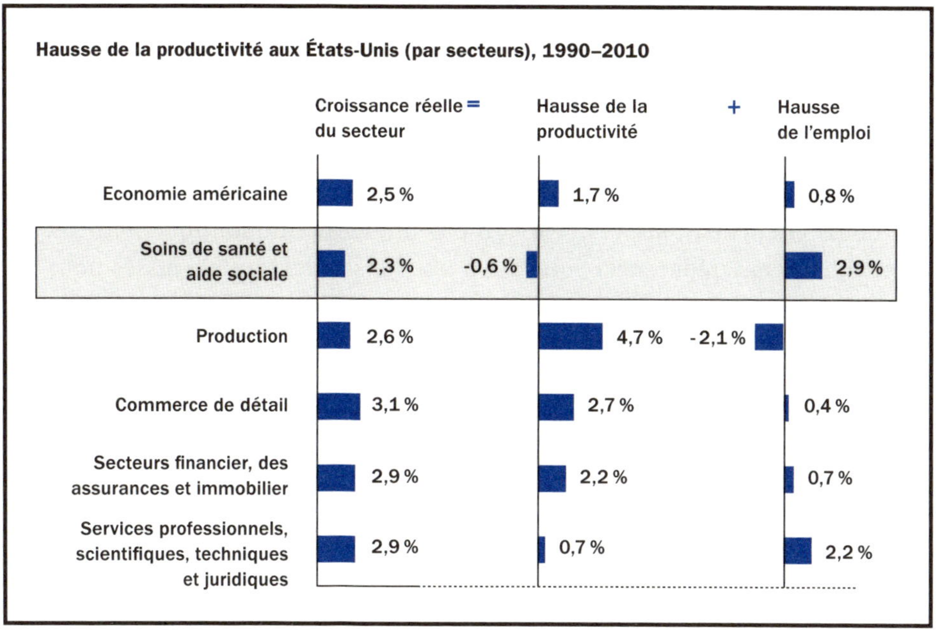

l'ensemble de la croissance est à mettre sur le compte de l'augmentation du nombre d'emplois, encore plus élevée que dans les autres secteurs. En d'autres termes : au cours de ces vingt ans, la productivité n'a augmenté que de 0,6 % par an. En Belgique également, nous observons une baisse apparente de la productivité dans le secteur des soins de santé pour la période 1970–2012.[170] D'après le Bureau du Plan, c'est très étrange : « en particulier pour le secteur des soins de santé[171] étant donné les progrès en technologies médicales et l'amélioration de l'offre en médicaments. »

Le calcul de l'augmentation de la productivité dans le secteur des soins de santé est jalonné de nombreux pièges. Pour commencer, il est important de mesurer correctement la hausse de la « production » réelle. Pour ce faire, il faut diviser les montants nominaux payés par les consommateurs par l'indice des prix du secteur des soins de santé. Plus les prix augmentent, moins la production réelle est élevée, et donc moins la productivité augmente. La grande difficulté rencontrée dans le calcul de ces montants nominaux, c'est que les consommateurs ne paient qu'une petite partie des frais réels de production, voire rien du tout. Il est donc difficile d'évaluer si le prix payé correspond à la valeur réelle des soins délivrés aux consommateurs.

Le problème lié au calcul de l'indice des prix réside dans l'augmentation énorme, mais difficilement mesurable, de la qualité des soins. En effet, comment en effet intégrer dans cet indice l'augmentation des chances de survie, l'accélération de la guérison et la réduction de la douleur ? Comme c'est le cas avec les ordinateurs, l'indice des prix n'en tient pas suffisamment compte. Si l'on calculait correctement ce prix en tenant compte de l'amélioration de la qualité, l'indice augmenterait moins vite, voire baisserait. Si l'on paie un montant identique pour un meilleur traitement, cela équivaut à une baisse des coûts, ajustés pour tenir compte de la qualité. La conséquence ? Une augmentation de la production réelle et de la productivité.

Enfin, la production du secteur des soins de santé peut difficilement se résumer à un seul chiffre. De nombreux statisticiens se basent sur l'évolution du taux de mortalité. Le problème, c'est qu'ils ne tiennent pas compte de la prévention et de la guérison de certaines maladies, du soulagement de la douleur, du traitement des maladies chroniques ou de l'augmentation globale de la qualité de vie. « Il est donc très difficile d'évaluer avec précision la contribution des soins de santé. Car

FIG. 45 Coût d'une année de vie supplémentaire sur une période de 40 ans, pour différentes catégories d'âge. Source : Cutler, Rosen and Vjan (2006)

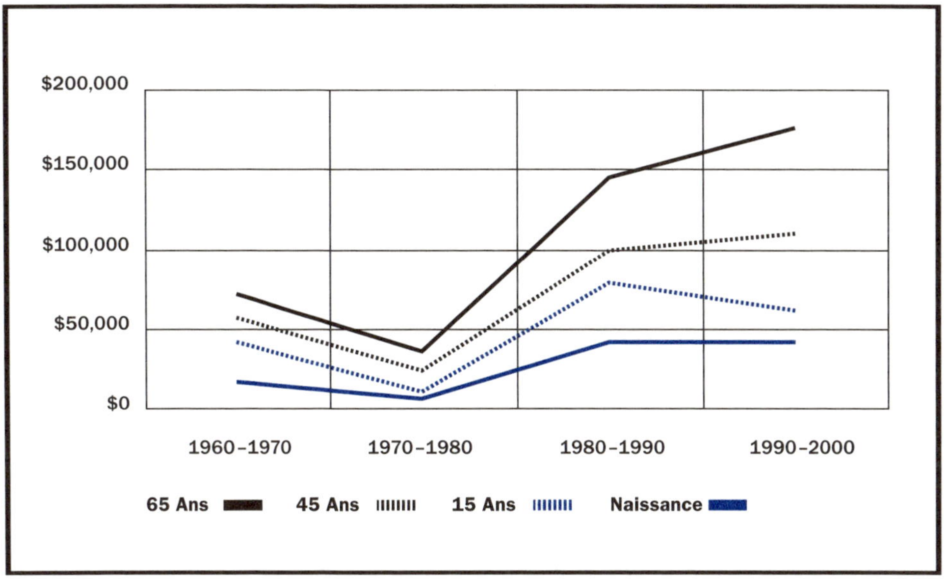

quel serait le niveau de souffrance des patients s'ils n'étaient pas pris en charge ? Voilà qui est encore plus difficile à traduire en termes financiers », conclut le Bureau du Plan.

« On peut dire sans se tromper que les soins de santé se sont beaucoup améliorés en vingt ans, souligne aussi le docteur Cammu. Prenez l'exemple de l'urologie. Auparavant, c'était une spécialité chirurgicale. Aujourd'hui, la technologie a pris le pas sur la chirurgie. Par exemple, les calculs rénaux sont désormais pulvérisées et non plus retirées par un chirurgien. Les problèmes d'augmentation de volume de la prostate sont le plus souvent résolus par voie médicamenteuse et non plus par la chirurgie. Et s'il est nécessaire d'opérer, l'intervention est beaucoup moins invasive». Résultat : les patients se rétablissent plus vite. L'amélioration des soins de santé contribue donc indirectement à la croissance économique. Mais elle n'est pas intégrée dans les chiffres de productivité du secteur. »

C'est pourquoi d'autres études essaient de mesurer différemment cette productivité. Le graphique ci-dessus montre le coût estimé d'une année de vie supplémentaire au cours des quarante dernières années du XXe siècle, grâce à l'amélioration des soins de santé. Ce calcul a été réalisé pour différentes catégories d'âge. La plupart des estimations – en particulier au début de la période étudiée – ne dépassent pas la limite des 100.000 dollars. D'après David Cutler, professeur d'économie appliquée à l'Université de Harvard, ce montant représente la valeur estimée d'une année de vie supplémentaire. « Dans ces cas, les soins médicaux peuvent être entièrement justifiés », conclut Cutler.

Cette évolution est plutôt négative. Le coût d'une année de vie supplémentaire en 1960 et 1970 était clairement inférieur si on le compare aux années 1980 et 1990. Les données des dernières décennies pour les États-Unis démontrent clairement que l'on dépense trop pour prolonger la vie, en particulier pour les aînés. Cela ne surprendra personne. En fait, nous avons commencé par développer les traitements les plus avantageux. La valeur ajoutée de l'innovation s'est progressivement réduite. Cutler : « Malgré tout, les résultats sont remarquables. Dans d'autres secteurs, l'innovation n'a pas tellement généré de nouveaux produits, mais a surtout amélioré l'organisation de la production, de la distribution et de la commercialisation. Ce sont ces changements organisationnels qui ont généré le plus de productivité. Dans le secteur des soins de santé, par contre, on a connu beaucoup d'innovations en termes de produits, mais peu dans l'amélioration de l'organisation du système. » Les soins de santé sont en fait confrontés depuis longtemps au problème dont souffre notre économie aujourd'hui : davantage d'innovation en termes de produits que de processus et, de ce fait, des gains de productivité marginaux.

Même si les chiffres indiquent le contraire, Cammu est convaincu dur comme fer que le secteur des soins de santé est bien plus efficace que dans le passé. Il faut se garder d'accorder trop d'importance à l'augmentation de l'efficacité. Ces dernières années, on a beaucoup mis l'accent sur le contrôle des coûts, souvent au détriment du personnel. « Le nombre d'infirmiers et infirmières par service a déjà beaucoup baissé. Ce n'est pas une bonne idée, car c'est néfaste pour la santé des patients, explique le gynécologue. Cela se fait au détriment de l'aspect humain des soins, comme l'empathie. Cela n'a rien à voir avec l'efficacité, mais c'est malgré tout un élément sur lequel on ne peut pas lésiner. »

Gains de productivité invisibles

Dans le secteur des soins de santé, les gains de productivité sont quasiment inexistants. Cela ne signifie pas pour autant que le secteur ne progresse pas. L'espérance de vie moyenne a augmenté de 2,3 ans tous les dix ans au cours de la période 1870–2010. Cette augmentation de l'espérance de vie – en bonne santé – est l'objectif ultime des soins de santé. Mais les statistiques de la productivité ne parviennent pas à intégrer les importants progrès réalisés en matière de bien-être. « Aussi, des voix s'élèvent pour demander une méthode de mesure de la productivité dans les soins de santé différente des autres secteurs », explique Bart Van Ark de l'institut de recherche The Conference Board. « Il faut mettre de côté le facteur coût, au bénéfice de mesures qui se basent sur d'autres variables de 'production'. Par exemple, combien de patients souffrant d'un cancer accueille-t-on et quel est leur état de santé ? Combien d'entre eux quittent l'hôpital ? Leur état s'est-il amélioré ? » Pour de plus en plus d'économistes, la seule manière d'avancer dans ce domaine est de se baser sur le tableau clinique.

FIG. 46 Tableau de la productivité et de l'espérance de vie
Source : Field (2012), Gordon (2010), Carter et al. (2006), Center for Disease Control and Prevention (*http://www.cdc.gov/nchs/data/dvs/deaths_2010_release.pdf*)

PÉRIODE	FACTEUR TOTAL DE PRODUCTIVITÉ croissance annuelle moyenne	PRINCIPALES SOURCES DE CROISSANCE	EVOLUTION DE L'ESPÉRANCE DE VIE À LA NAISSANCE années par décennie
1870-1900	~1,5-2 %	Transport, communication, commerce, entreprises	1,3
1900-1920	~1 %		3,2
1920	~2 %	Electricité, moteur à combustion interne, chimie et télécommunications	5,6
1930	~3 %		3,2
1940	~2,5 %		5,3
1950-1973	~2 %	Généralisation de leur usage	1,4
1973-1990	<1 %		2,4
1990	>1 %	Technologies de l'information	1,7
2000	~1,5 %		1,4
1870-2010	~1,6-1,8 %		2,3
1950-2010	~1,2-1,5 %		1,8

Surconsommation de traitements inutiles

Alors que, dans d'autres domaines, l'innovation technologique permet de réduire les coûts et d'augmenter la productivité, ces effets font cruellement défaut dans le secteur des soins de santé. Plus encore : les nouvelles technologies conduisent parfois à la surconsommation. Pour le docteur Cammu, ce problème doit être abordé au niveau sectoriel. « Au début de ma carrière, on comptait en Belgique près de 2.000 interventions contre l'incontinence. Les choses ont changé au moment où l'on a découvert une nouvelle technique, moins invasive, plus simple et plus efficace. Conséquence : leur nombre a explosé pour atteindre 8.000 interventions par an. Toutes ces interventions ne sont pas nécessaires. Aujourd'hui, on décide d'intervenir même en cas de problèmes marginaux, qui n'auraient jamais été traités par voie chirurgicale auparavant. C'est positif pour le patient, mais pas pour le budget. Cette surconsommation est un véritable fardeau pour le secteur des soins de santé. »

Annemans : « L'Organisation Mondiale de la Santé estime que 30 % des dépenses de santé dans notre pays sont consacrés à des soins et à des médicaments inutiles. » En d'autres termes, nous pourrions économiser chaque année 9 milliards d'euros et le budget de l'État pourrait sans problème être à l'équilibre en 2019. Petit exemple : les patients souffrant de cancer passent en moyenne dix jours à l'hôpital au cours de leur dernier mois de vie, soit beaucoup plus que dans d'autres pays. Et cela coûte très cher. « Il est évident que nous gérons mal le peu de moyens dont nous disposons », ajoute Annemans, quelque peu frustré. « Cela permet aux hôpitaux d'occuper les lits et de s'assurer des revenus supplémentaires. Mais ce n'est pas dans l'intérêt du patient. Le message doit être clair : il faut saisir ce problème à bras le corps et investir les moyens économisés dans la prévention et l'augmentation de l'espérance de vie en bonne santé. » Cammu nuance ses propos en ajoutant que les hôpitaux ne sont pas seuls responsables. « Tout d'abord, certains patients qui ne nécessitent plus aucun traitement – ou à qui les traitements n'apportent plus rien – ne rentrent pas chez eux. Ensuite, il arrive souvent que la famille insiste pour que l'hôpital garde ces patients, parce qu'elle ne peut prendre soin d'une personne en fin de vie. La plupart des patients souhaitent mourir chez eux mais, malgré tout, la majorité décèdent à l'hôpital. » Ces arguments sont bien entendu les mêmes dans les autres pays et n'expliquent donc pas les différences.

FIG. 47 **Nombre de jours d'hospitalisation des patients cancéreux en fin de vie**
Source: Bekelman et al., JAMA, janvier 2016

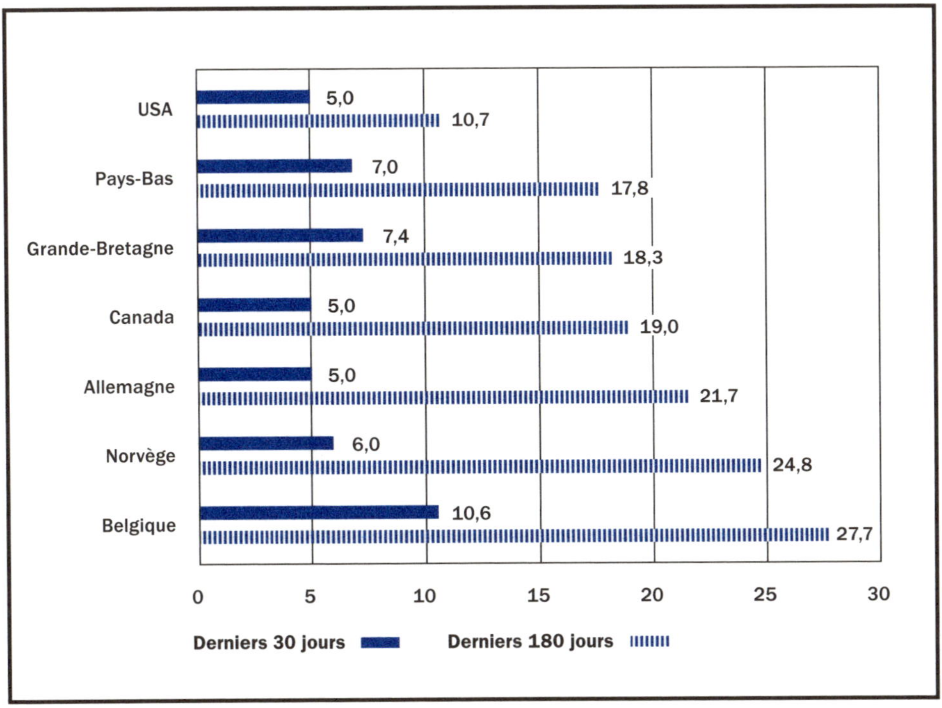

La surconsommation est un problème important. Le principal responsable est le système des honoraires payés à l'acte aux généralistes et spécialistes. De ce fait, la tentation est grande de multiplier le nombre de prestations, même si elles ne sont pas indispensables. Près de 90 % de la population belge a subi un examen radiologique (rayons X ou scanner) entre 2002 et 2008. Près de la moitié d'entre eux ont même subi plus de 10 examens d'imagerie médicale. « Cette situation serait-elle la même si on mettait fin au paiement à l'acte ? », se demande Annemans[172].

Sous-consommation de suivi médical

Dans la littérature universitaire, la surconsommation est citée comme étant l'un des principaux problèmes du secteur des soins de santé. Ensuite, la mauvaise organisation de ces soins est à l'origine de deux autres problèmes : la sous-consommation et le manque de productivité du personnel soignant[173].

FIG. 48 Pourcentage de patients diabétiques qui reçoivent l'aide recommandée

Source : « Commonwealth Fund 2008 International Health Policy Survey in Eight Countries » Cf. Schoen et al. (2008)

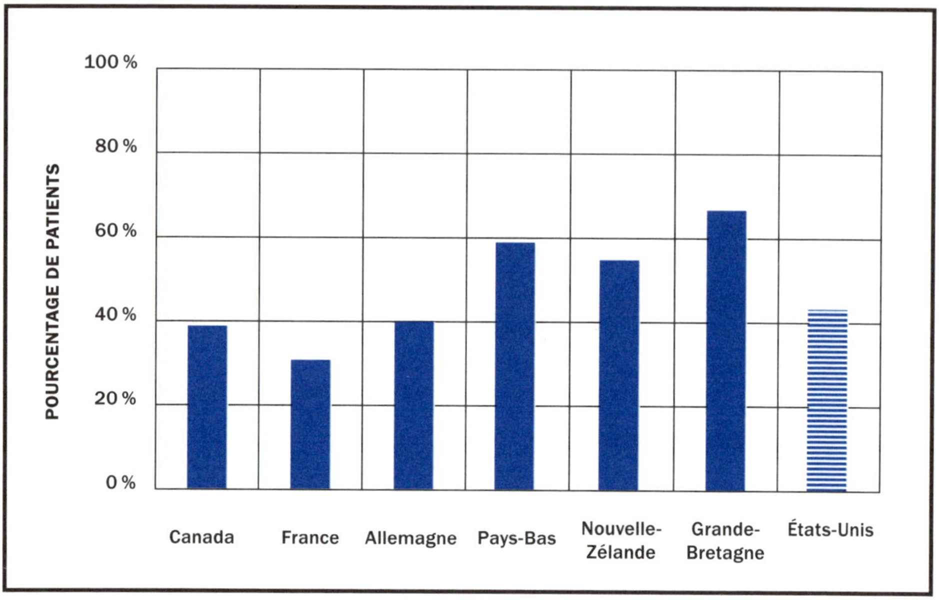

▲ Note : l'aide spécifique demandée comprend : contrôle de l'hémoglobine A1c au cours des six derniers mois ; examen podologique (dépistage de lésions et d'irritations cutanées) au cours de l'année écoulée ; examen ophtalmologique (dépistage de rétinopathie diabétique) au cours de l'année écoulée ; et contrôle du cholestérol au cours de l'année écoulée.

À l'opposé de la surconsommation d'interventions inutiles, on peut souligner l'insuffisance des contrôles et du suivi des patients. Sur ce plan, il faut donc plutôt parler de sous-consommation. De nombreuses pathologies exigent un suivi par le généraliste ou le spécialiste. Les patients doivent se soumettre régulièrement à des analyses en laboratoire, prendre des médicaments et changer leurs habitudes. Le planning et l'organisation de ces régimes complexes sont très souvent confiés aux patients. À tort. Car la plupart ne s'en sortent pas. L'adhésion à la thérapie se réduit au minimum, avec pour conséquence une discontinuité des traitements curatifs et préventifs.

Le diabète est un exemple classique de sous-consommation[174]. Cette maladie est une pathologie chronique qui exige un régime alimentaire très strict, souvent combiné à une prise de médicaments et à des tests de prévention de complications. Il existe des directives indiquant la fréquence requise pour ces tests. Mais elles sont rarement respectées (cf. tableau). Aux États-Unis, à peine 43 % des patients suivent la thérapie recommandée. Et cela ne s'explique pas uniquement par l'absence de sécurité sociale et de couverture par les assurances. Car, même dans les pays dont les habitants bénéficient d'une couverture universelle, le taux d'adhésion moyen – soit 46 % – dépasse à peine la moyenne américaine.

Le diabète n'est pas un cas isolé. À peine un tiers des personnes souffrant d'hypertension artérielle ont un taux de cholestérol sous contrôle. La situation est encore plus catastrophique pour les patients souffrant de dépression. Une fois de plus, ces résultats sont identiques dans tous les pays. Le manque de suivi des malades chroniques est clairement un problème rencontré par tous les pays développés.

Labyrinthe administratif

Dernier point névralgique : l'inefficacité des soins. Toutes les études du modèle de soins médicaux pointent les nombreux gaspillages. Exemple ? Les médecins américains passent en moyenne 142 heures par an à régler des formalités pour des plans de santé, ce qui coûte 68.274 dollars par médecin. Ces frais sont encore plus élevés au niveau du personnel soignant[175]. Une autre étude indique que les infirmières affectées dans les services de médecine et de chirurgie consacrent 35 % de leur temps à s'occuper de paperasserie, soit plus que ce qu'elles consacrent aux soins des patients[176]. « C'est la 'maladie' dont souffre le secteur des soins de santé. Un quart des cas de burn-out dans le secteur de la santé est dû à cette surcharge administrative », estime le professeur Cammu.

Dans les exemples cités, l'inefficacité provoque une hausse des coûts. C'est gênant, sans être dramatique. Ce qui est plus grave, c'est que, dans certains cas, le manque d'efficacité provoque des erreurs médicales. 4 % des patients hospitalisés aux États-Unis le sont suite à un traitement médical et non pas pour maladie. Un tiers de ces cas, soit 1 % de toutes les hospitalisations, sont le résultat de négligences[177].

Notre pays n'échappe pas à ce phénomène. En 2016, le tribunal correctionnel a condamné l'UZ Gent à une amende de 264.000 euros à cause de « lacunes structurelles dans la surveillance, le contrôle et la formation au sein du service de pédiatrie lors du placement de sondes gastriques ». Une jeune fille de 13 ans souffrant d'anorexie est décédée à la suite d'une erreur lors du placement d'une sonde destinée à l'alimenter. Cette sonde avait été placée dans la trachée au lieu de l'œsophage[178].

«Ces dernières années, les hôpitaux ont mis en place toutes sortes de procédures, comme des check-lists, pour éviter que ce type d'erreur se reproduise. Cela alourdit à son tour le fardeau administratif. C'est pourquoi nous avons besoin de technologies intelligentes», explique Cammu.

Sur prescription du médecin: moins de coûts et plus de productivité

Nous savons que notre modèle est impayable. Mais comment le modifier? Nous devons commencer par éliminer tous les gaspillages. La fin de la surconsommation et de la sous-consommation devrait permettre de réaliser d'énormes économies. Ensuite, nous devons utiliser les nouvelles technologies de manière optimale, afin d'augmenter la productivité. Commençons par le changement le plus radical.

Nouveaux honoraires pour les médecins

«Le secteur des soins de santé est confronté à des problèmes structurels très difficiles à résoudre, explique Hendrik Cammu. Lorsque vous allez chez le boulanger pour acheter un pain, aucun boulanger ne vous dira: 'Monsieur, je pense que vous avez besoin de deux pains.' C'est pourtant ce qui se passe dans les soins de santé. Et cela provoque de la surconsommation. Le médecin crée la demande. C'est le premier paradoxe de la médecine: la consommation est essentiellement fixée par le prescripteur. Et ce phénomène est encore exacerbé par la pléthore de médecins[179], du moins en Flandre.»

«Les incitants sont complètement inversés, estime Jan De Backer de Fluidda. La principale source de surconsommation, c'est le système de rémunération à l'acte. Il n'y a aucun contrôle des médecins. Nous devons nous contenter du serment d'Hippocrate. Par ailleurs, les prestataires de soins n'ont aucune raison objective d'être plus efficaces. Que le secteur des soins de santé coûte 8 ou 18% du total des dépenses ne les empêche pas de dormir. Ils répondront toujours en disant qu'ils agissent pour le bien du patient. Trouvez le politicien qui osera s'opposer à un tel discours!».

La seule réponse possible à ce problème d'efficacité, c'est la transparence. De Backer: «Nous devons être informés du coût exact d'un traitement et de la manière dont ces coûts sont répartis. C'est le système des enveloppes : vous recevez un budget pour le traitement global de la maladie, et non pas à l'acte. Il peut y avoir des exceptions, mais elles doivent être justifiées. »

La solution prônée par le professeur Annemans va dans le même sens. Il propose un système forfaitaire de rémunération des médecins par année et par patient. « Vous pouvez comparer ce système avec un abonnement de GSM ou un contrat d'entretien pour un système d'alarme. Vous payez pour une année complète, et vous recevez un service en échange. Ce système est particulièrement bien adapté à la télémédecine. » Il prend pour exemple la crise cardiaque. « On pourrait imaginer placer un défibrillateur chez ces patients. Et, grâce à un capteur, il serait possible de contrôler en permanence le cœur du patient. En cas d'irrégularité du pouls, une alarme se mettrait en route chez le médecin, qui déciderait si le patient doit ou non se rendre à l'hôpital. Le problème serait géré de manière préventive : cela permettrait de réaliser d'importantes économies et de sauver de nombreuses vies. »

Qu'en est-il aujourd'hui ? « Les cardiologues examinent ces patients quatre fois par an. Bien entendu, ces spécialistes ne verraïent pas d'un bon œil la suppression de ces contrôles car, lors de ces consultations, ils réalisent aussi des électrocardiogrammes et d'autres tests qui leur rapportent de l'argent », poursuit Annemans. Et il ne faudra pas s'en étonner, car les médecins roulent bien entendu aussi pour le compte des hôpitaux. Un jour, un ami médecin a comparé les services de cardiologie à Walibi : « Vous payez à l'avance et vous pouvez avoir accès à tous les manèges ». Vu que les pouvoirs publics paient de toute façon la majeure partie de la facture (énorme), les patients se sentent assez peu concernés.

« Avec un système forfaitaire, tous ces tests supplémentaires disparaîtraient tout simplement, poursuit Annemans. De plus, un monitoring assorti d'une alarme est bien plus efficace. Les crises cardiaques surviennent toujours entre deux contrôles. Pour le patient, la télémédecine est donc plus indiquée. Mais, hélas, la priorité de la médecine n'est pas toujours l'intérêt du patient. Sinon, les cardiologues pourraient fermer boutique. Pour éliminer ce problème, nous sommes en train de développer une nouvelle nomenclature permettant de suivre les patients à distance. Le médecin recevrait des honoraires annuels forfaitaires. Si le patient n'a aucun problème, le cardiologue serait rémunéré même s'il n'a pas dû intervenir. Bien entendu, pour d'autres prestations imprévisibles, comme par exemple le traitement d'une crise cardiaque, le médecin serait toujours payé à l'acte. »

Pour ces deux systèmes, nous avons bien entendu besoin d'une certaine forme de contrôle et de transparence. Pour Cammu, c'est là que le bât blesse. « Les médecins tiennent à garder une liberté totale dans la manière dont ils traitent leurs patients. Ils refusent toute forme de contrôle. C'est ce qui explique qu'ils se soucient aussi peu du rapport coût-efficacité. Ils considèrent leur liberté et leurs revenus comme le bien suprême. Si vous limitez leur liberté et instaurez des contrôles, vous risquez de vous retrouver dans un système comparable à celui du Royaume-Uni : les médecins travaillent de 9 à 17 h. Ils ont perdu toute motivation. »

Vers une nouvelle forme de rémunération : la combi-médecine[180]

Le système actuel de rémunération à l'acte pousse à la surconsommation. Si l'on combinait différentes formes de rémunération, il serait possible d'obtenir de meilleurs résultats. Par exemple, on peut imaginer un système où les rémunérations reposeraient sur trois piliers :

1. **Un montant forfaitaire par patient et par an. Le médecin serait moins tenté par la surconsommation.**
2. **Des honoraires supplémentaires si le médecin vaccine contre la grippe 80 % de ses patients âgés de plus de 60 ans. Cela compenserait directement l'impact négatif de la baisse de consommation qui serait induite par l'introduction de la rémunération par patient.**
3. **Les médecins qui travaillent efficacement seraient rémunérés en conséquence. Une « peer review » (évaluation par leurs pairs) pourrait les encourager à être plus efficaces en termes de coûts, par exemple, en comparant leur nombre de prescriptions à celles de leurs confrères. Ils seraient ainsi motivés à faire au moins aussi bien.**

Alors, qu'attendons-nous pour agir ? Il faudra bien entendu une bonne dose de courage politique pour changer le système de « rémunération à l'acte ».

L’ordinateur médecin

Les médecins justifient leur besoin de liberté thérapeutique par le fait que la médecine est un art et non une science. De ce fait, les médecins ont toute liberté dans la manière dont ils traitent leurs patients. Il est très rare que les traitements répondent aux critères de l’efficacité économique. Sur base d’un petit sondage parmi des articles récents publiés par la célèbre revue médicale *New England Journal of Medicine*, des chercheurs de l’institut national américain du cancer ont identifié 146 interventions courantes qui font plus de tort aux patients que l’absence d’intervention. Nous avons grand besoin d’une médecine basée sur des preuves scientifiques solides[181].

Pour le professeur Steven Simoens de la faculté des sciences pharmaceutiques de la KU Leuven, la liberté thérapeutique est un concept dépassé. «Nous devons vérifier dans la littérature quel est le meilleur traitement pour une maladie donnée et adopter ce traitement. Près de 80–90 % des patients peuvent être traités de manière standardisée. Les autres ont besoin d’un traitement personnalisé. Cela permettrait d’éliminer le ‘dada’ des médecins – à savoir ‘l’expérimentation’ – qu’ils revendiquent au nom de la liberté thérapeutique. Et de nous rapprocher de notre objectif final: Evidence-Based Medicine (EBM)[182].»

Le professeur Kas va encore plus loin. «Les médecins pourraient garder une approche individualisée de leurs patients, mais devraient les traiter sur base de l’EBM. Il est possible de concilier ces deux approches en se basant sur le code génétique de chaque individu. Sur base de ce code, un médecin pourrait décider de traiter une patiente atteinte d’un cancer du sein d’une autre manière. Cela pourrait même être un médicament contre le cancer de la peau si le profil génétique du patient va dans ce sens. Le meilleur conseiller n’est d’ailleurs pas le médecin, mais un ordinateur comme Watson[183], qui a stocké toutes les informations récentes sur les facteurs générateurs de cancers. Le médecin joue ainsi davantage un rôle de coach dans le cadre d’un traitement personnalisé basé sur les technologies et les résultats avérés.»

Martin Fleming, Économiste en Chef chez IBM, est tout aussi enthousiaste que Kas. «Notre expérience en oncologie nous indique qu’avec l’aide du superordinateur Watson, le diagnostic et les prescriptions des médecins s’améliorent sensiblement. Nous avons réalisé une étude auprès de 1.000 patients atteints de cancer en Caroline du Nord. Le recours à Watson a permis d'améliorer le diagnostic et le traitement de 300 patients. Watson ne remplace pas les médecins mais améliore les soins. »

Pour le professeur Kas, l'Evidence-Based Medicine va de pair avec plus de transparence. Ainsi, la gestion de la « réputation » fait son apparition dans le domaine des soins de santé, ce qui améliore leur efficacité. « Nous pourrions même accorder des étoiles aux hôpitaux comme aux restaurants, poursuit Kas. Les patients doivent pouvoir choisir leur hôpital sur base de leur *rating*. Quel est le taux de décès suite à des maladies infectieuses ou nosocomiales ? Et ce, sur base de faits réels. Dans certains hôpitaux, les chances de survie des patientes atteintes d'un cancer du sein sont de 50 %, contre 80 % dans d'autres établissements. N'est-ce pas hallucinant ? »

Malgré tout, cette idée ne convainc pas tout le monde. « C'est dangereux, réagit l'homme de terrain, alias le docteur Cammu. En travaillant avec des *ratings*, vous risquez de voir les hôpitaux refuser certains patients ayant peu de chances de survie, par crainte de voir chuter leur évaluation. Si vous voulez comparer les chances de survie, vous devez d'abord vérifier si les patients étaient à un stade comparable de la maladie lors de leur admission à l'hôpital. Seules les statistiques du nombre de décès suite à des affections nosocomiales sont pertinentes. »

Le big data et la médecine

À l'ère digitale, ce ne sont pas les données qui manquent. Celles-ci devraient être utilisées pour optimiser le suivi et le traitement des patients. Le problème, c'est que ces données sont souvent dispersées, et ne sont généralement pas stockées sous forme digitale (ou, du moins, pas de manière standardisée). Mais les choses changent. « Cela fait des années que nous fonctionnons avec des dossiers 100 % électroniques, explique Cammu. Ces dossiers reprennent toutes les données des patients ainsi que les traitements qu'ils ont reçus chez nous, à l'UZ Brussel. En fait, ces données devraient être également stockées sur la carte d'identité électronique des citoyens, ce qui leur permettrait de les emporter partout. » En quelques années, l'e-ID contiendrait ainsi toutes les données disponibles sur la santé de son titulaire.

Le professeur Kas partage cet avis. « Le problème de notre système de santé, c'est que nous travaillons par silos. Certaines informations se trouvent chez notre médecin actuel, d'autres chez le médecin de nos parents, lorsque nous étions enfants, chez le pédiatre et les spécialistes. Mais ces informations ne sont pas reliées. Si elles étaient stockées sous une coupole commune, nous aurions accès à des tonnes de données, que nous pourrions utiliser en appliquant les techniques du big data, ce qui permettrait aux médecins d'avoir une vue complète et détaillée de la santé de leur patient. »

Avec Vitalink, l'initiative prise par le gouvernement flamand en 2013, nous ne sommes plus très loin de ce concept : il est possible de retrouver l'ensemble des dossiers médicaux de toute une famille sur un seul serveur. L'époque où nous devions inscrire notre groupe sanguin et les vaccins des enfants dans un petit carnet – pour l'égarer tout aussi vite – fera bientôt partie du passé. Le flux de données digitales qui inonde le monde offre, d'après le professeur Kas, beaucoup d'autres possibilités. « Les réseaux sociaux nous fourniront bientôt une foule d'informations pertinentes qui nous faciliteront la vie. Imaginons que vous soyez allergique au pollen et que vous ayez envie d'aller vous promener au bois de Hal, au milieu des jacinthes : grâce aux réseaux sociaux, vous serez immédiatement informé si on y a détecté un niveau élevé de pollen. Résultat : vous aurez ainsi évité une crise d'allergie. Il sera également possible d'être informé via Twitter ou Facebook de l'arrivée imminente du virus de la grippe dans votre quartier. Vous songerez alors à vous laver les mains plus souvent ou à prendre d'autres mesures préventives. Ces mesures prises grâce à la prévention et aux prévisions nous permettront de réaliser de nombreuses économies. »

Pour Jan De Backer, la centralisation des données pourrait également entraîner une forte baisse des coûts de R&D des sociétés pharmaceutiques et leur permettre de développer des thérapies plus efficaces. « Si nous conservons les résultats d'imagerie pulmonaire de tous les patients, il sera possible de les mettre à la disposition des praticiens. Ces scans, classés par type de pathologie, permettront aux médecins de comparer les résultats de leurs patients avec la base de données et d'en déduire la thérapie optimale. On évitera ainsi de prescrire des médicaments sur base de la méthode 'essai-erreur'. C'est l'avenir. C'est la médecine '*data driven*'. »

Ce chef d'entreprise illustre la situation actuelle en comparant un simple GPS à l'application Waze. « Le GPS vous indique comment vous rendre de l'endroit A à l'endroit B, mais il ne vous permet pas d'éviter les embouteillages. Waze est une communauté d'utilisateurs qui transmettent des informations. Les membres savent immédiatement si quelqu'un de la communauté est bloqué dans le trafic. Les informations sont mises à jour en permanence, et le système nous indique le plus court chemin vers notre destination en tenant compte de ces infos ». C'est précisément ce que fait Fluidda, l'entreprise de De Backer. Elle localise les encombrements dans vos voies respiratoires et permet au médecin de choisir la meilleure thérapie. Car, jusqu'à tout récemment, l'analyse de la circulation de l'air dans les poumons se limitait pratiquement à faire souffler le patient dans un petit tube. Il était quasiment impossible d'identifier la partie du poumon atteinte et de savoir si les médicaments agissaient là où il le fallait. Cela irritait le professeur Wilfried De Backer, chef du service de pneumologie à l'hôpital universitaire d'Anvers (UZ Antwerpen). Son fils, Jan De Backer, ingénieur en aérodynamique, s'est penché sur le problème. « Et si je mettais en images la circulation de l'air dans les poumons avec un scanner ? » Fluidda était né. « Au lieu de demander au patient de souffler dans un tube, le spécialiste réalise deux scanners : le premier après une inspiration profonde, le second après une respiration normale, explique De Backer junior. Les scans sont envoyés vers les serveurs de Fluidda qui cartographient la structure anatomique des poumons en trois dimensions. Nous pouvons alors identifier la partie du poumon qui est atteinte et faire en sorte que les médicaments agissent à l'endroit voulu. Grâce à ces images, il est possible de savoir rapidement si un médicament est efficace ou pas. »

Aujourd'hui, Fluidda réalise 90 % de son chiffre d'affaires en effectuant des tests cliniques pour de grands groupes pharmaceutiques. Cela permet de tester plus rapidement l'efficacité d'un nouveau traitement. Les 10 % restants (en hausse constante) proviennent de la cartographie des poumons de patients à la demande des médecins. « Cela nous permet d'améliorer la qualité et l'efficacité des traitements, ce qui au final réduit les coûts. » Pour l'instant, ces frais ne sont pas remboursés par la sécurité sociale. L'avenir des soins de santé se situe dans le *community-based*. « Le traitement rapide des nouvelles données améliore l'efficacité des soins de santé, tout en réduisant les coûts. Si les tests vous permettent de conclure qu'un traitement ne fonctionne pas, vous l'arrêtez. Quand on connaît le coût élevé de certains traitements – jusqu'à 100.000 euros –, on comprend vite que cette technique permettra d'économiser beaucoup d'argent. Une même thérapie ne fonctionne pas chez tout le monde. Pour le savoir, il est nécessaire de disposer de diagnostics et de grandes quantités de données», explique De Backer.

Une carte digitale votre santé

Vitalink (*www.vitalink.be*) est un système qui permet aux prestataires de soins (généralistes, infirmières à domicile et pharmaciens) de partager de manière simple et sûre des données digitales concernant leurs patients. Aujourd'hui, Vitalink partage des informations sur les vaccins, les médicaments, les tests de dépistage et un résumé du dossier médical du patient élaboré par son généraliste. Le patient doit donner son accord, c'est lui qui décide des personnes qui auront accès à ses données, et il peut lui-même les consulter à tout moment.

Les médecins que vous consultez régulièrement, par exemple un spécialiste, crée un dossier à votre nom. Votre généraliste peut combiner ces informations avec les siennes, et faire un résumé de votre dossier, consultable électroniquement. En plus des informations de base et des coordonnées des personnes à contacter en cas d'urgence, le dossier comprend également votre historique médical, un aperçu de vos problèmes de santé actuels, la liste des médicaments que vous prenez, les facteurs de risque (allergies, réactions à certains médicaments, facteurs de risque sociaux, etc.). Grâce à ce dossier, les services médicaux d'urgence sont en mesure de vous soigner plus rapidement et de prendre les meilleures décisions vous concernant.

Médecine digitale et mHealth

Il ne fait aucun doute que la technologie va révolutionner la médecine et les soins de santé. Aujourd'hui, nous parlons déjà d'eHealth, de téléhealth et de télémédecine, qui sont en réalité des synonymes. Ils portent sur l'application des technologies de l'information et de la communication aux soins de santé. «Les choses évoluent très vite, constate Kas. Il y a deux ans, un plan d'action concernant l'eHealth[184] a été élaboré par le gouvernement fédéral belge pour intégrer les soins de santé digitale dans le système actuel. En août 2015, le projet a été élargi en ajoutant la mHealth. Sans la mHealth, l'eHealth serait déjà dépassée.» La mHealth est une nouvelle composante de l'eHealth, qui porte plus spécifiquement sur les pratiques médicales et de santé publique soutenues par des appareils mobiles. Elle comprend l'utilisation d'appareils de communication mobiles comme les smartphones et les téléphones portables, équipés de services liés à la santé. Ces innovations peuvent jouer un rôle capital dans la problématique des coûts et de la productivité du secteur des soins de santé.

La révolution des «apps»

«Grâce aux applications digitales, les patients deviennent en quelque sorte les copilotes de leur santé», explique la ministre des Affaires sociales et de la Santé publique, Maggie De Block[185]. Nous disposerons bientôt d'outils qui nous permettront de prendre en main notre bien-être physique, mental et social. Prenez les technologies qui vous conseillent de manière ludique comment manger sainement. Ou le développement de technologies qui vous permettent de savoir, en prenant une photo avec votre smartphone, si la tache que vous avez découverte sur votre peau est cancéreuse. Certaines applications permettront de contrôler la respiration d'un patient grâce au micro de son smartphone. D'autres joueront le rôle de laboratoire miniature qui analysera rapidement votre salive, votre sang ou votre urine. En 2020, nous porterons peut-être des vêtements intelligents capables de prévoir l'imminence d'une crise cardiaque. Le médecin sera alerté via le système de monitoring de son patient et lui demandera de se rendre à son cabinet.

Toutes ces applications conduiront-elles systématiquement à des économies? Annemans reste prudent. «Si les patients ne doivent plus se rendre à l'hôpital pour une prise de sang et s'ils ne doivent plus être hospitalisés pour un examen cardiologique, alors, bien sûr, cela permettra de faire des économies. D'autres applications rappelleront aux patients de prendre leurs médicaments, ce qui améliorera l'efficacité du traitement. Dans ce cas, les dépenses en médicaments augmenteront. Mais, bien entendu, cela reste une bonne chose puisque ces systèmes permettront d'améliorer la qualité de vie du patient»[186].

Cammu ne cache pas son scepticisme. « Dans ce scénario, nous nous retrouvons à nouveau face au problème de surconsommation. Où placer la limite ? À quel moment votre vêtement intelligent doit-il envoyer le signal au médecin ? Pour éviter les risques de plainte, le médecin aura peut-être tendance à faire venir son patient plutôt deux fois qu'une. Je ne suis pas sûr que cela nous permettra de faire des économies. »

C'est surtout dans les soins aux aînés que la mHealth pourrait permettre de réaliser de belles économies. L'OCDE prévoit un doublement du nombre de personnes âgées de plus de 80 ans d'ici 2050. Près de la moitié d'entre elles auront besoin d'aide au quotidien, en particulier celles qui souffrent de maladies comme Alzheimer, de problèmes cardiaques et d'ostéoporose. Le système des soins résidentiels devrait exploser. Annemans : « Ces soins font fortement augmenter la facture. La solution pourrait prendre la forme de *l'assistance living*, qui permet aux personnes âgées de rester plus longtemps chez elles grâce à des moyens techniques. C'est bien entendu plus difficile avec des patients souffrant d'Alzheimer, car ils ont réellement besoin de personnel soignant. On constate d'ailleurs que les coûts sont en hausse. Mais pour les autres patients, cela ouvre certainement des possibilités. »

Les autorités essaient déjà par tous les moyens de garder les personnes âgées à leur domicile. Non sans succès, car ces dix dernières années, la durée moyenne des séjours en centres de soins en Europe occidentale[187] a été réduite de quatre à trois ans, pour atteindre aujourd'hui 12 à 18 mois. L'âge moyen de la prise en charge en Belgique a augmenté, pour atteindre 83 ans. Grâce à des systèmes de monitoring – soit des petits capteurs installés dans plusieurs endroits stratégiques de la maison – il est possible de contrôler la température ambiante, le temps passé au lit, et le nombre de fois que la personne ouvre son réfrigérateur.

La mHealth peut donc réellement améliorer notre vie. Si elle est utilisée correctement, elle pourrait aussi avoir un impact positif sur les coûts (cf. encadré) ; même s'il faut souligner que la Belgique accuse du retard en la matière. Aux États-Unis par exemple, 20 % de la population utilisent déjà des applications santé via leur smartphone. 60 % des utilisateurs contrôlent leur poids et 33 % contrôlent des paramètres tels que leurs habitudes de sommeil, leur pression sanguine et leur taux de glycémie. Près de 27 % suivent ces informations en ligne et 9 % se sont inscrits à un système d'alerte et à des rappels via SMS[188]. « Mais voulons-nous vraiment contrôler ce genre d'informations en permanence?, souligne Cammu, pragmatique. Bientôt, nos rues seront envahies de névrosés qui seront en permanence occupés à compter leurs pas et à contrôler leur rythme cardiaque. Cela devrait encore élargir le fossé entre les nantis et les autres.»

Le mieux est l'ennemi du bien. Mais, en Belgique, nous sommes encore loin d'une telle situation. Pourquoi les choses sont-elles si difficiles? «Il y a un dicton qui dit qu'une chose est inventée aux États-Unis, copiée en Chine et réglementée en Europe. C'est toujours d'actualité», reconnait le professeur Kas en soupirant. «À ma connaissance, sur les 120 applications médicales approuvées au niveau mondial, seules deux sont utilisées en Belgique.» L'Europe est la championne des réglementations, en particulier dans les secteurs émotionnellement sensibles. Certains pays européens sont plus avancés que la Belgique dans le domaine de l'eHealth et de la mHealth. Le Danemark, la Suède, l'Estonie, ainsi que la Catalogne et l'Andalousie en Espagne, sont des pionniers. L'Union Européenne souhaite en tout cas accélérer le processus d'apprentissage, ce qui devrait accélérer la diffusion de technologies nouvelles et éprouvées[189].

Mais la législation n'est pas encore prête pour la révolution. «L'avenir de la médecine est dans la digitalisation, à la fois pour le dépistage et le diagnostic», a déclaré au quotidien *De Tijd*, le professeur Renaat Peleman du Kenniscentrum Gezondheidszorg, et médecin-chef de l'hôpital universitaire de Gand. «Les ordinateurs intelligents pourront poser des diagnostics bien plus sûrs que les médecins. Mais la législation est à la traîne. On peut même dire qu'elle se trouve encore à la préhistoire des soins de santé.» Pensez aux médecins qui pourraient poser un diagnostic sur base d'une photo. Il n'ont en principe pas droit à des honoraires, puisqu'il n'y a pas de contact physique avec les patients. Conséquence: il est probable que peu de médecins se lanceront dans l'aventure. Mais on sent quelques frémissements. Le professeur Annemans et son confrère le professeur Jeroen Trybou ont publié en décembre 2016 une proposition de réévaluation de la nomenclature médicale belge[190]. Les choses sont finalement en train de changer.

mHealth et économies[191]

- Une étude réalisée en 2017 par le consultant Price Waterhouse Coopers (PWC) indique que la mHealth permettrait à l'UE d'économiser 99 milliards d'euros en soins de santé. Les principales économies viendraient de l'amélioration du bien-être et de la prévention (69 milliards d'euros) ainsi que des traitements et du monitoring (32 milliards d'euros). Les frais de personnel supplémentaires liés au recours à la mHealth ne dépasseraient pas 6,2 milliards d'euros.
- Plusieurs études démontrent que l'utilisation des applications mHealth réduirait de 12 % à 34 % la mortalité des personnes souffrant de maladie de longue durée.
- La mHealth permet des avancées en termes de prévention et d'amélioration de la qualité de la vie. Les études ont démontré son impact positif sur des paramètres cliniques comme le poids corporel, la tension artérielle et la glycémie[192]. Elles ont constaté une relation évidente entre la santé et l'augmentation de l'activité physique, les modifications des habitudes alimentaires et le niveau de stress[193]. Le respect du traitement par les patients augmente de 40 % à 68 %[194].
- La mHealth a également un impact positif sur l'hospitalisation et les soins résidentiels, avec une baisse du nombre d'interventions d'urgence et d'hospitalisations (20 %), une diminution de la durée de séjour en milieu hospitalier (25 %) et une moindre fréquence des rechutes (40 %). Dans le secteur des soins aux personnes âgées, un senior sur trois vit plus longtemps chez lui sans aide extérieure.

On recherche : médecins férus d'innovation

En plus d'une législation dépassée, notre pays compte également bon nombre de médecins récalcitrants aux innovations technologiques et aux apps. Le secteur des soins de santé a toujours été un bastion du conservatisme. Il affiche d'ailleurs traditionnellement un retard de dix ans en matière de solutions informatiques[195]. Et c'est dommage, car les nouvelles technologies améliorent clairement la qualité des soins, tout en permettant de réduire les coûts.

Un bel exemple est le suivi des patients diabétiques. Avant 1980, ces patients utilisaient un test urinaire approximatif ou se rendaient chez un médecin pour une prise de sang, qui était envoyée dans un laboratoire pour un dosage coûteux de la glycémie. Aujourd'hui, les patients diabétiques emportent partout avec eux un petit glucomètre et gèrent eux-mêmes la plupart des paramètres de leur maladie, sans assistance médicale. La qualité des soins et le confort des patients ont ainsi fait un gigantesque pas en avant. Aucun patient ni prestataire de soins ne regrette le passé. Mais il y a 35 ans, on rencontrait beaucoup de résistance. C'était logique, car les laboratoires qui réalisaient ces tests sanguins ont perdu un marché. Les endocrinologues ont eux aussi souffert d'une réduction sensible du nombre de consultations.

Aujourd'hui, les prestataires concernés se préoccupent logiquement de leur portefeuille. Différents outils permettant aux patients de mesurer leur taux de glycémie ont fait leur apparition. Les médecins considèrent que ces avancées menacent 25 % de leurs revenus. Certains exigent même d'être rémunérés différemment lorsque le patient réalise ses propres analyses. Peut-être arriverons-nous à un système d'enveloppe avec un montant forfaitaire par patient et par an.

« La vraie raison du blocage des avancées technologiques disruptives, c'est la volonté (prévisible) des médecins de conserver leur traditionnelle hégémonie », écrivent le professeur Christensen et quelques-uns de ses collègues dans la *Harvard Business Review*. « La délégation – jusque-là impensable – de certaines tâches à des personnes moins rémunérées a toujours été un des moteurs fondamentaux du progrès économique. Les institutions de soins de santé s'y sont toujours farouchement opposées. »

Le docteur Cammu confirme : « Les généralistes se sont clairement opposés à la proposition d'effectuer la vaccination contre le cancer du col de l'utérus au sein des écoles. Cela leur aurait fait perdre chaque année 30.000 patientes : des jeunes filles qui se seraient rendues à leur cabinet pour l'injection. Malgré tout, tout le monde sait que pour ce type de vaccin, lorsque l'on laisse l'initiative aux parents, à peine 50 % du groupe cible sont effectivement vaccinés. Ce pourcentage passe à 95 % si la vaccination est organisée au sein de l'école. »

La réticence des médecins envers les nouvelles applications ne signifie pas qu'il n'y aura aucune avancée. «En médecine, c'est toujours le pragmatisme qui domine. Les médecins utilisent les innovations qui fonctionnent. Le reste est balayé, explique Cammu. Prenez l'incontinence. Auparavant, je pratiquais une cystopexie pour enrayer les fuites urinaires. Après l'opération, les patients devaient rester huit jours à l'hôpital. Aujourd'hui, j'utilise la pose de bandelettes, et il n'y a plus d'opération lourde. Mais avant l'introduction de cette technique, de nombreuses autres solutions alternatives ont été testées. Aucune d'elles n'a passé la rampe. Seules les bonnes idées ont été adoptées. Et ce sera également le cas pour les applications. Elles devront d'abord faire la preuve de leur utilité. On ne conservera que les meilleures.»

Le gynécologue croit surtout à l'avenir des apps qui aident les patients à respecter leur thérapie. «Les gens sont distraits. Ces applications leur envoient tous les jours un signal pour leur rappeler de prendre leurs médicaments. C'est un peu comme le chien de Pavlov.» Le potentiel est énorme : d'après la célèbre étude de l'Union Européenne *Ascertaining Barriers for Compliance*, 38 % des patients en Belgique ne suivent pas correctement leur traitement. Ces apps sont des mines d'or potentielles pour le secteur des soins de santé, si l'on songe que 30 à 50 % des échecs thérapeutiques s'expliquent par le non-respect du traitement, qui entraîne des complications pourtant évitables, des hospitalisations et des décès. «Je vois aussi beaucoup de potentiel dans les patches qui mesurent automatiquement le niveau de glycémie», poursuit Cammu. Depuis le 1er juillet 2016, ce capteur révolutionnaire a été remboursé à 40.000 patients souffrant de diabète de type 1. Il n'est plus nécessaire de se piquer plusieurs fois par jour pour mesurer son taux de sucre. Il suffit de rapprocher un appareil du patch pour connaître l'évolution du taux de sucre au cours des quatre dernières heures.

Les possibilités sont donc légion. Malgré tout, on constate beaucoup de résistance au changement. Et ce n'est pas nouveau. Et la plupart du temps, cette opposition est le fait des personnes directement concernées. Joseph Schumpeter, l'économiste qui est surtout connu pour sa théorie sur l'innovation comme destruction créatrice, a un jour déclaré que le travail des créateurs les exposait «à l'ostracisme social, à des menaces physiques et aux attaques directes». Le ministre qui souhaite introduire ces nouveautés sait donc à quoi s'attendre.

Le monde médical est-il toujours aussi réticent vis-à-vis des nouvelles technologies ? « Cela varie d'une situation à l'autre, explique le professeur Kas. Deux exemples. Récemment, j'ai été contacté par une clinique qui me demandait de les aider avec la mHealth pour limiter les hospitalisations. J'ai trouvé que c'était une excellente idée. » La forte opposition aux kiosques de BeWellInnovations est un nouvel exemple de résistance du secteur. « Cette start-up a conçu des petits kiosques où il est possible de tester son niveau de cholestérol, de mesurer sa tension, et de réaliser de nombreux autres tests. Elle comptait installer ces kiosques dans les pharmacies et, à terme, peut-être aussi dans les grands magasins. Chacun pourrait ainsi surveiller à sa guise son état de santé et ce, de manière régulière. Car aujourd'hui, la plupart d'entre nous ne se rendent pas plus d'une fois par an – voire moins – chez leur médecin. » Résultat : tous les biologistes cliniques sont montés sur leurs grands chevaux. « Bien évidemment, car ils perçoivent 25 euros pour ces tests standard, et plus rien avec le nouveau système, puisque dans les kiosques, le prix ne dépasse pas 6 euros. BeWellInnovations a reçu des lettres de menaces dans lesquelles les biologistes exigeaient le retrait immédiat de ces kiosques. En cas de refus, l'entreprise pourrait dire adieu à ses contrats en Belgique. J'ai discuté avec eux pendant une demi-journée et je leur ai démontré que ces kiosques n'allaient pas nécessairement réduire leurs revenus, au contraire, explique le professeur. Si les tests dans les kiosques indiquent un taux de cholestérol trop élevé, les gens seront plus rapidement informés d'un problème médical, et réaliseront des tests complémentaires. Suite à ces explications, les biologistes ont pu voir le verre à moitié plein plutôt qu'à moitié vide. »

Et où se situent les économies pour la société ? « Les économies proviendront du diagnostic plus rapide, par exemple d'une hypercholestérolémie, ce qui permettra d'éviter les maladies chroniques et les longs traitements ». Les premiers kiosques ont été installés à l'entrée de certains hôpitaux.

La secrétaire électronique

Les nouveautés permettant de réduire la paperasserie devraient rencontrer moins d'opposition de la part des professionnels de la santé. Tant les médecins que les infirmières consacrent beaucoup trop de temps aux questions administratives et à la documentation. De plus, les médecins réalisent des tâches qui pourraient être facilement déléguées à une infirmière ou à une secrétaire.

On doit s'attaquer à ce problème en introduisant ce que nos voisins du Nord appellent la « substitution » : un médecin ne devrait normalement pas faire ce qu'une infirmière est capable de réaliser à la perfection, comme, par exemple, prendre la tension d'un patient ou faire une prise de sang, voire même pour une consultation préventive. Idem pour les cardiologues et les électrocardiogrammes. Et pourquoi un anesthésiste ne peut-il travailler – comme c'est le cas aux Pays-Bas – avec une infirmière spécialisée présente dans le bloc opératoire ? L'anesthésiste pourrait alors superviser plusieurs salles d'opération et plusieurs infirmiers ou infirmières. Plus fort encore[196] : le géant pharmaceutique Johnson & Johnson a même créé un robot-anesthésiste – Sedasys – qui administre les sédatifs aux patients lors des coloscopies (examens du côlon). Aux États-Unis, la présence obligatoire d'un anesthésiste lors de ce type d'examen augmente les frais de 600 à 2.000 dollars. Sedasys fait le même boulot pour 150 dollars, souligne le consultant Littler Mendelson.

Autre exemple : aux États-Unis, dans les services d'imagerie médicale, la présence d'un médecin est obligatoire pour administrer les produits de contraste. La raison : un risque de 0,1 % de réaction allergique susceptible d'engager le pronostic vital du patient. N'est-il pas possible de former d'autres prestataires de soins à réagir de manière adéquate en cas de réaction allergique ? Cela libèrerait le médecin pour des activités plus productives[197].

Idem pour les tâches administratives. Les médecins pourraient être remplacés par des employés administratifs. Et, en Belgique, c'est une nécessité absolue. Plus d'un tiers des médecins partiront bientôt à la retraite. Un autre tiers envisagent de changer de métier si la situation ne s'améliore pas. S'ils n'obtiennent pas d'aide, il est probable que nous serons bientôt confrontés à une pénurie de médecins[198].

Ici aussi, la technologie pourrait apporter des solutions. Les systèmes informatiques peuvent réduire d'au moins 50 % le temps consacré aux tâches administratives[199]. Les progrès dans le domaine de la reconnaissance vocale permettront bientôt aux ordinateurs de saisir de manière automatisée un rapport médical. Les techniques permettant d'introduire automatiquement les données des patients dans leur dossier pourraient également réduire sensiblement les coûts. Une étude de PWC réalisée en 2013 indique que la mHealth permet d'économiser 30 % du temps que les professionnels consacrent à consulter et analyser des informations. Le personnel peut aussi être utilisé de manière plus efficace lorsqu'il est aidé par une communication en temps réel.

Et quid en cas de grave pénurie de personnel ? Le Japon, déjà touché par le vieillissement de la population, est un bon laboratoire pour les pays occidentaux. « On trouve déjà beaucoup de Robobears au Japon, explique le professeur Kas. Il s'agit de robots qui soulèvent les patients, les mettent au lit et font leur toilette. Les Japonais n'ont tout simplement pas le choix. Ce sont des changements radicaux. » Un tiers du budget national affecté au développement de la robotique est investi dans des applications destinées au secteur des soins de santé. Et le contact humain, me direz-vous ? Une étude réalisée aux États-Unis par le Georgia Institute of Technology révèle que les personnes âgées ne considèrent pas comme un problème le fait de confier à leurs « amis robots » des tâches ménagères comme entretenir la cuisine, lessiver ou sortir les poubelles. Pour les aider à faire leur toilette, s'habiller ou manger – en d'autres termes, pour les tâches plus « personnelles » – les seniors américains préfèrent encore une véritable infirmière.

Une dernière piste serait que les patients se chargent d'une partie du travail. « Alors qu'il y a un an, j'entendais encore souvent des plaintes à propos de 'Docteur Google'– c'est-à-dire des patients qui s'informent via internet avant une consultation –, nous voyons émerger une nouvelle génération de médecins. Ceux-ci s'accommodent plus facilement des patients qui arrivent avec les résultats de leurs recherches sur le web, explique le professeur Kas[200]. Je m'attends à ce que certains médecins ajoutent bientôt à leur site internet des check-lists de symptômes à l'attention de leurs 'e-patients' pour lancer ainsi une conversation plus productive. Ce qui était perçu hier comme une menace se transforme en avantage concurrentiel. Ils pourraient démarrer avec Symple, une application qui permet aux patients de réaliser de manière mobile et locale le monitoring de leurs symptômes. »

L'hôpital du futur[201]

Le Humber River Hospital – le premier hôpital entièrement numérisé qui a ouvert ses portes à Toronto (Canada) en 2015 – utilise des robots.

Ceux-ci participent à des tâches comme la préparation et l'administration de médicaments chimiothérapeutiques, le transport de patients vers le service de radiologie, et l'encodage automatique des résultats d'analyses dans les dossiers des patients. Ils avertissent également le personnel lorsqu'un patient à qui il est interdit de marcher se promène dans les couloirs. Toutes les chambres sont équipées d'un système «touch pad» qui permet aux patients de consulter leur dossier électronique. Ce système est également utilisé pour commander des repas, réserver des livres (ou des livres audio) et pour «skyper».

L'intervention humaine garde toute son importance. Le personnel contrôle les prescriptions remplies par les robots et vérifient que tous les appareils fonctionnent correctement. L'hôpital a par contre recruté 700 employés supplémentaires pour s'occuper des 656 chambres. 80 % des chambres sont des chambres à un lit (et elles peuvent être adaptées pour accueillir les membres de la famille du patient pendant la nuit).

Le remède ultime : contrer la maladie grâce à une boule de cristal

« La hausse du coût des soins de santé s'explique en grande partie par les maladies chroniques. Si nous pouvions les prévenir, les frais baisseraient automatiquement. Nous devons donc évoluer d'un modèle qui soigne la population vers un modèle qui la maintient en bonne santé, estime le professeur Kas. Sur 100 euros dépensés aujourd'hui, 90 euros le sont au cours des deux dernières années de vie, et un euro est investi dans la prévention. Si nous réussissons à réduire de quelques euros le coût des deux dernières années de vie et à les investir dans la prévention, le budget disponible augmentera de manière colossale. » L'OMS souligne également l'importance de la prévention : 40 % des coûts des soins de santé pourraient ainsi être évités.

Le professeur Kas va droit au but : « Prévention et prédiction sont les solutions ultimes si l'on souhaite mettre un frein à l'augmentation du coût des soins de santé. » Attention à ne pas confondre les deux concepts. « L'étude du génome va plus loin que la génétique[202], à savoir qu'elle peut prédire les maladies dont un patient souffrira au cours de sa vie. Les technologies digitales, comme la mHealth, s'occupent de suivi et de mesures préventives. Et si malgré tout les choses tournent mal, la technologie 3D pourra par exemple 'imprimer' un nouveau rein. » C'est ainsi que Kas résume les trois principaux aspects du défi qui attend le secteur des soins de santé.

Le patient dont personne ne veut

« Quelles sont les personnes dont vous ne voulez pas comme patient ? », me demande sans préambule le professeur Kas. « Un patient diabétique atteint de néphropathie. Ce malheureux doit subir pendant trois ans des dialyses rénales, très coûteuses. Ensuite, la dialyse perd de son efficacité et le patient doit être transplanté le plus rapidement possible. Dans 80 % des cas, il se retrouve sur une liste d'attente. Et entretemps, la probabilité augmente que le patient devienne aveugle ou souffre d'une insuffisance rénale. Je ne le souhaite à personne, et les frais sont terriblement élevés. »

Quelle est la solution alternative ? « La maladie commence à se développer quinze ans avant l'apparition des symptômes rénaux. Ce type de diabète se développe très lentement et les frais augmentent progressivement. Vous prenez du poids, le risque de souffrir de diabète augmente, et les choses continuent à se dégrader, pour évoluer vers des problèmes néphrologiques. Malgré tout, il est possible d'éviter une telle situation si on intervient 15 ans plus tôt en assurant un bon suivi. Nous devons agir tant de manière prédictive que préventive. Si une analyse d'ADN indique qu'une personne présente davantage de probabilité de devenir diabétique, il est possible d'agir préventivement ». Il vaut mieux prévenir que guérir.

La force prédictive de la génomique

Il est possible de prévenir les maladies et de suivre les patients via des apps. Pour la prédiction, nous disposons de notre génome. Les frais d'un séquençage complet d'ADN ont considérablement baissé en quelques années : de 65 millions d'euros en 2000, ils sont passés à 3.500 euros en 2013. Bientôt, ces analyses seront à notre portée. Mais qu'avons-nous à y gagner ?

Un premier domaine est le diagnostic prénatal et le diagnostic des maladies rares. «Les tests qui mesurent la probabilité qu'un fœtus souffre du syndrome de Down sont largement utilisés. Mais aujourd'hui, nous sommes déjà parfaitement à même d'analyser l'ADN du futur bébé via le sang de la mère. En cas de test négatif, il n'est plus nécessaire de recourir à une amniocentèse, qui comporte toujours des risques», écrit le professeur Kas[203]. Cet examen – appelé Test Prénatal Non Invasif ou TPNI – est d'ailleurs déjà généralisé. Et dans la pratique, on peut encore faire plus, souligne le professeur. Par exemple, vérifier si les gènes qui sont associés à 3.500 maladies (y compris les maladies héréditaires) sont intacts. Aujourd'hui, des mesures de prévention plus poussés ne sont pas envisageables.

Devrions-nous donc cartographier notre ADN aussi vite que possible? «Oui, la génomique individuelle – c'est-à-dire le déchiffrage de chaque génome – est un des piliers essentiels d'une médecine prédictive et préventive», explique Kas. Combinée avec les données biologiques, médicales et d'autres informations sur nos habitudes, recueillies entre autres via les réseaux sociaux, les risques peuvent être détectés à temps et en grande partie évités via quelques adaptations de notre mode de vie.

Malgré tout, des critiques se font entendre. Le professeur Cammu: «Avec toutes ces nouvelles informations – j'ai x% de risques d'attraper la maladie A et y% de risques d'attraper la maladie B –, la vie sera encore plus stressante qu'aujourd'hui. Vous voulez vraiment savoir tout cela à l'avance? De plus, vous devez tenir compte de l'hérédité. Pour attraper une maladie héréditaire, il faut la présence d'un facteur environnemental qui 'conditionne' l'ADN responsable de la maladie. Il ne suffit pas d'être prédisposé (= ADN). La maladie doit être 'activée'. Cette activation se fait par des facteurs environnementaux, comme le tabac, l'alcool, l'obésité, mais aussi la pollution de l'air, les rayons X, l'amiante, etc. Il faut donc tenir compte de l'environnement. Il n'existe littéralement personne qui ne dispose pas d'une petite partie d'ADN prédisposée à telle ou telle maladie. Chacun de nous est un malade potentiel. La médecine préventive devient alors très chère, la surconsommation menace ici aussi, et il ne restera rien des économies espérées. Et il faut ajouter à l'analyse ADN la problématique des assureurs. Utiliseront-ils ces informations pour exclure les personnes à risque?»

Les seins d'Angelina Jolie [204]

Les analyses d'ADN ont littéralement explosé en 2013, après que l'actrice Angelina Jolie a déclaré avoir subi une double mammectomie. Un test génétique avait révélé qu'elle était prédestinée héréditairement à développer un cancer du sein et des ovaires. Depuis lors en Belgique, les centres de tests génétiques ont vu les demandes d'informations multipliées par trois.

Pour près d'une femme sur 400 chez qui on a décelé la mutation d'un gène spécifique du cancer, le risque de développer un cancer du sein augmente de 12 %, pour passer de 50 % à 56 %. Le risque de cancer ovarien augmente aussi : il passe de 1,4 % à 11 %, voire même à 39 %. Un traitement approprié peut réduire fortement ce risque mais le prix à payer – la mammectomie – est très élevé.

Médecine sur mesure

L'analyse ADN ouvre la voie à une médecine prédictive et préventive. Elle permet d'adapter les traitements au génome de l'individu et de sortir du système «*one size fits all*» que nous connaissons aujourd'hui. Cela vaut aussi pour le dosage de certains médicaments, qui pourra être adapté en fonction du profil génétique des patients. La raison pour laquelle l'espérance de vie d'un malade atteint du SIDA est deux fois plus élevée qu'il y a 20 ans est liée à l'utilisation d'un marqueur biologique (charge virale et séquence du virus HIV dans le sang) pour mesurer l'effet du médicament. Le médecin peut ainsi définir quand un patient HIV est résistant à la thérapie et nécessite une nouvelle combinaison de médicaments. Les résultats de l'approche personnalisée du cancer sont encore plus frappants. «Nos connaissances en matière de cancer ont affiché plus de progrès ces deux dernières années qu'au cours des deux précédentes décennies», précise Kas, également spécialisé en oncologie moléculaire. «Le cancer n'est pas une seule et même maladie. Il s'agit d'une appellation générale utilisée pour des centaines de pathologies différentes qui résultent d'erreurs dans notre code génétique. Si nous réussissons à identifier et à comprendre ces différences génétiques, nous pourrons traiter chaque type de cancer d'une manière individualisée. L'oncologie deviendra entièrement personnalisée sur base du profil moléculaire de la tumeur.»

Martine Piccart acquiesce. Elle est professeur d'oncologie à l'ULB, chef de service de médecine interne à l'Institut Jules Bordet à Bruxelles, et l'une des meilleures oncologues au monde. «La génétique est le microscope du XXIe siècle. Elle permet d'obtenir une image plus précise de l'ennemi. Auparavant, cette image était floue. Aujourd'hui, nous pouvons dire si l'ennemi a des yeux bruns et des cheveux foncés. La stratégie actuelle '*slash, burn and poison*' reste malgré tout le traitement de base. Mais nous pouvons aujourd'hui le compléter par une approche hyper-personnalisée. Un arsenal de thérapies ciblées est lancé sur un gène muté spécifique ou une protéine qui conduit à la division des cellules malignes»[205]. Pour les patients, cette médecine personnalisée promet d'être plus efficace tout en réduisant les effets secondaires, poursuit Kas. Cette approche augmente également l'efficacité globale du secteur des soins de santé, car le diagnostic par profilage moléculaire permet d'exclure les traitements inutiles pour le patient. «C'est non seulement avantageux pour les patients, mais aussi pour les soins de santé dans leur ensemble. Les coûts sont réduits grâce à l'utilisation plus efficace des moyens disponibles.»

Malgré tout, cette approche personnalisée est chère, et tout le monde n'est pas convaincu de l'impact positif de la génomique sur les coûts. Le professeur Annemans: «Le grand avantage, c'est que les médecins peuvent évaluer les résultats plus rapidement. Les traitements personnalisés sont possibles, mais très chers. Auparavant, nous avions quatre types de cancers du sein. Aujourd'hui, nous en comptons plus de 25, ce qui pousse les prix vers le haut. Mais peut-être les choses évolueront-elles au cours des 20 prochaines années lorsqu'il sera possible de cartographier les génomes pour quelques euros. Nous pourrons alors intervenir plus rapidement chez les patients et optimaliser les stratégies préventives.» En même temps, Annemans souligne le danger déjà mentionné par le docteur Cammu: il est crucial que ces informations ne soient pas utilisées à mauvais escient. Si les assureurs venaient à disposer de ces informations, ils pourraient refuser d'assurer certaines personnes ou augmenter les primes de manière inconsidérée.

Malgré toutes ces possibilités, Annemans reste plutôt sceptique. «Imaginez que les médecins découvrent un défaut au niveau de votre génome qui indique que vous serez atteint de la maladie d'Alzheimer à 70 ans, et qu'on ne peut rien y faire. Le fait d'être informé pourrait nuire à votre qualité de vie et donc à votre QALY, au lieu de les améliorer. Par ailleurs, la médecine disposera bientôt de thérapies géniques qui permettront de réparer les gènes défectueux. Mais cela coûtera très cher. Combien sommes-nous prêts à payer ? Quid si chaque traitement coûte, disons, 100.000 euros ? Nous aurons peut-être atteint une sorte d'idéal médical – une longue vie en bonne santé (cf. graphique) – mais cela sera impayable vu le prix élevé de chaque correction. » Cet avis est partagé par le docteur Cammu. « L'analyse de l'ADN est utile pour détecter les maladies héréditaires. Au-delà, il faut être prudent. Le recours à cette technique fait ressurgir le danger de la surconsommation. Et c'est précisément le principal problème des soins de santé. » Il faudra donc trouver un équilibre pour réussir à intégrer les nouvelles technologies sans faire exploser les coûts. Certainement à utiliser et à développer, mais avec modération.

FIG. 49 Thérapie génique : dans un monde idéal, certains traitements permettent de prolonger la vie en bonne santé, mais ils sont impayables. Source : Lieven Annemans, gebaseerd op Paffenberger & Olsen 1996

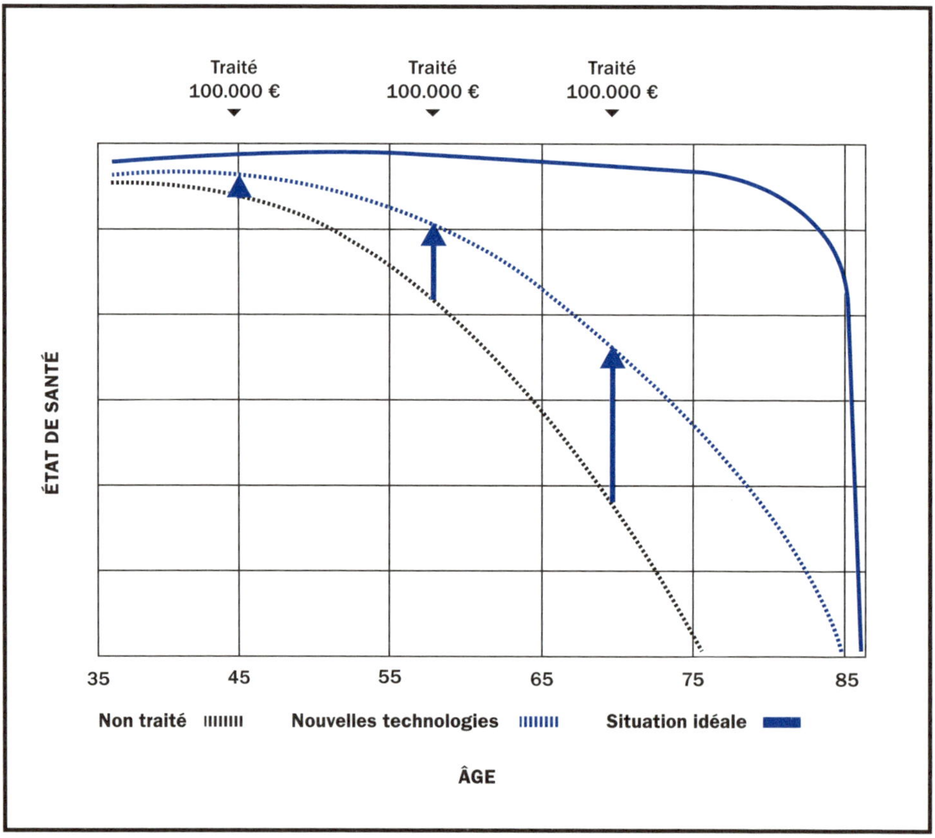

Taux de survie : de 0 à 75 % [206]

Ces dernières années, la médecine a réalisé d'importantes avancées dans le diagnostic et le traitement de la leucémie et du cancer lymphatique. Il y a 60 ans, les patients chez qui on diagnostiquait une leucémie étaient condamnés à brève échéance. Aujourd'hui, nous n'en sommes plus là : nous distinguons plus de 30 types de leucémies et plus de 50 lymphomes, la plupart bénéficiant d'un traitement approprié. Grâce à cette différenciation, le taux de survie des patients est passé de 0 % à 75 %.

Mise en œuvre

Un large éventail de nouvelles technologies et d'applications est prêt à révolutionner le secteur des soins de santé. Cette révolution ne doit pas se limiter aux soins. L'amélioration de l'efficacité combinée à la réduction de la sur- et de la sous-consommation peut, pour la première fois dans l'histoire, augmenter sensiblement la productivité tout en limitant la hausse des coûts.

Quels sont les facteurs indispensables à la réussite de cette révolution ? Les nouveaux développements doivent avant tout être simples et bénéfiques pour les patients. Les technologies complexes ne sont acceptées ni par les patients, ni par les médecins. La résistance face aux innovations est bien entendu élevée. On commence toujours par dire « non ». La plus forte résistance vient des médecins. Il faut pourtant les convaincre. Les changements seront plus faciles à mettre en œuvre chez les jeunes médecins que chez les plus âgés. Cela vaut aussi pour le personnel soignant. « Pourquoi dois-je changer mes méthodes alors qu'elles ont fait leurs preuves pendant 30 ans ? » L'engagement et la formation sont les clés de l'acceptation. Les progrès seront à la fois brusques et progressifs. Brusques à cause de l'arrivée de la télémédecine, de la robotique, et de technologies révolutionnaires. Progressifs parce que l'acceptation ne se fera pas au même rythme chez tout le monde.

Des incitants sont nécessaires si l'on veut gagner la population et le corps médical à cette cause. Il faudra les convaincre des avantages à changer leurs habitudes. C'est la mission de la ministre concernée : avec des campagnes d'information pour la population, avec d'éventuelles compensations financières pour les médecins. Aujourd'hui, les praticiens reçoivent déjà une indemnité pour chaque dossier médical global numérisé. La ministre montre la voie. À l'image d'un CEO à la tête d'une entreprise en mutation, la ministre devra initier un changement de mentalité.

De nombreux pays sont déjà bien plus avancés que la Belgique au niveau de la révolution digitale. C'est ici que la ministre devra faire preuve de créativité. L'avantage dont jouissent certains pays comme l'Estonie, c'est qu'ils sont partis d'une page blanche. Aujourd'hui, ils ont pris une sacrée avance. Nous pouvons transformer notre retard en opportunité. La transposition chez nous des meilleures pratiques de ces pays «*frontier*» nous permettra d'avancer à pas de géant. Sans oublier la législation, qui devra être adaptée aussi vite que possible.

Si nous voulons utiliser au mieux les nouvelles technologies, les silos existants devront être brisés. Seul l'échange d'informations sur la santé (de manière anonyme) permettra de mettre en œuvre les outils d'analyse du big data. Alors seulement les informations pourront livrer leurs secrets. La confiance joue un rôle important et la population devra obtenir la garantie que ses données personnelles ne seront pas utilisées à mauvais escient.

En plus de l'amélioration continue des soins, la nécessité de fixer certaines limites aux dépenses occupera une place centrale dans les débats. Il est hors de question de continuer sur la voie actuelle. La facture du vieillissement de la population est trop élevée, et il faudra y ajouter le coût de toutes ces technologies prometteuses. Il est indispensable de mettre fin à la surconsommation. Personne ne veut d'une médecine à deux vitesses : des soins de base pour tous, et les technologies de pointe pour ceux qui peuvent se les permettre. Enfin, le remplacement de la rémunération à l'acte par un nouveau système sera la pierre angulaire de nos soins de santé du futur.

Bon an mal an, nous arrivons progressivement à réduire la surconsommation, mais il ne faudrait pas retomber dans ce travers par d'autres voies. Nous devons être ouverts aux nouvelles technologies et nous devons expérimenter les nouveaux médicaments. Mais la généralisation de leur usage ne doit être autorisée que lorsqu'ils ont prouvé leur utilité et ce, à un coût acceptable pour la société. Nous ne pourrons donc pas utiliser sans limites toutes les technologies disponibles. Combien sommes-nous prêts à payer pour prolonger notre vie d'une année ? Nous ne pourrons pas faire l'économie de débats éthiques difficiles. Des choix devront être clairement posés. C'est à cette seule condition que nos enfants pourront continuer à profiter du fantastique système de sécurité sociale que nous connaissons aujourd'hui. Et ce, sans aucun doute, en meilleure santé.

Conclusions

Depuis les années '70, les dépenses publiques dans le secteur des soins de santé augmentent pratiquement deux fois plus vite que notre PIB. À qui la faute ? Au vieillissement de la population, mais surtout à une hausse tendancielle des coûts induite par les nouvelles technologies, de nouveaux schémas pathologiques et l'absence d'augmentation de la productivité. Les technologies peuvent-elles nous aider à freiner cette hausse ? La médecine régénératrice comme les cellules souches et les technologies 3D grèvent les coûts, tandis que la robotique et la télémédecine pourraient les faire baisser. Les technologies doivent être utilisées si leur coût est acceptable pour la société. En d'autres termes : pas à n'importe quel prix.

- Dans les statistiques, l'augmentation de la productivité dans le domaine des soins de santé est la grande absente. Cela s'explique surtout par les spécificités du secteur, qui rend toute mesure difficile. La surconsommation due au système de rémunération à l'acte et la sous-consommation liée à l'insuffisance de contrôle de certains patients expliquent aussi une partie de la hausse. Enfin, les médecins consacrent trop de temps aux tâches administratives pour lesquelles ils sont surqualifiés et surpayés.

- La modification du système de rémunération à l'acte est une des clés de la résolution du problème de surconsommation. Par ailleurs, nous devons davantage recourir à l'« *evidence-based medicine* » et la « data-based medicine ». Les apps digitales et la mHealth permettent aux patients de mieux prendre en charge leur santé physique et mentale. Les apps les aident à mieux respecter leurs traitements, tandis que la mHealth retarde le moment où les seniors doivent quitter leur domicile pour une maison de repos. Mais la législation n'est pas encore adaptée. De plus, certains prestataires de soins sont encore réticents envers la mHealth et l'utilisation des apps.

- Une prévention intelligente et la possibilité de prédire la survenance des maladies sont considérées comme le Saint Graal des soins de santé du futur. Grâce aux apps, nous pouvons mettre en place des mesures préventives et assurer le suivi des malades, tandis que l'étude du génome permet de prédire les maladies. La génomique permet de diagnostiquer les maladies rares, de mettre en place des soins préventifs, et d'adapter les traitements au génome des patients. La question est de savoir si cette approche totalement personnalisée et la correction des gènes feront baisser les coûts.

Interview de Maggie De Block, ministre des Affaires sociales et de la Santé publique : « La santé n'a pas de prix, mais quelqu'un doit tout de même payer la facture »

Le gouvernement remboursera bientôt certaines applications liées à la santé. La ministre des Affaires sociales et de la Santé publique Maggie De Block a également lancé un appel à projets dans le cadre de la mHealth. Que peut-on attendre de la numérisation de l'économie de la santé ? Et comment pouvons-nous maintenir les coûts sous contrôle ? Nous avons rencontré la ministre et nous lui avons posé la question.

– **Quels sont les principaux effets des progrès technologiques dans le secteur de la santé ?**

MDB « Gains de productivité et augmentation de la qualité. Les patients bénéficient d'un meilleur suivi et l'échange d'informations entre les différents prestataires de soins est plus fluide. Les nouvelles technologies permettent aussi d'assurer un meilleur suivi des paramètres des patients. Par exemple, les personnes souffrant d'arythmie cardiaque peuvent être monitorées à distance. Et, grâce aux nouvelles technologies, nous évoluons lentement vers davantage d'autocontrôle par les patients. »

– **Ces technologies permettront-elles de réaliser d'importantes économies ?**

MDB « Dans certains domaines, nous pourrons en effet réduire les coûts. Si vous pouvez remplacer trois consultations chez le cardiologue par une consultation unique complétée par un suivi à distance, c'est bien entendu positif. Dans ce cas, le cardiologue qui assure le contrôle à distance devra être rémunéré d'une autre manière. Mais l'amélioration de la qualité des soins restera la première priorité. Une autre façon de réduire sensiblement les dépenses serait de mettre fin à la surconsommation. Ce problème n'est pas exclusivement belge. Selon l'OCDE, tous les pays y sont confrontés. La surconsommation de médicaments – comme les antibiotiques – et d'examens – comme la radiologie – n'est pas uniquement un problème budgétaire, mais aussi de santé publique. Nous devons trouver des solutions. »

« Nous nous sommes aussi attaqués aux coûts via le Pacte d'avenir : lorsque le brevet d'un médicament arrive à expiration, son prix devrait sensiblement baisser. Nous sommes en train de discuter avec différentes parties, y compris les pharmaciens. Au même moment, ces économies doivent permettre de libérer des moyens supplémentaires pour de nouveaux traitements. Chaque évolution technologique a des conséquences en médecine. Prenez l'endoscopie, nous utilisons aujourd'hui des mini-caméras dans les vaisseaux sanguins. Cette technique a eu un impact énorme sur la chirurgie cardiaque. Idem pour la robotique et son impact en microchirurgie. Chaque nouvelle technologie apporte de nouvelles opportunités. Et des changements considérables.»

– **Certaines technologies font plutôt augmenter les coûts. Quelle est votre position?**

MDB «Les traitements d'immunothérapie sont chers. Mais cela s'explique en grande partie par leur nombre restreint. Nous devrions en voir apparaître beaucoup d'autres dans le futur, ce qui fera jouer la concurrence et fera pression sur les prix. De plus, ces thérapies viendront en remplacement des chimiothérapies de première, deuxième et troisième lignes. Les traitements d'immunothérapie ne viendront pas s'ajouter aux anciens traitements, ce qui fera baisser les coûts. Par ailleurs, nous devons avoir le courage de limiter le recours à l'immunothérapie aux seuls patients réceptifs.»

«Du reste, même si ces thérapies sont beaucoup plus chères, elles provoquent moins d'effets secondaires et augmentent nettement la qualité de vie des patients, qui pourront peut-être continuer à travailler à temps partiel, ce qui était exceptionnel dans le cas des chimiothérapies. Cette amélioration de la qualité de vie doit aussi être prise en compte. Nous entrons donc dans une nouvelle ère, même si hélas nous ne disposerons pas de traitements pour toutes les pathologies. Les anciens traitements devraient progressivement disparaître. Et pour réduire les coûts des médicaments pour les maladies rares, nous nous associons avec d'autres pays. Nous sommes déjà quatre – le Benelux et l'Autriche – à collaborer, ce qui renforce notre pouvoir de négociation face aux entreprises pharmaceutiques.»

– **Les analyses d'ADN peuvent aussi être utilisées pour savoir si un traitement sera efficace. Qu'est-ce qui nous empêche d'effectuer ces analyses à grande échelle?**

«Nous avons repris dans notre plan d'action un projet d'analyse d'ADN appelé *next generation sequencing*. Il n'en reste pas moins que nous n'allons pas analyser le génome de toute la population si cela ne présente pas d'intérêt. Il peut y avoir une plus-value par exemple dans le domaine du diagnostic prénatal. Il serait intéressant de pouvoir détecter des maladies rares ou héréditaires. Le grand problème de l'analyse d'ADN, c'est son interprétation. Que faut-il chercher ? Ensuite, il faut assurer un suivi adapté. Comment allez-vous informer toutes ces personnes des résultats de leur analyse ? Lorsqu'un problème est détecté, que faire ensuite ? Car le simple diagnostic d'une maladie ne résout rien.»

«Il ne faut pas non plus oublier l'aspect éthique : que faire de cette information s'il n'existe aucun traitement ? Quid si je sais que je suis prédestinée à mourir avant l'âge de 50 ans ? Chacun est-il prêt à vivre avec cela ? Et voulons-nous réellement le savoir ? Nous devons prendre tous ces facteurs en considération avant de décider d'aller de l'avant. Nous sommes aujourd'hui en phase d'étude. C'est pourquoi nous devons être très prudents quand nous parlons d'analyse d'ADN. Elle doit être fondée sur des connaissances scientifiques avérées et encadrées sur le plan social.»

– **Où devrons-nous fixer la limite en termes de remboursement ? Allons-nous évoluer vers un calcul du QALY comme le propose le professeur Annemans ?**

MDB «Le QALY est un bon point de départ, mais les économistes de la santé ne sont pas connus pour leur empathie. Nous devons aussi prendre les aspects éthiques en considération lorsque nous décidons de rembourser ou non un traitement, et à quel taux. Les patients et leur famille voient bien entendu les choses différemment. Pour eux, la santé n'a pas de prix. C'est vrai dans un sens, mais quelqu'un devra tout de même payer la facture. Et c'est ici que l'*evidence based medicine* peut jouer un rôle majeur. Par exemple, on pourrait décider de limiter l'immunothérapie aux personnes qui y sont réceptives. Et c'est pour moi le plus important. Si nous sommes certains de l'efficacité d'un traitement chez un patient, alors il y aura de fortes chances pour qu'il y ait droit et qu'il soit remboursé. Mais ce serait la condition *sine qua non*. Nous sommes en discussion à ce propos avec l'industrie et nous insistons également pour que le prix soit raisonnable.»

– **La productivité ne s'est pas beaucoup améliorée malgré les avancées technologiques majeures des dernières décennies. Comment l'expliquez-vous ?**

MDB «En effet, ces avancées ne se sont pas traduites par de véritables progrès sur le plan de la productivité. Par contre, elles ont permis à beaucoup de personnes de survivre à leur maladie, ce qui n'était pas le cas auparavant. Prenons par exemple le remplacement des valves cardiaques : avant, ce n'était tout simplement pas possible. Aujourd'hui, cette intervention peut être pratiquée sur des patients octogénaires, et leur permettre de vivre une dizaine d'années de plus. Au niveau des prothèses, les progrès ont réellement augmenté la qualité de vie des patients. Le nombre d'interventions est effectivement en hausse, mais c'est le prix à payer pour cette gigantesque augmentation de la qualité de vie. C'est pourquoi nous essayons d'éliminer les technologies dépassées, le gaspillage et la surconsommation. Il ne devrait plus être possible de réaliser un CT-scan (Computerized Tomography Scan) suivi d'une résonance magnétique. Il faudra choisir.»

– **Que dire des patients qui vont consulter cinq médecins pour obtenir cinq avis ? Le dossier électronique peut-il apporter un début de solution ?**

MDB «Certainement. Le dossier électronique est déjà une réalité. Le système comprend aujourd'hui 5,9 millions de dossiers. Lorsque j'ai commencé, nous en comptions à peine 200.0000. Les médecins généralistes reçoivent un incentive financier de 500 euros par tranche de 100 dossiers résumés et introduits dans le système. Aujourd'hui, les médecins généralistes reçoivent aussi une prime télématique lorsqu'ils gèrent leurs dossiers (DMG) de manière électronique. Auparavant, ils recevaient une prime lorsqu'ils achetaient un ordinateur, mais cette mesure s'est avérée peu concluante : car à quoi sert un ordinateur s'il n'est pas utilisé ?»

– **La révolution technologique est plus lente dans le secteur des soins de santé que dans d'autres secteurs. Comment l'expliquez-vous ? Les médecins et spécialistes sont-ils à ce point conservateurs ?**

MDB «Le secteur des soins de santé comprend une kyrielle d'acteurs et chacun a sa méthode de travail. Prenons par exemple les soins à domicile : nous leur avons donné deux ans pour passer à l'électronique. Après un an et demi, tout était informatisé. Et la plupart des médecins ont suivi le mouvement. Mais il existe encore quelques irréductibles qui tiennent à leurs anciennes fiches en carton. Heureusement, ils sont de moins en moins nombreux. L'INAMI organise d'ailleurs des formations pour qu'un maximum de personnes s'accrochent au bon wagon. Prenons par exemple l'évolution en matière de résultats d'un scanner du genou : jusqu'il y a peu, les patients emportaient leur radio chez eux. Ensuite, nous sommes passés au CD. Aujourd'hui, les médecins peuvent consulter les radios en ligne. Cette informatisation facilite beaucoup les choses.

Nous commençons également avec la mHealth et les apps mobiles. Nous lançons cinq projets pilotes. La volonté d'aller de l'avant est bien présente car, depuis que nous l'avons annoncé dans la presse, on se bouscule pour présenter des projets. Et cet enthousiasme vient surtout de jeunes universitaires et entrepreneurs. Ils entraînent les médecins et prestataires de soins dans leur sillage, ce qui permet d'accélérer grandement les choses. Car, pour moi, cette mHealth améliorera sensiblement la qualité des soins. Au lieu de se rendre systématiquement chez le médecin, avec la perte de temps qui en découle, les patients pourront télécharger toutes les données à domicile et les transmettre électroniquement. Attention : nous nous concentrons surtout sur les applications qui ont déjà fait leurs preuves et qui font progresser la santé. Un podomètre est un gadget très amusant et je sais par expérience que cela pousse à marcher davantage, mais nous ne comptons pas le rembourser. »

– **Avec l'émergence de la mHealth et ces applications, ne faut-il pas revoir la manière dont les médecins sont rémunérés ?**

MDB « C'est exact. Et nous avons également lancé quelques projets pilotes à ce sujet. Comment rémunérer un médecin traitant ? Ou un cardiologue qui contrôle ses patients à distance ? Nous sommes en territoire inconnu : vous ne pouvez pas facturer une consultation, car le médecin n'a pas personnellement rencontré le patient. Dans d'autres cas, il ne s'agira pas d'une seule personne à rémunérer, mais de toute une chaîne de prestataires de soins. La rémunération traditionnelle à l'acte ne disparaîtra pas tout de suite, mais nous évoluerons vers un système de rémunération basé sur un parcours de soins, comme par exemple une prise en charge intégrée des patients chroniques, où la rémunération sera répartie entre différents prestataires. »

– **La transparence jouera donc un rôle prépondérant. C'est aussi une condition essentielle si nous voulons que notre système de soins de santé reste équilibré et éviter les abus. Comment augmenter cette transparence ?**

MDB «Le système est déjà très transparent. Prenons l'exemple des factures : aujourd'hui, elles sont bien plus détaillées et plus simples qu'auparavant. Les patients et les mutualités peuvent facilement contrôler ce qui a été facturé. Et ce n'est pas fini. Lorsque le dossier électronique sera généralisé, nous pourrons extraire davantage d'informations. Les scanners disposent aujourd'hui d'un numéro unique, ce qui nous permet de connaître le nombre de scans qui ont été réalisés et où. Nous rassemblons toutes ces données. Il est normal que les grands hôpitaux qui ont un important service d'oncologie réalisent de nombreux scanners. Mais si nous constatons un nombre anormalement élevé de scanners par rapport à la taille de l'établissement, nous pourrons intervenir. Dans le passé, certains scanners étaient soi-disant achetés à des fins scientifiques, et on se rendait compte par la suite qu'ils étaient utilisés pour des patients ordinaires et facturés à l'assurance maladie. Ce cas de figure n'est plus possible, car ces scanners ne disposent pas de numéro de référence.»

– **Nous sommes aussi confrontés à la surconsommation. Comment comptez-vous résoudre ce problème ? Et surtout, comment s'assurer que les économies réalisées seront réinvesties dans la prévention ?**

MDB «Nous luttons contre ce fléau en croisant les données, en établissant des profils types et en détectant les anomalies statistiques. Nous procédons à des contrôles quand nous constatons certaines aberrations et nous intervenons si nécessaire. Une partie des économies réalisées est ensuite réinvestie dans la prévention, qui est particulièrement importante. Chaque euro investi intelligemment dans la prévention nous permet d'économiser quatre euros. Je suis une fervente défenderesse de la prévention, qui est aujourd'hui de la compétence des Communautés. Attention : le fédéral finance une partie des efforts de prévention, comme par exemple la prévention du cancer du col de l'utérus, le dépistage du cancer du sein et du côlon, et nous remboursons aussi certains vaccins. Cela s'explique par le fait que nous disposons de davantage de moyens.»

CHAPITRE 5

Investir 4.0

Si vous investissez dans les géants technologiques, vous paierez toujours trop cher. Mais dans les secteurs traditionnels, il est également possible de trouver des gagnants à une valorisation raisonnable. Les nouvelles technologies digitales permettent aux entreprises d'améliorer sensiblement leur productivité et leur rentabilité. Par contre, de nombreux services et produits seront bientôt inutiles. Les investisseurs doivent les éviter à tout prix.

Avant d'investir dans les nouveaux secteurs émergents, il vaut mieux attendre qu'une première crise ait séparé le bon grain de l'ivraie. Ceux qui n'ont pas cette patience peuvent utiliser la même tactique que les tortues lorsqu'elles pondent des œufs : investir de petits montants dans une kyrielle d'entreprises. Malgré tout, les risques liés au *stock picking* augmentent également. La concurrence vient de partout, et la durée de vie des produits et des entreprises ne cesse de se réduire. Cela accroit les incertitudes et rend la diversification encore plus importante. L'époque du *buy and hold forever* est définitivement révolue.

Depuis 2000, il est « hot » d'investir dans les pays émergents, mais là aussi, l'automatisation est en train de frapper, et ces pays se retrouvent confrontés à ce que nous pouvons appeler une « désindustrialisation prématurée ». Les pays émergents doivent trouver un nouveau modèle de croissance. Les investisseurs sont prévenus.

Quid des entreprises belges cotées ? Sont-elles prêtes pour cette révolution ? Pour les entreprises de services, la réponse est clairement « oui » : 80 % d'entre elles disposent d'un plan d'action ou l'ont déjà mis en place. Mais dans le secteur industriel, ce taux retombe à moins de 50 %. Un tiers d'entre elles reconnaissent d'ailleurs qu'elles ne disposent d'aucun plan. Contrairement aux révolutions précédentes, le secteur des services a été plus rapidement touché que l'industrie.

Toutes les entreprises sont convaincues que l'impact de l'internet des objets (Internet of Things ou IoT) devrait se traduire par des gains d'efficacité et par une plus grande personnalisation des services aux consommateurs. Le secteur compte aussi beaucoup sur les services en ligne pour développer de nouvelles activités. Les entreprises actives sur le marché des consommateurs sont particulièrement exposées à l'économie de partage.

Les entreprises voient des opportunités dans la personnalisation de leurs contacts avec les clients et les fournisseurs. La technologie permet de développer de nouveaux produits et services, tandis que les attentes des clients sont influencées par leurs expériences avec les acteurs digitaux actuels.

Le principal défi viendra d'une nouvelle concurrence, plus féroce. Les entreprises devront conclure davantage de partenariats. Les gagnantes seront celles qui auront réussi à créer les meilleurs réseaux. Dernier changement capital : les attentes envers leurs collaborateurs. Il s'agira de les convertir à la « foi digitale ».

Investir à l'ere digitale

La Quatrième Révolution Industrielle donne autant de cheveux blancs aux analystes boursiers que la (maudite) bulle internet du début 2000. La rentabilité de certains leaders de l'économie digitale est gigantesque, certes, mais on voit aussi de nombreux acteurs du secteur atteindre des valorisations astronomiques avant même d'avoir engrangé leur premier euro de bénéfice. Les promesses sont légion. Mais pourront-elles être tenues ? La facture des investisseurs mal informés risque d'être salée. Nous avons demandé à plusieurs experts en investissement – Pierre Huylenbroeck (éditeur de *Mister Market Magazine*), Philippe Gijsels (stratégiste en chef de BNP Paribas Fortis) et William De Vijlder (Économiste en Chef de BNP Paribas) – comment les investisseurs pouvaient éviter aujourd'hui les mêmes pièges qu'il y a vingt ans. À quoi doivent-ils être attentifs lorsqu'ils investissent dans le secteur technologique ?

Chères actions technologiques

Entre 1997 et 2000, la bulle internet a poussé les actions technologiques – en particulier si leur nom se terminait par « .com » – vers des sommets jamais atteints. La hausse rapide du cours des actions, la spéculation à grande échelle de particuliers souhaitant prendre le train boursier en marche, et la profusion de capitaux disponibles se sont traduites par une euphorie collective. Toutes les anciennes lois économiques ont été mises au rebut. La Vieille Économie et ses repères traditionnels – comme les ratios cours-bénéfices et cours-flux de trésorerie – ont dû s'incliner face aux valorisations basées sur les parts de marché et le chiffre d'affaires. La bulle a éclaté au milieu de l'année 2000, provoquant l'effondrement de la valeur boursière de la plupart des actions d'entreprises actives dans les technologies de l'information et de la communication.

Les entreprises les plus prometteuses de la Quatrième Révolution Industrielle ressemblent à s'y méprendre à ces anciennes gloires : toutes affichent une énorme hausse de leur chiffre d'affaires. Elles doivent rapidement passer à l'échelle supérieure si elles souhaitent conquérir l'ensemble du marché, ce qui provoque des effets secondaires (cf. Chap. 2). Dans l'économie de gagnants, seules les superstars remportent le jackpot. Les places au sommet sont limitées et les bénéfices astronomiques sont réservés à quelques privilégiés.

Parmi les élus, nous trouvons entre autres les entreprises reprises sous l'acronyme GAFA : Google, Amazon, Facebook et Apple. « Ces géants technologiques exigent une méthode d'évaluation spécifique », explique notre expert en investissements, Pierre Huylenbroeck. « Des informations telles que le nombre de *monthly active users* de Facebook ou les projections de ventes de voitures de Tesla sont peu significatives parce que déjà incluses dans le cours de Bourse. Les investisseurs doivent trouver la réponse à d'autres questions plus tangibles. Ils doivent notamment essayer de comprendre quelles sont les innovations en développement susceptibles de générer plusieurs millions d'euros de bénéfices. Ceux qui suivent Amazon peuvent par exemple examiner les projets du *golden boy* Andy Jassy – qui a créé de toutes pièces le département Amazon Cloud Service. »

Comment évaluer ces entreprises ? « Je recommande d'estimer la valeur actuelle des bénéfices attendus. Mais c'est loin d'être une science exacte », poursuit Huylenbroeck. Quant aux acteurs de second plan de la révolution digitale, il est tout simplement impossible de les évaluer, vu le niveau peu élevé de leurs flux de trésorerie et de leurs bénéfices.

Pour Philippe Gijsels, une chose est certaine : on paiera toujours beaucoup pour s'offrir une star. « Le livre *How to Make Money in Stocks* de William J. O'Neil est à cet égard un ouvrage de référence. L'auteur tente de répondre à la question : quelles sont les caractéristiques d'une action avant que sa valeur ne soit multipliée par dix ou même cent ? En plus de sept caractéristiques, qui sont décrites en détail dans le livre, il constate que ces actions sont rarement – voire jamais – bon marché parce qu'elles sont au début de leur parcours explosif. Les investisseurs n'ont généralement donc pas d'autre choix que de payer le prix fort. Et cela n'est pas sans risque car, au moindre faux pas, la correction de cours sera disproportionnée. C'est pourquoi il est fortement conseillé de se diversifier. »

Les investisseurs en quête de placements très rentables ne doivent pas se limiter au secteur technologique. À en croire les prévisions de General Electric et de Morgan Stanley, de nombreuses autres entreprises devraient prochainement afficher de plantureux bénéfices. General Electric[207] estime que les innovations engendrées par l'internet des objets pourraient augmenter le PIB brut mondial de 10.000 à 15.000 milliards de dollars au cours des vingt prochaines années, ce qui correspond à une hausse énorme du PIB annuel mondial : de 0,6 % à près de 1 % !

Bank of America Merrill Lynch[208] est encore plus optimiste : les gains de productivité générés par les trois nouveaux écosystèmes – économie de partage, services en ligne et internet des objets – pourraient se monter à 14.000 voire 33.000 milliards de dollars en dix ans à peine. Grâce à l'intelligence artificielle, les coûts devraient baisser de 8.000 à 9.000 milliards de dollars dans l'industrie et le secteur des soins de santé, tandis que l'automatisation du secteur de la connaissance pourrait réduire les coûts de la main-d'œuvre de 9.000 milliards de dollars. Les gains d'efficacité engendrés par les voitures autonomes et les drones pourraient réduire ces coûts d'un montant supplémentaire de 1.900 milliards de dollars. D'ici 2025, la productivité devrait augmenter de 30 % et les coûts de la main-d'œuvre devraient baisser de 18 à 33 % dans bon nombre d'industries.

Même si seuls 50 % des prévisions se réalisent, les bénéfices des entreprises mondiales atteindront des sommets inégalés. Si les investisseurs misent sur le bon cheval, cela pourrait leur rapporter des montagnes d'argent. La difficulté consistera à identifier ces graines de champions.

En attendant le prochain krach boursier

« La prochaine révolution industrielle touchera autant le secteur des services que l'industrie, ce qui rend le choix entre les deux secteurs complètement superflu du point du vue de l'investisseur, estime Pierre Huylenbroeck. Il faut plutôt se demander quels services et produits seront bientôt dépassés, ce qui permet automatiquement d'identifier les secteurs à éviter pour des investissements à long terme. Vous aurez alors fait la moitié du chemin. On trouve suffisamment d'exemples dans le passé. Prenez le développement des automobiles. Dès qu'il fut évident que les chevaux d'acier remplaceraient définitivement les chevaux en chair et en os, les investisseurs savaient que ce n'était plus une bonne idée d'investir dans la force animale. »

À ce moment-là, était-ce pour autant une bonne idée de se lancer dans le secteur automobile ? Pas du tout. Le secteur a compté jusque 3.000 constructeurs automobiles. À peine 50 ont survécu. « Idem pour les 'dotcoms' en 2000, rappelle Huylenbroeck. « À l'époque, internet était '*the next big thing*'. Mais fallait-il investir dans internet ? Non, bien sûr : les petites sociétés internet étaient très chères, et 95 % d'entre elles ont été balayées. » Huylenbroeck cite également le secteur des biotechnologies. Là aussi, des centaines de petites entreprises cherchent à percer dans tous les domaines liés à la médecine. Mais seules quelques-unes gagneront le jackpot. « C'est un secteur très intéressant, mais il exige un suivi très strict des entreprises que l'on a repérées. » La meilleure stratégie pour obtenir de beaux rendements à long terme consiste encore à éviter d'encaisser des pertes importantes.

Quels sont les secteurs que les investisseurs doivent absolument éviter ? « Je ne suis pas un grand fan du secteur automobile. Tout d'abord parce que Apple, Google et d'autres sociétés technologiques sont en train de se transformer en concurrents redoutables des constructeurs traditionnels. Ensuite parce que les nouveaux moyens de communication favorisent le développement de l'économie de partage. Aujourd'hui, les voitures privées ne roulent que 4 % du temps. À l'avenir, ne sera-t-il pas plus simple d'appeler une voiture autonome et de payer à la course au lieu d'acheter une voiture ? De plus, il y aura moins d'accidents, moins d'usure, et donc aussi un rétrécissement du marché de remplacement. Le secteur des assurances (automobiles) devrait lui aussi vivre une révolution. »

Pour l'éditeur de *Mister Market Magazine* , de nombreux secteurs devraient souffrir à cause de la révolution technologique. « Pensez aux magasins traditionnels vs. le commerce en ligne, aux journaux papier vs. les médias en ligne, aux lunettes et aux lentilles de contact vs. la chirurgie oculaire, aux énergies fossiles vs. les énergies renouvelables. La liste est infinie. »

Phillippe Gijsels estime lui aussi qu'il n'est pas facile d'identifier les secteurs qui seront les gagnants de demain. Le stratège en chef de BNP Paribas Fortis nous renvoie vers le livre de Geoffrey A. Moore, *Crossing the Chasm, Inside the Tornado* et son best-seller *The Gorilla Game*. Ces ouvrages datent des années de folie technologique (2000) et décrivent comment les nouvelles technologies font naître de nouvelles industries et créent de nouvelles fortunes. « Après une invention, plusieurs entreprises y voient de l'intérêt et elles cherchent à la commercialiser. À un moment donné, tous les produits qui en découlent atteignent une masse critique suffisante. On ne peut alors les ignorer. Ce nouveau secteur et les jeunes entreprises attirent ensuite les capitaux comme des aimants. Cela sème les graines de la première crise. Ensuite, la sélection naturelle de Darwin fait son œuvre et seules les entreprises suffisamment solides survivent.

Le dernier séisme que nous avons connu fut l'implosion de la bulle internet. Mais pratiquement toutes les branches industrielles ont connu cette phase au cours de leur développement. Dans le secteur automobile, la crise a commencé dès le début du XXe siècle, alors que le nombre de fabricants de PC a été réduit presque de moitié (de 832 à 435) dans les années '80, pour se compter sur les doigts d'une main dix ans plus tard[209]. Après cette secousse, l'industrie prend sa forme définitive. Certains des survivants deviennent les nouveaux leaders du marché. Ils absorbent la majeure partie de la capitalisation boursière du secteur. Aujourd'hui, ce sont les Google, Amazon et Priceline. Il suffit de comparer la capitalisation boursière de Facebook avec celle de Twitter, ou celle de Google avec Yahoo ou d'autres moteurs de recherche qui ont disparu ou ont été absorbés par des groupes plus importants. »

Quelle leçon faut-il en tirer? « Le mieux à faire après une de ces secousses, c'est d'investir dans les futurs leaders. Mais cette sélection est loin d'être une sinécure, même si le choix est déjà beaucoup plus limité. » En résumé, ne faut-il pas investir dans les secteurs d'avenir? « Oui, mais uniquement en appliquant la technique de la tortue, c'est-à-dire en répartissant ses investissements dans un large éventail d'actions d'entreprises qui, selon vous, représentent l'avenir. Les secteurs que je trouve intéressants aujourd'hui sont par exemple l'internet des objets, la réalité virtuelle, la réalité augmentée, le gaming et la gamification, les bio et nanotechnologies, l'impression 3D, etc. ».

Investir comme la tortue

Dès qu'une nouvelle industrie atteint une masse critique et fait en permanence la une de l'actualité, elle attire énormément de capitaux et de nouveaux acteurs. Bon nombre de ces nouvelles entreprises ne survivront pas à la phase d'implosion qui finira par se produire. Seules quelques-unes réussiront à s'imposer et deviendront les références du secteur. Avec comme conséquence l'explosion de leur cours de Bourse.

« Si vous voulez investir dans ces secteurs en devenir, vous devez appliquer la tactique de la tortue qui pond ses œufs », explique Philippe Gijsels de BNP Paribas Fortis. « Imaginez une belle plage de sable blanc où une énorme tortue vient enterrer plusieurs centaines d'œufs dans un trou. Après leur éclosion, les minuscules tortues commencent leur long et dangereux périple vers la mer. La plupart d'entre elles n'y arriveront jamais, car elles seront dévorées par les prédateurs naturels que sont les oiseaux, les crabes et autres mammifères. Seules celles qui atteindront la mer deviendront à leur tour des tortues géantes. »

«Idem pour un panier d'actions technologiques prometteuses : bon nombre d'entre elles s'avèreront décevantes. Mais pour réussir, vous n'avez besoin que d'une seule Microsoft, Cisco ou Apple dans votre portefeuille. Il est difficile de prédire quelles sont les entreprises ou technologies qui survivront. Les compétences techniques, la créativité et la qualité du management joueront bien entendu un rôle capital. Très souvent – même si je sais que les investisseurs préfèrent ne pas entendre ce genre de propos –, on a tout simplement besoin d'une bonne dose de chance. Il est très difficile d'établir des prévisions pour des systèmes complexes non linéaires. »

Tout change en permanence

Il n'a jamais été aussi important de se diversifier. Et pas uniquement au moment d'investir dans les nouveaux secteurs. Dans le monde de la révolution digitale, c'est le principe de l'économie du gagnant qui s'applique. *The winner takes it all.* Pourquoi opter pour le numéro 2 alors que le numéro 1 est tout aussi accessible ?

Les limites physiques et les autres contraintes du monde analogique ne s'appliquent plus. La règle d'or est désormais que la part de marché du numéro 2 ne dépasse pas 50 % de la part de marché du leader. C'est ce qu'ont prouvé Google, Amazon ainsi que les plates-formes cotées comme Uber et Airbnb. Blackberry et Yahoo illustrent à quel point le succès peut être éphémère. « Le risque lié au *stock picking* a considérablement augmenté. Et pas uniquement avec les nouvelles entreprises », reconnaît William De Vijlder, Économiste en Chef de BNP Paribas. « Il faut être tout aussi vigilant avec les entreprises existantes. Un modèle opérationnel peut se retrouver balayé en moins de temps qu'il ne faut pour le dire. Prenez Nokia ou, plus récemment encore, Yahoo. »

Tant la révolution digitale que la mondialisation ont forcé de nombreuses entreprises à revoir leur stratégie. Il est aujourd'hui plus difficile que jamais de savoir qui sera votre prochain concurrent. Peut-être une start-up est-elle en train de développer à l'autre bout du monde une idée révolutionnaire qui rendra vos produits totalement dépassés ? Il n'existe plus aucune certitude. Les entreprises doivent à présent être prêtes à s'adapter à tout moment. Les choses évoluent de plus en plus vite et la durée de vie des produits se réduit.

FIG. 50 **Durée moyenne de la présence des entreprises du S&P-500 dans l'indice (en années)**
Source : Innosight/Richard N. Foster/Standard & Poor's

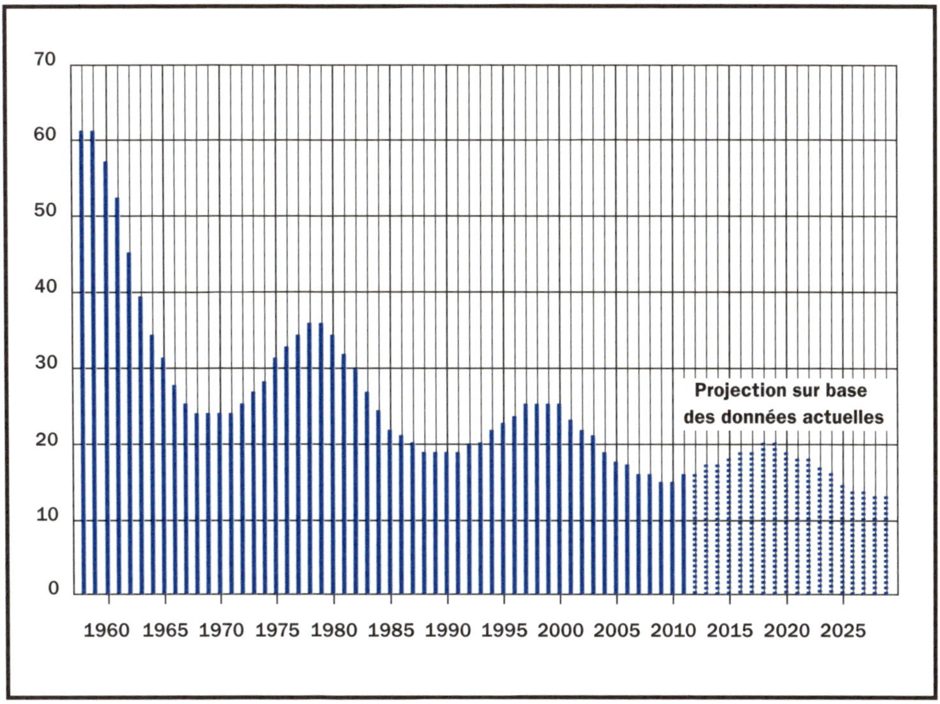

L'espérance de vie des entreprises se réduit elle aussi, comme en témoigne le taux de rotation des entreprises dans le S&P500, l'indice boursier qui reprend les 500 plus importantes sociétés américaines cotées. Celles-ci sont retirées de l'indice pour être remplacées par de nouvelles sociétés dont la capitalisation boursière est plus élevée. À la fin des années '60, les entreprises restaient en moyenne 60 ans dans l'indice. Elles bâtissaient progressivement leur empire. La mission des CEO consistait à élargir et à améliorer progressivement leur gamme de produits, ainsi que et l'efficacité des processus de production.

La durée moyenne de leur présence au sein de l'indice est aujourd'hui retombée à 18 ans et devrait baisser à 14 ans d'ici 2030. « 75 % des entreprises du S&P500 ne devraient plus en faire partie en 2030 » [210], estime Richard Foster, directeur du cabinet de conseil Innosight. « Le problème, c'est que l'innovation nécessaire au développement de nouvelles activités entre souvent en conflit avec l'efficacité opérationnelle des activités existantes. Dans ces conditions, la croissance est plus lente que celle de l'ensemble de l'économie. La plupart des entreprises succombent au chant des sirènes qui les pousse à poursuivre sur la même voie au lieu de modifier leur ligne de produits et de s'aligner sur les changements de l'économie. Le défi ultime de toutes les entreprises, c'est de se développer à un rythme égal ou supérieur à celui de leur secteur, sans perdre le contrôle de leurs activités. L'étude d'Innosight démontre que seules quelques rares entreprises réussissent à relever ce défi », constate Foster.

FIG. 51 Echantillon de l'ancienne vs. la nouvelle économie
Source : Innosight

Le message adressé aux CEO actuels est clair : si vous souhaitez garder le contrôle de votre entreprise et créer de la valeur pour vos actionnaires et clients, adoptez la « disruption créative » au lieu d'attendre et de devenir la victime d'une force irrésistible. L'aperçu ci-dessus reprend les entreprises qui faisaient partie du S&P500 entre 2002 et 2012. Il est difficile de trouver un plus bel échantillon des tensions entre l'ancienne et la nouvelle économie.

Quelles conclusions les investisseurs doivent-ils tirer de ce constat ? William De Vijlder : « Auparavant, les choses étaient relativement simples.

Les investisseurs pouvaient estimer les cashflows futurs des entreprises et considérer comme acquis que les autres paramètres resteraient plus ou moins constants. Et, dans la plupart des cas, c'était suffisant. Ce n'est plus le cas aujourd'hui. Le principe '*caeteris paribus*' (toutes choses étant égales par ailleurs) a disparu. Vous devez vous baser sur un environnement qui changera inévitablement au cours des années à venir. » Ce qui explique que les investisseurs doivent actuellement analyser beaucoup plus de paramètres. « Ils doivent suivre l'évolution des nouvelles technologies et vérifier le positionnement des entreprises qu'ils détiennent en portefeuille. Quid de la concurrence ? De nouveaux concurrents sont-ils en train de se pointer à l'horizon ? Et attention : ils peuvent surgir très rapidement », prévient De Vijlder , pour qui la diversification représente la seule et unique solution.

Bye-bye « *buy and hold* »

« On n'a jamais compté autant de nouvelles industries. Et les entreprises perdent de plus en plus vite leurs avantages concurrentiels. Le temps où il était possible de vivre pendant 60 ans d'une bonne idée ou d'un nouveau concept est révolu. Le processus de 'destruction créative' – décrit par l'économiste Joseph Schumpeter – est de plus en plus rapide », explique Philippe Gijsels. « Pour les entreprises – y compris les leaders du marché –, cela signifie qu'elles ne peuvent plus se reposer sur leurs lauriers. La seule solution est d'innover en permanence et ce, sans la moindre garantie de succès. Il y a bien entendu le phénomène de l'économie des gagnants. Certaines entreprises comme Microsoft et Apple réussissent à imposer leur produit comme référence du marché. Elles bénéficient pendant un court laps de temps d'un quasi-monopole, sont provisoirement protégées de la concurrence et affichent un rendement élevé sur leurs capitaux. Ce sont aussi les actions dont la valeur a littéralement explosé. »

Malheureusement, ce sont des exceptions. « Pour les investisseurs, ce monde en rapide évolution signifie qu'investir aujourd'hui dans les marchés leaders ne garantit pas nécessairement le succès. Le monde peut changer d'un jour à l'autre. » Conséquence : Phillippe Gijsels recommande de gérer activement son portefeuille. « Le principe '*buy and hold forever*' est de moins en moins d'actualité ».

Ceux qui n'ont pas le temps de gérer activement leur portefeuille peuvent investir dans les indices boursiers (*trackers*) ou des fonds d'investissement. « La diversification a toujours été le point fort de ces produits, qui évitent que tous les œufs se retrouvent dans le même panier. Cela permet également de profiter de l'augmentation de la pondération des entreprises qui réussissent dans les indices, et de surfer sur la vague des bons résultats des leaders de marché actuels et futurs. » Dans les indices très larges comme le S&P500, ce phénomène reste limité. « Mais les choses sont différentes dans les indices de certains pays émergents. En Chine, les leaders dans le domaine des plates-formes sont des entreprises comme Baidu, Alibaba et Tencent, et ces actions font fureur. Conséquence : le trio représente actuellement 30 % de l'indice, soit plus que l'ensemble des valeurs technologiques du S&P500. »

« Comme toujours, il est indispensable de bien analyser la situation, estime Pierre Huylenbroeck. L'entreprise est-elle en bonne santé ? L'action est-elle bon marché ? Mais plus important encore : il faut se projeter cinq ans plus tard. Et pour la plupart des entreprises, en particulier dans le secteur des biotechnologies, c'est la bouteille à l'encre. Il vaut mieux limiter le poids de ces entreprises au sein du portefeuille. La plus grande partie doit être réservée aux entreprises dont l'avenir est assuré, du moins pour les quelques années à venir. Comme l'explique le champion de l'investissement Warren Buffet, il s'agit d'entreprises qui ont creusé des douves suffisamment profondes autour de leurs activités, ce qui leur permet de conserver pendant longtemps leur avance sur la concurrence. »

Mais même pour ces entreprises, la révolution digitale a réduit la profondeur des douves. « C'est pourquoi tous les investisseurs doivent s'appuyer sur un processus d'investissement fiable : un système qui les oblige à vendre une partie de leur portefeuille lorsque les titres atteignent une limite prédéterminée à la hausse comme à la baisse. Si une limite basse est atteinte, par exemple, lorsque le poids moyen du titre représente moins de la moitié de la pondération moyenne des autres actions en portefeuille, il est conseillé de tout vendre, car vous avez certainement affaire à un perdant : si une société n'a pas répondu à vos attentes, c'est probablement à cause de l'émergence de nouveaux concurrents. Il faut s'en débarrasser », indique Huylenbroeck sans hésitation. Quid si la limite supérieure est atteinte ? « Une action dont le cours augmente très vite est bien entendu une bonne affaire. Mais l'augmentation de sa pondération rend le portefeuille plus vulnérable en cas de correction de l'action en question. Si sa pondération est deux fois supérieure à la moyenne des autres actions, vendez la moitié. D'une part, vous renvoyez l'action dans le 'peloton', et d'autre part vous engrangez des gains. Cela vous garantit déjà que vous ne perdrez rien si cette action s'avère finalement n'être qu'une étoile filante. »

Phillippe Gijsels ajoute : « La polarisation que nous observons dans l'économie se reflète également sur les marchés d'actions. » Pour le stratège, personne n'explique mieux ce phénomène que Nassim Taleb dans son ouvrage *Antifragile*. « Nous vivons de plus en plus en Extremistan. Le fossé entre les nantis et les autres se creuse jour après jour. Idem pour le nombre de '*views*' sur YouTube, où quelques vidéos représentent la part du lion et les autres se contentent des miettes – voire de rien du tout. Petit exemple : *Gangnam Style*, le hit du rappeur sud-coréen Psy, a déjà été vu plus de 2,7 milliards de fois. « Mais cela vaut aussi pour les rares clubs et joueurs de football qui raflent la majeure partie des revenus publicitaires et des droits de retransmission, tandis que les 90 % restants doivent se contenter des restes », poursuit Gijsels. Conséquences pour les entreprises et les investisseurs ? « En Extremistan, la distribution normale ne s'applique pas. Un nombre relativement restreint de super-champions voient leur cours de Bourse flirter avec les sommets – étant parfois multipliés par 100 ou plus – tandis que les autres – soit la toute grande majorité – affichent des résultats inférieurs à la moyenne. Une seule Apple dans votre portefeuille peut faire la différence entre des bénéfices énormes et un rendement inférieur à la moyenne ».

Pays émergents, problèmes émergents

Comment les pays émergents vivent-ils la Quatrième Révolution Industrielle ? Depuis 2000, les investissements dans les pays émergents s'apparentent à une ruée vers l'or. Un nouveau groupe de pays – en plus de ceux qui se sont rapidement industrialisés ces dix dernières années, comme la Chine, la Corée, l'Indonésie et la Thaïlande – se trouve-t-il à la veille d'une période d'industrialisation rapide ? La croissance économique et les bénéfices des entreprises générés par cette croissance pourraient s'avérer bien plus importants que dans les pays occidentaux, ce qui ouvre de nouvelles opportunités aux investisseurs qui souhaitent se diversifier au niveau international. Mais il y a un fameux bémol.

Si la robotisation et son impact potentiel sur l'emploi inquiètent les pays développés, le problème est deux fois plus grave pour les pays émergents et en développement. Les entreprises industrielles produisent des biens qui sont exportés dans le monde entier. La concurrence est particulièrement féroce. Pour rester compétitives, ces entreprises doivent en permanence adapter leurs processus de production. Pour y arriver, elles cherchent à automatiser leurs processus, y compris dans les pays émergents. S'y ajoute le fait que le prix des robots ne cesse de baisser.

Résultat: le secteur industriel utilise de moins de moins de main-d'œuvre (humaine). Le danger auquel ces pays émergents font face porte le nom de 'désindustrialisation prématurée'[211]. L'emploi industriel au Royaume-Uni a atteint son pic – soit 45% de la main-d'œuvre totale – juste avant l'éclatement de la Seconde Guerre Mondiale. Aujourd'hui, les pays comme le Brésil et l'Inde ont déjà atteint leur pic d'emplois industriels, qui n'a guère dépassé 15% de l'emploi total. Entre 1980 et 2013, la contribution du secteur industriel à l'ensemble des activités économiques en Afrique est passée de 12 à 11%.

Ce problème a été mis en exergue par Dani Rodrik, professeur d'économie politique à Harvard, lors d'une conférence donnée à Bruxelles à Tour & Taxis. « Dans le passé, les pays connaissaient une période d'intense croissance au moment où ils passaient d'une société agricole à une société industrielle. L'avantage de l'industrie, c'est qu'elle met massivement au travail des personnes peu qualifiées et leur ouvre des perspectives. Grâce à son importance, l'industrie booste la croissance et améliore le niveau de vie. Mais l'automatisation perturbe ce processus d'industrialisation et les personnes faiblement qualifiées ne trouvent plus d'emploi. La Chine est probablement un des derniers pays qui a réussi à se développer en s'industrialisant. Les pays émergents doivent aujourd'hui rechercher un nouveau modèle économique. Et, personnellement, je redoute un recul sensible de la croissance dans ces pays. »

En réalité, les pays émergents passent directement d'une économie agricole à une économie des services. Mais, pour Dani Rodrik, ils ne sont pas prêts pour une économie basée sur la connaissance et l'automatisation, qui menace les jobs routiniers les plus simples. Pensez aux *call centers* et aux services de traduction en Inde. L'automatisation des *call centers* via des *chatbots* n'est peut-être pas encore une réalité, mais même le remplacement d'une partie des employés (par exemple, pour répondre

FIG. 52 **Estimation de la part des emplois menacés par l'automatisation**
Source : World development Report 2016

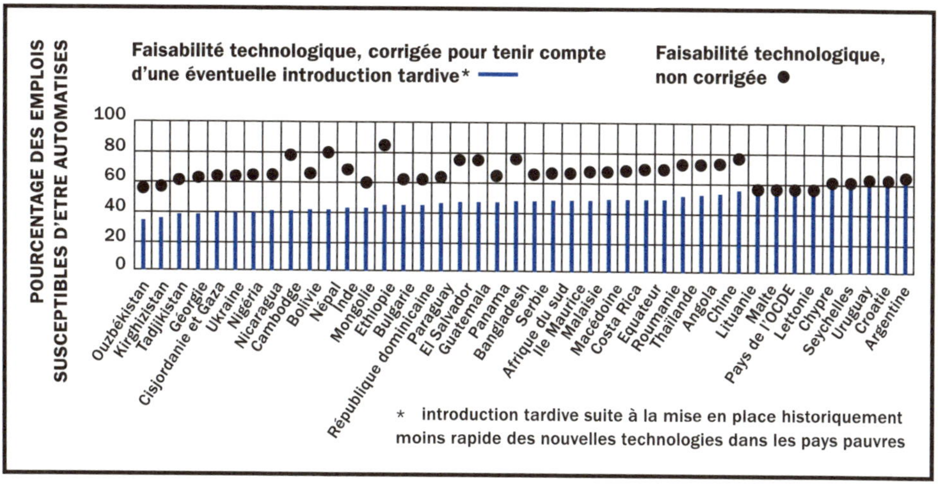

aux questions standard) provoquerait de nombreux licenciements. Et, dans le domaine de la traduction, les mémoires de traduction comme Google Translate sont certes encore loin de livrer des textes parfaits, mais la qualité s'améliore de jour en jour.

C'est pourquoi les pays émergents risquent de souffrir davantage que les pays occidentaux de l'automatisation. Dans les pays de l'OCDE – le club des pays les plus riches –, celle-ci menace 57 % des emplois. La Banque Mondiale a appliqué la méthode de calcul des économistes Frey et Osborn (Université d'Oxford). À quelques exceptions près, ce pourcentage est plus élevé – dans certains cas même sensiblement plus élevé – dans les pays émergents que la moyenne des pays de l'OCDE. En Éthiopie et au Népal par exemple, 80 % des emplois seraient menacés.

À l'heure actuelle, grâce à l'abondance de main-d'œuvre bon marché, cette robotisation ne se justifie pas encore d'un point de vue économique. Les inventions génératrices d'économies de main-d'œuvre ne seront mises en œuvre que lorsque la main-d'œuvre bon marché se fera rare, et coûtera donc plus cher qu'un investissement dans des machines. La vague d'automatisation devrait également déferler un jour sur les pays émergents. Mais le risque de déstabilisation y est plus important étant donné la quasi-absence de filet social. « L'interprétation de Dani Rodrik semble très crédible et il a probablement raison, confirme William De Vijlder. Le problème en Afrique, c'est aussi l'augmentation du nombre de travailleurs, alors que les opportunités sont rares. La robotisation empêchera ces travailleurs de trouver un emploi dans l'industrie. Ils n'ont aucune autre possibilité, et c'est ce qui explique la migration de nombreux Africains. »

Comment traiter ce problème ? Comme dans les pays occidentaux, le plus grand espoir réside dans la formation et l'éducation. Les travailleurs doivent acquérir de nouvelles connaissances. Mais, vu leur situation actuelle, ce sera un travail de longue haleine. La désindustrialisation prématurée risque de faire des pays émergents les grands perdants de la Quatrième Révolution Industrielle. Pour ceux qui choisissent d'investir dans ces pays, il est plus important que jamais de faire le juste choix, afin d'éviter de se brûler les doigts.

L'économie digitale sur Euronext Bruxelles

Nous avons demandé à 31 sociétés belges cotées comment elles se préparaient à la révolution digitale. Nous avons également interrogé Carglass (filiale de D'Ieteren Auto), BNP Paribas Fortis (filiale de la banque cotée BNP Paribas) et Quares (émetteur du fonds d'investissement immobilier QRF). La révolution digitale a-t-elle déjà eu un impact sur leur organisation ? Voient-elles cette révolution comme une menace ou une opportunité ? Sont-elles prêtes pour l'émergence des services en ligne, de l'économie de partage ou de l'internet des objets ? Estiment-elles, comme certains représentants du monde académique, que de nombreux emplois seront remplacés par des robots ?

Les entreprises interrogées sont de tailles très variées. Lors du traitement des résultats, nous avons séparé le secteur industriel (fabrication) et celui des services, qui ont montré des différences frappantes. Ces résultats donnent aux investisseurs une première impression intéressante du degré de préparation de leurs entreprises préférées face à la révolution digitale. À la demande de plusieurs sociétés, certaines citations resteront anonymes. Les entreprises qui ont collaboré à notre tour de table sont : Ageas, Agfa-Gevaert, Barco, Befimmo, Bekaert, Biocartis, BNP Paribas Fortis, Carglass, Deceuninck, Delhaize, D'Ieteren Auto, Elia, Euronav, EVS, Jensen-Group, KBC, Kinepolis, Miko, Mobistar, Montea, Nyrstar, Proximus, Quares, RealDolmen, Resilux, Roularta, Smartphoto, Solvay, Ter Beke, UCB, Van de Velde, WDP et Zetes.

Le nouvel entrepreneuriat belge

La révolution digitale peut s'avérer très disruptive. Posez la question à Kodak (qui a dû déposer le bilan), à l'industrie de la musique (qui a totalement changé) et aux agences de voyages (qui ont pratiquement disparu du paysage urbain). L'économiste Joseph Schumpeter a décrit la disruption créative comme « le processus de mutation industrielle qui modifie perpétuellement et en profondeur la structure économique, et détruit en permanence les anciennes structures, pour en créer de nouvelles. » Le rythme de ces changements est aujourd'hui plus rapide que jamais.

Opportunités et menaces

« Considérez-vous la révolution digitale comme une menace ou une opportunité ? »

FIG. 53 Les participants à l'enquête considèrent-ils la révolution digitale comme une menace ou une opportunité ?

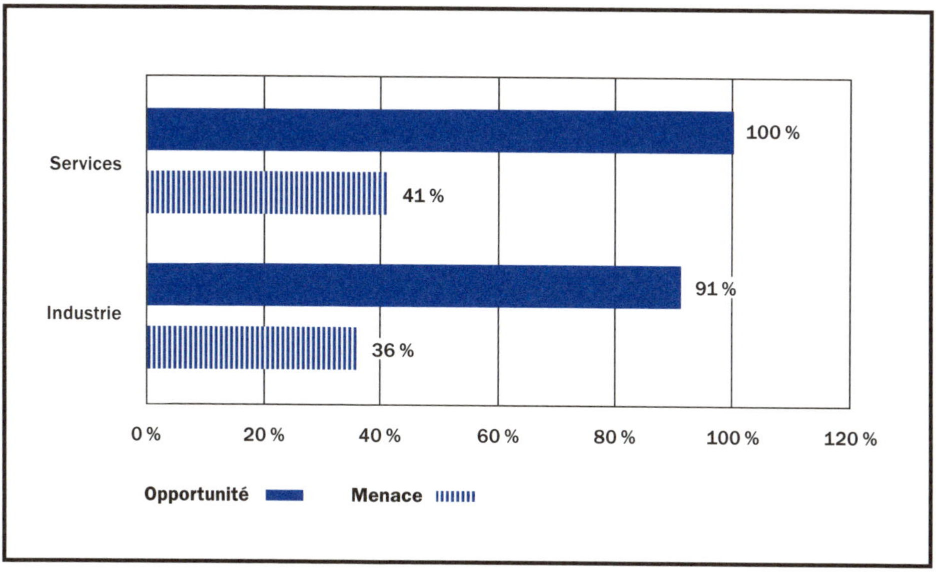

Presque toutes les entreprises voient s'ouvrir de nouvelles opportunités. Moins de la moitié y voient une menace. Ceci étant dit, l'un n'exclut pas l'autre. Une des entreprises industrielles qui a souhaité rester anonyme déclare : « La digitalisation permet de développer des contacts plus directs avec les différentes parties prenantes. Elle représente surtout une menace pour les entreprises qui jouent un rôle d'intermédiaire. C'est moins le cas pour les producteurs. »

Les entreprises qui voient cette révolution comme une menace estiment que le danger viendra surtout de l'émergence de nouveaux concurrents. Carl Vanden Bussche (Barco) : « Le monde de la technologie n'est pas sans danger. Les entreprises ont toujours dû faire preuve de flexibilité pour garder leur avance sur la concurrence. Alors que ces nouvelles évolutions représentent clairement un défi, nous voyons aussi ce phénomène comme un monde où les entreprises peuvent identifier des opportunités et réagir. Au même moment, elles doivent veiller à capter les tendances nouvelles ou disruptives. »

KBC estime que les défis se situent au niveau du processus de digitalisation des clients. « Vous devez veiller à ne pas prendre trop vite le train de la digitalisation, car vous risquez dans ce cas de pousser vos clients vers des solutions pour lesquelles ils ne sont pas encore prêts, explique Karin Van Hoecke. Mais si vous attendez trop longtemps, ils partiront chez des concurrents qui offrent des services que vous ne proposez pas encore. »

Du côté des opportunités, les entreprises voient surtout davantage de possibilités de communiquer mieux et de manière personnalisée avec leurs clients. Il sera aussi plus facile de prendre le pouls du marché, ce qui devrait permettre d'améliorer les services. « Nous nous attendons à davantage de transparence sur la manière dont nos clients et nos concurrents utilisent les produits », explique Anthony Simms, porte-parole de Nyrstar. Parmi les opportunités, de nombreuses entreprises envisagent la possibilité de gains d'efficacité.

Traiter avec les clients digitaux

« Où voyez-vous les changements les plus importants qui seront générés par la révolution digitale ? »

La révolution digitale modifie en permanence l'environnement dans lequel les entreprises évoluent. Qui n'avance pas recule. Où peut-on observer les principaux changements ? Sont-ils porteurs de nouvelles opportunités pour les clients et les fournisseurs ? À moins que la soudaine et nouvelle concurrence n'inspire la crainte ? Par ailleurs, ont-elles toutes pris des mesures pour y faire face ?

FIG. 54 **Dans quels domaines les participants à l'enquête voient-ils les principaux changements ?**

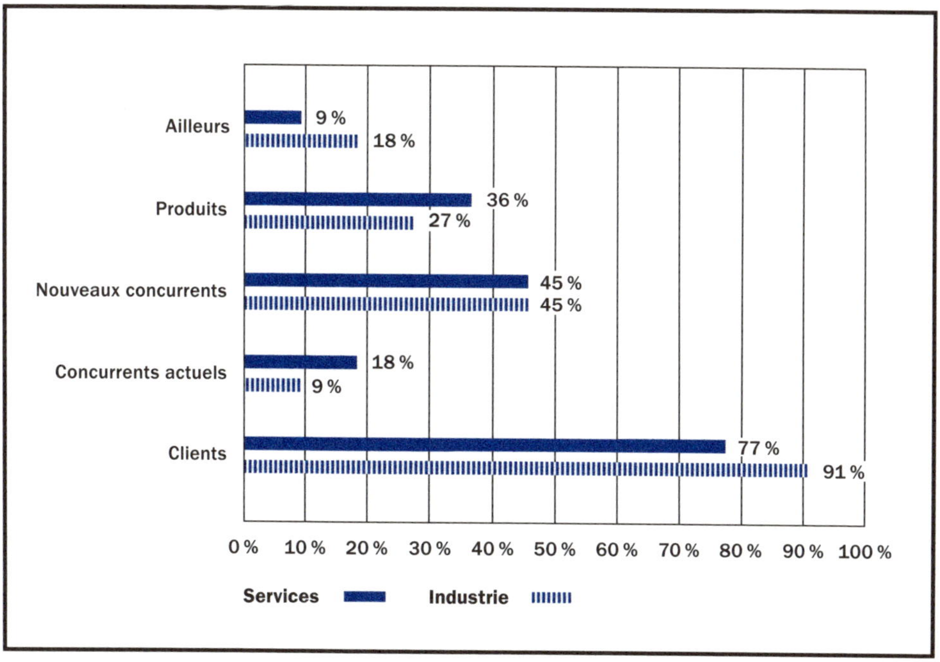

Pour les entreprises, les plus grands changements devraient se produire dans les services à la clientèle, tant au niveau de leur organisation que de la manière dont ils répondront aux nouvelles exigences de leurs clients. « Les annonceurs cherchent aussi des solutions via internet », explique Rik De Nolf, président du conseil d'administration de la société de communication Roularta. « En plus des canaux traditionnels, nous devons être en mesure d'offrir de nouveaux services dans le domaine de la communication via le web, comme la publicité via Facebook et Google, sur des sites internet et dans des newsletters électroniques, via e-mails et sur les plates-formes de commerce en ligne. »

Bekaert, qui s'adresse au marché B2B, constate également que les choses évoluent. « Nos clients se comportent différemment, notamment dans la manière de nous contacter, de faire du business et de sélectionner leurs fournisseurs », écrit Bruno Verbeken, responsable de la communication et du marketing du producteur de fils d'acier. « Les gens appliquent la même approche que dans leur vie quotidienne. Ils attendent la même flexibilité et le même soutien via les canaux digitaux que ce qu'ils reçoivent des entreprises du secteur B2C. »

Les technologies améliorent la transparence, ce qui profite aussi aux clients. « Nous pensons que nos clients pourront plus facilement comparer les prix sur les différents marchés où nous sommes actifs », explique Anthony Simms de Nyrstar. Pour Nicolas De Clercq, directeur financier de Kinepolis, la situation n'est guère différente dans le secteur des services. « Les clients attendent un feedback et une réponse rapides du service clientèle et ils n'hésitent plus à partager leurs bonnes et mauvaises expériences avec leur réseau. De plus, ils attendent une communication personnalisée et non plus standardisée. »

« Au final, le visage que prendra la révolution digitale dépendra des clients, estime un spécialiste des technologies. Ce qu'ils attendent de nous est influencé par leurs expériences avec les nouveaux acteurs (digitaux). » Le client est plus que jamais le roi et entend être servi comme tel.

La concurrence – en particulier l'émergence de nouveaux acteurs – occupe régulièrement la deuxième place du classement des principaux changements attendus. C'est principalement dans le secteur des services que les nouvelles technologies permettent à de nouveaux concurrents de sortir du néant. « Notre plus grande menace, c'est la nouvelle concurrence, constate une entreprise technologique. La révolution digitale impacte nos modèles opérationnels. Les nouveaux acteurs internet utilisent les actifs des autres entreprises et n'ont pas besoin d'investir énormément de capitaux. Ils peuvent très vite passer à la vitesse supérieure et gagner des parts de marché grâce au marketing digital. »

L'industrie manufacturière n'est pas non plus épargnée. Le fabricant de lingerie Van de Velde suit de près les « start-ups extérieures au secteur de la lingerie qui se focalisent sur l'utilisation intelligente de données et fournissent de la lingerie et des services. » Certaines entreprises se sont lancées dans des projets pilotes de lingerie sur mesure réalisée sur base d'un *bodyscan* en 3D. Dans le secteur automobile, Pascale Weber de D'Ieteren pense qu'à l'avenir, le marché ne sera plus dominé par les constructeurs traditionnels.

La technologie permet de développer de nouveaux produits et services. « Les produits doivent surtout être beaucoup plus individualisés », explique Stef De Corte de Smartphoto. C'est aussi le cas dans le secteur de l'immobilier, confirme une SIR. « Nous devons nous adapter aux nouvelles méthodes de travail. Elles ont un impact sur les services et les espaces que nous offrons à nos locataires : espaces flexibles, partagés et équipés de toute une panoplie de possibilités opérationnelles et technologiques. »

Mickaël Van den Hauwe, directeur financier du bailleur d'entrepôts WDP, renchérit : « En tant qu'acteur du secteur immobilier, nous devons de plus en plus répondre aux spécificités des technologies utilisées par nos clients. Dans l'immobilier commercial, il est de plus en plus important de se différencier de la concurrence. »

Dernier point qui revient très souvent dans les réponses : l'évolution du personnel et de ses qualifications. Jensen-Group : « La révolution digitale aura un impact important sur le recrutement et le développement personnel des collaborateurs. Les exigences augmentent et nous devrions assister à une transition entre le personnel technique très compétent en mécanique et le personnel technique capable de travailler avec des équipements automatisés. » Paul De Schrijver de RealDolmen s'attend à des changements dans « le niveau de formation des travailleurs – la flexibilité avec laquelle nous pourrons les intégrer dans la société – et ce, dans un environnement où l'âge légal de la retraite augmente régulièrement. »

L'impact digital

« Estimez-vous que votre entreprise ressentira (et dans quelle mesure ?) l'impact de l'internet des objets, de l'économie de partage et des services en ligne au niveau de sa clientèle, de ses fournisseurs et de la concurrence de nouveaux produits ? »

Les entreprises interrogées répondent sans exception qu'elles s'attendent à être impactées par l'internet des objets. Dans l'industrie, l'internet des objets devrait permettre de réaliser des gains d'efficacité. « Jensen Group a récemment lancé un pack de services et de diagnostic en ligne permettant de contrôler à distance les machines et les systèmes. Un technicien peut désormais apporter son aide, analyser des données et poser un diagnostic, voire même effectuer une réparation. Nos clients ne doivent plus attendre qu'un de nos techniciens se rende sur place, ce qui permet à tout le monde d'économiser du temps et de l'argent. C'est particulièrement intéressant pour les clients qui sont situés à l'autre bout du monde. » Comme l'indique le professeur Richard Baldwin, l'époque des télérobots – qui sera la prochaine phase de la révolution digitale – n'est plus très lointaine.

Dans le secteur des services, il sera possible d'offrir aux consommateurs une approche plus personnalisée. «La nouvelle norme sera de suivre le processus de production étape par étape, y compris l'envoi des

FIG. 55 **A votre avis, lequel de ces trois nouveaux écosystème impactera le plus votre entreprise?**

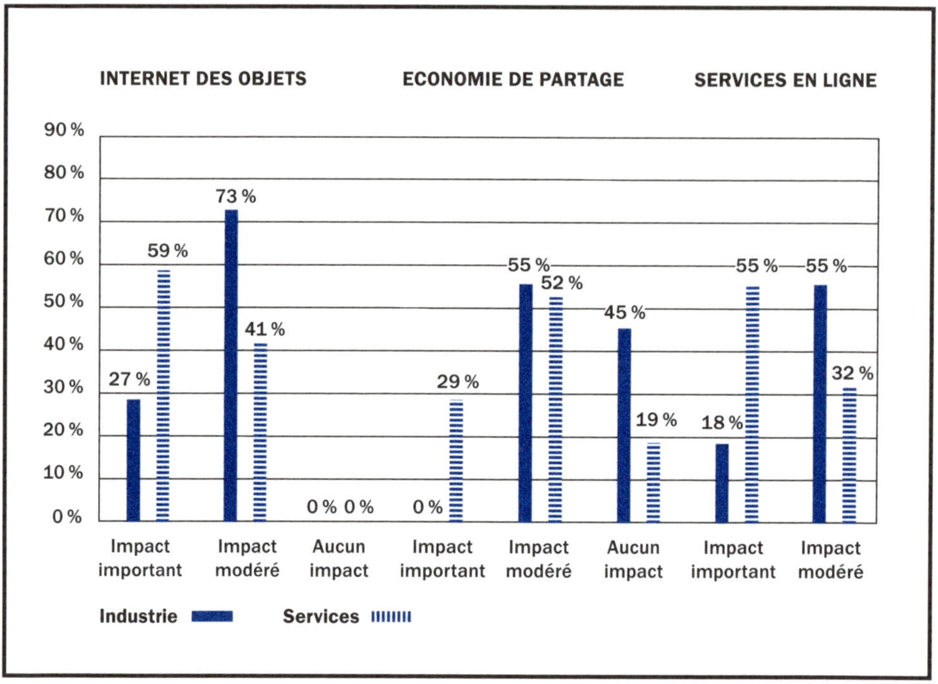

photos », explique Stef Decorte, CEO de Smartphoto. Chez WDP, gestionnaire d'entrepôts, les clients exigent de plus en plus « des 'bâtiments intelligents', qui émettent moins de CO_2, la possibilité de contrôler électroniquement la consommation d'énergie, de réduire les coûts énergétiques (par exemple grâce à l'installation de panneaux solaires), une politique énergétique durable adaptée à leurs activités, une gestion intelligente de l'énergie connectée à leurs systèmes, et bien d'autres applications. »

Les applications de l'internet des objets sont légion. Et pour les opérateurs télécoms, on peut véritablement parler de *big business* ». « Mobistar fut une des premières entreprises à se positionner sur le marché *machine-to-machine* avec Transics[212] », explique Siddy Jobe, directeur du département Relations Investisseurs. « Aujourd'hui, nous faisons la même chose avec l'internet des objets. Pensez aux machines à café dans les entreprises. Aujourd'hui, ces appareils signalent immédiatement tout problème, ce qui permet d'augmenter la durée pendant laquelle l'appareil est opérationnel. » Le directeur financier du torréfacteur Miko, Wim Van Gemert, confirme: « L'internet des objets permet d'améliorer la rapidité et la qualité des services, tout en réduisant les coûts ». Avec plus de 20 milliards d'appareils qui seront connectés et pourront dialoguer d'ici la fin 2018 (du moins si l'on en croit Boston Consulting Group), le flux d'informations sera immense. Ce sera tout bénéfice pour les opérateurs télécoms.

« L'internet des objets peut se comparer aux voitures connectées, avec toutes les opportunités et menaces qui iront de pair avec cette évolution », explique Pascale Weber, porte-parole de D'Ieteren. Et cela ouvre aussi des possibilités aux assureurs. Entre février et octobre 2015, AG Insurance a réalisé un test avec 80 collaborateurs dont la voiture a été équipée d'une *smartbox*, aussi appelée « boîte noire ». « Les résultats de ce test révèlent que cette boîte noire – qui analyse en temps réel le comportement du conducteur – a un impact positif sur le comportement de deux conducteurs sur trois. Il est possible qu'à l'avenir, nous proposions des polices d'assurance *'pay how you drive'*, même si nous sommes conscients que cela nécessite des enquêtes plus approfondies », explique-t-on chez Ageas.

L'écosystème des services en ligne arrive en deuxième position parmi les facteurs ayant potentiellement le plus d'impact sur la gestion des entreprises (ici encore, c'est plus net dans le secteur des services). L'offre de services en ligne aux consommateurs ouvre beaucoup plus de possibilités que l'offre de produits en ligne pour les clients industriels. Carl Vanden Bussche, vice-président du département Relations Investisseurs de Barco : « Dans ce cas précis, nous estimons qu'il est intéressant de faire la différence entre les marchés B2B et B2C. Certains de ces services en ligne sont principalement conçus et destinés aux consommateurs. Au final, ils seront également disponibles pour les entreprises, mais nous pensons que ce marché n'est pas encore mûr pour cette évolution. »

Pour la ligne de lingerie Van de Velde, les services en ligne semblent intéressants. « Nous comptons proposer de plus en plus nos produits et services via le net et utiliser les nouvelles technologies. Celles-ci permettent à notre clientèle d'avoir une expérience en ligne très proche de l'expérience dans les boutiques de lingerie spécialisées. » Nous sommes curieux du résultat.

Dans bon nombre de sociétés de services, les webshops, e-commerce et abonnements en ligne font depuis longtemps partie du paysage. « Nous sommes déjà à 100 % une entreprise de commerce en ligne », estime Stef De Corte de Smartphoto. D'autres sont en train de développer de nouvelles activités. Rik De Nolf, patron de Roularta : « Nous avons pris l'initiative de lancer une plate-forme de commerce en ligne – *storesquare.be* – où tous les commerçants locaux peuvent obtenir une vitrine. Nous nous occupons de la logistique, des services de paiement et du marketing. »

Mais, pour de nombreuses entreprises, les services en ligne sont surtout synonymes de personnalisation et d'amélioration de la qualité des services. « Cela nous oblige – au niveau de nos activités de vente de produits et de licences – à traiter encore davantage avec nos entreprises clientes via le canal électronique, à optimaliser leur intégration au sein de nos processus internes, et à améliorer et personnaliser en permanence leur expérience », explique Paul De Schrijver, directeur financier de RealDolmen.

Caroline Ameloot, directrice des ventes et du marketing chez Carglass : « Nos services en ligne devraient faire baisser le nombre d'appels à notre *call center*, au bénéfice de la communication digitale. Cela exige que nous adaptions le profil de nos collaborateurs. Vu que les tâches seront davantage automatisées, nous devrons investir à la fois dans de nouveaux équipements et dans la formation. » Cet impact sur les ressources humaines est régulièrement cité dans notre enquête.

Pour sa collègue Pascale Weber, de la maison-mère D'Ieteren, ces services en ligne représentent clairement une menace. « Des entreprises comme Amazon.com et Bol.com vendront peut-être bientôt de petites voitures en ligne. »

Même son de cloche chez Karin Van Hoecke, responsable du projet « Client 2020 » chez KBC : « Les fournisseurs de services en ligne pourraient menacer les systèmes de paiement des banques s'ils intègrent des services financiers et proposent des produits d'assurance sur leurs plates-formes. »

Nicolas Filatieff, responsable du marketing des canaux Retail et Private Banking chez BNP Paribas, y voit à la fois des menaces et des opportunités. « L'évolution de ces services en ligne dépendra de notre positionnement et de celui de nos concurrents sur les différents marchés. Dans le segment des paiements, nous devons tenir compte des portefeuilles digitaux et des devises virtuelles comme le *bitcoin*. Sur le marché des crédits, les consommateurs sont demandeurs de microcrédits à la consommation et les fournisseurs disposent de possibilités de financement alternatives. Et sur le marché de l'assurance, les plates-formes de vente en ligne proposent déjà différentes couvertures. »

Pour Nicolas Filatieff, l'économie de partage apporte aussi son lot de défis et opportunités. « Dans cet écosystème, les nouveaux acteurs s'intéressent à nos banques de données de clients. Si l'opportunité se présente, nous participerons et nous verrons comment développer une situation *'win-win'* pour les deux parties. Et si le nouveau partenaire échoue, les risques réputationnels resteront limités. Nous aurons alors appris si nous devons ou non collaborer et comment intégrer ces nouveaux services via notre propre système. »

« Nous pensons que l'économie de partage aura surtout un impact dans le secteur des assurances, estime Van Hoecke (KBC). De plus en plus d'assureurs achètent des sociétés dans le secteur automobile ou mettent en place des projets autour de cette économie. La meilleure manière, c'est de digérer une partie de son modèle opérationnel et de voir comment utiliser les nouvelles règles du jeu pour créer de nouvelles activités. »

Avec les voitures partagées, le secteur automobile se retrouve sous le feu des projecteurs. D'Ieteren est un excellent exemple de société qui évolue progressivement d'un modèle *hardware* (vente de voitures) vers un modèle *software* (plate-forme internet proposant des voitures partagées).

Avec son offre digitale de livres photos et d'accessoires, Smartphoto a déjà franchi un pas vers le marché des consommateurs. La cocréation, la conception, la 3D, les plates-formes où les clients créatifs peuvent aider ceux qui le sont moins et être rétribués représentent autant de pistes dans lesquelles Stef Decorte, CEO de Smartphoto, voit de nombreuses possibilités.

Jo De Wolf, CEO de la société de location d'entrepôts Montea, estime que l'économie de partage aura également un impact sur ses activités. « Nous pensons que le transport de marchandises se fera bientôt via des services comme Uber. Si je me rends à la Côte ce soir, je peux sans problème emporter quelques colis dans ma voiture et obtenir une compensation. Nous voyons que des entreprises comme DHL utilisent déjà ces possibilités. Idem avec Airbnb pour les lieux de stockage. Ce concept existe déjà aux États-Unis, avec la plate-forme Flexe. »

Le pourcentage d'entreprises qui s'attendent à être impactées par les services de tiers est plus limité que pour les les services en ligne et l'internet des objets. Et aujourd'hui, c'est à nouveau l'industrie qui réagit le plus lentement. Barco utilise les plates-formes Uber, Yammer et LinkedIn. « Mais sur le marché B2B, nous n'avons pas encore vu d'évolutions vraiment marquantes chez nos clients », conclut Barco.

FIG. 56 **Pensez-vous que la révolution digitale a (ou aura) un impact important sur le modèle opérationnel de votre entreprise ?**

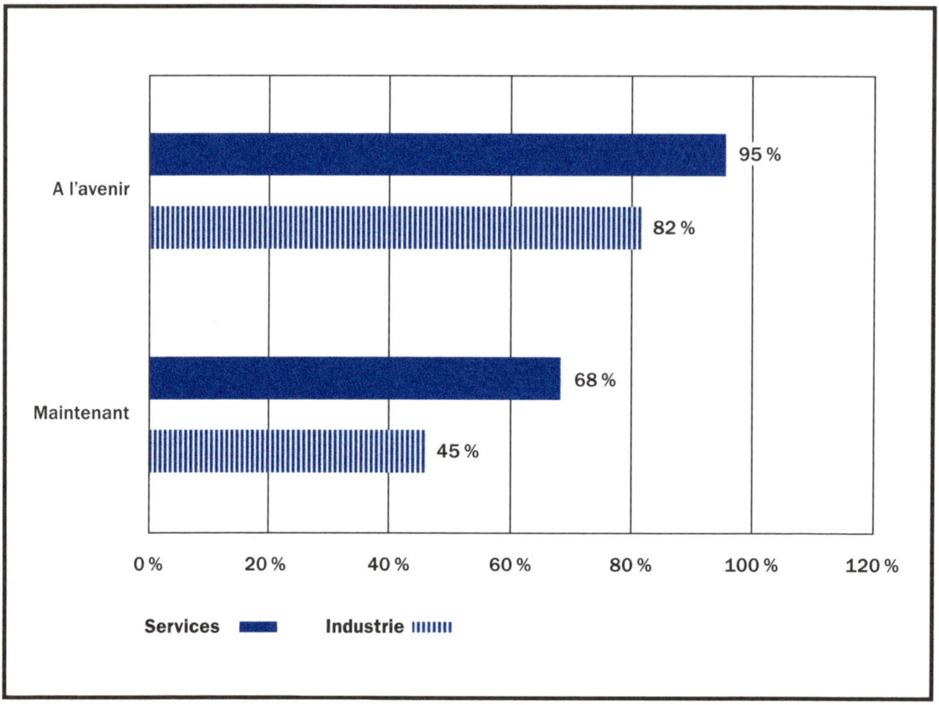

Vers un nouveau modèle opérationnel

« Votre entreprise a-t-elle déjà ressenti l'impact des révolutions technologique et digitale ou pensez-vous que cet impact se fera sentir dans le futur ? »

En règle générale, les sociétés industrielles se sentent moins touchées que le secteur des services, qu'il s'agisse du moment présent ou de prévisions pour l'avenir. Ce n'est pas vraiment une surprise. Les nouveaux écosystèmes de services en ligne et l'économie de partage touchent en premier lieu les entreprises de services. Seul l'internet des objets impacte les deux secteurs. Par ailleurs, les révolutions industrielles précédentes avaient déjà poussé les industries à s'automatiser alors que le secteur des services avait été en grande partie épargné. Ce n'est plus le cas aujourd'hui.

Avec sa gamme de produits, Barco se trouve directement dans la ligne de mire de la révolution digitale : « La numérisation a généré des tendances comme la connectivité, l'interactivité et le big data. Les appareils connectés nous permettent de les contrôler, de les gérer et d'interagir avec eux, ce qui les rend plus intelligents et plus efficaces. La révolution est en marche. Nous avons déjà examiné et mis en œuvre certaines opportunités. D'autres viendront plus tard. » On peut citer comme exemple les projecteurs de cinéma numérique (2009) et les applications dans le domaine de la chirurgie (depuis 2012).

Barco s'attend-il à ce que la digitalisation continue à se développer? Certainement. Son porte-parole Carl Vanden Bussche confie : « Parallèlement à la révolution digitale, nous voyons se développer de nouveaux modèles opérationnels, où la création de valeur n'est pas nécessairement générée par des investissements traditionnels en capitaux ou par des ventes. Les solutions telles que le partage, le leasing ou la location sont de plus en plus populaires et peuvent générer une activité économique. Sur ce plan, nous pensons que les modèles opérationnels des entreprises continueront à évoluer. Nous créerons de la valeur non seulement grâce à la valeur intrinsèque des produits, mais via la manière dont nous les proposerons à nos clients finaux. »

Pour Siddy Jobe, Mobistar joue le rôle de facilitateur dans l'univers des nouvelles technologies. « L'arrivée de Skype, de WhatsApp et des autres apps ont plombé les revenus, du moins pour ceux qui ont continué à facturer à l'unité (minutes ou SMS). Mais, ces dernières années, nous sommes passés au pack, qui comprend à la fois de la téléphonie, des SMS et le transfert de données. Aujourd'hui, nous facturons sur base de la quantité de données échangées et non plus par SMS. » La nouvelle mission des opérateurs télécoms est donc de mettre leur infrastructure à la disposition de leurs clients pour leur permettre d'échanger des données. Les quantités échangées augmentent avec le nombre de smartphones. C'est donc une bonne nouvelle pour les opérateurs. Et l'avenir s'annonce radieux, puisque le nombre d'applications interconnectées ne cesse d'augmenter. « Lorsque nous disposerons du réseau 5G, nous pourrons rouler en Google Car », explique Jobe.

Ces dix dernières années, Smartphoto a subi une véritable métamorphose sous l'impulsion de la révolution digitale. Suite au déferlement de la photo numérique, l'ancienne Spector a dû se réinventer et se transformer en société de commerce en ligne dédiée aux consommateurs en leur proposant des livres photos et autres cadeaux liés au secteur de la photographie. « Notre métier a été l'un des premiers à passer de l'analogique au digital. Aujourd'hui, nous sommes à 100 % une entreprise d'e-commerce. Contrairement à Kodak, nous avons survécu à cette révolution », explique Stef Decorte.

Barco, Mobistar et Smartphoto se sont donc clairement approprié les nouvelles technologies. Quid des autres entreprises ? Carglass, spécialisée dans le remplacement des vitrages automobiles, estime qu'elle n'a pas encore véritablement souffert de cette révolution. « Mais nous sommes en train d'investir pour nous préparer à l'ère digitale », explique Caroline Ameloot. « Vu que nous sommes une société orientée clientèle, nous devrons trouver un équilibre entre le contact humain et digital. Selon la manière dont nous interagirons avec nos clients, nous aurons besoin de collaborateurs disposant de compétences spécifiques. L'expérience client sera aussi très différente. Auparavant, les contacts se faisaient le plus souvent par téléphone. À l'avenir, nos clients nous contacteront via internet ou d'autres canaux digitaux. »

Sa maison mère D'Ieteren souligne que les visiteurs des show-rooms sont de mieux en mieux informés. Comment le groupe voit-il l'avenir ? « Nous pensons que nous verrons bientôt du changement, comme par exemple l'émergence des voitures autonomes, une plus forte personnalisation des véhicules et davantage de spécialisation », explique sa porte-parole, Pascale Weber. « Nous évoluons de plus en plus vers le *Customer Relationship Management* (CRM), autrement dit vers l'optimalisation des contacts avec tous nos clients. Parallèlement, nous nous attendons à une diminution du nombre d'accidents, ce qui pourrait provoquer un recul de nos activités de carrosserie. »

La vague de licenciements qui a frappé en 2016 nous a douloureusement rappelé que le secteur bancaire n'a pas été épargné par le tsunami digital. « Ces vingt dernières années, les banques ont connu plusieurs vagues d'innovations successives, explique Nicolas Filatieff de BNP Paribas Fortis. Nous évoluons vers une expérience hybride où les transactions bancaires quotidiennes seront soutenues par un arsenal digital de haute technologie. Pour les dossiers plus complexes, les chargés de relations seront à la disposition des clients via toutes sortes de canaux digitaux et non-digitaux. » Même son de cloche chez KBC. « Prenez nos centres de conseil régionaux, qui aident nos clients à distance de 8 à 22 heures : ils ont eu un impact sur nos clients, nos agences et le type d'activités qui y sont encore réalisées », poursuit Karin Van Hoecke de KBC.

FIG. 57 **Les participants à l'enquête s'attendent-ils à voir disparaître le modèle d'intégration verticale ?**

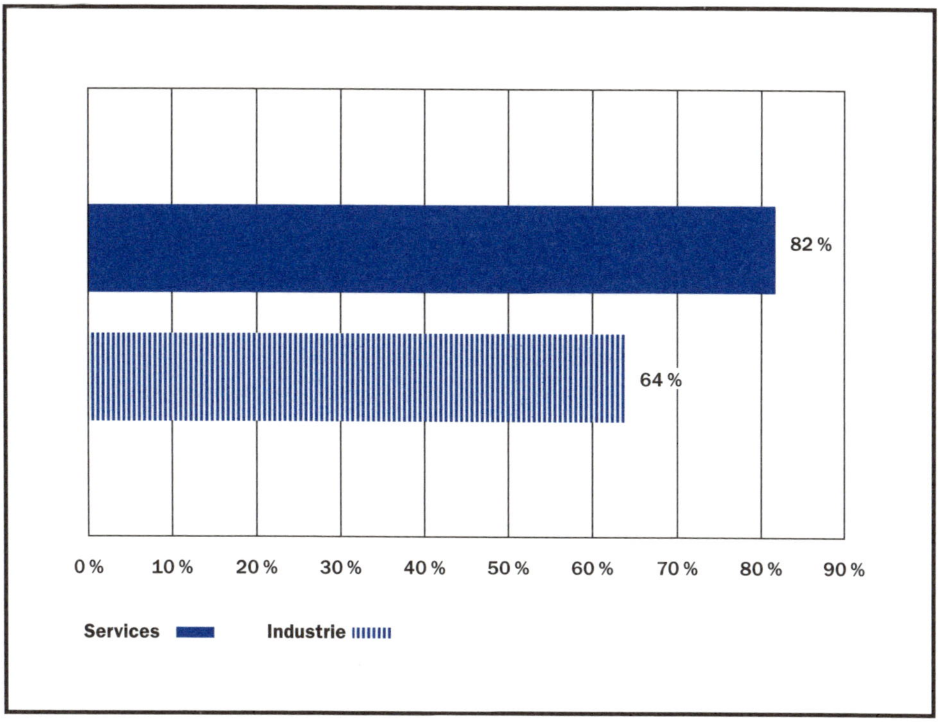

Entreprises et flexibilité

« Pensez-vous que la révolution digitale modifiera la structure traditionnelle verticale des entreprises ? »

Sur ce sujet, les avis des patrons et des experts divergent (cf. Chap. 2). Dans la pratique également, on constate que certaines entreprises ne prennent plus en charge toutes les étapes de la production de biens ou de services. D'autres comme Tesla décident au contraire de tout rapatrier en interne, ce qui leur permet d'imprimer leur marque de fabrique sur l'ensemble de leurs produits.

La majorité des entreprises – tant dans le secteur des services que dans l'industrie – estiment que la structure organisationnelle verticale devrait continuer à s'éroder, même si ce constat est plus frappant dans le secteur des services. Jo De Wolf du promoteur et loueur d'entrepôts logistiques Mondea met le doigt sur le problème : « Comme l'indique Peter Hinssen dans son livre *The Network Always Wins*, les entreprises ne peuvent plus détenir toutes les connaissances en interne. Elles doivent aujourd'hui organiser leurs équipes par projet ou par client, et y intégrer les meilleurs spécialistes, quitte à aller les chercher à l'extérieur de l'entreprise. Les équipes évolueront en fonction des projets et l'entreprise gagnante sera celle qui réussira à se constituer le meilleur réseau. » Carl Vanden Bussche de Barco estime qu'il faudra davantage privilégier les alliances et les partenariats. « Nous pensons qu'il est essentiel de bien connaître le marché et de disposer d'un accès aisé aux clients. Plus que jamais, nous pensons que pour réussir et pour raccourcir les délais, il sera indispensable de conclure des partenariats, tant pour le développement que pour la commercialisation des produits. »

BNP Paribas Fortis s'est également totalement transformée, et voit la désintermédiation – à savoir la fin du rôle de la banque comme intermédiaire dans les transactions telles que les emprunts et les paiements – comme la principale menace. Mais, aujourd'hui, la banque fait face à une autre réalité : l'augmentation du nombre de partenaires indépendants avec lesquels elle doit collaborer. « Nous sommes ouverts au principe de *cooperative competition* (ou *coopetition)* et nous cherchons des moyens de rapprocher les écosystèmes des banques avec ceux des *fintechs*. Mais si la priorité stratégique de la banque porte sur l'expérience et la satisfaction du client, les partenariats avec des tiers ne modifieront que partiellement notre modèle d'intégration verticale. Nous sommes une banque universelle qui offre des solutions sur mesure à ses clients – particuliers et entreprises. Nos services ne se limitent pas à la simple exécution de transactions. Notre modèle opérationnel restera donc basé en grande partie sur l'intégration verticale », conclut, Filatieff.

Deux acteurs technologiques estiment eux aussi que ce modèle d'intégration verticale n'est pas voué à disparaître rapidement. « Il est important que nous puissions continuer à assurer des services de très haute qualité. » C'est pourquoi elles préfèrent garder la mainmise sur l'ensemble de leur structure.

Intégration verticale ou non, toutes les entreprises s'accordent pour dire qu'à l'avenir, le maître-mot sera « flexibilité ». « Les choses bougent de plus en plus vite, et c'est particulièrement vrai pour ces vingt dernières années, poursuit Filatieff. Pour nous, c'est très simple : nous devons être là pour nos clients quand ils ont besoin de nous. Les compétences qu'exige cette flexibilité évoluent au fil du temps, ce qui oblige les entreprises à étudier les ressources qui leur sont nécessaires et à se préparer pour la prochaine vague de changements, tant sur le plan humain que technologique. La flexibilité n'a jamais été aussi importante qu'aujourd'hui. »

« Il est capital de suivre de près l'évolution du marché afin d'être en mesure de s'adapter rapidement aux nouvelles habitudes d'achat des consommateurs et aux nouvelles tendances en matière de collecte d'informations », répond une société industrielle. Une autre écrit : « Dans le passé, les entreprises qui avaient pignon sur rue pouvaient s'appuyer sur le même modèle opérationnel ou la même gamme de produits pendant de longues périodes. Cela leur permettait de les utiliser comme 'vache à lait' et de financer le développement de la génération suivante de produits. Aujourd'hui, les entreprises doivent être rapides sur la balle et capables d'adapter leur offre très rapidement. Les changements peuvent venir de concurrents existants, mais aussi de nouveaux acteurs qu'elles n'attendaient pas. »

Le besoin de flexibilité se fait sentir dans tous les secteurs. « Si les entreprises seront appelées à se réinventer à tous les niveaux, les travailleurs devront eux aussi faire preuve de flexibilité », estime Paul De Schrijver de RealDolmen. « Cette nouvelle exigence ne concerne pas uniquement les moyens de production. Elle concerne aussi les processus, ainsi que la capacité de former, de reconvertir ou de remplacer le personnel. Les entreprises devront donc évoluer d'un modèle *command & control* vers une structure collaborative. Elles devront vivre avec cette nouvelle donne et accorder davantage d'autonomie à leurs collaborateurs. »

« Il est capital de continuer à innover », poursuit Siddy Jobe de Mobistar. « Ca va de soi, me direz-vous. Malgré tout, dans certains secteurs, les cycles d'innovation sont courts, dans d'autres, ils sont beaucoup plus longs. Mais, dans ce dernier cas, le risque de disruption est encore plus important si l'entreprise fait face à une déferlante d'innovations ». C'est le cas de SpaceX, le projet de fusée du patron de Tesla, Elon Musk. La NASA ne l'a pas vu arriver (même si cela est peut-être considéré comme une bonne chose par le gouvernement américain, en manque de moyens financiers).

FIG. 58 **Votre entreprise a-t-elle prévu un plan d'action pour s'adapter à la révolution digitale ?**

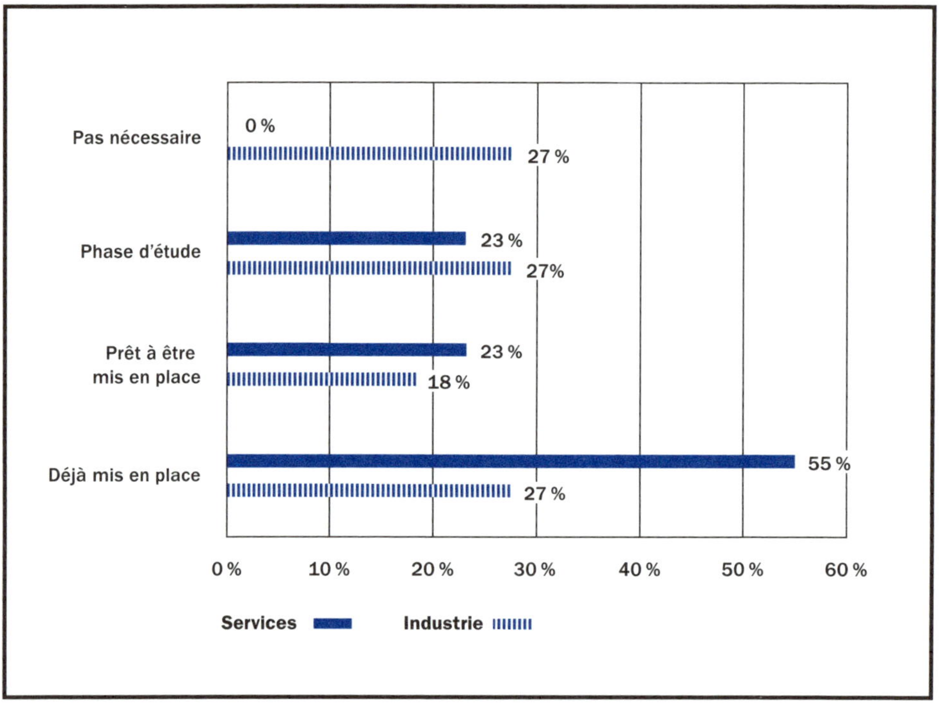

« Avez-vous déjà pris des mesures concrètes pour sortir gagnant de cette révolution technologique ? »

Le train digital est lancé à pleine vitesse. Tout le monde est-il prêt? Apparemment, le secteur des services semble mieux préparé que l'industrie. La moitié des sociétés industrielles ont déjà mis en place un plan d'action et un tiers d'entre elles ont élaboré une stratégie. Cependant, près d'un tiers estiment qu'un plan d'action n'est pas nécessaire. Elles ont peut-être raison, étant donné que les produits industriels sont plus difficiles à transformer en code numérique. De plus, comme nous l'avons dit, les précédentes révolutions avaient déjà lancé un processus d'automatisation très poussé dans le secteur industriel. Le pari est néanmoins risqué.

Agfa et Barco ont déjà mis en œuvre leur plan d'action. Il faut dire que leurs activités ont de nombreux points communs avec le secteur technologique. Carl Vanden Bussche de Barco : « Nous avons dû commencer par prendre conscience du potentiel et des exigences de la technologie digitale. Ensuite, nous avons essayé d'orienter davantage notre entreprise vers les logiciels et nous nous sommes préparés afin d'être à même d'intégrer des solutions de connectivité et d'interactivité dans notre offre de base. Enfin, nous avons lancé plusieurs solutions digitales sur nos marchés, tout en recherchant le meilleur modèle opérationnel et la manière la plus efficace de nous lancer dans certains segments et régions spécifiques. »

L'assureur Ageas reconnaît qu'il a prévu un budget annuel de 50 millions d'euros entre 2013 et 2018 pour se préparer à prendre le train du numérique. Depuis 2016, 25 millions d'euros sont venus s'y ajouter chaque année pour développer des produits innovants. En réalité, la préparation et la mise en place de ces changements sont devenues un processus quasi continu pour de nombreuses entreprises. « Nous mettons en place notre plan d'action, mais nous y ajoutons sans cesse de nouvelles initiatives », explique Paul De Schrijver de RealDolmen. Idem chez KBC: « Nous investissons en permanence. Pendant la mise en œuvre d'un plan, le suivant est déjà en préparation, en vue du prochain défi. Par exemple, au moment où nous avons conçu notre Plan 2020, la technologie du *blockchain* n'était pas encore connue. Aujourd'hui, elle fait partie des défis que nous sommes en train de relever. »

Alors que ces changements semblent aller de soi dans certaines entreprises – « C'est inscrit dans notre ADN depuis la création de l'entreprise », déclare une société technologique –, d'autres semblent avoir beaucoup de mal à se transformer. « Le chemin sera encore long et difficile », estime Caroline Ameloot de Carglass. « Nous avons besoin d'experts en technologies et nous devons convaincre l'ensemble de notre personnel. Nous avons du mal à trouver les bons profils. Et il faudra du temps et beaucoup d'efforts pour convaincre notre organisation du bien-fondé de ces changements. Mais nous y arriverons. »

Boule de cristal

Les entreprises s'attendent-elles à une accélération de l'automatisation dans les années à venir ? Les travailleurs devront-ils de plus en plus céder leur place à des robots ? Et quels sont les plus grands défis qui nous attendent ?

« D'après Bank of America Merrill Lynch, en 2025, les robots pourraient remplacer 47 % de tous les emplois industriels. Votre entreprise s'attend-elle à une révolution d'une telle ampleur ? »

FIG. 59 **Les participants à l'enquête s'attendent-ils à une accélération de l'automatisation, voire même peut-être à une véritable disruption, comme le prévoit BoAML ?**

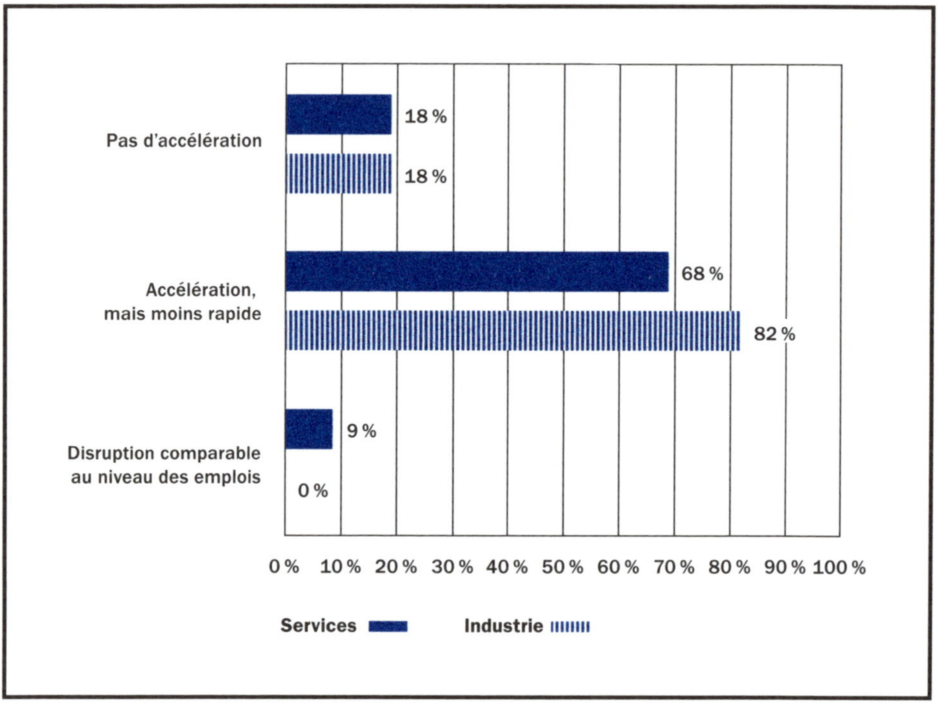

Dans le monde académique, les avis divergent quant à l'impact de la révolution digitale sur le marché de l'emploi. Pour certains, les robots remplaceront à terme une grande partie des travailleurs. Lors des précédentes révolutions industrielles, la formation a permis à des pans entiers de la population de s'adapter aux développements technologiques, même s'il faut souligner que cela a pris un temps considérable. Aujourd'hui, les choses ne sont pas aussi simples. Les progrès dans le domaine de l'intelligence artificielle sont exponentiels. Au niveau intellectuel, c'est certain, nous ne pourrons pas suivre. Les optimistes sont néanmoins convaincus que nous y arriverons.

Comment les entrepreneurs – qui créent des emplois et recrutent – voient-ils l'avenir ? La majorité d'entre eux – tant dans l'industrie que dans le secteur des services – s'attendent à une accélération de l'automatisation. Et malgré le fait que le processus d'automatisation soit déjà en route depuis des décennies – comme le reconnaissent notamment Resilux, Deceuninck et Jensen-Group –, ce sont malgré tout les entreprises industrielles les plus avancées qui s'attendent à la plus forte accélération. Cela contredit les chiffres de l'enquête, qui révèlent que 27 % des entreprises industrielles estiment n'avoir pas besoin d'un plan d'action.

Dans le secteur des services également – en particulier dans les entreprises qui s'appuient sur les nouvelles technologies –, certaines sociétés s'attendent à une nouvelle accélération. Siddy Jobe (Mobistar) : « Il est possible que les choses s'accélèrent encore. Cela permettrait d'améliorer l'efficacité et de réduire la main-d'œuvre, tout en améliorant la satisfaction des clients. » Smartphoto et Montea s'attendent à une révolution comparable à celle que prédit Bank of America Merrill Lynch en matière d'emploi. « Toutes les tâches administratives seront automatisées », prédit Jo De Wolf de Montea.

« Nous pensons que les *bots* pourront nous aider à prendre des décisions au quotidien et qu'ils pourront assister nos chargés de relations dans les tâches ayant peu de valeur ajoutée », déclare Nicolas Filatieff de BNP Paribas Fortis. Il s'attend à une accélération, mais de moindre ampleur que celle avancée par Bank of America Merrill Lynch. « Nous avons déjà amélioré de nombreuses solutions numériques pour nos clients Retail, mais il reste trop de processus qui ne sont pas encore automatisés. Cela peut coûter cher et provoquer des erreurs. L'automatisation des processus (qui évitent aux clients d'utiliser du papier, le flux de travail digital, l'automatisation ou l'aide au processus de décision) nous aide à fonctionner plus efficacement et à mieux contrôler nos coûts. Résultat : nous pouvons investir dans de nouveaux outils pour nos clients et leur offrir des conseils plus personnalisés. »

Malgré tout, certaines tâches ne pourront pas être automatisées. C'est notamment le cas dans les entreprises qui réalisent des travaux d'infrastructure publics ou privés. Ou, comme le rappelle la SIR Befimmo : « Le contact humain est très important dans notre métier ». Quelle que soit l'intelligence des robots, ils ne pourront jamais rivaliser en matière de *human touch*.

« Quel est, selon vous, le principal défi auquel votre entreprise sera confrontée au cours des cinq prochaines années ? »

La transformation digitale ne concerne pas uniquement les technologies de l'information. Elle implique aussi que nous changions notre façon de penser et que nous développions une nouvelle culture d'entreprise. « Tout tourne autour du changement de mentalité », estime Viviane Dictus d'Agfa-Gevaert.

Pour Karin Van Hoecke de KBC, les entreprises doivent se préparer aux nombreux défis allant de pair avec l'arrivée de nouveaux écosystèmes. « Les entreprises devront changer de l'intérieur. Si 10 % de vos collaborateurs n'utilisent pas les applications bancaires sur leur téléphone portable, vous ne devez pas vous attendre à ce qu'ils en fassent la promotion auprès de leurs amis et clients. » La transformation digitale doit être portée par toute l'entreprise.

Pour Jensen-Group, la grande difficulté consistera à attirer et garder les experts possédant les compétences requises. « Ils devront avoir l'ambition de faire passer leur carrière et l'entreprise d'un 'OK' à 'fantastique' », souligne-t-on chez Jensen. Même son de cloche chez Smartphoto : « Nous devrons attirer les bons profils et les garder. »

Pour bon nombre d'entreprises, le défi consistera à s'adapter aux évolutions rapides du monde digital. Rik De Nolf (Roularta) : « Pour moi, le véritable défi sera de s'adapter aux changements sur le plan de la communication via internet, à la fois sur le marché des consommateurs et des annonceurs. » Mais à quelle vitesse ? Van de Velde : « Le principal défi sera de progresser, sans mettre en danger notre modèle opérationnel actuel. »

Ce ne sera en tout cas pas facile. « Nous devons être prêts pour des changements radicaux dans le monde automobile », poursuit Pascale Weber de D'Ieteren Auto. Sa collègue Caroline Ameloot de Carglass ajoute : « L'innovation devrait réduire la taille de notre marché. Nous devrons donc attirer de nouveaux clients d'une autre façon. » Une entreprise du secteur technologique résume : « Observer, comprendre, anticiper et s'adapter. Et ce, suffisamment vite. »

« Les pouvoirs publics prennent-ils suffisamment de mesures pour encourager et soutenir l'entrepreneuriat en Belgique ? »

FIG. 60 **Les pouvoirs publics prennent-ils suffisamment de mesures dans les domaines ci-dessous ?**

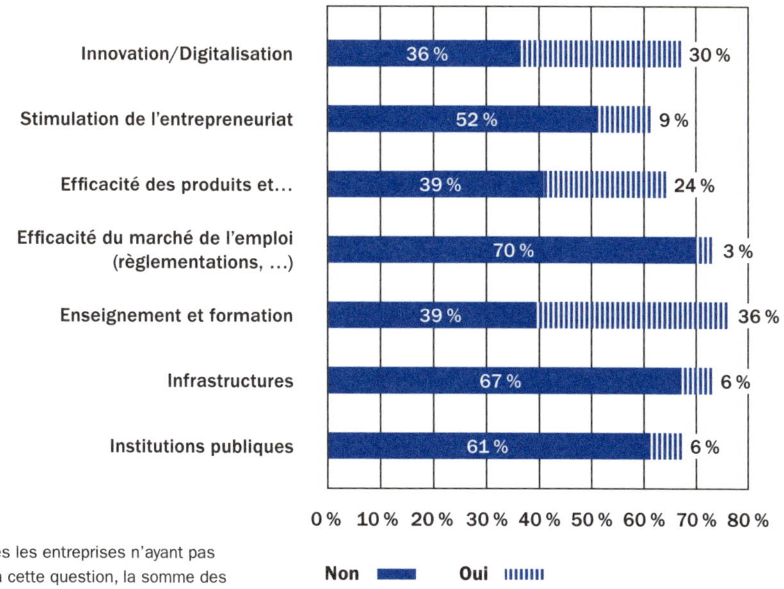

NB : Toutes les entreprises n'ayant pas répondu à cette question, la somme des résultats ne correspond pas à 100%

Les autorités belges prennent-elles suffisamment de mesures pour encourager l'esprit d'entreprise ? Quels sont les principaux obstacles ? Ici, aucune surprise. L'efficacité du marché du travail, avec la pression fiscale et la pléthore de réglementations, se retrouve en première place du classement des secteurs à réformer. Une majorité d'entreprises citent également la mauvaise qualité des infrastructures, la relative inefficacité des pouvoirs publics et le manque de stimulation de l'entrepreneuriat.

Vu la sensibilité du sujet, certaines entreprises ont préféré ne pas répondre à cette question. Conséquence : la somme des résultats ne correspond pas à 100 % de l'échantillon de l'enquête. Les commentaires qui nous ont été transmis resteront volontairement anonymes. Bon nombre

FIG. 61 **Quels sont, selon les personnes ayant répondu à cette question, les principaux obstacles auxquels sont confrontés les entrepreneurs belges ?**

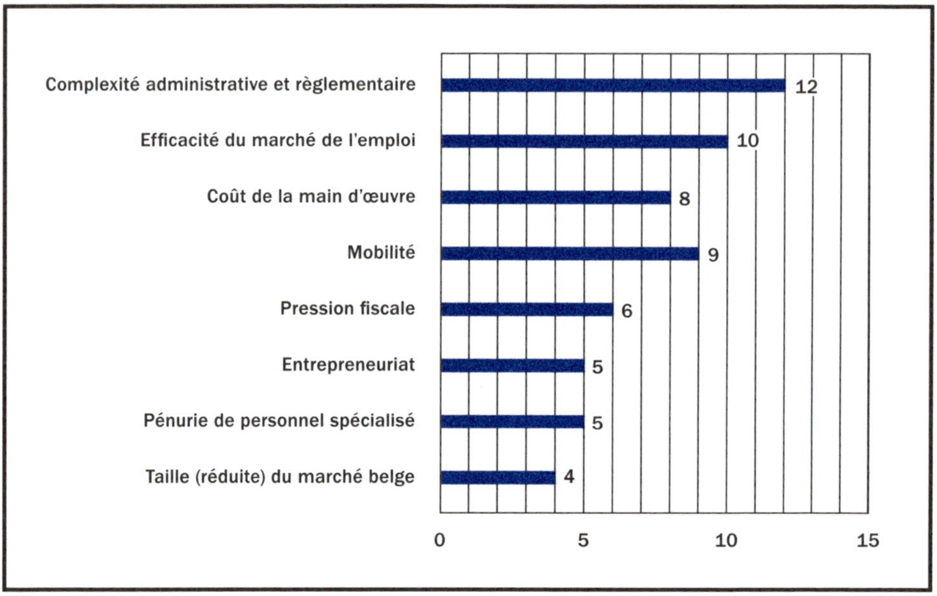

des sociétés estiment malgré tout que les autorités sont sur la bonne voie, même s'il y a encore du pain sur la planche. « Les pouvoirs publics font de gros efforts, mais on n'en fait jamais trop dans ce domaine », explique le représentant d'une entreprise. Pour ajouter d'un ton cassant : « S'il existait des solutions alternatives disruptives pour le gouvernement, la Belgique serait une proie facile. »

Une autre entreprise se déclare assez satisfaite de l'attitude des pouvoirs publics. « Les autorités pourraient malgré tout éliminer certaines réglementations excessives. J'estime qu'il faudrait cesser de subsidier les entreprises, car cela fausse la concurrence. Sauf bien entendu s'il est prouvé que ces subsides sont utiles à la société. ». Une autre suggère : « Les autorités pourraient investir davantage pour adapter les réglementations, dont certaines datent encore de l'époque napoléonienne. »

Tous ces thèmes ont été régulièrement cités comme faisant partie des trois ou quatre principaux obstacles à l'esprit d'entreprise en Belgique. Les réponses étaient très variées, mais certains thèmes reviennent régulièrement. Notre tableau reprend les principales préoccupations des entreprises et le nombre de fois qu'elles apparaissent dans le « Top 5 ». Au total, 27 entreprises sur 33 ont répondu à cette question.

Conclusions

La révolution digitale a généré d'énormes gains de productivité. Les investisseurs devraient s'intéresser aux entreprises qui ont réussi à intégrer les nouvelles technologies dans leur processus de production et se tenir à l'écart des secteurs les plus sévèrement touchés. La meilleure stratégie consiste encore à limiter les pertes.

- Il est conseillé d'attendre une première correction avant d'investir dans les nouveaux secteurs. Si vous voulez investir immédiatement, il vaut mieux diversifier vos investissements dans ce secteur particulier en misant sur différentes actions. Suite à l'intensification de la concurrence et à la réduction de la durée de vie moyenne des produits, le « *buy and hold forever* » fait définitivement partie du passé.

- Évitez les pays émergents. Suite au phénomène de « désindustrialisation prématurée », ils doivent se trouver un nouveau modèle de croissance.

- Contrairement aux précédentes révolutions, le secteur des services est davantage touché que l'industrie. En Belgique, la plupart des entreprises de services indiquent s'être préparées à l'onde de choc digitale. À souligner: plus d'un tiers des entreprises industrielles estiment qu'elles n'ont pas besoin d'un plan d'action.

- Toutes les entreprises interviewées croient à l'impact de l'internet des objets (*Internet of Things* ou IoT). Le secteur des services en particulier compte beaucoup sur les services en ligne pour le développement de nouvelles activités et l'amélioration de la qualité de ses services. L'exposition à l'économie de partage concerne surtout les entreprises Retail.

- Pour les entreprises, les principales opportunités se situent dans la personnalisation des contacts avec les clients et les fournisseurs. Les attentes des clients sont essentiellement influencées par leur expérience avec les grands acteurs technologiques actuels.

- L'émergence de nouveaux concurrents représente le principal défi des entreprises, qui devront se montrer plus flexibles si elles veulent s'adapter à l'évolution rapide de leur environnement. Le deuxième grand défi consistera à « convertir » l'ensemble du personnel au digital.

Interview du professeur Richard Baldwin : « La téléprésence et la télérobotique constitueront les prochaines vagues disruptives »

En 2016, le professeur Richard Baldwin, président du Center for European Policies, a publié *The Great Convergence : Information Technology and the New Globalization*. Il y explique comment l'économie des pays émergents a profité d'un vent favorable depuis les années '90. L'effondrement du coût de la communication suite à la révolution des TIC (Technologies de l'Information et de la Communication) s'est traduit par une vague de mondialisation. Pour le professeur, avec les technologies digitales, nous sommes à la veille d'une nouvelle accélération de la mondialisation. »

– **Depuis 15 ans déjà, nous observons un tassement de la productivité. Pensez-vous que ce rythme restera relativement limité ou qu'il connaîtra une nouvelle accélération ?**

RB « Mes attentes ne sont pas différentes de la vision développée par Erik Brynjolfsson et Andrew McAfee dans leur livre *La Deuxième Ère de la Machine*. En d'autres termes, la combinaison des technologies liées aux sciences de la vie, le big data et de l'internet des objets devrait relancer la productivité. Il est difficile d'avancer un chiffre, mais je ne vois aucune raison de ne pas retrouver une croissance normale. »

– **Les structures institutionnelles européennes sont-elles adaptées à cette Quatrième Révolution Industrielle ?**

RB « L'Europe est plutôt conservatrice et hésite généralement à prendre des mesures drastiques. Vu que les changements attendus seront disruptifs, l'Europe aura beaucoup plus de mal à les intégrer. Cela vaut certainement pour les évolutions qui ont un impact environnemental. Pensez à la technologie de fractionnement qui permet d'extraire du gaz et du pétrole de schiste ou aux autres produits et techniques liés à la génétique. Mais, au final, je préfère mettre cette attitude sur le compte de la prudence, qui retardera cette mise en place, certes, mais qui ne l'arrêtera pas. »

– **La mondialisation a donné un énorme coup de pouce à la croissance économique et à la rentabilité des entreprises. L'innovation – en particulier dans les technologies de la communication – se trouve à la base de cette mondialisation. Pensez-vous que, sous l'impulsion des nouvelles technologies, la mondialisation se poursuivra et permettra une nouvelle accélération de la croissance ?**

RB « Comme je l'ai indiqué dans le premier chapitre de mon livre *The Great Convergence*, je crois fermement aux technologies qui se substitueront à notre présence physique. Elles pourraient être catalysatrices d'une nouvelle vague de mondialisation que nous pourrions voir déferler au cours des dix prochaines années. L'étape suivante sera la présence holographique : suite à cette 'migration virtuelle', les frais de déplacement s'effondreront. Ce sera possible grâce à la téléprésence, qui permettra d'organiser des réunions à distance à l'aide de la haute technologie vidéo et audio, et à la télérobotique, qui permettra à des spécialistes de contrôler des robots situés à l'étranger. »

« Aujourd'hui, la mondialisation concerne essentiellement le secteur des services, et menace beaucoup plus d'emplois en Occident que ce fut le cas dans le passé dans le secteur industriel. Elle apporte au même moment son lot d'opportunités pour les travailleurs des pays en développement. Grâce aux robots, ils pourront réaliser des tâches simples à distance. C'est bien entendu très positif pour la croissance de ces pays, mais je m'attends à un impact à la fois positif et négatif sur les pays développés. La disruption et son éventuel impact sur la politique pourraient commencer par freiner la croissance. Mais les économies de coûts qui seront générés par cette disruption devraient permettre d'augmenter la production, et donc la croissance et les bénéfices des entreprises. Les autorités devront réussir à redistribuer correctement les emplois. »

– **Ne craignez-vous pas que le retour du protectionnisme représente un frein pour ces opportunités ?**

RB « Je crains en effet que nous nous trouvions à la veille de dix années de perturbations sociales et politiques, en particulier aux États-Unis et au Royaume-Uni, où les pouvoirs publics n'ont pas réussi à répartir équitablement les inconvénients et les avantages de la mondialisation. Les avantages seront bien plus importants pour des pays comme le Japon, qui a réussi à s'approprier cette disruption. »

– **À long terme, quel sera l'impact de la digitalisation sur l'inflation ? Dans le passé, l'augmentation de la productivité n'est pas toujours allée de pair avec une baisse de l'inflation ?**

RB « Je constate que, suite à la digitalisation, de nombreux services sont devenus gratuits, ce qui a deux conséquences : tout d'abord, les prix d'une grande partie des paniers de dépenses ont été gelés puisqu'ils sont restés gratuits. Ensuite, l'amélioration de la qualité, qui devrait faire baisser les prix et donc freiner l'inflation, n'est pas prise en compte pour les produits gratuits. Par exemple, la qualité des jeux en ligne gratuits s'améliore de plus en plus. Mais ces améliorations ne sont pas prises en compte pour le calcul de l'inflation et ne font donc pas baisser les prix. »

– **Les taux d'intérêt jouent un rôle important sur les marchés d'actions. Comment les voyez-vous évoluer ?**

RB « Je suis tenté de rejoindre le camp qui défend le *statu quo*. Cela signifie que les taux resteront bas dans les pays qui font face à une baisse de population suite au phénomène de vieillissement. »

Comment l'économie des gagnants devrait-elle influencer la croissance économique et les taux ? Car elle ne répartit pas les gains de productivité de manière équitable et provoque donc plus d'incertitudes. Ce qui peut également à nouveau freiner la demande.

« Je pense que ce problème est pris à bras-le-corps par la plupart des gouvernements. Cela ne m'inquiète pas outre mesure. Le problème, c'est que le gouvernement américain, en réalité le système politique dans son ensemble, s'oppose de manière idéologique à toute mesure corrective, qui serait pourtant bien nécessaire dans cette économie de superstars. J'aimerais voir plus d'interventions des pouvoirs publics pour freiner cette hausse des inégalités. Je n'exclus pas que le gouvernement américain prenne des mesures populistes – qui seront particulièrement nuisibles à l'économie – comme la multiplication des barrières commerciales. »

– **Attendez-vous une hausse du chômage structurel suite à la digitalisation ? Ou pensez-vous que les pertes d'emplois seront compensées par la création de nouveaux métiers, et par une hausse de la demande provoquée par la baisse des prix ?**

RB « Je pense que la baisse du nombre d'emplois va se poursuivre. Je crains donc que le chômage augmente au cours de la période de transition actuelle. Mais nous pourrions – et devrions – y faire face grâce à une politique d'emploi plus volontariste, où les entreprises et les pouvoirs publics feraient le maximum pour former les travailleurs et les maintenir sur le marché du travail. Nous devrions nous inspirer de la Suède, du Danemark et de la Finlande où les impôts (élevés) sont utilisés pour mettre en place un système qui soutient les travailleurs et non les métiers. »

– **Que pensez-vous de la « désindustrialisation prématurée » des pays en développement prédite par le professeur Roderick ? Ces pays doivent-ils se lancer en quête de nouveaux modèles de croissance ?**

RB « Je pense que la désindustrialisation prématurée est une conséquence de la concurrence chinoise, et non de la robotisation. Dans la phase suivante de la révolution, nous verrons émerger des technologies comme la téléprésence et les télérobots, qui ouvriront des opportunités aux pays en développement. Mais, bien entendu, les pays les plus pauvres devront prendre certaines mesures fondamentales s'ils veulent en profiter. »

« Le professeur Roderick a une vision erronée de la mondialisation. Ce n'est pas nouveau. Il ne comprend pas que nous ne parlons plus de marchandises, mais de connaissances qui sont transférées du nord vers le sud. Comme nous l'avons dit, la nouvelle manière de livrer des services à distance – entre autres grâce aux télérobots – devrait continuer à soutenir la croissance des pays en développement. »

Remerciements

«Si vous ignorez tout d'un sujet, alors écrivez un livre». Ces paroles sont attribuées au politicien belge Gaston Geens. Elles s'appliquent également à *L'économie des gagnants*. Car que vaut un économiste qui ne connaît rien de la révolution digitale ni des forces en présence qui font croître la productivité ? Mon ancienne collègue Hilde Moors, Manager des Réseaux sociaux chez KBC, m'a entrouvert la porte de l'univers digital et m'a encouragé à l'explorer davantage, afin que je puisse mettre mes découvertes à la portée de tous. En voici le résultat.

Au cours de mes investigations, j'ai bénéficié de l'aide de nombreux experts. Leur vision a en grande partie contribué à façonner mes idées. Sans eux, ce livre n'aurait sans doute jamais vu le jour. Je souhaite les remercier très sincèrement pour le temps qu'ils ont bien voulu me consacrer.

- Alexander De Croo, vice-premier ministre et ministre de la Coopération au développement et de l'Agenda numérique
- Maggie De Block, ministre des Affaires sociales et de la Santé publique
- Marianne Thyssen, Commissaire européenne pour l'emploi, les affaires sociales, les compétences et la mobilité des travailleurs
- Herman Daems, président de BNP Paribas Fortis
- Martin Ford, auteur de *Rise of The Robots*, bestseller du *New York Times*, et lauréat du FT & McKinsey Business Book of the Year Award (2015)
- Bart Van der Roost, ancien CEO de neoScores
- Chris Van Doorslaer, CEO de Cartamundi
- Philippe Van Parijs, professeur à l'UCL (Louvain-la-Neuve) et à l'Université de Harvard
- Bart Van Haeren, administrateur délégué de KBC Securities
- Lieven Annemans, économiste de la santé, Université de Gand
- Richard Baldwin, professeur d'économie internationale au Graduate Institute of International and Development Studies, Genève, et auteur de *The Great Convergence*
- Frank Bekkers, CEO de Mobile Vikings
- Hal Varian, professeur émérite de l'Université de Berkeley et Économiste en Chef de Google
- Patrick Byrne, CEO d'*Overstock.com*
- Hendrik Cammu, journaliste, chef du service gynécologie de l'UZ Brussel et professeur à la VUB
- Jan De Backer, CEO de Fluidda
- William De Vijlder, économiste en chef de BNP Paribas
- Koenraad Debackere, professeur à la Faculté d'économie et de Gestion de la KU Leuven
- Martin Fleming, Économiste en Chef d'IBM
- Philippe Gijsels, stratège en chef de BNP Paribas Fortis
- Pierre Huylenbroeck, éditeur de *Mister Market Magazine* et auteur de *Iedereen Belegger*
- Koen Kas, biologiste digital, professeur d'oncologie, auteur de *Nooit Meer Ziek*, CEO de InBioVeritas

- Stéphane Kasriel, CEO d'Upwork
- Joep Konings, professeur d'économie à la KU Leuven
- Marc Lambotte, CEO d'Agoria
- Hod Lipson, professeur d'ingénierie mécanique, Université Columbia de New York
- Erik Luts, CIO (chief Innovation Officer) de KBC Group
- Branco Milanovic, professeur invité au City University of New York Graduate Center, auteur de *Global Inequality: A New Approach for the Age of Globalization*
- Theo Peeters, professeur émérite d'économie internationale à la KU Leuven
- Bart Van Arck, économiste en chef de The Conference Board
- Peter Vandekerckhove, CEO retail, private & entrepreneurs BNP Paribas Fortis
- Raf Weverbergh, cofondateur de FINN
- Pete Davis, directeur du centre de transformation digitale de The Conference Board

Mes remerciements vont également aux porte-paroles et/ou CEO des 31 entreprises cotées et de trois filiales, qui ont accepté de participer à mon enquête : Ageas, Agfa-Gevaert, Barco, Befimmo, Bekaert, Biocartis, BNP Paribas, BNP Paribas Fortis, Carglass, Deceuninck, Delhaize, D'Ieteren Auto, Elia, Euronav, EVS, Jensen-Group, KBC, Kinepolis, Miko, Mobistar, Montea, Nyrstar, Proximus, Quares, RealDolmen, Resilux, Roularta, Smartphoto, Solvay, Ter Beke, UCB, Van de Velde, WDP et Zetes.

Je souhaite également saluer toutes celles et ceux qui se sont impliqués dans la vérification du contenu et du texte. Dans son style direct et tellement personnel, les remarques pertinentes de Pierre Huylenbroeck m'ont permis d'améliorer la lisibilité du livre. Sven Vonck, rédacteur en chef, a réalisé des prouesses pour le rendre encore plus lisibles. Pascale De Nève et Liliane Tackaert ont effectué une excellente traduction en français, sous la coordination sans faille de Jeroen Bert, et ce dans des délais très serrés. Maarten Van Steenbergen s'est occupé de la gestion du projet. Enfin, un tout grand merci à ma collègue Sylviane Delcuve, à ma sœur Isabelle et à mon père, pour leurs relectures attentives.

Mes remerciements les plus profonds vont à ma famille, pour les 18 mois de patience et de compréhension dont elle a fait preuve. Le magnifique bureau que vous m'avez offert à mon retour d'un voyage d'affaires m'a fourni l'adrénaline nécessaire pour parcourir la dernière ligne droite. Eneko et Julen, vous êtes le but ultime de ma vie, ma raison de vivre. Tout le reste, y compris cet ouvrage, tend vers cet objectif. Miriam, tu es mon unique amour, mon soutien, ma providence et tu le resteras éternellement. C'est avec toi que je souhaite arriver au bout de ce chemin. Les week-ends des cinq prochaines années vous seront exclusivement réservés. Merci !

Notes

1 Ian Morris, *De val van het Westen: hoelang houdt de westerse dominantie nog stand?*, New York, Farra, Straus and Giroux, 2010
2 The Unbound Prometheus, David Landes
3 La croyance en de bons et mauvais esprits animant les arbres, les animaux et objets usuels.
4 Carl Shapiro & Hal R. Varian, *De Nieuwe Economie: een strategische gids voor de netwerkeconomie*, Amsterdam, Nieuwezijds, 2000
5 Martin L. Weitzman, 'Recombinant Growth', *Quarterly Journal of Economics 113*, numéro 2, 1998, p. 333–334
6 Martin L. Weitzman, 'Recombinant Growth', p. 331
7 Gordon E. Moore, 'Cramming More Components onto Integrated Circuits', *Electronics*, volume 38, numéro 8, 19 avril 1965
8 Ray Kurzweil, *Het tijdperk van de levende computers*, Tielt, Lannoo, 2000
9 Paul Krugman, *The Age of Diminished Expectations: US Economic Policy in the 1980s*, MIT Press, Cambridge, 1992
10 William J; Baumol & Alan Binder, *Economics: Principles and Policy,* Harcourt Brave Jovanovich, San Diego, 1993
11 Robert J. Gordon, *Is US Economic Growth over? Faltering Innovation Confronts the Six Headwinds*, CEPR, septembre 2012
12 Les General Purpose Technologies sont des innovations qui concernent l'ensemble d'une économie et la font avancer. La plupart des GPT jouent le rôle de *catalyseurs*, en d'autres termes, elles offrent plutôt de nouvelles opportunités que des solutions clé sur porte. Par exemple, les gains de productivité liés à l'introduction des moteurs électriques ne se sont pas limités aux coûts énergétiques. La flexibilité offerte par l'électricité a permis aux usines de s'organiser de manière plus efficace, par exemple en plaçant les machines côte-à-côte et non plus sur plusieurs étages.
13 Chad Syverson, *Will History Repeat Itself? Comments on 'Is The Information Technology Revolution Over?'*
14 Pierre Huylenbroeck, 'Andy Jassi, de man van het idee van de eeuw', *Mister Market Magazine 42*, 10 décembre 2015
15 Roel Verrycken, 'De stille geldmachine van internetreus Amazon', *De Tijd*, octobre 2015
16 David M. Byrne, Stephen D. Oliner & Daniel E. Sichel, 'How Fast are Semiconductor Prices Falling?', *AEI Economic Policy Working Paper 2014–16*, novembre 2015
17 Adam Copeland, 'Seasonality, consumer heterogeneity and price indexes: the case of prepackaged software', *Journal of Productivity Analysis*, février 2013
18 Citi & Oxford Martin School, *Technology at work v2.0: The Future Is Not What It Used to Be*, janvier 2016
19 *L'avantage comparatif* signifie qu'un pays est capable de fabriquer un produit donné à un prix *relativement* meilleur marché qu'un autre pays, comparé à d'autres produits. Par exemple, l'Allemagne est capable de produire des voitures et des plaques métalliques moins cher que les Pays-Bas. Mais elle est *relativement* meilleur marché dans la production de voitures que dans celle de plaques métalliques.
20 Erik Brynjolfsson & Joo Hee Oh, *The Attention Economy, Measuring the Value of Free Digital Services on the Internet*, 33rd International Conference on Information Systems, Orlando, 2012

21 Hal Varian, Economic Value of Google, http://cdn.oreillystatic.com/en/assets/1/event/57/The procent20Economic procent20Impact procent20of procent 20Google procent20Presentation.pdf

22 Cisco Visual Networking Index: Global Mobile Data Traffic Forecast Update 2014–2019 White Paper, 3 février 2015

23 Erik Brynjolfsson & Andrew McAfee, *Het Tweede Machinetijdperk*, p. 95

24 William J.Bennet, *Is Sebastian Thrun's Udacity the Future of Higher Education?*, CNN, 5 juillet 2012

25 Michael Noer, *One Man, One Computer, 10 Millioen Students: How Khan Academy Is Reinventing Education*, 2 novembre 2012, http://www.forbes.com/sites/michaelnoer/2012/11/02/one-man-one-computer-10-million-students-how-khan-academy-is-reinventing-education/

26 Forbes, *The World's Biggest Public Companies*, Ranking 2016

27 Michael Lind, *Land of Promise: An Economic History of the United States*, HarperCollins, 2012

28 Jacob S. Hacker & Paul Pierson, 'How the US Government Makes Silicon Valley Innovation Possible', *The Atlantic*, 29 mars 2016

29 McKinsey Global Institute, *Poorer Than Their Parents? Flat of Falling Incomes in Advanced Economies*, juillet 2016

30 Dans son analyse, McKinsey utilise les chiffres du G19 plus le Nigeria. L'EU comme 20e "pays" n'est pas reprise, car les chiffres à long terme ne sont pas disponible pour l'UE en tant que région. Les autres pays qui européens qui font partie du G20 – l'Allemagne, l'Italie et la France – sont bien entendu repris.

31 McKinsey Global Institute, *Global Growth: Can Productivity Save The Day in an Aging World*, janvier 2015

32 Peter Praet, 'Structural reforms and long-run growth in the euro area', speech at 43rd Economics Conference of Oesterreichische Nationalbank, Vienne, 15 juin 2015

33 Il s'agit d'une hausse de la productivité qui n'est pas provoquée par l'augmentation des investissements en capitaux ni par une meilleure formation des travailleurs, qui sont les deux autres composants de la productivité totale. En d'autres termes, elle est à 100 % la conséquence des progrès technologiques, et donc de l'augmentation de l'efficacité.

34 John G. Fernard, 'Reassessing Longer-Run U.S. Growth: How Low?', Working Paper, Federal Reserve Bank of Chicago, août 2016

35 Ellen Zentner & Co., *US Economics: potential GDP, Morgan Stanley Research*, 4 février 2016

36 The Conference Board, 'Global Economic Outlook 2017', novembre 2016, https://www.conference-board.org/data/globaloutlook/

37 European Commission, 'The 2015 Ageing Report: Economic and budgetary projections for the 28 EU Member States', Economic and Financial Affairs, European Economy 3|2015

38 Le phénomène *'winner takes all'* est un effet caractéristique d'une société contrôlée par l'IT. Suite à la disparition des frontières, les consommateurs optent pour le meilleur système. Plus le nombre d'utilisateurs dudit système augmente (par exemple, des systèmes d'exploitation Windows, Facebook ou Google Search), plus il devient intéressant pour les autres de l'utiliser. C'est l'effet 'réseau' qui crée l'environnement *'winner takes all'*.

39 J. Caudron & Dado Van Peteghem, Digital Transformation

40 Jo Caudron & Dado Van Peteghem, "Digital Transformation: A Model to Master Digital Disruption", DearMedia

41 James McQuivy, "Digital Disruption: Unleashing the Next Wave of

Innovation", Forrester Research, 26 février 2013
42 Bank of America Merrill Lynch, Creative Disruption (Thematic Investing), 30 avril 2015
43 Luc Sels, "De Nobele Doelen van de Deeleconomie", Trends, 28 avril 2016
44 Ismail, I., M.S. Malone & Y. van Geest, "Exponential Organizations. Why New Organizations Are Ten Times Better, Faster, and Cheaper than Yours (and What To Do About It)", New York: Diversionbooks, 2014.
45 Reuters, "Airbnb looking at raising $153mn, investors value company at $30bn", Tech2, 18 décembre 2016
46 Benjamin Van Maldergem, "Getest: Uber in Brussel", Groenlicht, mars 2016
47 Valentine, "uberX: nu de helft goedkoper dan een taxi", Uber Newsroom, mars 2016
48 Georgios Petropoulos, "Uber and the Economic Impact of Sharing Economy Platforms", Bruegel, 22 février 2016
49 Ibid
50 Anne-Sylvaine Chassany, "Uber in France: A route out of the banlieues", Financial Times, 4 mai 2016
51 Financial Times, 'The taxman has grounds to test Uber's model', 23 décembre 2016
52 Patrick Luysterman, "Digitale sloophamer bedreigt klassiek uitzendkantoor", 2 mars 2016
53 Peter De Groote & Jens Cardinaels, "Wij zijn niet de vijand, maar de bondgenoot van de winkelier", De Tijd, 9 avril 2016
54 Jens Cardinaels, "Nieuwe nachtwerkwet slecht voor Belgische e-commercebedrijven', De Tijd, 28 novembre 2016
55 Jens Cardinaels, 'België omsingeld door buitenlandse webwinkels', De Tijd, 4 novembre 2016
56 Les mégadonnées renvoient au traitement rapide d'une grande quantité de données structurées ou non, dans le but d'arriver à de nouvelles notions ou d'adapter des processus.
57 L'apprentissage automatique se réfère à la possibilité qu'ont les ordinateurs d'apprendre des choses, généralement par le biais du 'trial and error', sans y avoir été explicitement programmés.
58 Jeffrey Immelt, Transcript Conversation with GE's Jeffrey Immelt, http://www.merrilledge.com/Publish/Content/application/pdf/GWMOL/Transcript_Conversation-with-GEs-Jeffrey-Immelt.pdf, 13 novembre 2013
59 Luc Huysmans, "Europa is het grote voorbeeld in energie", Trends, 22 mars 2016
60 Wim De Preter, 'Technologie ontgroeit hypes', De Tijd, 31 décembre 2016
61 Marc Andreessen, Why Software is Eating the World, The Wall Street Journal: Essay, 20 août 2011
62 Philip Evans, "How data will transform business", conférence TED, mars 2014
63 La chaîne de blocs permet à deux parties qui ne se connaissent pas d'effectuer une transaction sans l'intermédiaire d'une troisième partie, et ce de manière anonyme et sans frais élevés. C'est à ce titre qu'elle joue le rôle de 'shared single source of truth' dans le jargon du bitcoin, c'est-à-dire la confiance partagée dans un système de transaction partagé. Chaque transaction est en effet effectuée et contrôlée par des ordinateurs et autres appareils reliés à un réseau déterminé.
64 Koen Debackere, Van plannen naar experimenten, BNK Quartely, 18 décembre 2015
65 Un mobile virtual network operator est une entreprise qui ne dispose pas de licence, mais qui vend de la téléphonie mobile sous nom de marque propre sur le réseau d'un autre opérateur GSM.

66 Worldbank, World Development Report 2016: Digital Dividend, 2015

67 Omar Mohout, “Het Belgische startuplandschap”, Die Keure, 2015

68 Sirris, BNK Quarterly, 24 mars 2016

69 Hinssen, Demey, Van Belleghem, “The Spirit of the Valley”, Lannoo, 2015

70 CBInsight, The Unicorn List: Current Private Companies Valued At $1B And Above, https://www.cbinsights.com/research-unicorn-companies

71 Omar Mohout, “het Belgische startuplandschap”, Die Keure, 2015

72 ‘Crowdfunding in België: Snelgroeiend in Vruchtbare Grond’, BoleroCrowdFunding, janvier 2016

73 Commission européenne, “Assessing the Potential for EU Investment in Venture Capital and Other Risk Capital Fund of Funds”, octobre 2015

74 Boston Consulting Group & IESE, “A Rise in Good Deals, but an Investor Drought.” 2015

75 Karel Lannoo, ‘Eliminating the Cost of Non-Europe in Capital Markets’, ECMI Commentary N° 43/2, novembre 2016

76 Jurgen Ingels et Ellen Thijs, “Gezocht: meer geld voor Belgische wereldspelers.”, De Tijd, 28 janvier 2017

77 Lieven Noppe, “Financiële Intermediatie in Europa: waarom is een kapitaalmarktunie nodig?”, Economische Berichten KBC, 14 décembre 2015

78 Hatim Tyabji, Vijay Sathe, Vijay Sathe, “Venture capital firms in Europe vs. America: The under performers”, Ivey Business Journal, juillet 2011

79 Rendement calculé sur la base de la différence en valeur des participations en portefeuille lors du premier tour de financement comparativement au dernier tour de financement (net après la vente).

80 Ulrich Hege, Frédéric Palomino & Armin Schwienbacher, “Venture Capital Performance: The Disparity Between Europe and the United States”, janvier 2008

81 Par ‘jeunes’ entreprises, les professeurs entendent les entreprises fondées après 1975. Parmi les jeunes entreprises américaines très actives en R&D, citons Microsoft, Cisco, Amgen, Oracle, Google, Sun, Qualcomm, Apple, Genzyme, Ebay, etc. Aux États-Unis, une entreprise innovante sur deux est ‘jeune’. En Europe, le rapport est d’une sur cinq. Ces jeunes entreprises américaines représentent 35 % des dépenses totales en R&D, contre à peine 7 % en Europe.

82 Omar Mohout, “Het Belgische startuplandschap”, Die Keure, 2015

83 David H. Autor, Why are there still so many jobs? The History and Future of Workplace Automation, Journal of Economic Perspectives Vol. 29, n° 3, p. 3–30, 2015

84 Paul A. Samuelson, ‘Where Ricardo and Mill Rebut and Confirm Arguments of Mainstream Economists Supporting Globalization’, Journal of Economic Perspectives 18, n° 3 (2004), p. 135–146

85 Dhaval Joshi, ‘European Investment Strategy: From Berlin Wall to Mexican Wall’, BCA Research, 17 novembre 2016

86 Kris Van Hamme, ‘De volgende globaliseringsgolf zal nog meer jobs treffen’, De Tijd, 24 décembre 2016

87 M.Goos, J.Konings & Emilie Rademakers, ‘Future of Work in the Digital Age: evidence from OECD countries’, 2016

88 International Federation of Rotics, ‘Survey: 1,3 million industrial robots to enter service by 2018’, 25 février 2016

89 Citigroup & Oxford Martin School, ‘Technology at Work v2.0: The Future is not what is used to be’, janvier 2016

90 Stijn Fockedey, ‘Professor Bram Vanderborght voorspelt een enorme

boom in robotica', Trends, 17 mars 2016
91 OCDE (2014), 'Skills and Jobs in the Internet Economy', OECD Digital Economy Papers, No. 242, OECD Publishing. http://dx.doi.org/10.1787/5jxvbrjm9bns-en
92 Jeremy Howard, 'The wonderful and terrifying implications of computers that can learn', TED-talk, décembre 2014
93 Aaron Smith & Janna Anderson, 'AI, Robotics and the Future of Jobs', PEW Research Center, 6 août 2014
94 Carl B. Frey & Michael A. Osborne, The Future Of Employment: How Susceptible Are Jobs To Computerisation? University of Oxford, septembre 2013
95 Notez bien que cela n'implique pas nécessairement que tous ces emplois seront effectivement automatisés. Un emploi est considéré comme 'automatisable' dès que le contenu de ses tâches pourrait être effectué par un ordinateur, même si l'emploi n'est pas effectivement automatisé. Bien que de très nombreuses caissières aient été remplacées par la technologie du self scanning, il reste encore plus de trois millions de caissières aux États-Unis.
96 Pour leurs calculs de probabilité, les professeurs Michael Osborne et Carl Frey ont utilisé un score sur neuf compétences nécessaires à la réalisation d'un emploi : reconnaissance sociale, aptitudes à la négociation et la persuasion, accompagnement et préoccupation d'autrui, originalité, arts plastiques, habileté de ses doigts, travail manuel et nécessité de travailler dans un espace de travail restreint.
97 Arntz, M., T. Gregory and U. Zierahn (2016), 'The Risk of Automation for Jobs in OECD Countries: A Comparative Analysis', OECD Social, Employment and Migration Working Papers, No. 189, OECD Publishing, Paris. http://dx.doi.org/10.1787/5jlz9h56dvq7-en
98 Industrie 4.0 est un projet défendu par les autorités allemandes pour stimuler la numérisation et l'interconnectivité de l'industrie allemande.
99 Citigroup & Oxford Martin School, 'Technology at Work v2.0: The Future is not what is used to be', janvier 2016
100 Gerald Huff, 'Robocalyps: Workers' New Robot Overlords Will Probably Not Be Welcome', The Daily Beast, 2 janvier 2015
101 Erik Brynjolffson & Andrew McAfee, Het Tweede Machinetijdperk, Lannoo, 2014
102 Marc De Vos, 'Ongelijk maar Fair', Lannoo, 2016
103 Kime Heekyung & Erik Brynjolfsson, 'CEO Compensation and Information Technology', ICIS 2009 Proceedings, 1er janvier 2009
104 Robert H. Frank & Philip J. Coogan, 'The Winner Take All Society', Ebury Publishing, juin 2010
105 Steven N. Kaplan and Joshua Rauh, 'It's the Market: The Broad-Based Rise in the Return to Top Talent', Journal of Economic Perspectives—Volume 27, numéro 3—été 2013—Pages 35–56
106 Forbes, The World's Billionaires, US Ranking 2016, http://www.forbes.com
107 Peter Orszag & Peter Furman, A Firm-Level Perspective on the Role of Rents in the Rise in Inequality, Presentation at 'A Just Society' Centennial Event in Honor of Joseph Stiglitz Columbia University, 16 octobre 2015
108 Jae Song et al. 'Firming Up Inequality', NBER Working Paper Nº 21199, 2015
109 Peter Thiel, 'Competition is for losers', The Wall Street Journal, 12 septembre 2014

110 World Bank. 2016. 'World Development Report 2016: Digital Dividends.'
111 Olivia LaVercchia & Stacy Mitchell, 'Amazon's Stranglehold: How the Company's Tightening Grip Is Stifling Competition, Eroding Jobs, and Threatening Communities', novembre 2016
112 World Bank. 2016. World Development Report 2016: Digital Dividends. Washington,DC: World Bank.
113 Catherine Clifford, 'Elon Musk: Robots will take your jobs, government will have to pay your wage', CNBC, 4 novembre 2016
114 OCDE 'Labour losing to capital: what explains the declining labour share?', OECD Employment Outlook 2012
115 Marc De Vos, 'Ongelijk maar Fair', Lannoo, 2016
116 The World Wealth and Income Database, http://www.wid.world
117 OCDE, 'In It Together: Why Less Inequality Benefits All', OECD Publishing, Paris
118 David Card 'Deregulation and Labor Earnings in the Airline Industry.' NBER Working Paper No. 5687, 1996
119 The Economist, 'Everybody wants to rule the world', 29 novembre 2014
120 The Economist, 'Europe versus Google', 23 avril 2016
121 David H. Autor, Why are there still so many jobs? The History and Future of Workplace Automation, Journal of Economic Perspectives Vol. 29, n° 3, p. 3–30, 2015
122 Erik Brynjolffson & Andrew McAfee, Het Tweede Machinetijdperk, Lannoo, 2014
123 Eric Hanusheck & Ludger Woessmann, 'The Knowledge Capital of Nations', 2015
124 PISA est l'acronyme de Programme for International Student Assessment. Il s'agit d'une enquête internationale de grande envergure qui teste les connaissances et les compétences des élèves de 15 ans. L'enquête porte à chaque cycle sur les trois mêmes domaines cognitifs suivants : compétences en lecture, en mathématiques et en sciences.
125 Maarten Goos, 'Vaardigheden voor de toekomst: een economisch perspectief', VLOR Startdag, 17 septembre 2015.
126 The Economist, 'Lifelong Learning is Becoming an Economic Imperative', 14 janvier 2017
127 Ibid.
128 European Working Conditions Survey, 2010
129 P. Beaudry, D.Green & B.Sand, 'The Great Reversal in the Demand for Skill and Cognitive Tasks', NBER Working Paper 18901, 2013
130 Cedefop, Europe's uneven return to job growth, Briefing Note, juin 2015
131 Sugata Mitra, 'Build a Shool in the Cloud', TED, février 2013.
132 Erik Brynjolffson & Andrew McAfee, Het Tweede Machinetijdperk, Lannoo, 2014
133 David Deming, 'The Growing Importance of Social Skills in the Labor Market', NBER Working Paper No. 21473, 2015
134 World Bank. 2016. 'World Development Report 2016: Digital Dividends.'
135 Citigroup & Oxford Martin School, 'Technology at Work v2.0: The Future is not what is used to be', janvier 2016
136 MOOC est l'acronyme de Massive Open Online Courses. Il s'agit de cours en ligne flexibles. Le grand avantage, c'est que les participants peuvent les suivre quand ils le souhaitent et qu'il est possible de les subdiviser en toutes petites sessions. C'est donc idéal pour les personnes qui travaillent à temps plein, mais souhaitent néanmoins acquérir de nouvelles compétences.

137 Ces travailleurs peuvent occuper un poste fixe par ailleurs, tout en mettant leur expertise au service d'un projet précis auprès d'entreprises externes.
138 World Economic Forum, The Future of Jobs, janvier 2016
139 The Economist, 'Retraining low-skilled workers', 14 janvier 2017
140 Dawn Nakagawa, 'The Second Machine Age is Approaching', Huffington Post, 24 février 2015
141 MIT Technology Review, 'Who Will Own the Robots', septembre 2015
142 Lawrence Summers, 'The Economic Challenge of the Future Jobs,' Wall Street Journal, 7 juillet 2014
143 Koen De Leus, Paul Huybrechts, 'Naar Grijsland', janvier 2006
144 Guy Standing, 'The Precariat: The New Dangerous Class', Bloomsbury Academic, 2011
145 Guy Standing, 'Basic income paid to the poor can transform lives', The Guardian, 18 décembre 2014
146 Adrien Dewes, 'De Universele Uitkering', octobre 2015, Brussel Metropool
147 Tondani Davide, 'Universal Basic Income and Negative Income Tax: Two Different Ways of Thinking Distribution', MPRA Paper N° 7016, 6 février 2008
148 Prenons l'exemple d'un crédit d'impôt de – 1000 euros dans le cadre d'un impôt négatif sur le revenu (INR) contre un revenu de base (RB) de 1000 euros. Le taux d'imposition est de 25 %. (1) X gagne 0 euro. Il reçoit dans le cas de l'INR : 0 – (0*25 % - 1000) = 1000. Dans le cas du RB, il reçoit également 1000 euros. (2) Y gagne 2000 euros. Ses revenus nets dans le cadre de l'INR sont de 2000 - (25 %*2000 - 1000) = 2500. Dans le cas du RB, il s'agit de 1000 + (2000 - 2000*25 %) = 2500. (3) Z gagne 6000 euros. Ses revenus nets dans le cadre de l'INR : 6000 - (25 %*6000 - 1000) = 5500. Dans le cas du RB : 1000 + (6000 - 25 %*6000) = 5500.
149 Elain Maag, 'Earned Income Tax Credit in the United States', Urban Institute and Tax Policy Center, Washington DC, 9 avril 2015
150 Voltaire, 'Candide'
151 Erik Brynjolffson & Andrew McAfee, Het Tweede Machinetijdperk, Lannoo, 2014
152 Ibid.
153 Charles Murray, 'Coming Apart: The State of White America', 1960–2010, New York, Crown Forum, 2013
154 RVA, 'Hoeveel bedraagt uw uitkering na een tewerkstelling?', Infoblad T67, Laatste update 01-06-2016, http://www.rva.be/nl/documentatie/infoblad/t67#h2_5
155 European Commission, 'Statistical Annex of European Economy', Automne 2016
156 Wouter Van Driessche, 'We kunnen niet blijven racen tegen machines', 28 novembre 2015, De Tijd
157 Bank of America Merrill Lynch, Robot Revolution – Global Robot & AI, 3 novembre 2015
158 Kris Van Hamme, ''Onproductieve renteniers kapen de vrije markt', De Tijd, 19 novembre 2016
159 Levi Sumagaysay 'Apple, Microsoft, Google, Cisco, Oracle hold the most cash: Moody's report', The Mercury News, 20 mai 2016
160 P.A. Diamond & E. Saez, 'The Case for a Progressive Tax: From Basic Research to Policy Recommendations', Journal of Economic Perspectives 25, n°4 (2011): 165–90
161 Koen Kas, 'Nooit meer ziek', Uitgeverij Van Halewyck, 2014
162 Au Royaume-Uni et en Europe, cette proportion est moins importante, mais en hausse. L'usage des robots en chirugie coûte aujourd'hui plus

cher que la chirurgie traditionnelle, à cause du coût du robot, soit près de 1,5 million de livres sterling. (The Lancet, 'First trial of robotic vs. non-robotic surgery for prostate cancer finds both achieve similar outcome at 3 month', 26/07/2016)

163 Claude Fouquet, 'Japon: moins d'un million de naissances en 2016', Les Echos, 22/12/2016

164 Comité d'étude sur le vieillissement, Rapport annuel 2016, juillet 2016

165 Koen Kas, 'Nooit meer ziek', Uitgeverij Van Halewyck, 2014

166 Johan Van Gompel en Walter Asma, 'Afhankelijkheid en zorg: Zorgen voor morgen?', KBC Economische Berichten, 24 septembre 2014

167 RIZIV, 'De Top 25 van de werkzame bestanddelen in de uitgaven in de ambulante sector van de verzekering voor geneeskundige verzorging in 2014', Infospot, Septembre 2015

168 Ine Renson, Saar Sinnaeve en Jasper D'Hoore, 'Hoeveel is uw leven waard?', De Tijd, 30 avril 2016

169 Hendrik Cammu, 'Interview Lieven Annemans: Ziekenhuizen die goed werk leveren, verdienen minder.', EOS

170 Karel Van den Bosch, Peter Willemé, 'De maatschappelijke betekenis van de gezondheidszorg', Bureau fédéral du Plan, janvier 2014

171 La totalité des soins de santé est reprise sous «soins de santé» et «services sociaux».

172 Lieven Annemans, 'De Prijs van Uw Gezondheid', Lannoo Campus, Mars 2014

173 David M. Cutler, 'Where Are The Health Care Entrepreneurs? The Failure Of Organizational Innovation in Health Care', mai 2010

174 Ibid

175 Casalino Lawrence P., Sen Nicholson, D.N. Gans et al., 'What Does It Cost Physician Practices to Interact with Health Insurance Plans?', *Health Affairs Web Exclusive*, 14 mai 2009, w533-w543

176 Hendrich An, Marilyn Chow, Boguslaw A. Skierczynski, and Zhenqiang Lu, 'A 36-Hospital Time and Motion Study: How Do Medical-Surgical Nurses Spend Their Time?' The Permanente Journal, 12(3), Eté 2008, 25–34.

177 Brennan, Troy et all., 'Incidence of adverse events and negligence in hospitalized patients. Results of the Harvard Medical Practice Study I', New Engeland Journal of Medicine, 1991, 324(6º, 360–376.

178 Healthcare Executive.be 'UZ Gent verdedigt zich tegen veroordeling', 14 décembre 2016

179 De Leus Koen, Huybrechts Paul, 'Naar Grijsland: De Uitvaart van onze Welvaart.' Lannoo, 2006

180 Ibid

181 Koen Kas, 'Nooit meer ziek', Uitgeverij Van Halewyck, 2014

182 De Leus, K. & Huybrechts P., Naar Grijsland: uitvaart van onze welvaart, Roularta Books, 2006

183 En 2011, le superordinateur d'IBM, Watson, a battu à plate couture les champions du jeu télévisé américain Jeopardy. Par la suite, des médecins l'ont programmé pour qu'il interprète et analyse des dossiers de patients ainsi que les résultats des dernières recherches, afin d'aider les médecins à prendre les meilleures décisions en matière de choix thérapeutique. Un des atouts de Watson, c'est qu'il peut lire pendant 160 heures par semaine les dernières découvertes médicales à un rythme de 200 millions de pages toutes les trois secondes.

184 L'eHealth (ou e-Health, téléhealth, télémédecine) consistent à mettre les technologies de l'information et de la

communication au service des soins de santé.

185 Jasper D'Hoore, De Block maakt weg vrij voor dokter smartphone, De Tijd, 8 juin 2016

186 Ibid

187 The Economist, Golden oldies, 7 mai 2016

188 'mHealth als sleutel tot kwaliteit en betaalbaarheid van zorg', VOKA

189 eHealth Task Force, 'Redesigning health in Europe for 2020', European Union, 2012

190 Prof. Dr. Jeroen Trybou & Prof. Dr. Lieven Annemans, 'Herijking van de medische nomenclatuur in België. Voorstel van principes en methodiek', Vakgroep Maatschappelijke Gezondheidkunde Universiteit Gent, décembre 2016

191 'mHealth als sleutel tot kwaliteit en betaalbaarheid van zorg', VOKA

192 Nundy et al 2014, Health Affairs; Ontario HTA 2009; Quinn et al 2011, Diabetes Care; McManus et al 2010, Lancet

193 Frederix et al 2013, European Journal of Preventive Cardiology; Widmer et al 2014, American College of Cardiology conference

194 Kvedar et al 2014, Health Affairs; Vervloet et al 2010, NIVEL

195 Europese Commissie, 'eHealth Task Force Report – redesigning health in Europe for 2020', 2012

196 Lieven Annemans, 'De Prijs van Uw Gezondheid', Lannoo Campus, mars 2014

197 Robert Kocher, Nikhil R.Sahni, 'Rethinking Health care Labor', The New England Journal of Medecin, 13 octobre 2011.

198 Lieven Annemans, 'De Prijs van Uw Gezondheid', Lannoo Campus, mars 2014

199 Cutler, David M., Where are the healthcare entrepreneurs

200 Koen Kas, 'Nooit meer ziek', Uitgeverij Van Halewyck, 2014

201 Beijia Ma et al., 'Robot Revolution – Global Robot & AI', Bank of America Merrill Lynch, 3 novembre 2015

202 Il ne faut pas confondre génomique et génétique. La génétique examine les gènes individuels et leur impact sur la manière dont ils transmettent des caractéristiques d'une génération à l'autre. Le génome rassemble tous les gènes d'un organisme, ainsi que toutes les séquences et informations qui s'y trouvent. La génomique établit en quelque sorte votre bon-à-tirer et une partie de ce qui vous prédétermine. Au contraire de la génétique, la génomique a une puissance prédictive.

203 Ibid

204 Ibid

205 Ine Renson en Saar Sinnaeve, Het beste wapen tegen kanker zit misschien in onszelf, De Tijd, 23 avril 2016

206 Koen Kas, *Nooit meer ziek*

207 Marco Annunziata & Peter C. Evans, The Industrial Internet@Work, 2012

208 Bank of America Merill Lynch, The 'Internet of Things' will connect Everything

209 George Day, 'Strategies for Surviving a Shakeout', Harvard Business Review, March–April 1997

210 Richard N. Foster, 'Creative Destruction Whips Through Corporate America', Executive Briefing Winter 2012

211 Dani Rodrik, 'Premature deindustrialization', NBER Working Papers 20935, 2013

212 L'entreprise Transics fut une des premières à livrer des ordinateurs de bord et des logiciels de back office pour la gestion de flottes des sociétés de transport.

www.lannoo.com

Enregistrez-vous sur notre site Internet et nous vous enverrons régulièrement une lettre d'information sur nos nouvelles publications et des offres exclusives.

Couverture : Studio Lannoo
Crédit Photo : Getty Images
Mise en page : Stijn Verdonck, Armée de Verre
Traduit de néerlandais par Pascale De Nève et Liliane Tackaert

D/2017/45/541 – ISBN 978 94 014 4310 4 – NUR 740

« Je pense que la révolution digitale va toucher tous les secteurs. Le choix est le suivant : suivre le mouvement ou s'en défendre. Si on opte pour la réaction défensive, on y perdra tôt ou tard. » – Alexander De Croo, ministre de l'Agenda numérique

La quatrième révolution industrielle transforme le monde sous nos yeux. La numérisation s'infiltre à tous les niveaux de la société et en particulier dans l'économie. Le champ de l'innovation est infini, mais la croissance escomptée par le biais de la création d'emplois laisse (encore) à désirer. Ne pas en être, que l'on soit une entreprise ou un travailleur, c'est risquer de couler.

Dans cet ouvrage, *L'économie des gagnants. Défis et opportunités de la révolution digitale,* Koen De Leus décrit ce changement économique radical et examine les enjeux sous l'angle des gagnants et des perdants. Il a consulté à cet effet des dizaines de chefs d'entreprise et de décideurs politiques en Belgique et à l'étranger. Après quelques décennies sous pression, la classe moyenne est-elle appelée à disparaître ? Les inégalités vont-elles continuer à s'accroître ? Et quels choix sociétaux faut-il poser pour contrer le phénomène ? Ou, en d'autres termes, comment faire pour procurer plus de bien-être au plus grand nombre et éviter que cette 'économie des gagnants' ne profite qu'à quelques-uns ?

KOEN DE LEUS est économiste en chef chez BNP Paribas Fortis. Invité régulièrement au titre d'expert par les médias, il parvient toujours à rendre accessibles ses analyses de sujets économiques complexes. Il en va de même de cette révolution digitale qui est en train de modifier profondément notre vie.

www.racine.be

9 789401 443104 >

L'ÉCONOMIE DES GAGNANTS